currículo escolar e justiça social

| T693c | Torres Santomé, Jurjo.
          Currículo escolar e justiça social : o cavalo de Troia da educação / Jurjo Torres Santomé ; tradução: Alexandre Salvaterra ; revisão técnica: Álvaro Hypolito. – Porto Alegre : Penso, 2013.
          335 p. : il. ; 23 cm.

          ISBN 978-85-65848-21-3

          1. Fundamentos da educação. 2. Currículo. I. Título.

          CDU 37.01 |

Catalogação na publicação: Ana Paula M. Magnus – CRB 10/2052

JURJO TORRES SANTOMÉ
Universidade da Coruña

currículo escolar e justiça social

O CAVALO DE TROIA DA EDUCAÇÃO

Tradução:
Alexandre Salvaterra

Consultoria, supervisão e revisão técnica desta obra:
Álvaro Hypolito
Ph.D. em Educação pela University of Wisconsin-Madison.
Mestre em Educação pela Universidade Federal de Minas Gerais (UFMG).
Professor do Departamento de Ensino da Universidade Federal do Pelotas (UFPel).

2013

Obra originalmente publicada sob o título
La justicia curricular: El caballo de Troya de la cultura escolar
ISBN 9788471126337

Copyright © Ediciones Morata,S.L., 2011.
Todos os direitos reservados.

Gerente editorial: Letícia Bispo de Lima

Colaboraram nesta edição

Capa: *Márcio Monticelli*

Editora: *Lívia Allgayer Freitag*

Preparação de originais: *Amanda Guizzo Zampieri*

Leitura final: *Priscila Zigunovas* e *Maurício Pacheco Amaro*

Editoração eletrônica: *Formato Artes Gráficas*

Reservados todos os direitos de publicação, em língua portuguesa, à
PENSO EDITORA LTDA., uma empresa do GRUPO A EDUCAÇÃO S.A.
Av. Jerônimo de Ornelas, 670 – Santana
90040-340 Porto Alegre RS
Fone (51) 3027-7000 Fax (51) 3027-7070

É proibida a duplicação ou reprodução deste volume, no todo ou em parte,
sob quaisquer formas ou por quaisquer meios (eletrônico, mecânico, gravação,
fotocópia, distribuição na Web e outros), sem permissão expressa da Editora.

SÃO PAULO
Av. Embaixador Macedo Soares, 10.735 – Pavilhão 5 – Cond. Espace Center
Vila Anastácio – 05095-035 – São Paulo SP
Fone (11) 3665-1100 Fax (11) 3667-1333
SAC 0800 703-3444 – www.grupoa.com.br

IMPRESSO NO BRASIL
PRINTED IN BRAZIL
Impresso sob demanda na Meta Brasil a pedido de Grupo A Educação.

Para Montse e Hoki

Sumário

Introdução 9

1 Século XXI: revoluções do presente e conhecimentos
necessários para entender a sociedade e participar dela 13

2 A finalidade dos conteúdos escolares:
intervenções curriculares inadequadas 223

3 As escolas e as famílias nas sociedades democráticas 290

4 As escolas no contexto das sociedades educadoras:
a necessidade de estruturas flexíveis e de conexão entre
as atividades escolares e extraescolares 316

Referências 325

Anexo
Os sistemas brasileiro e espanhol de educação: equivalência de níveis ... 335

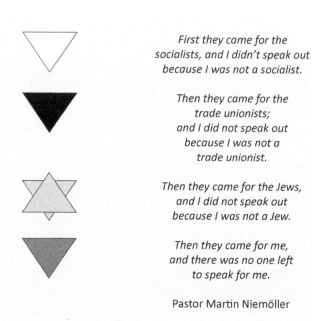

Fonte: O autor.

Antes e durante a Segunda Guerra Mundial, o partido genocida de Hitler, o Partido Nacional-Socialista, usou variações do triângulo para identificar os cidadãos e prisioneiros dos campos de concentração de acordo com sua religião, ideologia, preferência sexual e inúmeras outras categorias.

Alguns dos símbolos eram:

Amarelo sobre amarelo (Estrela de Davi): Judeu
Triângulo rosa: Homossexual
Marrom: Cigano
Lilás: Testemunha de Jeová
Vermelho: Prisioneiro político comunista alemão
Preto: Vagabundo e lésbica
Verde: Criminoso contumaz
Azul: Emigrante

Introdução

Primeiro vieram atrás dos comunistas,
e não protestei porque eu não era comunista.

Depois vieram atrás dos sindicalistas,
e não protestei porque eu não era sindicalista.

Depois vieram atrás dos judeus,
e não protestei porque eu não era judeu.

Depois vieram atrás de mim,
e não havia mais ninguém para protestar por mim.

Pastor Martin Niemöller (1892–1984)

A justiça curricular é o resultado da análise do currículo que é elaborado, colocado em ação, avaliado e investigado levando em consideração o grau em que tudo aquilo que é decidido e feito em sala de aula respeita e atende às necessidades e urgências de todos os grupos sociais; lhes ajuda a ver, analisar, compreender e julgar a si próprios como pessoas éticas, solidárias, colaborativas e corresponsáveis por um projeto de intervenção sociopolítica mais amplo destinado a construir um mundo mais humano, justo e democrático.

Comprometer-se com uma educação crítica e libertadora obriga a investigar em que medida os objetivos, os conteúdos, os materiais curriculares, as metodologias didáticas e os modelos de organização escolar respeitam as necessidades dos distintos grupos sociais que convivem em cada sociedade. Exige questionar se as interações pessoais nas salas de aula e na escola, assim como os modelos de participação estão condicionados por preconceitos e falsas expectativas; se as estratégias de avaliação servem para diagnosticar o quanto antes os problemas e nos manter alertas perante as dificuldades que cada estudante tem, mas em especial nos deixar cientes das dificuldades daqueles que pertencem a grupos sociais em situações de risco ou às minorias que sofrem todo tipo de discriminação. Da mesma maneira, é preciso julgar o grau em que as teorias educativas que embasam as propostas curriculares com as quais se trabalha são o resultado de levar em conta as vozes dos "outros", suas necessidades, perspectivas e esperanças.

Ao longo dos distintos capítulos deste livro buscarei oferecer uma análise das 12 principais transformações que atualmente estão acontecendo na maioria dos países desenvolvidos, mas com o olhar voltado às tensões, repercussões, condições, obrigações e dilemas que cada uma delas impõe aos sistemas educativos e, portanto, ao trabalho que a sociedade atribui às instituições escolares.

Referir-se à justiça curricular implica considerar as necessidades do presente para em seguida analisar de forma crítica os conteúdos das distintas disciplinas e das propostas de ensino e aprendizagem com as quais se pretende educar as novas gerações e prepará-las para a vida. Esta meta, é lógico, preocupa os professores comprometidos com a atribuição de poderes aos grupos sociais mais desfavorecidos e, portanto, com a construção de um mundo melhor e mais justo.

Ainda hoje, encontramos em nossas instituições escolares estudantes que se sentem estranhos a cada dia do ano letivo, desde o momento de entrada até a saída. Fora uma ou outra amizade construída à margem da escola, estes estudantes não encontram ninguém que os entenda, que fale de seus problemas, suas preocupações, suas necessidades, das coisas que acontecem no seu bairro, das razões pelas quais sua vida é do jeito que é e por que não é melhor.

A educação não pode ser um instrumento que gere ódio e, portanto, que sirva para romper os laços tanto com a própria família como com a comunidade de origem. Devemos estar conscientes de que em muitos momentos a educação gerou – e isso ainda acontece – confusão e estranhamento, além de uma assimilação não consentida, ou mais claramente, de uma desculturalização. Educar é totalmente o contrário de formar seres desvinculados socialmente, pessoas sem raízes ou tradições culturais.

Uma situação semelhante é a melhor prova de um sistema educativo alienante, mas dado que na mente dos professores não existe nenhuma intenção de causar tal mal estar, prefiro chamá-lo de sistema desorientado. Tratamos de educar e nos esforçamos para isso, mas no fim não temos o sucesso que gostaríamos. O problema pode estar no fato de que nossos enfoques não sejam realmente adequados. Procuramos atender muitas coisas ao mesmo tempo, mas parece que restam zonas nas quais nossos olhos não se detêm com a devida atenção.

Durante as últimas décadas, os sistemas educativos têm sido objeto de legislação, da imposição de filosofias educativas e de orientações práticas que descuidam aspectos de crucial importância, como a seleção da cultura por meio da qual se pode compreender melhor um mundo cada vez mais globalizado e no qual se produzem muitas transformações e – o que costuma causar mais ansiedade – de maneira simultânea.

Recolocar em seu devido lugar a importância dos conteúdos que devem ser objeto de atenção prioritária nas instituições escolares exige contemplar aspectos como a inclusão, a representação, o reconhecimento, as contribuições e as valorizações das pessoas, dos grupos e das culturas que estão presentes nas salas de aula e na sociedade mais ampla na qual a escola está inserida.

Em um mundo no qual o medo perante as pessoas desconhecidas parece aumentar, onde ao nosso redor escutamos com muita frequência falar de reduções dos direitos conquistados, de perda ou menosprezo de valores como a solidariedade, o respeito, a ajuda, o apoio, a igualdade, a austeridade, etc., é nossa obrigação nos deter à análise de quais valores se pretende substituir, e com quais raciocínios se tenta conseguir nosso consentimento.

Vivemos em um mundo complexo que exige pessoas que saibam discutir com rigor, mas que também saibam duvidar e, portanto, mantenham sempre viva sua curiosidade intelectual, pois os novos cidadãos democráticos do século XXI precisam desenvolver uma compreensão da realidade mais racional e argumentativa, permanentemente submetida à reflexão e ao debate. Em um planeta tradicional-mente organizado como um mosaico, sem consciência do lugar e das interações que cada pessoa mantém no conjunto deste mosaico ao qual faz parte, é indispensável uma maior abertura na mente e no coração perante as distintas culturas, as ideias e os ideais dos diferentes grupos sociais que habitam um mesmo país, assim como aqueles outros com os quais nos relacionamos de maneira direta ou indireta.

Uma educação reflexiva na qual o marco das distintas convenções sobre os Direitos Humanos nos possibilite arriscar a fazer avaliações sobre realidades culturais muito diferentes das nossas, é uma necessidade urgente nas sociedades abertas de hoje, nas quais existe o risco de cair em um ceticismo normativo peri-goso, reforçador de situações tremendamente injustas e que nenhuma das cartas dos Direitos Humanos atualmente aprovadas e em vigor aceitaria. Este ceticismo consiste em avaliar de modo positivista qualquer comportamento ou rito diferente e típico de uma cultura, somente pelo fato de ser diferente; aludindo àquilo que, como não é típico de nosso ambiente, não podemos nem devemos valorizar. Este é um dos perigos que se corre em alguns projetos de educação multicultural que são oferecidos nas escolas, nos quais temos a sensação de que se deseja introduzir os alunos a uma espécie de feira de culturas, fazendo uma competição entre elas para ver qual é mais pura, inocente e antiga.

Em um mundo cada vez mais despolitizado e um tanto apático, corremos o risco de cair em um multiculturalismo anedótico, exclusivamente limitado a incluir pílulas de informação descontextualizadas para dar a sensação de prestar atenção à diversidade. Esta é uma estratégia na qual é muito fácil cair quando se faz referência a dados, imagens isoladas e confusas, bem como distorcidas da história, cultura e situação atual de alguns grupos culturais marginalizados ou pertencentes a minorias sem poder.

A garantia de sucesso na educação se baseia no fato de que os alunos não precisam abandonar suas identidades culturais para aprender, mas que os professores as considerem um ativo ponto de partida, com o qual podem começar a construção e a remodelação de novos conhecimentos, mais que tratá-las como um obstáculo ou um freio a ser solucionado ou ignorado (LADSON-BILLINGS, 1994).

É preciso estar disposto a se questionar em que medida a seleção de conteúdos culturais com os quais se trabalha nas salas de aula tem como objetivo fundamental preservar os interesses de determinados grupos hegemônicos e construir relações de poder a seu serviço, em vez de promover aprendizados libertadores em contextos de ensino e aprendizagem democráticos.

Uma educação que abra portas, que gere otimismo no presente e perante o futuro também requer uma tarefa prospectiva que, por sua vez, exige que se tenham presentes as mudanças que estão acontecendo em nossas sociedades e as oportunidades que se abrem, assim como os perigos que as ameaçam, para poder imaginar com um pouco mais de rigor o mundo do futuro e, consequentemente, as prováveis necessidades dos alunos que hoje estão nas salas de aula.

Consequentemente, educar pessoas solidárias, autônomas, democráticas e livres nos obriga a torná-las conscientes de que precisam de uma ampla bagagem cultural que lhes facilite entender como é o mundo atual e, é claro, que lhes ajude a se convencer de que devem ter respeito à autonomia e liberdade de pensamento a que cada ser humano tem direito; torná-las conscientes de que há realidades e ideias que são e devem ser defendidas e outras, pelo contrário, indefensáveis. Como ressalta Nussbaum (2005, p. 324), as pessoas que nunca aprenderam a usar a razão e a imaginação para ingressar em um mundo mais amplo capaz de acolher distintas culturas, grupos e ideias, se empobrecem pessoal e politicamente, apesar do sucesso que sua preparação profissional tenha.

Uma instituição escolar comprometida com a justiça curricular obriga, além disso, que o exercício profissional dos professores seja debatido ativa e reflexivamente com princípios éticos como: integridade e imparcialidade intelectual, coragem moral, respeito, humildade, tolerância, confiança, responsabilidade, justiça, sinceridade e solidariedade (TORRES, 2009, p. 74).

Assegurar e aperfeiçoar a democracia conquistada é um processo permanentemente aberto e que exige cidadãos informados, educados, alertas e utópicos, e com fé no futuro, porque desde hoje trabalhamos para isto.

1

Século XXI

revoluções do presente e conhecimentos necessários para entender a sociedade e participar dela

Vivemos em um momento histórico de grande e contínua transformação, fruto de 12 revoluções que, em maior ou menor medida, afetam a vida cotidiana de todas as pessoas. Por isso devemos levá-las em consideração na hora de refletir e decidir sobre o tipo de educação que as novas gerações devem receber. Todas as áreas do conhecimento, as disciplinas e, é claro, seus conteúdos, sofrerão modificações em maior ou menor grau segundo a análise realizada das grandes transformações que estas 12 revoluções de nossa época estão propiciando nas sociedades do presente, revoluções que enunciaremos a seguir e cujo desenvolvimento será tratado neste primeiro capítulo:

12 REVOLUÇÕES DE NOSSA ÉPOCA:

1) Revolução nas tecnologias da informação e comunicação
2) Revolução nas comunicações
3) Revoluções científicas
4) Revolução na estrutura das populações das nações e dos Estados
5) Revolução nas relações sociais
6) Revoluções econômicas
7) Revoluções ecológicas
8) Revoluções políticas
9) Revoluções estéticas
10) Revoluções nos valores
11) Revolução nas relações de trabalho e no tempo de lazer
12) Revoluções na educação

1. REVOLUÇÃO NAS TECNOLOGIAS DA INFORMAÇÃO E COMUNICAÇÃO

É especialmente a partir de meados da década de 1970 que podemos identificar o nascimento de uma nova era, a era digital. Todavia, é preciso reconhecer que já estavam ocorrendo grandes avanços no âmbito da física desde finais do século XIX, os quais possibilitaram esta enorme explosão de tecnologias da informação. Por isso, devemos manter certa cautela quando se trata de fixar datas muito concretas ao nascimento dessa nova era, já que uma transformação de tal dimensão leva muito tempo até que possa ser percebida como tal. Os conhecimentos e as tecnologias imprescindíveis, assim como seus primeiros desenvolvimentos práticos, foram sendo geridos nas décadas anteriores.

O motor dessa revolução digital foi a *digitalização binária*, a nova linguagem universal por meio da qual a informação é gerada, armazenada, recuperada, processada e retransmitida. Baseando-nos nas pesquisas de Manuel Castells, o que caracteriza a grande revolução das tecnologias da informação e comunicação é a aparição dessa nova linguagem digital que possibilita que qualquer informação possa ser traduzida em uma combinação de sequências de dois signos fundamentais, e que permite sua implementação mediante o *conjunto convergente* de tecnologias da microeletrônica, da informática (máquinas e *software*), das telecomunicações (televisão e rádio) e da optoeletrônica. Além disso, podemos incorporar sob este rótulo da era digital o âmbito da engenharia genética e o conjunto de seus desenvolvimentos e suas aplicações, os quais estão diariamente em expansão. Tenhamos presente que a engenharia genética é centrada na decodificação, manipulação e reprogramação final dos códigos de informação da matéria viva (CASTELLS, 1997, p. 56).

Esse conjunto de tecnologias possibilita importantes descobrimentos e aplicações práticas em todos os setores de nossa vida: saúde, comércio, indústria, transportes, lazer e tempo livre, etc. Estas tecnologias utilizadas em campos de conhecimento como a química, física, biologia molecular e matemática, por sua vez, permitiram o surgimento de novos campos científicos como a nanotecnologia. A nanotecnologia contribui para tornar realidade e aperfeiçoar os avanços com enormes possibilidades práticas como as nanopartículas, os nanotubos, os nanorrobôs, etc. Ela também está dando impulso a todo um enorme leque de aplicações muito promissoras no campo do armazenamento, da produção e conversão de energias, no diagnóstico de doenças, em intervenções cirúrgicas, no mundo da construção, na produção agrícola, na vigilância e intervenção de processos de contaminação ambiental, etc.

As maneiras de comunicar e gerir a informação também se veem afetadas por essas novas tecnologias, já que permitem o imediatismo nas transmissões e recepções e tornam possível que se possa consultar e emitir informações em qualquer lugar e a qualquer hora.

Nos últimos anos temos constatado como foi propiciado o surgimento de novos suportes como os livros, as revistas e os periódicos eletrônicos. Da mesma forma, outro dos benefícios dessa revolução tecnológica, e que no momento atual já é de uso comum, é a hipertextualidade, ou seja, a construção de *hiperlinks* ou de referências cruzadas entre documentos. A hipertextualidade permite o enriquecimento de qualquer texto ao facilitar interações com outros documentos, combinar a escrita com outros formatos audiovisuais (fotografias, desenhos, áudios, filmes, gráficos, apresentações em *slides*, etc.). As novas tecnologias da informação e comunicação permitem que qualquer pessoa possa acessar com toda a facilidade quantidades ilimitadas de documentos em diferentes suportes (a multimodalidade).

Nos últimos anos, a internet, mediante a *Web* 2.0, marcou o início de uma segunda nova era de possibilidades no seio da revolução digital. Na atualidade já estamos conscientes das profundas transformações que originaram os novos modos de comunicação por meio de RSS, SMS, *blogs*, *wikis*, *podcasts*, fóruns, etc. Essas inovações tecnológicas contribuíram para produzir uma grande mudança na qual os receptores desempenham um novo e poderoso papel: eles se transformam em emissores e receptores de maneira simultânea. Segundo Castells, a

> autocomunicação de massas é uma das consequências do desenvolvimento das chamadas *Web* 2.0 e *Web* 3.0, ou do grupo de tecnologias, dispositivos e aplicações que sustentam a proliferação de espaços sociais na internet graças à maior capacidade da banda larga, ao revolucionário *software* de código aberto e à melhor qualidade dos gráficos e das interfaces, incluindo a interação de avatares em espaços virtuais tridimensionais. (2009, p. 101)

Contudo, é preciso estar consciente de que qualquer inovação na rede origina novas possibilidades para um número cada vez maior de pessoas, mas também novos problemas geradores, por sua vez, de novas formas de exclusão, de novos tipos de distâncias digitais e sociais.

Todas as tecnologias funcionam como mecanismos de inclusão, porém se convertem, simultaneamente, em recursos de exclusão. Elas permitem realizar novas tarefas, ter acesso a informações, instituições e pessoas; abrem novas possibilidades de atribuição de poderes àqueles grupos sociais que sabem delas se aproveitar. Todavia, como toda tecnologia, ao mesmo tempo em que nos mostram este enorme potencial, deixam deslocados, perdidos e isolados aqueles grupos e aquelas pessoas que não as incorporam em seus hábitos cotidianos.

Desde que foram surgindo as primeiras tecnologias digitais, os critérios de sucesso e fracasso de todas as organizações e instituições têm estado cada vez mais relacionados com a capacidade de adaptação às mais atuais inovações tecnológicas do momento e também com o desenvolvimento das imprescindíveis habilidades das pessoas que integram esses órgãos para utilizar e explorar tais recursos.

O mundo dos aparelhos e recursos que esta revolução torna possível, na medida em que seu manejo se torna, a cada dia mais simples, e seu custo mais acessível, penetra com enorme rapidez em todas as esferas da vida das pessoas. À medida que vão aparecendo no mercado novas máquinas, dispositivos e programas e com a difusão de seu uso, a maneira de viver de seus usuários sofre grandes transformações de maneira continuada. Originam-se novas formas de acesso à informação, de se relacionar, ver, se comportar, aprender, trabalhar, se divertir, pensar e ser.

Porém, não nos esqueçamos que um dos motores das novas tecnologias da informação e comunicação e, em particular, do *software*, é o mundo da produção industrial civil e militar. O âmbito empresarial é o que faz mais demandas e com maior urgência e, consequentemente, é a ele que as empresas de informática dedicam grandes esforços. Por outro lado, é no mundo da educação institucionalizada e das estruturas dedicadas à formação e atualização permanente que os déficits são muito mais evidentes. Mesmo que as empresas dedicadas ao *hardware* tenham o sistema educativo sob sua mira, pois sabem que esse é o único mercado que está sempre no auge, existe uma preocupação menor em gerar *software* especificamente pensado para ser empregado no âmbito da educação, nos diferentes níveis do sistema escolar: educação infantil, primária, secundária e formação profissional.

A mesma situação em relação aos *software* para o mundo universitário é muito diferente, pois a própria rede de centros de pesquisa que se concentra nesse nível é propulsora e destinatária de uma parte muito importante desse tipo de tecnologia da informática.

Além disso, os diferentes programas para incentivar a presença das tecnologias da informática nos níveis não universitários sempre se esforçaram muito mais para facilitar a entrada de *hardware* nas escolas e salas de aula do que estimular a criação de *software* adequados aos processos de ensino e aprendizagem que se dá nesses espaços.

Assim, os planos de novas tecnologias promovidos pelo Ministério da Educação e Ciência no Estado espanhol desde a década de 1980, assim como os geridos pelos governos das diferentes Comunidades Autônomas, têm quase que exclusivamente se destinado a introduzir servidores e computadores nas instituições escolares, dedicando muito menos esforço ao *software* mais apropriado para facilitar a aprendizagem dos alunos e as estratégias de ensino dos professores.

Esse foi o caso do Programa Atenea promovido pelo Ministério de Educação e Ciência do governo espanhol socialista presidido por Felipe González durante toda a segunda metade da década de 1980, de 1985 à 1991, e que, posteriormente, seria integrado ao Programa de Novas Tecnologias da Informação e Comunicação (PNTIC), também dependente do MEC; assim como os que depois foram desenvolvidos pelos governos das diferentes Comunidades Autônomas (Plano de Informática Educativa, na Catalunha; programas Abrente e Estrela na Galícia; Ábaco nas Ilhas Canárias; Zahara na Andaluzia, etc.) (MOREIRA, 2002).

Algo semelhante ocorreu com os projetos destinados à introdução dos meios audiovisuais nas salas de aula – como o Programa Mercúrio iniciado no ano letivo de 1985–86 – que acabaram reduzidos a oferecer monitores e televisores aos institutos de educação, deixando de lado a provisão de documentários culturais dirigidos às distintas áreas do conhecimento e disciplinas que compõem o currículo escolar. Da mesma maneira, esqueceram ou não prestaram a devida atenção ao incentivo de programas de formação e atualização dos professores destinados a promover o uso dessa classe de recursos didáticos na vida cotidiana das salas de aula.

Continuou-se com esta linha de intervenção no sistema educativo nas décadas seguintes, mas a partir desse momento se contou com a colaboração de outras instâncias da União Europeia, mediante programas de alcance europeu. Um exemplo desta linha de ação são os programas Avanza I (2005-2009) e Avanza II (2010)[1] promovidos pelo Ministério da Indústria, Turismo e Comércio da Espanha, dirigidos para o desenvolvimento do setor empresarial manufatureiro das tecnologias da informação e comunicação (TICs) e o fornecimento de todo tipo de organizações e instituições com equipamentos de informática e da infraestrutura necessária para seu melhor rendimento. O objetivo desses planos era melhorar os índices de produtividade de todas as instituições espanholas e, desse modo, colocar o Estado espanhol em uma situação mais vantajosa no marco da Sociedade da Informação e do Conhecimento. Os eixos de atuação nas áreas da educação se concentraram principalmente em facilitar a aquisição de computadores por um número significativo de estudantes e professores. A essas políticas devemos somar as ações da rede Universia[2], uma rede de universidades promovida pelo Banco Santander que conta com a colaboração da (CRUE) Confederação de Reitores de Universidades Espanholas, que nesses últimos anos está promovendo o Programa Athenea (nome que recorda o programa anterior criado pelo MEC, só que agora é exclusivamente dirigido à universidade) que tem como objetivo facilitar a ajuda para a aquisição de *notebooks* para os alunos universitários.

Contudo, é preciso ressaltar que começam a surgir iniciativas de interesse, como é o caso da criação do Instituto de Tecnologias Educativas (ITE)[3], promovido pelo Ministério de Educação, destinado a promover a dimensão didática das TICs, buscando incidir de forma muito mais direta na formação dos professores e em recursos didáticos tanto para docentes como para os alunos. Um de seus últimos projetos mais destacados é o Programa Escola 2.0, com subprogramas como o Projeto Gauss, que será desenvolvido entre 2009 e 2013, um projeto que busca facilitar o ensino e a aprendizagem da matemática para os alunos da 5ª e 6ª série de educação primária e da 1ª e 2ª série de educação secundária obrigatória.

No momento atual, as TICs ainda não foram totalmente adotadas no sistema educativo, uma vez que os programas de atualização dos professores costumam cair em um notável tecnocratismo e não prestam a devida atenção a fatores determinantes como:

- a existência de uma legislação que impõe como obrigatório um número excessivo de conteúdos para cada área do conhecimento e cada disciplina, o que faz com que um setor muito importante dos professores se omita na hora de se comprometer com inovações didáticas;
- o forte peso de determinadas tradições metodológicas controladas pelos livros didáticos;
- o poder e a pressão das grandes editoras destinadas à edição de livros didáticos que não vacilam em pressionar os governos no poder para que não se coloque em risco esse tipo de mercado e os negócios.

Na introdução desse tipo de tecnologias no sistema educativo, as empresas e os grupos destinados a construir *software* apropriados às necessidades desse ambiente tampouco costumam submetê-lo previamente a uma mínima experimentação, em situações reais nas salas de aula, nem a exigir de seus usuários avaliações e sugestões para sua melhoria.

Sobra retórica ao tratar de convencer os professores, os alunos e suas famílias e os cidadãos em geral de que a simples aquisição de um *notebook* basta para fazer milagres. Para poder se beneficiar das possibilidades que o *notebook* oferece é preciso dominar determinadas linguagens, conhecimentos e habilidades digitais básicas. Porém, além disso, urge uma alfabetização digital que, junto com outros saberes e valores que também são exigidos no sistema educativo para formar novas gerações, permitirá tornar realidade uma educação verdadeiramente integral: humanística, científica, tecnológica, artística e social.

Tenhamos presente que todo este conjunto de tecnologias da informação outorga um novo papel ao conhecimento e à informação que, governado sob modelos capitalistas, dá lugar ao surgimento das atuais sociedades informacionais, assim como do capitalismo cognitivo (VERCELLONE, 2004). Essas tecnologias propiciam a consolidação de uma nova economia do conhecimento na qual ele se converte no principal motor da riqueza e competitividade dos países, empresas e pessoas.

De qualquer modo, frente às enormes possibilidades dessa revolução, é imprescindível prestar atenção ao também gigantesco potencial que essas tecnologias digitais possuem de gerar maiores desigualdades e injustiças.

Não devemos esquecer que as dinâmicas economicistas pelas quais as sociedades do presente são regidas estão favorecendo a concentração de pesquisadores de prestígio nas instituições universitárias e a condução de pesquisas avançadas localizadas em países de maior poder econômico e político. Um fenômeno desta dimensão implica aumentar ainda mais a reprodução e o agravamento da distância entre países ricos e pobres; entre as possibilidades de ter acesso ou não a um conhecimento relevante e que abre possibilidades de crescimento e de melhoria da qualidade de vida de todas as pessoas, em especial daquelas que integram os grupos sociais mais desfavorecidos.

Se a fuga de cérebros dos países pobres aos ricos sempre foi um dos sinais das dinâmicas da injustiça, no momento atual esse processo de deslocamento dos recursos humanos mais valiosos da comunidade para outros lugares, por si só privilegiados, apenas agrava as dificuldades de quem vem sofrendo as maiores opressões e discriminações.

Nas sociedades atuais da informação, o conhecimento é um dos principais motores da economia e da melhoria das condições de vida. Consequentemente, uma apropriação injusta deste tipo de tecnologias da informação simplesmente confirma que o mundo não caminha na direção adequada.

Portanto, estamos frente a tecnologias que, por um lado, geram maiores oportunidades de negócio e poder aos grupos economicamente mais poderosos e às multinacionais que tratam de controlar seu desenvolvimento e sua aplicação; porém, estas tecnologias ao mesmo tempo abrem enormes possibilidades para quem aposta no compartilhamento, na abertura aos demais e na democratização da informação.

Tenhamos presente que o acesso à informação no marco de sociedades regidas pela ideologia de mercado e por políticas econômicas neoliberais é muito desigual e injusto; que a superabundância na oferta da informação não deve ser confundida com uma real democratização no acesso. Uma sociedade justa e democrática deve garantir que todos os países e as pessoas que os habitam disponham de recursos para ter acesso à informação verdadeiramente valiosa, relevante e significativa; e, ao mesmo tempo, que os sistemas educativos e as redes institucionalizadas assegurem a difusão e a divulgação do conhecimento de boa qualidade; ela deve garantir uma educação que ajude cada cidadão a obter, compreender, utilizar e avaliar qualquer informação de forma crítica.

Uma reorientação radical deste processo injusto deve possibilitar a cooperação e o trabalho em equipe entre grupos de pesquisa de universidades e centros de pesquisa dos países mais desenvolvidos com aqueles outros localizados em zonas do planeta que têm sofrido as maiores injustiças, razão de sua situação atual de pobreza, algo que, por exemplo, as redes de comunicação democraticamente controladas e utilizadas podem contribuir decisivamente para sanar.

Nesse sentido, é importante incidir na criação de comunidades de pesquisadores em rede, trabalhando em equipe de forma coordenada em torno de um mesma ideia, projeto ou situação problemática, contribuindo com capacidades, conhecimentos e experiências pessoais; uma equipe que trabalha em um laboratório situado em um espaço físico determinado, mas com a particularidade de que agora, na internet, esse espaço já não tem limitações espaciais nem está condicionado por horários fixos, pela disponibilidade de dinheiro e pelo tempo para viajar, etc.

Nessa dinâmica, a própria criação destas comunidades de pesquisa não será somente o resultado dos interesses de quem já está inserido nos atuais centros de pesquisa; mas também os próprios cidadãos ou grupos de pessoas que compartilham um mesmo problema ou aspiração poderão agora se converter em promotores dessas equipes de pesquisa *online*. A internet oferece a possibilidade de solicitar o apoio de especialistas ou de pessoas com experiência para trabalhar de maneira coordenada na solução de um problema ou necessidade específica. Com as tecnologias existentes no presente, já é possível que pessoas fisicamente muito distantes ou isoladas possam compartilhar todo o desenvolvimento de um projeto de pesquisa, desde sua fase de planejamento até sua realização, aplicação e avaliação. Está mais fácil contar com a colaboração de pessoas que vivem em diferentes continentes, países e cidades. Além disso, o trabalho *online* facilita a formação de equipes com maiores níveis de interdisciplinaridade e, consequentemente, com maiores probabilidades de ter resultados muito mais satisfatórios, ao levar em consideração um maior número de perspectivas de análises e soluções.

Como consequência de todo esse conjunto significativo de transformações originado pela revolução digital, são geradas novas e prementes exigências às instituições escolares. À medida que este tipo de avanço tecnológico se consolida, o acesso a novas alfabetizações digitais se torna mais urgente para toda a população. Tais avanços condicionam de modo decisivo o acesso ao conhecimento e também aos processos de ensino e aprendizagem nas instituições escolares e na sociedade em geral.

No âmbito da educação, as novas tecnologias favorecem novas formas de apresentar, organizar, comunicar, aprender e obter informações; bem como de se relacionar e trabalhar com outros companheiros, sejam eles estudantes, professores ou qualquer outra classe de profissionais. As novas tecnologias nos oferecem enormes possibilidades para o acesso a qualquer fonte de informação, qualquer que seja o lugar do mundo na qual ela se encontra.

O domínio das tecnologias da informação e comunicação (TICs) é obrigatório para os alunos, cuja vida atual exige não somente saber como obter informações nos diversos suportes nos quais ela se apresenta, mas também, por sua vez, passar a fazer parte da cadeia de criação, troca e difusão de documentos e produções multimídia e hipermídia.

Se no passado a leitura e a escrita eram habilidades imprescindíveis para ter acesso ao conhecimento, para o estudo das diferentes matérias que integram o currículo escolar, na atualidade, a distância decisiva que antes se estabelecia entre alfabetizados e analfabetos, porém circunscritos ao domínio ou não da leitura e da escrita, agora se estabelece a partir de quem é ou não alfabetizado digitalmente; condição indispensável para participar das atuais sociedades da informação. A alfabetização digital implica tanto o domínio da leitura e a compreensão da informação em formato multimídia e hipermídia como sua própria produção e difusão.

Uma máquina do tamanho de um livro pequeno, como é o livro eletrônico ou *e-book*, pode armazenar milhares de livros em formato digital; uma importante biblioteca que em formato de papel precisaria de muitas salas para seu armazenamento. Além disso, poder se conectar à internet permite atualizar constantemente suas bases de documentos; facilita a realização de buscas com enorme rapidez dentro de grandes extensões de textos, permite ressaltar frases, fazer anotações personalizadas, recomendar ou criar *links*, etc.

As TICs possibilitam novas funcionalidades como a tradução de determinado texto para qualquer idioma de forma imediata (embora seja preciso reconhecer que atualmente os tradutores automáticos ainda precisem de melhorias consideráveis); ela permite que um texto seja reproduzido mediante sintetizadores de voz em áudio, com vozes e sotaques muito variados, etc. A digitalização permite, além disso, uma maior facilidade de acesso a qualquer livro, revista, jornal, etc., mediante seu *download* imediato da internet, sem ter de esperar que os passos tradicionais sejam feitos, como na maioria das compras: o envio da editora à empresa distribuidora e dessa à empresa de transporte, até que seja colocado em uma livraria e, finalmente, nas mãos da pessoa que precisa da obra. Outra diferença dos livros eletrônicos é o preço: além de serem mais baratos do que os livros impressos, eles não exigem uma tiragem mínima.

A simplicidade e facilidade da edição digital fazem com que qualquer pessoa ou instituição escolar possa criar, desenhar e distribuir seus próprios textos em formato digital. O uso de um computador e o acesso à internet já substituem os vídeos, os retroprojetores, os leitores de transparência, as fotocopiadoras, etc.

Nos últimos anos também podemos constatar o enorme potencial da lousa digital interativa conectada à internet, permitindo que, em sala de aula, se possa controlar, criar e modificar um texto, esquema ou desenho que se projeta sobre ela ou que é baixado da internet. Mediante o uso de canetas de toque especiais ou dos próprios dedos da mão, o sistema registra a escrita e as anotações feitas na tela, permitindo armazená-las, enviá-las por *e-mail*, convertê-las em diferentes formatos, imprimi-las, etc.

Incorporar de uma maneira ativa e crítica as novas tecnologias às salas de aula facilita o acesso a uma maior variedade e a um maior número de recursos de informação e interação para docentes e discentes. Elas permitem, por exemplo, o acesso a um grande número de bibliotecas e de bases de dados em todo o mundo a partir da sala de aula, da própria casa do aluno ou de qualquer outro lugar no qual ele se encontre e na hora do dia em que desejar. As novas tecnologias facilitam o compartilhamento e os debates tanto presenciais como à distância, as discussões mediante fóruns, *blogs*, etc.

As plataformas interativas possibilitam trabalhar com modelos de ensino e aprendizagem colaborativos, ao mesmo tempo em que permitem aos alunos o acesso a um ambiente mais rico e variado de materiais informativos e didáticos. Elas também contribuem para que cada estudante possa trabalhar no seu ritmo e nos momentos do dia que preferir; interagir com seus colegas e professores com maior flexibilidade horária, etc.

A videoconferência, os programas de simulação, a programação de tarefas escolares mais adaptadas às capacidades de cada aluno, a realização de adaptações tecnológicas para compensar determinadas deficiências físicas, etc., também são algumas das muitas possibilidades que esta revolução digital proporciona.

As novas tecnologias oferecem aos professores novas alternativas para enriquecer sua forma de trabalhar em sala de aula, para fomentar a motivação dos alunos, estimular uma maior interatividade e colaboração nas tarefas executadas em sala de aula, bem como a comunicação com outros docentes e especialistas; facilitam um trabalho mais flexível e até mesmo não presencial.

À medida que se avança na implementação destes novos recursos tecnológicos nas instituições escolares, a palavra do professor e o livro didático deixam de ser o único suporte da comunicação educacional. Ainda assim, convém estarmos muito alerta para não utilizar as TICs para reproduzir os modelos pedagógicos mais tradicionais e autoritários, pois se pode cair apenas em uma espécie de maquiagem das rotinas didáticas, mudando as fontes e cores do texto, mas não a filosofia educativa por trás das tarefas didáticas, das interações entre estudantes e docentes, da variedade e qualidade dos recursos de informática, das modalidades de avaliações, etc.

É preciso estar sempre alerta para adaptar as TICs aos processos de ensino e aprendizagem, e não eles às TICs. Da mesma forma, é de vital importância evitar os modelos didáticos mais tecnocráticos que, baseados na fascinação que esse tipo de recurso digital costuma despertar nos alunos e inclusive nos professores, caem em um ativismo irreflexivo, na realização de uma atividade estéril por atividade, em uma espécie de síndrome de hiperatividade mecanicista.

São necessários recursos para facilitar o acesso à internet; recursos econômicos para adquirir e promover o projeto de novas "interfaces" com maiores possibilidades; mas também promover o fomento de projetos de pesquisa que dentro de seus marcos educativos se preocupem em analisar os novos modelos de socialização construídos nas redes; é preciso que os projetos pesquisem e incidam naqueles modelos que oferecem mais vantagens educativas. Precisamos formar professores que, ao mesmo tempo em que se responsabilizam por capacitar as pessoas para se mover com autonomia e responsabilidade nesses novos ambientes, se esforcem em compartilhar suas experiências práticas com outros colegas, em oferecer seus aprendizados e sugestões a quem trabalha no projeto e na produção destas tecnologias, para assim poder melhorá-las.

É importante prestar maior atenção às interfaces que deveriam ser promovidas e geradas, tanto de *hardware* como de *software*. Estas interfaces devem ajudar todos os cidadãos, em geral, a abrir novas possibilidades para a comunicação, melhorá-las e facilitar a aprendizagem e a resolução de problemas, mas também prestar maior atenção aos grupos sociais excluídos ou com maiores possibilidades de ficar marginalizados no curto e médio prazo.

A configuração deste tipo de tecnologia facilita sua utilização por múltiplas pessoas, mas ao mesmo tempo pode se tornar um importante obstáculo para o acesso à informação e à comunicação para aqueles grupos sociais cujas características especiais não são levadas em conta por quem a projeta. Assim, por exemplo, não devemos esquecer que há muitos adultos acostumados a outro tipo de rotina e a aparatos menos complexos no seu manejo e na compreensão das instruções de funcionamento; e, da mesma forma, existe um número relevante de pessoas com dificuldades psicomotoras e sensoriais especiais que podem compensar e ampliar suas possibilidades de ação com estas novas tecnologias, caso elas sejam adaptadas às suas incapacidades.

Todas as pessoas têm de aprender a aproveitar esta classe de tecnologias, mas também é preciso promover a fabricação de *hardware* e *software* que tratem de respeitar rotinas já construídas, modos de percepção dominantes; ou seja, que suponham uma extensão de nossos sentidos e de nossas capacidades, e que não sejam os seres humanos que precisem se adaptar e se submeter às regras e aos modos de funcionamento que seus projetistas estabeleceram – seguindo lógicas mais mecânicas e técnicas. A tecnologia tem de servir para tornar nossa vida mais fácil, para resolver nossos problemas e não para gerar novos. Todavia, é preciso reconhecer que, com uma frequência cada vez maior, quem projeta tanto *software* como *hardware* se esforça, com sucesso muito notório, em simplificar cada vez mais suas criações, destinadas ao acesso, à divulgação, ao tratamento e ao armazenamento de informações e à facilitação da comunicação interpessoal e grupal.

O foco na atenção e no tempo que os professores levam para aprender a se mover neste mundo das novas tecnologias da informação e comunicação não pode ser visto como um repressor para baixar a guarda na reflexão e atenção às principais e mais urgentes finalidades dos sistemas educativos.

Em relação às instituições escolares e à educação em geral, este novo mundo digital exige uma constante avaliação das reais necessidades educativas dos alunos e da sociedade; necessita análises rigorosas sobre as possibilidades e limitações de cada uma das ferramentas das TICs para serem utilizadas nas salas de aula. Não devemos ignorar os enormes interesses econômicos das empresas fabricantes desses recursos digitais na hora de pressionar e fazer com que os órgãos administrativos da educação e as próprias escolas inundem as salas de aula com todo tipo de aparelho e seu *software* correspondente, até esgotar os recursos monetários limitados destas instituições e, portanto, descuidar de outros investimentos também imprescindíveis.

O consumismo que caracteriza as sociedades capitalistas e neoliberais tem entre seus aliados muitas parcelas do conhecimento que trabalham sob seus ditados mercantilistas, para nos hipnotizar e criar cada vez mais necessidades, entre outras coisas; sem parar para pensar e, o que é mais determinante, sem tempo para uma análise mais detalhada de sua verdadeira utilidade e suas vantagens. Os motores das decisões no âmbito da educação devem ser os interesses e as necessidades dos alunos e de toda a sociedade, não somente os interesses das grandes empresas multinacionais.

É indiscutível que esta revolução digital está nos obrigando a repensar por completo não somente os conteúdos do currículo escolar, mas também as maneiras de trabalhar, as capacidades, os hábitos, as habilidades e os valores a serem promovidos e inclusive os espaços onde se produzem os processos de ensino e aprendizagem, bem como os horários destes processos.

Contudo, é preciso não mistificar a internet; como se as redes de comunicação que ali operam não tivessem proprietários ou fossem completamente livres e imparciais. Estamos perante grandes multinacionais que controlam os servidores e, sem dúvida, das quais em princípio é conveniente suspeitar, pois elas também têm seus próprios interesses. Os provedores da internet não são exatamente ONGs generosas que buscam somente fazer o bem, ajudar os pobres e os grupos sociais mais desfavorecidos.

Se no último século os grandes poderes econômicos e empresariais criaram grandes redes de meios de comunicação para proteger e promover seus negócios (ou deles se apropriaram), seria ingênuo pensar que a internet é um campo neutro, sem falar em um mundo onde reina somente a democracia, o altruísmo, a solidariedade e a generosidade.

Para manter a atual ordem econômica, política, militar, social e cultural, o próprio sistema precisa controlar e censurar informações consideradas inadequadas por seus mecanismos de vigia. Existem meios de comunicação de caráter público, mas a grande maioria é privada, mesmo que pareçam e se mostrem como grupos de profissionais que trabalham de forma altruísta por meio de um serviço público pelo bem da sociedade. Porém, da mesma forma é importante recordar que até mesmo os meios de comunicação de caráter público – financiados exclusivamente com o dinheiro público – como a Radio Nacional de España, a Radio Televisión de Galicia (RTVG), a Televisión Vasca (ETB-Euskal Telebista), etc., com bastante frequência se tornam redes de propaganda da mídia, porta-vozes de manipulação, a serviço dos grupos que cada vez têm mais peso nos governos do momento e, inclusive, os controlam.

Convém não ignorar que também existe a possibilidade de censura na internet. Existem países cujos governos obrigam os grandes provedores a censurar determinados portais ou informações que não consideram politicamente convenientes. Além disso, não devemos esquecer que isto acontece inclusive nos governos daqueles países que se consideram guardiões da democracia no planeta, como os Estados Unidos, que em 11 de setembro de 2001 sofreram atentados terroristas e obrigaram os grandes provedores de internet baseados em seu território a facilitar aos órgãos policiais, e especialmente à CIA, o acesso às suas bases de dados armazenados, com a finalidade de controlar, perseguir e prevenir certas ações capazes de gerar tragédias semelhantes. Todavia, também existem reais possibilidades de burlar a censura que os grandes poderes políticos, econômicos e militares tratam continuamente de estabelecer. Um exemplo disso é o portal WikiLeaks[4], que desde 2006 publica periodicamente relatórios que revelam comportamentos imorais ou atividades antiéticas e geradoras de situações de injustiça realizadas por governos e empresas de todo o mundo, e que esses poderes tratam de esconder por todos os meios.

É preciso ter sempre presente que esta revolução das tecnologias da informação e comunicação vem dando origem a novos tipos de delitos, com a consequente criação de máfias novas ou mais modernas e, portanto, com maiores possibilidades de cometer delitos. Hoje em dia, ninguém pode deixar de tomar cuidado na hora de inserir os dados de contas bancárias, a numeração de cartões de crédito, as senhas pessoais de acesso a *e-mails* ou a outros lugares de acesso restrito na internet; sem falar do mundo dos perigosos vírus de informática e as sempre inovadoras maneiras com que são introduzidos e contaminam os computadores tanto de empresas, bancos, universidades, departamentos da administração pública como, obviamente, também os pessoais. Tais vírus, como terríveis guerreiros invisíveis, têm como objetivo danificar da pior maneira os proprietários dos computadores atingidos e, ao mesmo tempo, enriquecer seus criadores e manipuladores.

Devemos aceitar que as potencialidades destas novas tecnologias estão nos pegando muito desprevenidos, tanto que já são muitas as vozes que evidenciam que este tipo de sociedade da informação requer modificações urgentes na Declaração Universal dos Direitos Humanos, a fim de garantir e proteger o direito a não sermos enganados e manipulados sobre a base de controle e difusão tendenciosa de informações.

As TICs possibilitam armazenar todo o conhecimento disponível em forma escrita e em áudio; elas permitem distribuí-lo, torná-lo acessível a todo o mundo. Assim, qualquer intervenção ou inovação que se deseja gerar em qualquer parte do mundo tem muito mais facilidades para estar fundamentada em estudos e pesquisas de grande relevância e mais atuais. O problema é que para isso se requer um forte compromisso com a democratização do conhecimento e o acesso a ele. Em uma sociedade onde o conhecimento é uma mercadoria da qual seus proprietários tratam de fazer os melhores negócios possíveis, é muito fácil que a democratização acabe reduzida a um mero *slogan* sem significado. Perante o dilema de colocar o conhecimento a serviço dos mais favorecidos ou dos grupos mais poderosos, não é difícil averiguar que serão estes que farão com que o ponteiro da balança se incline para seu lado. Tenhamos presente que, como corretamente ressalta Santos (2007, p. 29), "a ausência deste direito universal ocasionou o massivo epistemicídio sobre o qual a modernidade ocidental construiu seu conhecimento monumental e imperial". Este conhecimento foi construído e divulgado de maneira tendenciosa e utilizado para beneficiar os países e grupos sociais mais poderosos.

Em consequência, a elaboração de uma Carta dos Direitos da Cidadania à Informação e ao Conhecimento, que deveria ser elaborada sob os auspícios da ONU, se converte em uma tarefa verdadeiramente urgente.

Este direito à informação fidedigna se torna básico para qualquer sociedade democrática, pois seu funcionamento exige uma opinião pública bem informada e educada que cotidianamente deve tomar decisões e participar de numerosos contextos sociais. Além disso, esta carta é urgente em um mundo no qual as políticas do capitalismo cognitivo tratam de privatizar a informação e convertê-la em negócio ou, mais grave ainda, em direito à desinformação; ou seja, o comportamento que determinadas agências de notícias, grupos da mídia, grandes empresas, monopólios e, inclusive, serviços secretos de alguns Estados, costumam manifestar para tentar manipular a realidade e pô-la a serviço de seus proprietários ou financiadores.

Frente ao crescimento dos meios de comunicação, do número de portais na internet destinados a oferecer todo tipo de informação, à complexidade das redes sociais que crescem constantemente em número de pessoas que se relacionam entre si, urge uma educação destinada a transformar a subjetividade de quem participa e recorre a estes meios para se informar e comunicar. Tornar-lhes conscientes de que não devem se contentar em ser espectadores passivos e silenciosos, mas se transformar em autênticos cidadãos, seres humanos capazes de expressar, opinar e avaliar toda a informação à qual têm acesso.

É preciso estabelecer um estilo ético de utilizar os meios. Assim como os movimentos sociais de esquerda e progressistas têm se servido da internet para realizar um trabalho de denúncia e mobilização social, gerando novas propostas de ação mais democráticas e libertadoras, as pessoas, a título individual ou como membros de grupos, podem recorrer à internet para divulgar informações importantes para quem as acessa, a fim de ampliar a voz de grupos sociais com menor poder e facilitar a divulgação de suas iniciativas, documentos, denúncias e alternativas, etc.

Os diferentes grupos sociais, não importa de que tipo sejam, têm nas tecnologias da informação um campo de possibilidades de ação e de delegação de poderes como nunca antes pudemos imaginar; eles podem acelerar a solução de muitos problemas e, sem dúvida, enriquecer o conhecimento disponível, tornando-o mais acessível a um maior número de pessoas.

Estamos perante novas e melhores possibilidades para promover a participação dos cidadãos e, o que também é decisivo, democratizar muito mais o conhecimento existente, facilitar seu acesso àqueles que não estão no contexto físico de seus produtores; para que aquelas pessoas com tradições culturais muito diferentes às hegemônicas possam ter acesso a outros saberes, recursos e instituições aos quais outrora não tinham acesso, tenham possibilidade de avaliar sua qualidade e a justiça de tais produtos culturais envolvendo, também, seu aperfeiçoamento e sua abertura, gerando novas possibilidades.

Os ambientes tecnológicos marcam novas formas de estar no mundo; condicionam nossos sentidos, impõem rotinas, abrem possibilidades sequer antes imaginadas. Dispomos de tecnologias muito potentes que facilitam, de maneira inimaginável uma década atrás, o acesso à informação, mas o problema está nas possibilidades de que todos os seres humanos possam aproveitá-las, extrair o máximo delas. Por isso a importância de repensar a educação, de atualizar os sistemas educativos prestando maior atenção às transformações que esta revolução tecnológica está originando. Uma pessoa rodeada pela melhor tecnologia da informática, pelas bibliotecas mais bem servidas e pelas bases de dados mais completas poderá se beneficiar delas, em maior ou menor grau, em função de seu nível educativo, sua bagagem cultural e, obviamente, suas habilidades técnicas para navegar na rede.

Precisamos aperfeiçoar os modelos atuais de gestão do conhecimento, como meio para torná-los cada vez mais acessíveis e desta forma dotá-los de maiores potencialidades mediante uma política adequada de divulgação, de estratégias para promover uma melhor compreensão e um ótimo aproveitamento, um dos esforços mais urgentes nos modelos atuais de sociedades do conhecimento. É preciso que estejamos muito conscientes de que o conhecimento é informação refletida, valorizada, sistematizada e posta em ação para produzir ou contribuir para a melhoria dos processos e das atividades científicas, tecnológicas, econômicas, culturais, etc.; o melhor caminho para a construção de uma sociedade mais justa, equitativa, humanista e solidária.

2. REVOLUÇÃO NAS COMUNICAÇÕES

Como resultado das revoluções científicas, políticas e sociais, juntamente com as possibilidades que a tecnologia da informação e comunicação nos oferecem, tanto o tempo como o espaço vêm sendo transformados, o que está tornando realidade o surgimento de sociedades realmente globalizadas. As novas facilidades de melhores comunicações tanto físicas como virtuais abrem todo um universo de oportunidades nunca antes imaginadas de comunicação, interação, colaboração e aprendizagem. Devemos destacar o enorme impacto da internet, a qual acabou convertendo o planeta em uma aldeia global. Contudo, as dificuldades de alguns países e grupos sociais para ter acesso tanto à internet como às novas tecnologias de informação e comunicação contribuem para a geração de muitas injustiças. Nem todas as pessoas e todos os países têm possibilidades de possuir e utilizar estas tecnologias. Assim, algo que vem sendo objeto de debate e acompanhamento com muita frequência é o tema da distância digital; ou seja, a separação que existe entre as pessoas, os grupos sociais, os países ou núcleos de população em função de suas possibilidades econômicas para acessar as tecnologias da informação e comunicação (TICs); em função do desenvolvimento tecnológico alcançado ou das facilidades dadas por outros países mais desenvolvidos, dispostos a compartilhar ou oferecer o *hardware* ou *software* necessário, mas também das capacidades da população e de seus distintos níveis de alfabetização para ter acesso e manipular este tipo de tecnologia. Além disso, o discurso da distância digital é utilizado para ressaltar uma diferença tradicional entre as pessoas que têm acesso a mais informações e de melhor qualidade, os "inforricos", e as que se situam no outro polo, ou seja, que não podem ter acesso ou acessam unicamente as "informações-lixo", os "infopobres". Esta distinção sempre existiu ao longo da história, mas no momento atual, dadas as potencialidades das novas tecnologias da informação, ela se vê muito mais agravada.

Em geral, os estudos realizados até o momento costumam evidenciar de maneira reiterada dois tipos de distância digital:

1. Distância geográfica e econômica, que depende da disponibilidade e facilidade do acesso ao *hardware* e ao *software*, assim como da infraestrutura das redes, da qualidade e velocidade das comunicações permitidas pelas larguras das bandas disponíveis. Há países, e dentro destes, zonas, com melhores ou piores infraestruturas, dependendo do seu nível de riqueza e da sua situação geográfica. Esta distância costuma ser delimitada geograficamente entre as pessoas que habitam os países economicamente mais desenvolvidos e o resto do planeta.

2. Distância social e de geração, que depende das capacidades de cada pessoa, de seu nível educativo e da informação e grau de domínio destas tecnologias; da bagagem cultural disponível e do conhecimento básico necessário para se comportar na rede e utilizar suas possibilidades de maneira eficiente.

As pesquisas disponíveis nos dizem que ainda existe uma distância entre as pessoas mais velhas e as mais jovens; e no primeiro grupo são as mulheres de mais idade que se encontram em piores condições. Não obstante, os dados mais recentes parecem ressaltar que essa ruptura já não é constatada entre as mulheres mais jovens e as crianças, pois de uns anos para cá a distância existente tem diminuído com enorme rapidez (ERT, 2009).

A primeira das distâncias (a geográfica e econômica) não faz mais que recolocar diante de nossos olhos as terríveis injustiças humanas na hora de distribuir os recursos que existem em nosso planeta. Esta é uma modalidade de distância diretamente vinculada ao nível de riqueza dos diferentes países e que permite fazer a distinção entre os países do primeiro mundo e os do terceiro mundo. A segunda distância tem causas mais complexas, mas está fundamentalmente vinculada à educação recebida e às possibilidades concretas de atualização da formação, ou seja, estamos falando da possibilidade de que as pessoas possam tornar realidade o princípio da educação ao longo da vida, garantindo-lhes o acesso a redes institucionalizadas de educação continuada.

Todavia, esta mesma temática da distância digital não é um fenômeno que pode ser interpretado e avaliado de forma unânime. Este tipo de classificação, que tem obviamente razões de peso já que os países africanos[5], por exemplo, têm muito mais dificuldade de acesso a estes recursos tecnológicos, costuma ser determinada pelos interesses dos grandes monopólios da indústria da informática e da telefonia. Entre as principais críticas feitas a esta linha divisória digital, destacam-se as realizadas pelo professor da Universidade de Cambridge, Benjamin M. Compaine (2001). Ele sustenta que se trata de uma polêmica que costuma ser objeto de manipulações políticas e econômicas e que serve para ocultar os enormes interesses empresariais que estão por trás do mercado destas tecnologias.

Chama muito a atenção a promoção de uma espécie de "discursos de salvação" por intermédio de numerosos meios de comunicação vinculados aos múltiplos equipamentos que se agrupam sob a epígrafe tecnologias da informação e comunicação e o seu *software* correspondente, discursos que reforçam um determinismo tecnológico notável ao apresentar o progresso exclusivamente vinculado à disponibilidade do maior número possível de aparelhos e a um *software* completamente atualizado; tratando de dissimular um mercado em que muitos milhões de euros são movimentados. O bombardeio de suas mídias, feito por apologistas que instrumentalizam as pesquisas e publicações que se somam às suas linhas argumentativas, procuram convencer de maneira maçante toda a população e os seus governantes de que a solução para todos os seus males está na compra deste tipo de *hardware*. Depois, seus compradores passam a depender dessas mesmas empresas fornecedoras para poder ter acesso às constantes atualizações do *software* correspondente.

Todavia, na realidade nenhuma tecnologia pode eliminar diferenças entre as pessoas com maior bagagem cultural, e que, portanto, sabem como tirar melhor partido destas máquinas, e aquelas que tem pior formação e mais dificuldades para a utilização destes dispositivos tecnológicos. Em mais de uma ocasião vemos pessoas com aparelhos muito sofisticados, dotados dos últimos avanços, mas que não sabem tirar proveito delas. Ainda hoje é comum encontrar quem usa um *notebook* como se fosse uma máquina elétrica de escrever, pois desconsidera o resto de suas funções.

As mesmas diferenças que vêm ocorrendo nos sistemas educativos entre os alunos de acordo com sua classe social e seu capital cultural de origem, sua etnia ou procedência – urbana ou rural –, seguirão existindo por mais que as instituições escolares disponham de tecnologias mais vanguardistas, se não se tomar simultaneamente inúmeras outras decisões. Um exemplo é a revisão do currículo obrigatório, a aposta em uma melhor formação e atualização de professores, além da realização de um número relevante de intervenções em seu ambiente familiar e próximo, no mercado de trabalho e no ambiente que os rodeia e forma o mundo dos estímulos de cada criança. O que estas tecnologias estão fazendo, na realidade, é acentuar ainda mais estas diferenças, quando aqueles que não têm acesso a elas são os grupos sociais mais desfavorecidos.

Em linhas gerais, a título individual, a utilização das TICs está condicionada pelas seguintes características: motivação pessoal para o acesso, formação cultural do usuário e habilidades técnicas desenvolvidas, possibilidades reais de acesso a este tipo de tecnologia e ao *software* apropriado e disponibilidade de recursos econômicos para sua renovação e atualização, cada vez em prazos mais curtos.

Contudo, as tecnologias da informação e comunicação abrem as portas a um mundo com inúmeras possibilidades e oportunidades. Não resta dúvida que elas permitem um melhor e mais rápido acesso à informação, melhores possibilidades de divulgar informações produzidas por qualquer pessoa, de compartilhar informações e trabalhar em equipe, evitando as distâncias espaciais e temporais.

Esta tarefa de compartilhar informações, sem ter de pedir permissão aos proprietários das empresas de mídia ou a quem as dirigem, é o que facilita o surgimento das multidões inteligentes ou *Smart Mobs*, utilizando a expressão cunhada por Rheingold (2004); ou seja, pessoas que mediante seu acesso a esse tipo de tecnologia da informação e comunicação podem agir de comum acordo mesmo que não se conheçam. Recordemos, por exemplo, as mobilizações sociais que terminam em enormes manifestações políticas que são convocadas recorrendo principalmente a telefones celulares e, particularmente, a mensagens SMS.[6]

Estamos perante transformações nas comunicações que abrem ilimitadas expectativas quanto às possibilidades de construir um mundo melhor; transformações que injetam nova energia nas esperanças de que um "outro mundo é possível". As mudanças neste âmbito das revoluções nas comunicações estão dando lugar a duas dinâmicas de enorme dimensão. Uma é o fenômeno das comunidades virtuais; a outra é a criação de um novo tipo de conhecimento compartilhado, mais democrático e acessível para todo o mundo.

1. Um dos frutos realmente interessantes da revolução digital é a eclosão das comunidades virtuais, também denominadas "comunidades *online*" ou "comunidades eletrônicas"; algo que está mudando de modo radical as relações interpessoais, de trabalho e profissionais. Um dos muitos sucessos da internet é que ela tornou possível a construção de plataformas virtuais para integrar e vertebrar este novo tipo de redes sociais; um bom exemplo deste tipo de plataformas são *sites* já muito conhecidos, como: Facebook (www.facebook.com), MySpace (www.myspace.com), Twitter (twitter.com), Friendster (www.friendster.com), Second Life (secondlife.com), Tribe (www.tribe.net), Xing (www.xing.com), Tuenti (www.tuenti.com), Dejaboo (dejaboo.net), Festuc (www.festuc.com/es), LinkedIn (www.linkedin.com), etc.

Cada comunidade virtual é formada por um grupo de usuários da internet cujos vínculos, interações e relações não ocorrem em um espaço físico, mas em um espaço virtual, mediante *chats*, *blogs*, videoconferências, *e-mails*, etc. Estas pessoas interagem com um propósito definido, para satisfazer suas necessidades (intelectuais, afetivas, de socialização) ou para realizar ações ou desempenhar papéis específicos.

Esta classe de tecnologia propicia mudanças no modo de conhecer as pessoas e ter acesso a elas; afeta as identidades pessoais, pois também não podemos esquecer que a rede permite que um mesmo indivíduo funcione com várias identidades simultaneamente, consequentemente contribuindo para gerar reações, previstas e imprevistas, em outras pessoas. Contamos inclusive com ferramentas destinadas especificamente a gerar e experimentar uma vida com novas identidades, como é o caso do Second Life (secondlife.com).

Todo este amplo leque de endereços virtuais é de enorme interesse sob o ponto de vista social, cultural, educativo, intelectual, lúdico, profissional e econômico, uma vez que eles agilizam e facilitam a comunicação tanto de quem já integra um grupo de interesses ou afiliações, uma empresa ou uma organização, como pela potencialidade de construir relações com pessoas desconhecidas que a internet permite, sejam relações baseadas em gostos ou ideais parecidos, ou, sob uma ótica mais empresarial, entre pessoas interessadas em entrar na equipe de uma empresa ou se relacionar com uma clientela potencial.

Em geral, as comunidades virtuais abrem grandes possibilidades nos processos de comunicação, socialização interpessoal e comunitária, assim como em tudo o que se relaciona com a resolução da mais ampla variedade de problemas. Isto explica a existência de redes específicas com ampla variedade de fins: por exemplo, existem redes destinadas à análise e resolução de problemas políticos e sociais; outras com fins mais profissionais, com objetivos como colocar em contato profissionais que não se conhecem, divulgar currículos; redes tecnológicas nas quais as pessoas se ajudam na resolução de problemas com as novas tecnologias da informação ou com o *software*; redes educativas, etc.

As redes geralmente permitem interagir com pessoas de origens, culturas, idades e níveis de formação diferentes, mas com alguns interesses em comum. Cada comunidade, em suas interações virtuais, por meio da internet e da telefonia móvel, em função dos propósitos que se propõe, de sua razão de ser, estabelece de modo independente certas condições para ser aceita e determinadas normas a serem seguidas por quem a integra. Ao mesmo tempo, cada uma destas *webs* pensadas para articular redes como Facebook, Twitter, MySpace, etc., está a cada dia aperfeiçoando sua tecnologia para se tornar mais funcional e atraente. Elas colocam continuamente em prática novos recursos destinados a facilitar o trabalho de seus usuários, bem como atrair outros clientes potenciais. Mas ainda assim, não devemos esquecer que um dos principais problemas que este tipo de ferramenta apresenta é o da privacidade da informação (textos, fotos, endereços, dados pessoais, etc.) que as pessoas deixam ao alcance de seus amigos. De tempos em tempos os meios de comunicação de massa mencionam informações, rumores e também mentiras que colocam em dúvida a ética empresarial que está por trás da gratuidade e facilidade de acesso a estes *sites*. Contudo, é preciso enfatizar que quem integra estas comunidades virtuais se mobiliza rapidamente, cada vez com mais eficácia, para forçar as empresas proprietárias do *software* a defender o direito à privacidade e a se comprometer com ele.

As comunidades virtuais também estão contribuindo para multiplicar as ações de novos movimentos sociais que criticam a globalização neoliberal para ampliar suas propostas alternativas e suas campanhas de denúncia. Mediante este tipo de tecnologia também se educa um novo cidadão crítico que aprende a questionar os discursos aos quais tem acesso, pois, normalmente, é mais difícil ocultar aquela informação que compromete os grandes poderes políticos, econômicos, empresariais e culturais. A rede forma pessoas com uma mentalidade mais vigilante, algo que no passado era mais difícil, precisamente por causa do controle quase global que os grandes monopólios tinham sobre a informação e o grau de silêncio ao qual podiam submeter aqueles que pensavam de modo diferente e tinham acesso à informação que mais compromete o poder. Atualmente, as TICs ajudam os grupos sociais mais conscientes a atingir um maior número de pessoas e, desse modo, são uma ajuda valiosa para que estas se eduquem e assumam a responsabilidade de serem cidadãos e agir como tal, se convertendo em verdadeiros agentes de transformação da sociedade.

O maior perigo das redes sociais está no uso que os menores de idade sem orientação suficiente podem fazer delas. Mesmo que nos últimos tempos as próprias redes proíbam o acesso dos menores de idade às suas plataformas, este controle ainda é muito frouxo e fácil de burlar. Normalmente, como "nativos digitais" (*insiders*), os jovens dominam todos os aspectos técnicos necessários para a conexão a quaisquer das numerosas redes sociais que surgem periodicamente. Entretanto, a falta de uma educação apropriada lhes acarreta riscos muito sérios, ao ignorar muitas das consequências da divulgação de sua identidade, mediante fotos, dados de sua vida privada, seu lar, suas amizades, etc.; em geral, frente à falta de critérios seletivos para estabelecer seus contatos.

Esta falta de preparação para tomar decisões na internet acontece com muita frequência, o que provoca uma fácil e demagógica demonização das redes sociais. Costuma ser normal selecionar os maus usos de qualquer rede social para em seguida generalizar que todas elas supõem uma perda de tempo ou uma importante fonte de perigos. Neste sentido, em muitas ocasiões se vai contra o código penal. Em que pese ainda haver importantes lacunas neste âmbito da comunicação, existe um número importante de pessoas que desconhece como defender sua intimidade e seus direitos na internet, e de que maneira se servir do suporte que a legislação vigente pode lhe proporcionar.

Este novo tipo de interação em comunidades virtuais, enquanto nos deixa evidente a existência de uma distância digital entre quem sabe utilizá-las e quem não sabe, afeta as possibilidades de aprendizagem de cada pessoa, o que nos próximos anos acontecerá muito mais.

Convém estar consciente de que as distintas redes sociais podem ser de grande utilidade nas escolas, uma vez que se pode trabalhar com elas nos processos de ensino e aprendizagem.

A virtualidade possibilita a criação de novos ambientes de aprendizagem tanto formais como informais, no sentido de que ajuda a estabelecer contatos e a organizar debates com um maior número de pessoas, estejam elas próximas ou distantes de nós; acessar recursos culturais muito mais variados e diversificados em seus formatos e níveis de complexidade e profundidade das informações; enquanto deixam de existir impedimentos ou limites em relação a horários.

Uma das maneiras mediante a qual professores e alunos podem aprender as possibilidades destes recursos é trabalhando com eles por meio de metodologias didáticas ativas e reflexivas; e com muito melhor aproveitamento se alguma forma de aprendizagem baseada na pesquisa-ação for empregada.

É com base em uma formação adequada que o sistema educativo deve capacitar as novas gerações para que aprendam a tomar iniciativas em defesa de seus direitos nestes novos ambientes virtuais e das comunicações. Esta educação deve ajudar na compreensão tanto dos direitos individuais como dos demais. Assim como qualquer ser humano é obrigado por lei a denunciar qualquer delito do qual tenha conhecimento, também é preciso estar consciente de que se deve denunciar informações acessadas de maneira intencional ou não, mas que podem configurar um delito. Uma educação que inclua valores como a solidariedade, a justiça e o respeito também é imprescindível nestes novos contextos digitais.

2. Outra das dinâmicas interessantes abertas com esta revolução nas comunicações é a das facilidades para a criação de um novo tipo de conhecimento compartilhado, mais democrático e acessível a todo o mundo.

A Wikipédia (http://www.wikipedia.org) é um bom exemplo das possibilidades de democratização do conhecimento oferecidas pela internet. Recordemos o modo pelo qual as enciclopédias tradicionais eram construídas e editadas em livros: havia uma equipe diretora responsável por sua edição, que após consultar bases de dados e nelas selecionar personalidades oficialmente reconhecidas como especialistas no tema ao ser tratado, entrava em contato com elas e combinava a extensão, o formato e o modo de redação do verbete que era solicitado.

Frente a este modelo seletivo e elitista, hoje a Wikipédia ou as diversas enciclopédias construídas na internet, entre elas Microsoft Encarta[7], Citizendium[8], Scholarpedia[9] ou Epistemowikia[10], operam com uma filosofia muito diferente. Assim, por exemplo, a Wikipédia é uma enciclopédia colaborativa criada em uma "*wiki*" ou espaço da internet que utiliza um *software* de escrita colaborativa e de edição sem restrições, o que permite que qualquer pessoa possa corrigir ou acrescentar informações que segundo ela permitam melhorar o verbete que está sendo lido e que outras pessoas foram elaborando e revisando até o momento. Estamos frente a modelos de enciclopédias construídas de forma colaborativa, tratando de aproveitar os conhecimentos de todas as pessoas que acessam a internet. Tenhamos presente que, por exemplo, o lema da Wikipédia é "a enciclopédia livre que todos podemos editar" e, segundo as palavras de um de seus cofundadores, Jimmy Wales, o projeto constitui "um esforço para criar e distribuir uma enciclopédia livre, da mais alta qualidade possível, para cada pessoa no planeta, em seu idioma", para chegar a "um mundo no qual cada pessoa do planeta tenha acesso livre à soma de todo o saber da humanidade"[11]. Trata-se de espaços abertos nos quais qualquer pessoa, identificando-se previamente, possa incluir um verbete ou corrigir um texto. Parte-se do pressuposto de que existem muitas pessoas que sabem muito de um tema, mas ninguém as tinha identificado previamente. Nesse tipo de enciclopédia qualquer um pode escrever sobre aquilo que domina, mas também o resto dos usuários desse serviço pode corrigir essa informação, à medida que detecte algum erro ou, simplesmente, deseje melhorar ou atualizar a informação disponível até o momento.

O foco de atenção dessas bases de saber digitalizadas, nos primeiros momentos de seu nascimento, foi caracterizado por uma notável explosão de informações; a principal preocupação era colocar na rede a maior quantidade possível de dados, resenhas e apontamentos para aumentar o número de termos que iam dando forma a estas enciclopédias. Nestes momentos, os objetivos estão mais centrados em vigiar a qualidade e o rigor das informações que são incorporadas nas enciclopédias, em prestar atenção à necessidade de mencionar as fontes de informação para poder contrapô-las e avaliá-las com maior facilidade. Muito recentemente, por exemplo, a fim de melhorar a qualidade e a veracidade dos conteúdos, a Wikipédia incorporou a *WikiTrust*, uma ferramenta adicional que facilita a revisão crítica da informação veiculada. Ela oferece níveis de confiança sobre a veracidade e rigor da informação com a qual se explica ou descreve cada termo; para isso, recorre a um código de cores. O sistema destaca o fundo do texto com cores distintas desde o alaranjado até o branco; cada uma das cores se refere respectivamente ao nível mínimo e máximo de confiança da informação contida.

A partir do exemplo da Wikipédia, surgiram também as enciclopédias mais especializadas, como: The Internet Encyclopedia of Philosophy[12], Enciclopedia Virtual Ambientum[13], Artcyclopedia[14], etc.

As pessoas compartilham seus conhecimentos e suas experiências, formando um patrimônio de conhecimentos compartilhados, uma cultura coletiva na qual a autoria passa a um segundo plano. Este conhecimento decompõe as individualidades que continuamente o constroem e reconstroem, cujo controle e manipulação se torna mais difícil, pois aqueles que têm acesso a essas ferramentas da informação já o fazem com um olhar mais crítico, sabendo que pode conter erros muito relevantes. Desta forma, tanto aqueles que mantêm o portal no qual estas enciclopédias se situam como as pessoas que têm acesso a elas se preocupam em estabelecer controles que evitem mentiras, manipulações e censuras.

Em muitos casos são os adultos mais velhos os que mais colocam em questão este tipo de fontes de informação, mas isso na maioria das vezes é devido ao desconhecimento dos filtros com os quais se inclui ou modifica a informação veiculada nestas páginas da internet.

Portanto, o funcionamento destas redes de informação serve para renovar com mais argumentos a necessidade de educar os alunos para a leitura crítica, assim como para a escrita colaborativa. É preciso colocar diante dos olhos dos alunos as vantagens e os erros da informação contida na rede e, particularmente, nestas fontes de informação. Não se trata de aumentar as pressões para impedir que as crianças tenham acesso à internet por causa dos perigos que ela pode causar, mas de educá-las para que saibam bem o que fazer quando estão conectadas. A solução raramente está em impedir a conexão à internet, mas em educar para que os usuários saibam tirar partido dela; desenvolver um olhar atento e um compromisso crítico com estes novos espaços virtuais.

O potencial da internet também está vinculado ao desenvolvimento do "*software* livre" frente aos *software* proprietários; algo que já nos deixa ver que estamos falando das reais possibilidades de que estes dispositivos estejam ou não acessíveis a todo o mundo. O rótulo de *software* proprietário nos leva imediatamente ao mundo dos negócios das grandes multinacionais que os produzem e vendem, enquanto que os poderes públicos facilitam essa possibilidade de comercialização. É preciso ressaltar que ainda é minoritário o trabalho das administrações públicas com *software* livre e sua recomendação a todas as instituições e pessoas que estão ao seu serviço. Nem mesmo as ajudas econômicas dos poderes públicos são tão convincentes como deveriam ser para elaborar e desenvolver este tipo de programa e desta forma colocá-lo ao alcance de todos os cidadãos.

Uma sociedade regida por uma autêntica justiça social e distributiva deveria ser liderada por governos preocupados em tornar acessível a toda a população um recurso tão poderoso e com tantas possibilidades quanto o *software* livre, um *software* que, além disso, permita o acesso ao código fonte e, portanto, possa ser modificado para que cada usuário possa ajustá-lo melhor de acordo com suas necessidades.

Apostar em um *software* livre ou público também permite que qualquer pessoa possa contribuir para melhorar este recurso por meio de seu trabalho, colocar seus conhecimentos e suas habilidades à disposição de quem precisa e, deste modo, mostrar sua solidariedade com o resto da sociedade.

As políticas públicas têm de se envolver com maior credibilidade para tornar acessível a toda a população os recursos tecnológicos tão decisivos tanto para o trabalho das instituições e organizações sociais e comunitárias como para cada pessoa. Assim como as sociedades lutaram (e continuam lutando) por uma saúde pública e de qualidade, a aposta por um futuro mais justo, democrático e solidário exige um maior comprometimento dos governos pelo acesso a estas novas tecnologias da informação e comunicação, e, portanto, para impedir os monopólios e o controle e a dependência que isso geraria.

Em relação à problemática do abuso empresarial, das ameaças oriundas do enorme potencial da rede, cabe destacar o papel de vigilância desempenhado pela União Internacional de Telecomunicações (UIT).[15] Este órgão subordinado às Nações Unidas é o encarregado de regular as telecomunicações no nível internacional, entre as diferentes administrações e empresas operadoras. Ele foi criado em 1992 com a missão de contribuir para a difusão do acesso equitativo, sustentável e acessível à tecnologia da informação e comunicação, e desta forma, fomentar um maior desenvolvimento social e econômico. Sua sede central se encontra em Genebra, na Suíça, está integrado por 191 Estados-membros e mais de 700 membros do setor e associados. Nele participam representantes dos poderes públicos dos Estados-membros, organizações reguladoras das telecomunicações, operadores de redes, fabricantes de equipamentos, empresas de produção de programas de informática, organizações econômicas, etc. Até o momento, todavia, sente-se falta da presença de organizações realmente representativas dos usuários, bem como de quem se move no âmbito do *software* livre.

A UIT tem a incumbência oficial de tornar acessíveis as tecnologias da informação e comunicação (TICs) a todos os habitantes do planeta e de conectá-los a elas, prestando atenção especial àqueles que têm maiores dificuldades. Nas palavras de seu atual Secretário Geral, Hamadoun I. Touré,

> como órgão especializado das Nações Unidas para as TICs, estamos comprometidos em acelerar os Objetivos de Desenvolvimento para o Milênio previstos para 2015 e fomentar as capacidades das pessoas em todo o mundo a fim de que disponham dos meios necessários para buscar informações e conhecimentos. Dedicamo-nos a assegurar o acesso às comunicações sempre e em toda parte, a preços acessíveis.[16]

Falar de democratização na internet implica garantir o direito de qualquer pessoa a informar e compartilhar seus conhecimentos e suas experiências com quem quiser e impedir que os grandes monopólios controlem a memória coletiva e, sem dúvida, a história passada, o presente e, portanto, o futuro. A democratização supõe estabelecer limites aos grupos empresariais em suas aspirações para monopolizar o uso das informações e colocar a seu serviço os dados privados que cada usuário tem armazenado na rede.

Apostar em uma internet democrática supõe mecanismos para se defender de qualquer hegemonia da mídia destinada a nos impor ideologias políticas, pautas culturais, modelos de consumo, papéis a desempenhar, etc.

As novas tecnologias implicam não somente saber utilizar os novos equipamentos digitais e as possibilidades de seu *software*, mas também colocar o foco da atenção nas novas facilidades para a comunicação e interação que elas podem propiciar; na geração de novas práticas sociais, de novos contextos e comunidades de aprendizagem e socialização mais democráticas com respeito à idiossincrasia, à história e à cultura de cada sociedade e, também, de cada pessoa.

Assumindo este pano de fundo, podemos utilizar a interconexão para ir construindo uma ética global compartilhada que torne possível a utilização das redes virtuais para melhorar a vida das pessoas; para ajudar a denunciar todas as políticas, instituições e medidas destinadas a seguir oprimindo povos inteiros e numerosos grupos sociais. As grandes Organizações Não Governamentais já vêm percorrendo um caminho nesta tarefa: Anistia Internacional, Greenpeace, Médicos Sem Fronteiras, Intermón Oxfam, Save the Children ou Survival.

Ao se pensar nas TICs das instituições escolares e para elas, convém estar muito consciente da importante rede comercial que está por trás dos debates e das políticas destinadas a promover seu uso nas salas de aula. As tecnologias educativas não podem ser parte somente de uma agenda para mercantilizar ainda mais os sistemas escolares. As preocupações e, em geral, as linhas discursivas e políticas reais costumam adotar linhas de argumentação do tipo dos discursos de salvação utilizados pelas religiões, ameaçando com todo tipo de calamidades as escolas que não têm suas salas de aula repletas com esses recursos. Isso consequentemente acaba fazendo com que as administrações educativas e os professores se concentrem mais no "sistema de divisão" de computadores entre escolas, docentes e alunos do que na promoção de experiências didáticas e pesquisas para ver realmente de que maneira a educação pode aproveitar melhor tanto o *hardware* como o *software* existente e em que condições.

Quando pensamos nas tecnologias somente como máquinas e *hardware*, o que geralmente não fica visível são as transformações que ocorrem nos processos sociais e comunicativos que cada uma dessas máquinas ou, inclusive, determinado *software* coloca em jogo, torna possível ou também dificulta. As tecnologias da informação e comunicação (TICs) não são apenas uma série de recursos para comunicar e informar, mas uma das consequências mais decisivas de sua utilização é que elas transformam as relações humanas.

O mundo digital e os diferentes instrumentos ou *gadgets* que ele nos proporciona estão alterando o mundo das relações comunicativas e consequentemente deveriam ser um recurso a mais nos processos de ensino e aprendizagem nas salas de aula. Uma rápida análise dos *gadgets* que acompanham a vida cotidiana dos alunos nos permite constatar seu enorme impacto, mas no âmbito de sua vida privada e dos momentos de lazer, até o ponto em que a cada dia que passa fica mais fácil observar entre os pertencentes dos alunos objetos como: celulares, iPods, *notebooks*, *e-books*, *tablets*, consoles de *videogames*, etc; por sua vez, dotados de ferramentas como Skype, TokBox, Blu-ray, mp4, Facebook, Twitter, MySpace, Messenger, DivX, iTunes, Spotify, YouTube, TubeTV, Flickr, Windows Media Player, Real Player, iPhoto, QuickTime Player, GarageBand, iMovie, iDVD, Multi-Touch e, evidentemente, os navegadores para internet de maior uso, processadores de texto, calculadoras, agendas eletrônicas, *pendrives*, fones sem fio, etc. O enorme desafio que já está, mesmo que de forma tímida, sendo enfrentado pelos professores é o de incorporar este tipo de *hardware* e *software* ao leque de recursos para o desenvolvimento de suas propostas curriculares.

No mundo das salas de aula, ninguém vai discutir as oportunidades que as TICs oferecem, mas sabendo que o que é realmente decisivo é sua função de recurso e ferramenta para realizar processos de ensino e aprendizagem, no marco da proposta curricular que se planeja e projeta para ser colocada em prática.

Este tipo de tecnologia favorece enormemente novas formas de criar, acessar, distribuir, receber, ler e trocar textos, imagens, vídeos e áudios; utilizar e construir *hiperlinks* entre essas imagens, sons e textos. Isso, nas mãos de professores bem preparados, possibilitará a transformação de uma instituição tradicionalmente dedicada a reproduzir informações, defasada em um grande número de casos, na produção do saber, utilizando a expressão de Lankshear e Knobel (2008, p. 200). Certas ferramentas que podem contribuir para tornar factível que o aluno vá abandonando uma mentalidade escolar que Chris Bigum denomina "porta de geladeira"[17]. Ou seja, cada aluno realiza a tarefa que lhe é atribuída pelos professores; a seguir o trabalho é avaliado e já pode ser levado para casa, onde poderia ser publicado temporariamente na porta da geladeira. Esta tarefa escolar, tradicionalmente, não versa sobre um problema real que interesse ou preocupe os alunos; esse conhecimento reproduzido por tais meios não tem por finalidade sanar dúvidas ou necessidades reais, mas cumprir antes de tudo um requisito para aprovação nessa disciplina e passagem ao ano letivo seguinte.

O modelo proposto por Lankshear e Knobel, ao contrário, trata de converter os colégios e institutos de ensino em instituições geradoras de saber, enquanto as tarefas escolares se dirigem para a construção de um conhecimento realmente significativo, que esclarece e resolve dúvidas, lacunas e problemas reais do mundo e, inclusive, da comunidade. As novas tecnologias nas instituições escolares devem se preocupar em colocar à disposição dos alunos a melhor informação e as melhores fontes (sejam elas materiais ou pessoais). Portanto, uma escola vinculada à comunidade tem o dever de satisfazer lacunas de informação ou corrigir distorções nas linhas de argumentação e nos significados que afetam a vida das pessoas que formam essa sociedade. Além disso, neste processo de construção do saber comunitário, é favorecido o desenvolvimento de habilidades, atitudes e valores que vão resultar em cidadãos mais críticos, democráticos, responsáveis e solidários.

Estas possibilidades de comunicação *i-mode* tornam o tempo e os lugares de acesso à informação flexíveis e fluídos; elas facilitam a aprendizagem e a atualização dos saberes que são consubstanciais a uma sociedade muito dinâmica, que exige de todos seus membros que assumam a necessidade de uma aprendizagem permanente, ao longo de toda a vida da pessoa.

Como ressaltam Vavoula e Shaqples (2002, p. 152),

> a aprendizagem é móvel em termos de espaço, ou seja, se dá no trabalho, em casa e nos espaços de lazer; é móvel entre os diferentes âmbitos da vida, isto é, pode estar relacionado a exigências de trabalho, ao aperfeiçoamento pessoal ou ao tempo livre; e é móvel com respeito ao tempo, ou seja, se produz em diferentes momentos do dia, em dias de trabalho ou nos fins de semana.

Essa revolução nas comunicações também impõe demandas inovadoras nas instituições escolares, como é a necessidade de que os cidadãos sejam educados por meio das múltiplas alfabetizações imprescindíveis para utilizar de uma maneira avançada e crítica as inovações tecnológicas que a revolução digital está gerando. As alfabetizações, segundo Lankshear e Knobel (2008, p. 81), são formas socialmente reconhecidas de gerar, comunicar e negociar conteúdos significativos mediante textos cifrados em contextos de participação em Discursos (ou como membros de Discursos).

Assim, segundo estes mesmos autores, às alfabetizações já mais tradicionais (alfabetização oral, visual, científica, emocional, midiática, etc.) temos de acrescentar as atividades de "bloguear", escrever *fanfic*, produzir mangá, utilizar "memes", "photoshopear", empregar práticas de vídeo anime de música (AMV), utilizar *podcasts* e *vodcasts* e participar de jogos *online*.

Educar estando consciente da atual revolução nas comunicações requer não somente adquirir novas linguagens que permitem saber se servir das possibilidades dessas novas tecnologias, mas também estar consciente das dimensões sociopolíticas das comunicações e dos saberes que são gerados destes novos cenários. Não se trata somente do que temos chamado de "alfabetização digital", no sentido de novas e diferentes formas de produzir, distribuir, trocar e acessar textos, imagens e sons por meios eletrônicos, mas também das novas formas de aprendizagem que estas tecnologias facilitam, ou digamos, impõem, baseadas nas fórmulas mais democráticas, participativas, colaborativas e críticas, e menos individualistas. Estamos nos referindo a modelos comunicativos mais respeitosos em relação às experiências e vivências pessoais e, portanto, que estimulam e fazem cada pessoa perder o medo de se envolver muito mais com a produção de novos saberes, de compartilhar e trocar experiências e informações.

No mundo das instituições escolares o acesso à informação é fundamental, mas o verdadeiro foco de atenção que distingue os processos de ensino e aprendizagem que têm lugar nas salas de aula dos processos que acontecem em ambientes mais informais é como promover tais processos, como convertê-los em educativos, e não somente informativos. Nesta dinâmica é essencial o envolvimento ativo dos alunos em todo o processo, para que não sejam meros receptores de informações. Neste sentido, as facilidades oferecidas pelas TICs são muito importantes para criar situações de aprendizagem verdadeiramente colaborativa, não somente cooperativa, de acordo com a distinção realizada por Crook. Falar de colaboração implica ressaltar uma participação social ativa por parte de quem está envolvido com a resolução de um problema ou de uma aprendizagem. "Não é algo que deva ser considerado inquestionável independente da atividade conjunta que se organiza; em vez disso, é um estado que deve ser diagnosticado a partir do compromisso perceptível dos participantes com a construção de um conhecimento compartilhado" (CROOK, 1998, p. 194). Estas ferramentas podem funcionar para dar poderes aos alunos, tornando-os mais conscientes de suas responsabilidades e, portanto, de seus direitos e deveres; porém, não nos enganemos, elas também podem servir para "domesticá-los" ainda mais.

> Mesmo que a introdução de novas tecnologias – nas escolas – provoque alterações, o fato é que as relações de poder previamente instaladas e sedimentadas encontram mecanismos para modelar o uso dessas mesmas tecnologias como forma de se restabelecer e se fortificar, ainda que de maneira diferente. (PARASKEVA, 2008, p. 36)

Logicamente, as TICs têm um mundo infinito de possibilidades no âmbito da educação; porém, sob as perspectivas que abordamos neste trabalho, também me interessa destacar a ajuda valiosa que se busca desde o início para abrir a mente dos alunos fazendo-os entrar em contato, por exemplo, por meio de comunidades virtuais, com pessoas de outros países e culturas muito distantes. O eurocentrismo dominante vinha classificando estas realidades com base em um grande arsenal de tópicos e mentiras como incultas, selvagens, ignorantes, maldosas, perigosas, etc.

É mais fácil conseguir a desvirtuação do "outro" quando não podemos interagir com eles e elas; quando não podemos ouvir suas vozes originais, seus argumentos, suas preocupações, etc. O atual desenvolvimento das tecnologias da informação e comunicação (TICs) nos permite somar suas abordagens às nossas e, desta forma, alcançar maiores distâncias e uma maior profundidade de análise; levar em consideração um maior número de perspectivas diferentes.

Em nossas sociedades classistas, sexistas, racistas, homofóbicas e eurocêntricas, a utilização das TICs deve estar acompanhada de propostas de ação, de reflexões e pesquisas críticas que tornem mais fácil evidenciar essas dimensões perversas; que possibilitem a formação de novas estratégias para fazer frente a essas dimensões opressivas.

3. REVOLUÇÕES CIENTÍFICAS

Um axioma muito aceito no presente é o da complexidade e globalidade da realidade, tanto na hora de analisá-la quanto na hora de intervir sobre ela.

A racionalidade científica tradicional originou uma enorme bagagem de saberes compartimentalizados e inclusive propiciou dinâmicas de constante rivalidade entre especialidades que consideravam ter direito exclusivo para analisar e intervir no que cada uma delas considerava sua reserva exclusiva de ação. Esta hiperespecialização não contribui para que os diferentes âmbitos do conhecimento chegassem a se comunicar entre si. Inclusive, à medida que surgiam, as academias ou os colégios profissionais iam adotando posições mais agressivas frente ao que consideravam intrusões ou conhecimento não científico. Cada especialidade, além de formar seus especialistas, com o passar do tempo, continuava se fragmentando em subespecialidades de alcance mais reduzido (TORRES, 2006).

À medida que a sociedade foi se dando conta das intervenções errôneas que estas microespecialidades acarretavam, por sua impossibilidade de entender a complexidade das relações que explicam qualquer problema, foi se criando um clima mais propício por meio de outras maneiras de pesquisar e trabalhar, de tipo mais interdisciplinar. Hoje, já é um princípio indiscutível que a maioria dos problemas sociais, econômicos, educacionais, políticos, industriais, ambientais e até mesmo pessoais são transversais, multidimensionais, transdisciplinares, e muitos deles até mesmo internacionais e planetários.

Os distintos campos nos quais tem sido organizado o conhecimento científico se veem cada vez mais forçados a colaborar ativamente entre si, dado que os saberes, quando estão muito fragmentados em pequenas disciplinas, têm dificuldades para enfrentar realidades e problemas interdisciplinares. Ao mesmo tempo, é provável que um número cada vez maior desses mesmos assuntos exija ações integradas de governos de diferentes países, centros de pesquisa e indústrias, uma vez que suas soluções exigem atuações bem planejadas e certa coordenação espacial e temporal.

Da mesma maneira, com base em um conhecimento no qual os debates epistemológicos estão continuamente na agenda, podemos exercer uma maior vigilância para evitar os preconceitos com os quais muitas máquinas científicas foram construídas, as quais, algumas vezes de forma intencional e outras com seus efeitos previstos, funcionaram como instrumentos de exploração e marginalização de numerosos grupos sociais e de povos inteiros.

Desde meados do século XX, o conhecimento científico está se renovando com o surgimento de novas teorias que põem em dúvida os saberes prévios devido ao simplismo que caracterizou sua construção, baseada em notáveis reducionismos – consequência dos modelos de organização da pesquisa de um modo disciplinar – na descontextualização e no isolamento de muitos dos fenômenos a serem pesquisados, por exemplo, separando objetos e pessoas para poder observá-los e quantificá-los melhor, isolando-os do meio em que normalmente operam. Na produção desses saberes também se ignoravam as biografias, os interesses e condicionamentos de quem financiava, planejava e realizava as pesquisas.

Atualmente, o paradigma da complexidade reúne especialistas de diversas disciplinas e áreas do conhecimento que propõem a peremptoriedade de adotar novos marcos teóricos, metodológicos e, consequentemente, uma nova epistemologia que facilite o surgimento de teorias e explicações mais abrangentes da realidade e geradoras de maiores níveis de justiça social. A partir destes novos modelos podemos entender melhor a complexidade do que acontece e do que observamos no mundo e, consequentemente, somente assim podemos elaborar, colocar em prática, orientar e avaliar modelos de intervenção mais eficazes em todos os âmbitos da sociedade; ou seja, modelos sociais, educativos, políticos, de saúde, industriais, culturais, ambientais, etc., com maiores probabilidades e níveis de eficácia.

Esta nova orientação no trabalho científico já nos permite confirmar como, à medida que tratamos de enfrentar este tipo de abordagens simplistas e tendenciosas, surgem novos campos de conhecimento, cada vez mais interdisciplinares, com denominações que expressam estas novas filosofias de colaboração e trabalho em equipe. Nas últimas décadas, surgiram novas especializações de caráter mais interdisciplinar como a bioquímica, a bioinformática, a sociolinguística, a engenharia biônica, a etnobotânica, os estudos culturais, as ciências do mar, os estudos de gênero, a cibercultura, etc. (TORRES, 2006, p. 70 e seguintes). Também é quando se tornam mais relevantes as instituições internacionais destinadas à promoção destas colocações mais interdisciplinares na pesquisa, como é o caso da Society for Philosophy and Technology (SPT)[18] que, por sua vez, publica *Techné*; a Humanities and Technology Association (HTA)[19], editora do *Journal for the Humanities and Technology*; a Academia Scientiarum et Artium Europea (Academia Europeia de Ciências e Artes); o Instituto Mediterráneo de Estudios Avanzados (IMEDEA)[20]; The Economic and Social Research Council (ESRC)[21]; The Association for Integrative Studies[22], o Centro de Estudos Sociais[23], etc. Da mesma maneira, as revistas mais prestigiadas optam por assumir esta filosofia interdisciplinar; entre elas: *Bulletin of Science, Technology and Society, Pedagogy, Culture and Society, Global Society: Journal of Interdisciplinary Internacional Relations, Revue des Sciences de l'eau. Third World Quarterly, Citizenship Studies, Science & Sports, Claves de Razón Práctica, Archipiélago, Revista Crítica de Ciências Sociais*, etc.

Este tipo de dinâmica está contribuindo ativamente para difundir entre toda a população uma aposta como nunca antes foi feita na história da humanidade, pela integração das ciências, da política, das artes, das culturas, das religiões e dos saberes populares. Porém, não podemos perder de vista que este tipo de relação cruzada exige um compromisso radical com os Direitos Humanos; eles devem estar iluminados por uma ética que dê aval às prioridades funcionais e aplicações dos novos conhecimentos e das novas tecnologias, uma exigência que também se encontra no ponto 19 do preâmbulo da Declaração sobre a Ciência e o Uso do Saber Científico[24], adotada pela Conferência Mundial sobre a Ciência em 1º de junho de 1999, sob o patrocínio da UNESCO:

> a pesquisa científica e o uso do saber científico devem respeitar os Direitos Humanos e a dignidade dos seres humanos, em consonância com a Declaração Universal dos Direitos Humanos e respeitando a Declaração Universal sobre o Genoma Humano e os Direitos Humanos.[25]

Como ressalta Morin,

> necessitamos civilizar nossas teorias, ou seja, ter uma nova geração de teorias abertas, racionais, críticas, reflexivas, autocríticas, capazes de uma autorreformulação, etc. Necessitamos que se cristalize e firme um paradigma capaz de permitir o conhecimento complexo. (2001, p. 41-42)

Todavia, também convém estarmos conscientes de que o mercantilismo que dinamiza muitas das revoluções científicas é a explicação para que algumas disciplinas ou campos interdisciplinares, como as ciências humanas ou sociais, cada vez mais disponham de um orçamento menor para pesquisa e, obviamente, tenham menos peso no currículo escolar, enquanto as ciências de aplicação direta no mundo empresarial e militar se beneficiam cada vez mais de orçamentos ilimitados.

Washburn (2005) oferece dados contundentes de como os grandes monopólios empresariais nos Estados Unidos têm tido cada vez mais peso e influência nas universidades e, consequentemente, controlado suas agendas de pesquisa. Durante as últimas décadas, as empresas têm transformado a vida acadêmica de forma silenciosa. Os investimentos destes grupos são cada vez maiores e, pouco a pouco, os grupos de pesquisa das universidades trabalham cada vez mais com filosofias empresariais, a fim de obter os maiores benefícios econômicos possíveis. Até mesmo a ética que deveria guiar a produção e a difusão do conhecimento neste novo modelo "acadêmico-industrial" está sendo posta em questão, pois nada garante que os resultados destas pesquisas não estejam sendo utilizados para fins imorais e perversos.

Esta mercantilização da pesquisa funciona como um importante freio, por sua vez, à pesquisa básica e teórica, pois as tentações que o dinheiro exerce são muito grandes, ao mesmo tempo em que as próprias carreiras universitárias deste grupo pesquisador também estão condicionadas e "estimuladas" a impor metas mais utilitárias; para se colocar a serviço do mercado da maneira determinada pelos grandes poderes econômicos e militares. As políticas vigentes de pesquisa, à medida que avançam as ideologias de tipo neoliberal, estão cada vez mais condicionadas e orientadas para a busca de financiamento privado, já que o público costuma ser muito mais limitado, especialmente quando os governos no poder são conservadores.

O controle da produção, orientação, utilização e distribuição do conhecimento está claramente marcado pela origem do financiamento. Esta também é uma das grandes injustiças, pois, atualmente, em muitos países do denominado primeiro mundo o sistema de financiamento é completamente injusto e ineficaz, dado que a pesquisa básica costuma ficar a cargo dos governos e órgãos públicos, enquanto que a pesquisa de caráter mais prático costuma ser feita pelas empresas e fundações privadas, a fim de obter imediatamente a maior rentabilidade econômica possível, uma situação nada equitativa que pode ser observada no modo como as empresas farmacêuticas obtêm as patentes e condicionam o mercado dos medicamentos (STIGLITZ, 2006, p. 163 e seguintes). São muitos os países pobres que não conseguem ter o acesso a medicamentos socialmente urgentes, para enfrentar doenças endêmicas em seus territórios.

A distribuição desigual entre países, e até mesmo entre os continentes, de doenças muito graves também explica a seletividade das preocupações das empresas com possibilidades de financiar as pesquisas correspondentes, bem como, em muitas ocasiões, o "senso comum" socialmente construído por boa parte dos próprios profissionais dedicados à pesquisa, que parecem ignorar essas urgências. Todos os pesquisadores, segundo o considerando nº 41 da Declaração sobre a Ciência e o Uso do Saber Científico de 1999, "deveriam se comprometer a acatar normas éticas rígidas, e é necessário elaborar um código de deontologia para as profissões científicas baseado nos princípios pertinentes consagrados nos instrumentos internacionais relativos aos Direitos Humanos".

Deve-se acrescentar outros fenômenos à imoralidade destes processos no momento de decidir quais linhas de pesquisa são prioritárias, tais como: a da biopirataria e da demonização dos saberes tradicionais e, particularmente, as relacionadas à medicina popular ou alternativa. Denomina-se biopirataria a usurpação e monopolização dos recursos naturais e conhecimentos populares dos povos indígenas e de países em vias de desenvolvimento sem a autorização dos representantes legais desses grupos, levando ao paradoxo de que no futuro essas empresas exploradoras lhes condicionem o acesso, a utilização, a distribuição e a comercialização desses mesmos recursos e de seus derivados.

Não obstante, convém recordar que esta utilização fraudulenta dos saberes populares é considerada ilegal pela Convenção sobre Diversidade Biológica[26], aprovada na Conferência sobre Meio Ambiente e Desenvolvimento na Reunião de Cúpula do Rio de Janeiro, em junho de 1992, convenção que os Estados Unidos não ratificaram, devido às pressões das multinacionais farmacêuticas que têm nesse território suas principais sedes. Assim, por exemplo, a apropriação indevida de conhecimentos relacionados às plantas é escandalosa; o modo como determinados laboratórios conseguem patenteá-las para então impedir que esses mesmos saberes populares possam continuar sendo empregados e divulgados, a não ser que seja feita a recompra dos "medicamentos oficiais e legais" das mesmas empresas que antes as roubaram. Como ressalta Stiglitz (2006, p. 169) "as companhias farmacêuticas 'redescobriram' o que a medicina tradicional já havia descoberto há tempo: em alguns casos se limitando a mudar de nome".

Tampouco devemos fechar os olhos perante a importante linha de produção científica vinculada ao desenvolvimento de armas, tanto biológicas como de destruição em massa, por mais que se tente justificá-las moralmente como meios efetivos de represália e de dissuasão; são consequência de políticas de pesquisa militar com financiamento público, mas com fórmulas, em muitas ocasiões, bastante obscuras.

No momento atual, o desenvolvimento da indústria militar está sendo beneficiado por duas grandes sinergias. A primeira é a sinergia entre três das grandes revoluções científicas do nosso século: a da física quântica, da informática e da biotecnologia, que está levando à uma verdadeira transformação nas maneiras de intervir em nosso mundo; tanto quanto nos desenvolvimentos e aplicações destes saberes como na própria conceitualização do que é a vida no planeta e na galáxia. Ao mesmo tempo em que são inúmeros os benefícios potenciais desta linha de trabalho, seus perigos também são reais. Outra importante sinergia é a que resulta da confluência da genética, da robótica e da nanotecnologia no âmbito da medicina. Logicamente, cada uma dessas tem um potencial incrivelmente benéfico para todos os seres vivos deste planeta, mas também não podemos fechar os olhos para quem trata de orientar as pesquisas nesses campos para obter lucros e vantagens para o âmbito militar e destrutivo.

Tampouco podemos ignorar que o pano de fundo e o dinamismo de muitas destas revoluções científicas são consequências das lutas sociais a favor dos Direitos Humanos e das lutas contra o colonialismo que caracterizaram o século XX. Como resultado destas lutas reivindicatórias, as sociedades se tornaram mais abertas, multiculturais e pluralistas, algo que rapidamente contribuiu para colocar em questão o que até esse momento se considerava como "conhecimento oficial" ou "cânone cultural".

Pensemos, por exemplo, nos controversos debates gerados pelo famoso *Cânone Ocidental* elaborado por Harold Bloom (1995) em uma tentativa de reconstrução moderna do que antigamente a Igreja denominava *catálogo de livros preceptivos*. Nesta obra, o autor marca como canônicos 26 escritores e, consequentemente, converte algumas de suas obras em leitura obrigatória e imprescindível. Este mesmo escritor, por sua vez, não deixa de criticar e rotular como "ressentidos" aqueles que não concordam com seus critérios.

No momento em que os diferentes grupos sociais tradicionalmente marginalizados começam a ser reconhecidos, o debate epistemológico se converte em uma tarefa urgente e, o que é mais importante, em uma dinâmica permanentemente aberta. Por conseguinte, estamos em um momento histórico no qual é preciso apostar em uma "ecologia de saberes", no sentido promovido por Santos, algo que deveria ser prioritário nas agendas das políticas educativas e universitárias. Ou seja, um compromisso real com a

> promoção de diálogos entre o saber científico e humanístico que a universidade produz e os saberes leigos, populares, tradicionais, urbanos, camponeses, provincianos, de culturas não ocidentais (nativos de origem africana, oriental, etc.) que circulam na sociedade. (SANTOS, 2005, p. 57)

Em geral, podemos dizer que estas dinâmicas interdisciplinares que estão por trás das revoluções científicas de nosso tempo acumulam em sua existência um importante crescimento exponencial do conhecimento. As soluções de muitos dos grandes problemas de nosso tempo já são evidentes, algo que há poucos anos nem a ficção científica se atreveria a imaginar. E o futuro ainda pode ser muito mais fascinante; o que vai depender das atuais gerações é a criação de condições para que estas possibilidades da ciência sirvam para facilitar a vida de todos os homens e mulheres do planeta, seja qual for sua origem e seu país de residência, sua classe social, seu credo, seu gênero e sua idade: que todos os seres vivos do planeta se beneficiem.

Indiscutivelmente, esse tipo de revolução científica tem importantes repercussões nos sistemas educativos, na formação das gerações mais jovens cujo presente e o futuro já se movem neste marco da interdisciplinaridade e complexidade. Se a educação tradicional disciplinou nossa mente para focar e analisar a realidade de maneira fragmentada, nos ensinou a armazenar o conhecimento em compartimentos estanques, em disciplinas trabalhadas de um modo desconexo, sem estabelecer conexões entre elas e, consequentemente, com muitas dificuldades para entender tanto nossas sociedades como muitas coisas de nossa vida pessoal, agora também precisamos da educação e dos sistemas educativos para rever esta situação.

> A inteligência parcelada, compartimentada, mecanicista, desconectada e reducionista rompe o complexo do mundo em fragmentos separados, fraciona os problemas, separa o que está unido e unidimensionaliza o multidimensional. Trata-se de uma inteligência míope que normalmente acaba se cegando. (MORIN, 2001, p. 52)

Estes novos espaços de conhecimento e pesquisa são muito diferentes dos agrupamentos e denominações que continuam organizando a vida de estudantes e docentes nas instituições escolares de educação primária e secundária. No entanto, estas novas especialidades de tipo mais interdisciplinar contam com um notável poder motivador sobre um corpo discente que está sendo constantemente bombardeado por todos os meios de comunicação com as problemáticas que nelas são abordadas, como: as mudanças climáticas, a ecologia, o diálogo entre civilizações, os conflitos armados, as drogas, o terrorismo, as relações interpessoais e a sexualidade, a nova economia política, a etnomusicologia, o jornalismo, etc.

O conhecimento mais interdisciplinar que está sendo construído na atualidade demanda um sistema escolar capaz de educar para aprender a se mover neste tipo de marcos de complexidade; para ensinar a conviver com a incerteza que acompanha este modo de pesquisar, desenvolver e aplicar o conhecimento e as tecnologias que dele se derivam. As revoluções científicas em curso exigem ensinar os alunos a assumir riscos, tomar decisões, implementar iniciativas, aceitar o acaso, responder ao inesperado e ao imprevisto. Além disso, são necessários modelos de ensino e aprendizagem que ajudem as crianças a serem mais reflexivas, a saberem julgar e avaliar as tarefas e estratégias que estão envolvidas; uma educação que promova a cooperação e o trabalho em equipe, que faça com que se torne rotina pensar nos demais e em como ajudá-los, etc., dimensões que a educação mais tradicional tem descuidado.

4. REVOLUÇÃO NA ESTRUTURA DAS POPULAÇÕES DAS NAÇÕES E DOS ESTADOS

Esta revolução é a expressão física de uma mudança nos sistemas de produção e intercâmbio e das transformações nos modelos tradicionais das relações sociais. À medida que o século XX ia avançando e as grandes indústrias e negócios optavam por se instalar em núcleos urbanos, com a decorrente oferta de postos de trabalho, os processos de deslocamento para as cidades foram fazendo com que elas crescessem em um ritmo acelerado, como nunca antes havia sido visto. Desta forma, espaços mais heterogêneos foram sendo formados, onde o contato entre pessoas pertencentes a distintas classes e grupos sociais possibilitava uma convivência com maior proximidade e mais facilidades para as relações entre elas. Obviamente, nesta dinâmica de urbanização existiram diferenças muito notáveis entre países, e por sua vez, entre as diferentes cidades dentro de um mesmo Estado. Desta forma, foram se formando megalópoles como Chicago, Cidade do México, Hong Kong, São Paulo, Londres, Barcelona ou Madri, bem como cidades pequenas como Ourense, Jaén, San Cristóbal de las Casas (México), Madison (Estados Unidos) ou Ijuí (Brasil). As grandes cidades oferecem mais oportunidades que as pequenas, porém as dificuldades também se tornam maiores para os grupos sociais mais desfavorecidos e com menor poder aquisitivo e, em especial, para os grupos de pessoas mais idosas.

Quando nos referimos a esse reajuste dos espaços escolhidos para viver, é costume insistir nas enormes possibilidades que as cidades oferecem aos seus cidadãos frente aos pequenos núcleos rurais. Afinal, elas proporcionam uma maior autonomia e liberdade e um maior anonimato, o que permite uma vida menos vigiada do que em ambientes de menor tamanho e onde todo mundo observa e é observado[27]. As cidades também são os contextos onde é mais fácil encontrar uma maior variedade de pessoas com as quais se pode estabelecer contato e se socializar. É nesse ambiente que existe uma maior facilidade para encontrar postos de trabalho, para ter acesso a instituições culturais, educativas e de formação em geral; onde se encontra a melhor e mais completa rede de serviços de saúde, onde há maiores possibilidades para escolher e participar em uma ampla variedade de atividades de lazer e de tempo livre. É também nos núcleos urbanos onde as pessoas encontram mais oportunidades para a participação nos assuntos públicos no contexto das instituições comunitárias e políticas; onde o acesso às novas tecnologias da informação e comunicação também é mais fácil. A expectativa de vida é mais elevada nas cidades e as taxas de mortalidade infantil também são mais baixas que nas zonas rurais.

Porém, ao levar em consideração estas transformações urbanas, somos obrigados a nos deter no fenômeno das atuais migrações internacionais, fenômeno que explica a nova idiossincrasia dos países e dos núcleos nos quais a população se concentra. Além disso, sua diversidade é marcada pela disparidade das condições dos imigrantes que recebem: trabalhadores temporários, estudantes, profissionais com qualificações muito variadas, dirigentes de empresas multinacionais, desportistas de elite, refugiados e solicitantes de asilo político, familiares de imigrantes que chegaram alguns anos antes, detentores de cargos políticos de governo de outros países, missionários e propagandistas de outras religiões e credos com pouca presença no país de acolhida, membros de máfias internacionais, etc. Nem todas as pessoas se mudam pelos mesmos motivos e nas mesmas circunstâncias.

As diferentes razões e possibilidades para viajar e emigrar explicam uma das notas que está servindo para caracterizar as sociedades atuais: a diversidade étnica, cultural, linguística e de credos das pessoas que integram uma mesma comunidade e nação, processo que fica mais evidente nas cidades e que assume tons específicos em um momento como o atual, em que os processos de globalização de todo tipo não param de se multiplicar.

Este processo de concentração da população nas cidades, de urbanização da humanidade e, consequentemente, de êxodo dos núcleos rurais, alcança seu apogeu no ano de 2008, com mais da metade da população mundial vivendo em cidades (3,3 bilhões de pessoas), com a humanidade se tornando majoritariamente urbana pela primeira vez na história. Desta forma, por exemplo, as cidades da Europa já abrigam cerca de 80% da população. Os estudos de projeção preveem que no nível planetário, se o modelo de desenvolvimento atual continuar, no ano de 2030 mais de 60% das pessoas viverão em cidades, e este número aumentará para mais de 75% no ano de 2050 (UNFPA, 2007).

Nas cidades convivem pessoas de muitas origens geográficas e culturais, o que costuma criar, em várias ocasiões, problemas de comunicação, coesão e convivência, especialmente quando, como resultado das políticas que ali são aplicadas, se formam grupos diferenciados que evidenciam a precarização do trabalho e a discriminação. Compartilhar zonas para viver pode vir acompanhado de um aumento da tensão e dos conflitos nesses espaços urbanos, na medida em que este fenômeno não vem acompanhado de uma redução das diferenças entre as distintas classes e grupos sociais no momento do ingresso no mercado de trabalho e das possibilidades de se beneficiar de oportunidades similares ao resto dos serviços culturais, de saúde e de lazer.

Tais desigualdades passam cada vez menos despercebidas, tornando-se muito visíveis na organização dos espaços. Este é o caso, por exemplo, de determinados bairros periféricos que passam a concentrar os setores mais desfavorecidos da população: imigrantes pobres, os sem-teto, gangues de jovens, dependentes químicos, prostitutas pobres, etc., os quais sociologicamente falando denominamos as "novas classes perigosas". Esses são grupos que um setor importante das classes alta e média considera irrecuperáveis, sem esperança, sem possibilidades reais de que se "normalizem", de serem integrados. São as pessoas que "sobram" e as que dão a sensação de que as classes mais ricas não precisarão; por este motivo, tampouco lhes é oferecida sua colaboração e ajuda.

Quem primeiro costuma notar o desemprego, o corte de empregos, a precarização e degradação dos postos de trabalho são as parcelas mais jovens da sociedade, em especial os filhos de classes sociais mais pobres, assim como as populações imigrantes de países pobres; grupos que não encontram outro lugar para habitar que não sejam as favelas ou os bairros mais marginais.

Além disso, esta concentração espacial atual em zonas diferenciadas é uma boa mostra de situações que são inovadoras nas atuais economias neoliberais, particularmente da mobilidade descendente. Frente à mensagem e aos exemplos de outros períodos históricos nos quais as possibilidades eram quase sempre de ascensão social, profissional e econômica, atualmente são muitos os exemplos contrários a isso: a perda de *status*, de poder e de recursos para sobreviver. Estas pessoas que até há pouco tinham um posto de trabalho e poderiam ser consideradas membros da classe média, normalmente a classe média baixa, agora, em períodos de crise do neoliberalismo, passam a engrossar o mundo das classes pobres, e a partir desse momento se veem forçadas a morar neste tipo de bairro.

É muito provável que surjam problemas quando as vantagens e possibilidades de vida oferecidas nas cidades, e muitas outras que poderíamos seguir narrando, estão socialmente mal distribuídas, na medida em que não somente as classes e os grupos sociais mais privilegiados podem e sabem aproveitar estas possibilidades, enquanto os grupos menos favorecidos e mais vulneráveis se veem prejudicados em suas oportunidades e, além disso, são expulsos para espaços mais degradados; lugares sem condições para as pessoas levarem uma vida digna, à qual, como cidadãos, teriam direito.

À medida que cresce o medo e a insegurança nas ruas, a vida urbana terá menos incentivos para surpreender as pessoas, para estimulá-los a descobrir novos espaços, alternativas culturais, para se comunicar e colaborar com outras pessoas diferentes ou desconhecidas, para desenvolver a espontaneidade, a curiosidade e, inclusive, o espírito de aventura.

A realidade nos oferece muitos exemplos recorrentes de que em nossas sociedades capitalistas, à medida que cresce o número de habitantes das cidades, a segregação espacial e social explica com mais contundência o modelo no qual as sociedades se organizam. A diferenciação social também é evidenciada espacialmente. Grande parte das análises elaboradas na última década sobre as sociedades modernas tem demonstrado que o clima dominante de insegurança e de vulnerabilidade é um dos elementos-chave para a compreensão de seus modelos de organização, crescimento, convivência e sobrevivência. Dia a dia, boa parte dos cidadãos das grandes cidades se sente dominada por um ambiente de terror e desconfiança com as pessoas que os rodeiam e que, curiosamente, não é exatamente proporcional aos perigos reais aos quais estão submetidos; há muito medo construído sobre uma base de rumores ou imagens falsas (CASTEL, 2003, p. 7).

No entanto, costuma ser esta percepção ou sensação de discriminação que funciona com efeitos reais na hora de muitas das tomadas de decisão feitas nas cidades, atuando como um estímulo para os protestos, em suas variadas manifestações. Os grupos sociais desfavorecidos percebem, com cada vez mais nitidez, muitas das injustiças às quais são submetidos; o que os leva a manifestar seu descontentamento em múltiplas formas: algumas vezes, abrindo mão dos direitos que as leis e constituições reconhecem, outras vezes recorrendo a condutas mais ou menos violentas. Este descontentamento, em diferentes momentos, resulta em um clima de medo, tensão e violência que, por sua vez, funciona como motor para que as classes médias e altas (socializadas, por sua vez, na cultura do individualismo e do neoliberalismo) optem por marcar as distâncias e levantar obstáculos para sua autoproteção.

A obsessão por se proteger de ameaças, reais ou potenciais, faz com que as pessoas tratem de cuidar de sua proteção; o que, por sua vez, contribui para gerar um espiral de rearmamento contínuo e, a cada dia que passa, recorram a medidas e instrumentos mais sofisticados, mas com os quais nunca conseguem evitar o sentimento de perigo por completo.

Tampouco podemos romantizar o passado, acreditando que em outras épocas a integração era a norma, visto que sempre houve espaços específicos para as distintas classes e os diferentes grupos sociais. Entretanto, a idiossincrasia do presente se baseia nas novas modalidades de desacoplamento e falta de comunicação. Neste momento, um modelo assume cada dia maior importância: os enclaves fortificados. Esses enclaves, como ressalta Caldeira (2007, p. 14), são espaços privativos, fechados e monitorados, destinados à residência, ao lazer, ao trabalho e ao consumo. Podem ser *shopping centers*, conjuntos residenciais e empresariais ou condomínios residenciais", lugares nos quais se controla quem os acessa e em quais condições.

Esta nova arquitetura do medo e da intimidação e, por conseguinte, o zelo pela privatização da segurança, também é observável em espaços que até recentemente eram públicos; se faz notar, além de estar nos acessos a determinados loteamentos, edifícios habitacionais, espaços de lazer, etc., nos controles de entrada de aeroportos, estações de trem, campos de futebol, edifícios das administrações públicas, etc., uma vigilância exercida por vigilantes armados, barreiras de segurança, escâneres, cães policiais, alarmes, portas blindadas, grades, elevadores programados, veículos blindados, etc.

Não devemos fechar os olhos para o fato de que a segregação social na distribuição das populações no seio de nossas cidades nunca foi maior do que é atualmente. Um fenômeno novo do presente são os bairros-guetos nos quais também se localiza boa parte dessa população rural que se vê forçada a se deslocar para as cidades, uma vez que em seu meio de origem não dispõem de recursos para sua sobrevivência. Os guetos são os lugares onde habitam os expulsos e os não admitidos; não são espaços escolhidos, mas assentamentos forçados, cárceres abertos nos quais as pessoas moram contra sua vontade. Atualmente, um bilhão de pessoas vive em favelas, e este número continua subindo devido ao modelo econômico neoliberal de desenvolvimento que hoje é dominante no mundo.

A aceleração deste processo de urbanização não planejado explica por que os subúrbios onde as populações de imigrantes pobres e de raças marginalizadas habitam não parem de crescer de forma desorganizada, especialmente nas grandes conurbações. Estes espaços, por não terem acesso fácil, possibilitam que a marginalização e as injustiças passem quase completamente despercebidas pelos setores sociais que habitam as zonas mais favorecidas. As situações de pobreza não são facilmente visíveis e, portanto, está explicada a surpresa com a qual costumam ser recebidos os relatórios e as estatísticas que evidenciam estas realidades.

Em boa parte dos países mais desenvolvidos, a conceitualização que Bauman (2007, p. 26) faz é em grande medida uma realidade: "as cidades são lugares repletos de desconhecidos que convivem em íntima proximidade", gerando medo e uma considerável agressividade latente que, de vez em quando, extravasa. "O desconhecido, por definição, é um agente movido por intenções que no máximo podem ser intuídas, mas que nunca seriam conhecidas pela ciência exata" (BAUMAN, 2007, p. 27). A cidade é um ser de cujas intenções e interesses não temos conhecimento e, portanto, perante o qual é preciso estar alerta e do qual é natural suspeitar.

Construção da marginalidade e pânico moral

A maneira de enfrentar esta cultura de inquietude na maioria das cidades de países desenvolvidos, a forma de evitar os conflitos entre diferentes grupos sociais que compartilham uma determinada zona urbana se circunscrevem a duas opções. Uma delas é a de construir novas zonas residenciais de luxo afastadas dos centros urbanos ou também mediante dinâmicas urbanistas de caráter especulativo: recuperar os centros históricos das cidades expulsando para a periferia aqueles que não dispõem de recursos econômicos suficientes para restaurar aquelas moradias que, devido à sua antiguidade, estão em condições penosas de habitação. Esta opção de edificar ou reconstruir zonas residenciais de luxo também é uma maneira de "distinção", de tornar visível o poder de cada grupo social, de ressaltar sua importância e seu valor: aqui moram as pessoas que se veem como iguais entre si e que optam por esta modalidade de bairro, urbanização ou edifício de luxo para se autoproteger e se defender daqueles grupos sociais estigmatizados negativamente, vistos como conjuntos de pessoas perigosas. Desta forma, essas classes e grupos sociais poderosos parecem se preocupar unicamente com si próprios e, o que é muito chamativo, parecem convencidos de que suas posses e seus méritos devem-se aos seus próprios esforços; que não devem nada a ninguém.

A outra opção são os guetos involuntários, formados pelos grupos mais marginalizados, pelas classes sociais mais baixas, por imigrantes pobres e refugiados políticos de países que o primeiro mundo explora. Nestes espaços degradados, a violência, o abandono e o egoísmo têm maiores possibilidades de se converterem no clima dominante.

Contudo, devemos estar conscientes de que nem sempre é fácil de conter este clima de conflito no âmbito desses bairros; nem sempre é somente determinado grupo social o responsável pelas possíveis manifestações de violência que costumam se originar. A partir da década de 1980, as revoltas mistas, tanto pelos objetivos que pretendem como pela composição multiétnica de seus integrantes, marcam as características dos violentos conflitos urbanos nos países europeus mais neoliberais, por exemplo, no Reino Unido ou na França; assim como também nos Estados Unidos, como foi o caso dos grandes enfrentamentos ocorridos na cidade de Los Angeles, por causa dos golpes selvagens que Rodney King sofreu por parte de vários policiais, os quais rapidamente foram absolvidos pelos tribunais. Da mesma forma, é preciso levar em conta que os *banlieues* populares franceses ou os guetos das metrópoles britânicas já não são formados exclusivamente por imigrantes, mas uma parte importante deles é composta por famílias pobres autóctones. Estas famílias veem como seus bairros são degradados pela crise econômica originada pela transferência de importantes indústrias em busca de países nos quais podem continuar produzindo, mas com mão de obra muito mais barata e com muito menos direitos sociais, trabalhistas e sindicais. Estamos perante protestos e revoltas que são consequência da pobreza à qual os setores da população que mais sofrem são submetidos.

Nas pesquisas realizadas sobre o denominado "problema dos *banlieues*", se pôde constatar que ele é fruto de uma série de fatores que afetam suas populações e que interagem de maneira simultânea: analfabetismo, desemprego, empregos e remunerações muito precárias, a presença de inúmeras pessoas pertencentes a grupos étnicos marginalizados sem recursos para sobreviver de forma digna; ruas, praças e casas degradadas; o tráfico ilegal de drogas e armas; conflitos com os distintos corpos policiais; a visibilidade da delinquência, da violência e de um clima de insegurança em suas ruas e nos locais de reunião; a presença permanente nas praças e ruelas de jovens sem trabalho que, além disso, dão sensação de que já sequer fazem o menor esforço para tratar de resolver sua situação, etc. (CASTEL, 2003, p. 53).

Os rótulos negativos com os quais se julgam estas periferias ou favelas os convertem em espaços com os quais o resto da população não quer ter contato, dado que ali habitam as pessoas desempregadas e pobres, jovens sem emprego e sem recursos econômicos que, consequentemente, são mais sujeitas a sobreviver por meio da distribuição de drogas ilegais, a optar por modalidades mais ou menos graves de delinquência. Essas pessoas se tornam suspeitas de qualquer delito; são vistas como sujeitos desviados, violentos e degenerados; como indivíduos a serem evitados pelas pessoas dos demais espaços urbanos.

Também dispomos de pesquisas sobre as crianças que vivem em alguns desses bairros periféricos de cidades como Chicago e Los Angeles e que, dado o nível de violência que reina em seu interior, são testemunhas diretas dessa violência desde seus primeiros anos de vida, tais como roubos com violência, brigas, violência doméstica, assassinatos, etc. Não são espaços que contribuem para a educação das crianças que ali vivem, pelo contrário. Essas crianças costumam manifestar com muita frequência "graves danos emocionais e são vítimas de desordens nervosas pós-traumáticas similares às que afetam os ex-combatentes" (WACQUANT, 2007, p. 76).

A real possibilidade de uma pessoa acabar sendo marginalizada, sem trabalho e não autossuficiente acarreta um maior risco de "desocialização dos indivíduos" (CASTEL, 2003). Estas pessoas rompem seus vínculos com a comunidade da qual pertencem, como consequência de se sentirem inúteis, sem nada que valha a pena oferecer aos seus vizinhos ou com eles compartilhar. Elas sentem que quem as rodeia não conta com elas, que são excluídas e, portanto, acabam acomodando seus comportamentos, seus esforços e suas esperanças a essa imagem que também passa a ser a que as pes-soas ao redor têm delas.

As pessoas nessas situações muito provavelmente acabam convertendo o *ressentimento* contra a sociedade em seu motor de vida, o que explica seus comportamentos, suas atitudes e suas expectativas. "O ressentimento não predispõe à generosidade nem à tomada de riscos. Ele induz uma atitude defensiva que rechaça as novidades, mas também o pluralismo e as diferenças" (CASTEL, 2003, p. 51).

As mentalidades construídas com base no "conhecimento oficial" costumam explicar esse tipo de revoltas dos grupos sociais mais desfavorecidos como fruto de uma crise moral, ou melhor dizendo, uma degeneração dos valores que orientam suas vidas, especialmente no caso daqueles que, além disso, pertencem aos grupos imigrantes originários de países pobres, sem poder ou relevância política.

É muito comum analisar com excessiva banalidade esses fenômenos, desviando o olhar das causas que estão por trás da violência estrutural à qual esses setores da população estão submetidos. Essa violência tem como motor as transformações econômicas, de trabalho e sociais que têm lugar nas sociedades de hoje e que estes setores mais sofrem, entre outras coisas, pela marginalidade espacial na qual suas vidas cotidianas se desenvolvem, em bairros estigmatizados de forma negativa e que o resto da população, inclusive os governos municipais, ignoram.

Esta linha argumentativa do medo é a que geralmente funciona para explicar a segregação nos modelos de organização das cidades. Tradicionalmente, as diferentes classes e grupos sociais se agrupavam em espaços diferentes, mas não tão distantes uns dos outros e, algo importante, com muitas possibilidades para que cada um tivesse acesso a todas as ruas e bairros da cidade, e, portanto, de interagir entre si. No passado, era fácil encontrar pessoas de diferentes classes sociais em uma mesma rua. Atualmente, dado que não tem havido políticas contundentes dirigidas à eliminação das diferenças de classe, ou tais políticas não tiveram sucesso, uma nova alternativa dirigida para dificultar o contato entre classes sociais e etnias diferentes é a opção do levantamento de muros. Este tipo de fronteiras urbanas é uma das respostas frente à desconfiança e ao medo dos "outros".

O modelo das urbanizações funciona como uma bolha protetora, sem possibilidades de interação com outros espaços públicos diferentes. Qualquer pessoa que tenha um aspecto externo diferente ao que se espera e que se aproxima ou caminha nesses espaços e nos seus arredores e, inclusive, quem tenta entrar em tais fortalezas, é tratada como "suspeita" até passar pelos distintos controles de identificação e, portanto, provar que se está adequado às regras de exclusão e inclusão que regem seu interior.

> Cercas, barreiras e muros são essenciais na cidade de hoje, não somente por razões de segurança e segregação, mas também por razões estéticas e de *status*, etc.; eles se tornaram parte de um novo código para a expressão da distinção, um código que chamo de "estética da segurança". (CALDEIRA, 2007, p. 354)

Os muros e todo tipo de dispositivos de segurança, alarmes, guardas, etc., também são, no contexto das economias de mercado atuais, uma combinação do "negócio" do medo e da segurança que uma população que se sente amedrontada busca. Neste sentido, recordemos a construção de muros como os que estão sendo levantados ao redor das principais favelas do Rio de Janeiro, no Brasil, com o objetivo de isolá-las: muros de três metros de altura levantados por trabalhadores escoltados por militares fortemente armados para fechar em cárceres mais "inovadores" aqueles que vivem nesses territórios perigosos. Muros inclusive muito caros economicamente falando e cujo capital, muitos milhões, poderia ser mais bem investido.

Contudo, na análise desse clima dominante de medo e temor ao "outro" tampouco podemos deixar de lado a possibilidade de sua instrumentalização política por parte de governos e ideologias autoritárias. Agamben já nos alertou do recurso dos "estados de exceção" que os governos mais conservadores realizam em determinados momentos para coagir as liberdades individuais que tanto nos custaram conseguir.

> O estado de exceção não é uma ditadura (constitucional ou inconstitucional, policial ou soberana), mas um espaço vazio de direito, uma zona de anomia na qual todas as determinações jurídicas – e, sobretudo, a própria distinção entre o público e o privado – são desativadas. (AGAMBEN, 2004, p. 75)

Na conceitualização deste filósofo italiano, "espaços de exceção", por exemplo, eram os campos de concentração nazistas; zonas nas quais a lei vigente ficava suspensa; a partir desse momento, tudo estava permitido para quem detinha o poder. Em outras palavras, destituiu-se as pessoas de sua condição de cidadão; durante o tempo que está em vigor esse "estado de exceção", as pessoas não têm direitos, não dispõem de um estatuto jurídico ao seu dispor e com o qual se defender dos possíveis abusos de poder. Um bom exemplo em nossos dias é a base militar de Guantánamo que o governo dos Estados Unidos mantém em Cuba.

Um dos problemas mais complexos destas medidas coercitivas é que os possíveis delitos cometidos durante esta suspensão de direitos não são fáceis de denunciar e, consequentemente, de julgar. "Enquanto não são transgressões executivas nem legislativas, parecem se situar, com respeito aos direitos, em um 'não lugar' absoluto" (AGAMBEN, 2004, p. 76).

Em certos momentos nos quais esses temores são percebidos como mais justificáveis, por exemplo, nos Estados Unidos, a partir dos terríveis atentados de 11 de setembro de 2001, o governo de direita presidido por George W. Bush tratou de convencer seus cidadãos da conveniência de renunciar aos direitos pessoais conquistados, com o argumento de assegurar uma melhor proteção a cada cidadão "decente". O consentimento era solicitado buscando persuadir as pes-soas com explicações do tipo de que as "pessoas decentes" não teriam nada a ocultar e, portanto, não deveriam se incomodar se sua intimidade fosse invadida, pois em troca lhes seria oferecida uma proteção mais eficaz, tanto pessoal como em relação aos recursos possuídos. O *slogan* de "tolerância zero" se converteu em coação para permitir descontroles importantes do Estado, em especial de suas forças de segurança e dos instrumentos jurídicos que permitem, por exemplo, colocar na ilegalidade instituições e associações, e inclusive encarcerar aqueles que, por exemplo, sejam simplesmente vistos como suspeitos.

Em geral, também podemos dizer que esses tipos de bairros marginais são politicamente utilizados pelos setores mais conservadores da sociedade para gerar situações de "pânico moral" como coação para seus fins políticos, econômicos, de trabalho e religiosos. Eles buscam expressar um objetivo ou bode expiatório dos problemas de uma porcentagem das pessoas pertencentes às classes médias e aos grupos sociais mais abastados. Já na década de 1970, Cohen utilizou essa expressão, pânico moral, para caracterizar as reações dos meios de comunicação, da polícia e dos políticos conservadores perante os distúrbios originados por determinados grupos de jovens. O pânico moral é uma reação social frente a uma "condição, um episódio, uma pessoa ou um grupo de pessoas considerado uma ameaça aos valores e interesses da sociedade" (COHEN, 1971, p. 9).

A magnitude e a duração do estado de pânico moral são variáveis e, na maioria dos casos, estão condicionadas à visibilidade e à extensão em que os meios de comunicação os convertem no tema do momento.

Uma vez criada uma situação de pânico moral em torno de um grupo social é mais fácil conseguir o apoio ou consentimento do resto da população para reprimir e castigar esses grupos que desestabilizam a sociedade; inclusive toleram-se melhor as reações desproporcionais, por exemplo, da polícia, frente às pessoas que trazem riscos ou simplesmente são suspeitas ou mesmo "estranhas".

O pânico moral é definido levando em consideração ao menos cinco critérios cruciais: preocupação, hostilidade, consenso, desproporcionalidade e volatilidade (GOODE; BEN-YEHUDA, 1994, p. 156–159):

1. **Preocupação**. Deve existir um alto nível de inquietude sobre certo tipo de comportamento, real ou suspeito, de determinado grupo social que preocupa ou causa determinados efeitos no resto da sociedade. Esta preocupação é visível em diferentes formas: nos conteúdos e nas manchetes de artigos de imprensa, nos resultados de enquetes com a população, nas propostas legislativas realizadas pelos partidos mais conservadores, nos lemas das mobilizações sociais, etc.
2. **Hostilidade**. Um maior nível de hostilidade perante o grupo social que é visto como promotor desse comportamento desviado, ameaçador para as "pessoas honradas" e, em geral, para a sociedade. Este grupo é visto como uma ameaça aos valores, ao estilo de vida e aos interesses dominantes. Isto costuma ser expresso de maneira vulgar nos discursos com dicotomias do tipo "nós-eles".
3. **Consenso**. Existe uma importante concordância na sociedade na hora de assinalar qual grupo ou setor do grupo é o que ameaça o resto da sociedade por meio de suas condutas. Seja um temor real ou imaginá-

rio, o importante em uma situação de pânico moral é que a maioria da sociedade, ou a parte que manipula mais ou melhor os espaços e meios de comunicação, manifesta um consenso visível sobre quais são os setores que ameaçam seus "valores familiares", suas tradições, a moral dominante, os interesses gerais, etc.

4. **Desproporcionalidade**. Nos fenômenos de pânico moral fica patente o desequilíbrio entre os medos da população e a verdadeira realidade da ameaça. Os dados empíricos são de intensidade muito menor que o que as pessoas percebem ou experimentam. As pessoas que se sentem em perigo imaginam que os verdadeiros dados ou condutas ameaçadoras são muito maiores; elas creem que seus inimigos são muito mais perigosos do que realmente são.

5. **Volatilidade**. Estas situações são imprevisíveis. Elas surgem repentinamente (mesmo que possam estar latentes durante períodos bastante longos) ou podem reaparecer com certa periodicidade. O que é importante é que tais situações não se mantenham constantes durante espaços temporais prolongados. O que caracteriza os fenômenos de pânico moral é sua aparição imprevisível, sem causas estruturais ou antecedentes históricos que realmente os expliquem; o que não significa que não existam alguns dados anteriores, como certos estereótipos, que nestas situações são exagerados até que sejam percebidos como reais ameaças.

As políticas econômicas, de trabalho, sociais, militares (e até mesmo as educativas) dominantes nas últimas décadas têm contribuído de modo decisivo para transformar em residual os comportamentos e ideais solidários. Na medida em que a competitividade "substitui a solidariedade, as pessoas se veem abandonadas aos seus próprios recursos, penosamente escassos e obviamente insuficientes" (BAUMAN, 2007, p. 14). A justiça e a solidariedade são, dia a dia, equivocadamente reconceitualizadas e transformadas em caridade ou em atos de filantropia. Os direitos econômicos, de trabalho, educativos, sociais, culturais e políticos conquistados ao longo do século XX e no início do século XXI se convertem com muita frequência em algo sem qualquer valor ou em *slogans* vazios de significado para as campanhas políticas na hora das eleições.

Porém, não devemos esquecer que a exigência de maior segurança possível para todos os cidadãos, a demanda de uma sociedade justa e que garanta condições e recursos mínimos para que cada pessoa possa desenvolver todas as suas potencialidades como ser humano, é parte das exigências com as quais os Estados modernos foram formados. Assim, um dos grandes

Currículo escolar e justiça social **63**

e urgentes desafios destes novos processos de urbanização das sociedades é planejar e colocar em ação novas políticas de justiça redistributiva e de representação; bem como, mediante procedimentos democráticos de participação, debater e adotar um novo discurso e construir o maior consenso ético possível sobre o modelo de cidade e de cidadania que se deseja.

A contribuição do sistema educativo para a "desruralização"

Contemplando esta revolução urbana a partir das instituições escolares, o que não podemos é deixar de mencionar que o sistema educativo tradicional também tem contribuído em grande medida para "desruralizar", convertendo a cidade no arquétipo de vida para as novas gerações.

Toda proposta minimamente rigorosa sobre a educação no mundo rural implica iniciar um debate sobre os modos de vida no país que se trata; se interrogar sobre que tipo de economia, quais modelos produtivos, quais localizações preferimos incentivar para que as pessoas que lá habitam possam viver; decidir quais infraestruturas é preciso construir, que recursos a população irá utilizar para poder viver, trabalhar e desenvolver todas as suas potencialidades como seres humanos.

A realidade é que até o momento este debate não está ocorrendo de forma explícita, mas na prática os modelos econômicos e produtivos nos quais se está apostando envolvem de maneira implícita um ideal de sociedade completamente urbano.

Desde o início da transição democrática espanhola, o debate sobre que tipo de sociedade queremos construir, onde queremos que as pessoas vivam, trabalhem, estudem, desfrutem e convivam não foi começado em nenhum momento. Porém, as políticas que vêm sendo implementadas implicam uma aposta na concentração das populações nas zonas urbanas, nas cidades. Boa prova disso são as políticas de comunicações e transportes, obcecadas com a construção de autoestradas, rodovias, trens de alta velocidade e aeroportos e, portanto, preocupadas em interconectar as cidades entre si e, ao mesmo tempo, deixar os núcleos rurais isolados. Da mesma forma, as políticas vigentes de moradia, saúde, cultura, trabalho, justiça, educação, interior, ciência e tecnologia, fazenda pública, etc., são o resultado das estratégias de caráter urbano dos partidos políticos, do corpo de funcionários das administrações públicas e do conjunto de especialistas que assessoram os governos no poder. É cada vez mais frequente observar como o meio rural é contemplado de maneira simplista como espaço de lazer para os cidadãos urbanos que recorrem a esse ambiente com a ideia de descansar e relaxar.

Porém, a ignorância sobre as condições de vida das pessoas que habitam os núcleos rurais sobre suas possibilidades de trabalho, culturais, recreativas, de saúde, educativas, etc., são muito notórias e, portanto, geradoras de muitas injustiças.

No que se refere aos sistemas educativos, há décadas carecemos de debates sobre como deveria ser a educação no meio rural. Entre outras coisas, nunca foi iniciado um debate rigoroso e democrático sobre se o sistema educativo deve servir para que as gerações mais jovens descubram ou não o mundo rural, para que possamos convencê-las das possibilidades de vida e desenvolvimento pleno neste ambiente ou se, ao contrário, o sistema educativo deve capacitar e orientar os cidadãos para que se voltem à vida urbana e, por conseguinte, o destino de suas decisões também neste lugar: a cidade.

Acreditamos que nenhuma das leis de reforma do sistema educativo que vêm sendo legisladas e implementadas desde meados do século XX prestaram a devida atenção à educação rural. Esta política também se chocava de frente com uma realidade na qual quase a metade da população do Estado espanhol habitava núcleos rurais em meados desse século. Em 1940, 51,9% da população ativa do Estado espanhol se dedicava à agricultura; em 1950 esse número havia sido reduzido para 49,3%. A partir desses anos, o êxodo do campo à cidade crescerá em um ritmo muito forte ao mesmo tempo em que a população que permanece no meio rural também vai se caracterizar por pessoas de idade muito avançada; as gerações mais jovens vão apostar nas cidades. A realidade de uma península ibérica agrária, rural e tradicional vai se transformando em industrial e urbana.

As diferentes leis educativas nunca contemplaram com a devida atenção as características do meio rural e, em consequência, como deve ser a rede educativa destinada a esse meio. Entre as características distintivas deste meio se destacam: a dispersão da população, o pequeno número de crianças na mesma idade, a dificuldade de acesso a recursos e materiais educativos, etc.

Levemos em conta que, por exemplo, as editoras de livros didáticos produzem apenas livros "urbanos", quanto aos conteúdos que incorporam. O mundo rural não costuma ser contemplado nos conteúdos escolares veiculados pelos livros didáticos nem nos modelos sociais, de trabalho e comunitários que são trabalhados como explicação do funcionamento da sociedade. Os conteúdos que são propostos e estudados, de forma implícita, são os recomendados como mais adequados para a vida nas cidades. O que é muito mais frequente é encontrarmos exemplos do mundo rural vistos com olhos urbanos; isto é, como espaços bucólicos onde a natureza "que não está contaminada" se mostra em todo seu esplendor; com animais e plantas respectivamente considerados mais no estilo dos mascotes urbanos ou dos elementos de decoração que como seres que são imprescindíveis tanto para realizar tarefas agrícolas e de transporte como para assegurar a alimentação dos seres humanos. Além disso, este tipo de recurso didático é construído para ser utilizado pelos alunos de uma mesma idade escolar, de uma única matéria e disciplina, um modelo de organização que não se acomoda às peculiaridades do mundo rural.

Da mesma forma, os professores se formam nas universidades e escolas de magistérios baseados em metodologias a serem desenvolvidas com alunos da mesma idade, do mesmo curso acadêmico. A atenção à didática multisseriada, integrada e inclusiva é muito desconhecida para as novas gerações de docentes. Todavia, um modelo muito mais pertinente foi ensaiado na primeira metade do século XX. Nas escolas rurais daquele momento, em uma mesma sala de aula trabalhavam crianças de idades diferentes, de distintos níveis escolares, capacidades, e com distintos interesses, recursos e materiais curriculares.

Na medida em que não se impõe a necessidade explícita de preparar os professores para trabalhar em modelos de educação rural, é muito difícil resistir ao "senso comum" ideologicamente dominante, um pensamento que é totalmente contrário às necessidades e prioridades dos alunos que vivem em núcleos rurais.

Não se dar conta dessas rotinas e automatismos explica por que, mesmo que se mantenham algumas escolas rurais, o trabalho nelas é cada vez mais difícil para os professores que se formaram com modelos e exemplos de escolas urbanas. Da mesma forma, é cada vez mais raro que os professores destinados às escolas localizadas no meio rural decidam transferir para lá seu domicílio familiar e se integrar naquela comunidade como um vizinho a mais se inserindo na vida comunitária do lugar. Sua mentalidade e suas aspirações urbanas muito provavelmente os levarão a aceitar o cargo no meio rural, porém como mal menor e, quase sempre, como um trabalho o mais provisório possível; até que consigam acumular a pontuação suficiente para poder prestar concurso para conseguir um lugar em um colégio urbano. É por tudo isso que afirmamos que as instituições escolares são um forte motor da desruralização.

Na hora de pensar no papel dos sistemas educativos neste crescente processo de urbanização e ao mesmo tempo de "guetização" das minorias mais desfavorecidas, não podemos esquecer que um dos principais objetivos dos processos de escolarização foi e continua sendo contribuir para o ensino da convivência.

As escolas e salas de aula são espaços nos quais as crianças aprendem a se conhecer, a trabalhar juntas e, portanto, a se socializar e conviver, seja qual for sua classe social de origem, sua nacionalidade, sua raça, seu sexo, suas capacidades, suas crenças religiosas e culturais e suas opções sexuais.

O desmembramento por bairros e, portanto, por classes sociais, torna muito difícil o trabalho nesta meta de contribuir para a estruturação das sociedades. Além disso, também é muito mais árdua a tarefa de contrabalançar os preconceitos e estereótipos com os quais os alunos chegam às instituições escolares e que são construídos e reconstruídos constantemente mediante as informações e imagens veiculadas pelos meios de comunicação, por um grande número de *sites* da internet, pelo cinema e pela publicidade atual.

Se cada grupo social vive e estuda isolado dos demais, o futuro também tem maiores probabilidades de continuar sendo diferente em função do grupo de origem e de escolarização. Um presente geometricamente paralelo nos faz prever um futuro no qual os encontros e a colaboração continuarão sendo evitados.

Se nos acostumamos a viver, estudar, trabalhar e descansar em ambientes homogêneos e uniformes com pessoas agrupadas por características sociais, econômicas, físicas ou intelectuais similares; em contextos nos quais não nos vemos obrigados a nos esforçar para nos comunicarmos, a trabalhar de forma colaborativa e, até mesmo, a nos divertir com aqueles que são diferentes e possuem uma idiossincrasia distinta da nossa, "haverá mais probabilidades de que 'desaprendamos' a arte de chegar a fórmulas conciliatórias e a um *modus convivendi*" (BAUMAN, 2007, p. 34).

Uma educação segregada sempre pretende evitar o encontro com os que são considerados diferentes, os quais são rotulados como "os outros".

Também convém estarmos conscientes de que a ajuda que os sistemas educativos tradicionalmente vêm desempenhando na construção de uma identidade nacional, no sentido de impor e legitimar uma única visão da história, da cultura e uma única língua, na atualidade implica um obstáculo para a nova cidadania que as sociedades abertas e multiculturais exigem. Os sistemas educativos têm atuado em muitos momentos da história como muralhas de defesa contra os estrangeiros, os que são de diferentes culturas, religiões, idiomas, ideologias, modelos de produção, etc.

Este processo acelerado de urbanização das sociedades precisa de homens e mulheres que não se vejam como estranhos, na medida em que não compartilham raízes culturais e geográficas comuns. Os deslocamentos da população rural às cidades coincidem com a chegada a elas de pessoas de outros países, com raízes culturais e religiosas muito diversas, falando diferentes idiomas, etc. Este novo fenômeno não deve ser visto como uma ameaça, como o prelúdio do choque de civilizações do qual Huntington (1997) fala, mas como um poderoso estímulo para gerar modelos de convivência e construir sociedades mais abertas e inclusivas.

Devemos conscientizar a população, mas de um modo muito destacado as novas gerações de que, como ressalta Ellin,

> ao permitir que prospere a diversidade (de pessoas, atividades e credos), o espaço público possibilita a integração (ou a reintegração) sem destruir as diferenças; na realidade, ele as celebra. O medo e a insegurança vão se reduzindo graças à preservação da diferença e ao fato de uma pessoa poder se deslocar à vontade pela cidade. (Citado em BAUMAN, 2007, p. 57)

As cidades cosmopolitas sempre foram um importante motor no progresso humano. Se aprendemos com a história e apostamos em um modelo de organização e gestão mais democrático e baseado na justiça social, esta nova peculiaridade das cidades modernas deveria ser algo realmente atrativo, criativo e produtivo. Como destaca Hall,

> as cidades criativas eram quase todas cosmopolitas; elas atraiam o talento dos quatro cantos do mundo, e desde o primeiro momento, estes mundos estavam frequentemente surpreendentemente próximos. Provavelmente nenhuma cidade foi criativa sem uma contínua renovação desta corrente sanguínea criativa. (1998, p. 285)

Os novos vínculos de cidadania devem se basear mais em compromissos com projetos de futuro do que em compartilhar origens geográficas e tradições do passado; algo que além de ser coerente com uma cidadania democrática que deseja e deve decidir seu futuro e não seja escrava de tradições que lhes foram impostas, na medida em que somente algumas poucas pessoas tinham o direito de decisão e sua possibilidade.

As instituições escolares também são um espaço privilegiado para imaginar novas possibilidades para os vilarejos e núcleos rurais. Assim como intencionalmente se deu um processo de urbanização acelerado, como consequência de certos modelos de industrialização e comercialização capitalista, da mesma maneira existe a possibilidade de reiniciar uma nova reinstalação e repovoamento de ambientes hoje abandonados, mas que com uma infraestrutura adequada poderiam contribuir para formar novos modelos de convivência mais humanos, que respeitam muito mais o meio ambiente e são economicamente mais limitados às verdadeiras necessidades humanas e não de puro mercantilismo e acumulação a qualquer custo.

Apostar em revitalizar um novo modelo de vida em núcleos rurais, aproveitando seu potencial meio ambiental, apostando em outros modelos de economia e de produção exige, além disso, um sistema educativo que torne presente esse mundo até agora silenciado ou nostalgicamente apresentado, com todo seu verdadeiro potencial. É desta forma que o sistema educativo deixará de preparar fugitivos do mundo rural para educar outro tipo de cidadãos que tenham mais respeito com o meio ambiente e, logicamente, com as demais pessoas com quem convivem. Deste modo, as possibilidades de escolha que cada aluno terá no dia de amanhã serão maiores, e suas escolhas serão realizadas dispondo de muito mais informações e de maior rigor em sua análise.

As instituições escolares são, junto com outros equipamentos culturais, espaços maravilhosos para fomentar esta abertura da mente, para aprender a compartilhar e se envolver em projetos de trabalho e de lazer com pessoas que são diferentes; para aprender a se ver como iguais, sem barreiras que dificultem a comunicação. Os partidos políticos, sindicatos, ONGs, junto aos profissionais de planejamento projeto de espaços rurais e urbanos, da arquitetura, enfrentam um desafio importante para imaginar e construir equipamentos que promovam o encontro de pessoas de diversas culturas e tradições; que rompam as barreiras entre povoados e cidades (assim como entre seus bairros), garantindo o seu encontro e diálogo.

5. REVOLUÇÃO NAS RELAÇÕES SOCIAIS

A construção do imaginário da população dos Estados-nação ocorreu com a ênfase nos aspectos "contra", procurando tornar visível as diferenças substanciais em relação aos demais povos e nações, em especial com as pessoas que neles habitavam, mais do que com seus governos do momento. Consolidou-se a unidade cultural sobre a base de uma única língua, uma religião, tradições similares (ou com variações que não afetavam o modelo de identidade essencial); uma história compartilhada desde o passado remoto e, até mesmo em alguns casos, sugerindo sem provas que a cidadania do Estado-nação dividia uma mesma herança genética.

Cada um dos diferentes governos que, periodicamente, controlavam os Estados precisava de justificações racionais apresentadas pelos seus cidadãos para obter seu consentimento perante as decisões ou linhas de ação que ia tomando nas relações e intervenções em outros países ou mesmo com os diferentes grupos de pessoas que habitavam seu próprio território.

Tanto a ciência como todas as instituições oficiais ou, na terminologia de Althusser (1977), os aparatos ideológicos do Estado e os aparatos repressivos do Estado tinham um papel decisivo a desempenhar na hora de construir, oferecer e controlar discursos, teorias e explicações "racionais" e "objetivas", assim como as consequentes normas jurídicas necessárias para ir constituindo, dia a dia, um sentido comum nacionalista e racista que, por sua vez, identificava as pessoas nativas desse território como membros do projeto nacional do momento. Tratava-se de ir dotando com legitimidade certas vozes e certos tipos de comportamento, de produção cultural e credo, enquanto se silenciava e deslegitimava outras vozes que, com este imaginário nacionalista, apareciam como diferentes e, o que costuma ser mais usual, eram incompatíveis e erráticas. Mediante estas e outras estratégias análogas, os "outros" podem ser objeto de discriminação contando com o apoio da cidadania nacional. A informação compartilhada e que podia ser acessada, bem como as formas de raciocínio dominantes, possibilitava ver como "lógicas" e "objetivas" as medidas de discriminação que eram levadas a cabo contra quem se considerava alheio, ou seja, pessoas estrangeiras, quando não inimigos e invasores.

Porém, esta construção de identidade excludente nunca foi uma tarefa fácil para quem estava no poder em cada momento. Em todas as épocas e todos os lugares sempre tem havido reações adversas a esta imposição das "verdades oficiais", por mais que os governos tratem de impedi-las reprimindo, ocultando e desvirtuando todas as reações de quem se sentia injustamente representado. Desde o momento em que foi possível se deslocar, o encontro com o outro é muito mais fácil, e à medida que o tempo passa fica muito difícil de evitar, ainda que se construam muros, fronteiras ou barreiras de qualquer tipo.

Esse encontro proposital ou casual marca o momento em que as expectativas e informações que se possui sobre outras pessoas se choquem com as novas informações que esta abordagem permite.

Cada grupo humano possui uma imagem determinada do outro, construída social e politicamente, que condiciona as primeiras reações dessa aproximação. Ao longo da história, é mediante os encontros e desencontros que vão sendo reconstruídos (algumas vezes intencionalmente e outras mais sutil e casualmente, sem estar conscientes disso) os saberes e as possibilidades de comunicação e de convivência com aqueles vistos como diferentes.

O século XX é um dos períodos históricos que mais avançou quanto às possibilidades e aos resultados na comunicação e interação com a população de outros territórios e países. Este é um século de muito otimismo com relação às possibilidades de relacionamento com os denominados "outros", e de fazê-lo com base em posturas de reconhecimento, com maiores níveis de justiça. Estamos um degrau acima de uma linha de constante separação frente à transformação de políticas de dominação e exploração que em outros períodos da história foram a norma. Recordemos que é neste ciclo histórico que se produz com maior dinamismo a eclosão do que genericamente costumamos rotular de movimentos de liberação, lutas que ocorrem em todas as frentes nas quais as políticas de discriminação e marginalização vêm sendo construídas: movimentos feministas, anticlassistas, antimperialistas, antirracistas, anticolonialistas, etc. Até mesmo uma data como o ano de 1968 se tornou um marco nesta recuperação dos cidadãos como agentes decisivos das transformações sociais, foi um ano carregado de simbolismo nas lutas contra a cultura patriarcal, por meio de numerosos movimentos feministas, assim como movimentos estudantis. Este é o momento no qual os movimentos de liberação se encontram em seu pleno apogeu, ao mesmo tempo e no mesmo espaço e em seu maior número. Nesse mesmo ano, encontramos um importante ativismo de movimentos de liberação feministas denunciando a opressão legislativa, de trabalho, social e cultural à qual as mulheres estão submetidas; movimentos pacifistas, como aqueles que foram feitos contra a invasão do Vietnã; outros, organizados contra o racismo em lugares como os Estados Unidos, o Reino Unido ou a África do Sul; contra os sistemas educativos autoritários, em inúmeros países: França, Alemanha Ocidental, Uruguai, Espanha, Estados Unidos, México, Tchecoslováquia, etc.; contra o colonialismo, em diferentes países africanos, latino-americanos e asiáticos, apoiados por um importante número de movimentos revolucionários que pretendiam liberar seus povos e construir sociedades socialistas; é também o momento dos primeiros movimentos ecologistas, embora eles ainda fossem muito fracos.

Nunca antes no passado existiu tal confluência de mobilizações em torno de cada um dos principais eixos sobre os quais se tem produzido a exploração e dominação de grupos sociais e povos inteiros: a classe social, o gênero, a raça, a opressão nacional, as necessidades especiais, a sexualidade, as crenças religiosas, etc. Porém também não podemos ignorar o papel de outras numerosas mobilizações intelectuais, sociais e políticas forjadas em séculos anteriores e que, por sua vez, também servem de apoio às que vêm sendo desenvolvidas ao longo do século XX e do presente.

O recém finalizado século XX, em geral, podemos chamar de o século do reconhecimento dos Direitos Humanos e dos Direitos dos Povos. Todos os diversos grupos sociais que se mobilizaram ao longo do século XX e nos primeiros anos do século XXI tiveram importantes êxitos, obtiveram conquistas muito decisivas na sua Carta de Direitos, as quais foram ratificadas por órgãos mundiais como a ONU[28], ao menos formalmente (ver Quadro 1.1). Conforme destaca Kymlicka (2007, p. 30), a construção de um sistema de Direitos Humanos universais, sob a supervisão da ONU, é uma das grandes vitórias da moral e da justiça do século XX, uma conquista política da qual precisamos estar muito conscientes, assim como das estratégias que foram empregadas em tais lutas; entre outras coisas, para continuar avançando no reconhecimento de objetivos que neste momento permanecem na lista de pendências, como a descriminalização universal da homossexualidade e a elaboração e aprovação de uma Carta dos Direitos dos Cidadãos à Informação e ao Conhecimento, como comentamos ao falar da revolução das tecnologias da informação.

Em relação à tarefa pendente da *Carta de Direitos das Pessoas Homossexuais, Bissexuais e Transexuais*, não devemos esquecer que, no ano de 2008, 66 países membros das Nações Unidas se propuseram a levar à Assembleia Geral uma declaração pedindo o reconhecimento das pessoas homossexuais, bissexuais e transexuais, mas a forte pressão, principalmente do Estado do Vaticano, resultou em sua paralisação temporal. Em 18 de dezembro de 2008, o Vaticano se opôs à declaração de 66 membros das Nações Unidas pela descriminalização universal da homossexualidade. Não podemos ignorar que o atual papa católico, Bento XVI, continua considerando a homossexualidade e a transexualidade "ameaças para a humanidade".

Atualmente, 80 países ainda possuem leis homofóbicas promovidas pelo Estado, segundo o dossiê "Homofobia de Estado", um dossiê mundial sobre as leis que proíbem a atividade homossexual com consentimento entre pessoas adultas, elaborado pelo pesquisador Daniel Ottosson (2010).

Quadro 1.1 Principais declarações sobre Direitos Humanos ao longo dos séculos XX e XXI[29]

DIREITOS HUMANOS UNIVERSAIS

- Convenção sobre a Escravidão (1926)
- Declaração Universal dos Direitos Humanos (1948)
- Convênio sobre o Direito de Sindicalização e de Negociação Coletiva (1949)
- Acordo Internacional de Direitos Civis e Políticos (1966)
- Acordo Internacional de Direitos Econômicos, Sociais e Culturais (1966)
- Declaração Universal sobre a Erradicação da Fome e da Desnutrição (1974)
- Declaração sobre a Proteção de Todas as Pessoas contra a Tortura e outros Tratamentos ou Penas Cruéis, Desumanas ou Degradantes (1975)
- Declaração sobre a Utilização do Progresso Científico e Tecnológico no Interesse da Paz e em Benefício da Humanidade (1975)
- Carta Africana sobre os Direitos Humanos e dos Povos (1981)
- Declaração sobre a Eliminação de Todas as Formas de Intolerância e Descriminalização Baseadas na Religião ou nas Convicções (1981)
- Convenção contra a Tortura e Outros Tratamentos ou Penas Cruéis, Desumanas ou Degradantes (1984)
- Declaração sobre os Princípios Fundamentais de Justiça para as Vítimas de Delitos e de Abuso de Poder (1985)

(continua)

Quadro 1.1 (*continuação*)

- Declaração sobre os Direitos Humanos dos Indivíduos que não são Cidadãos do País em que Vivem (1985)
- Declaração sobre o Direito ao Desenvolvimento (1986)
- Convenção Internacional sobre a Proteção dos Direitos de Todos os Trabalhadores Migratórios e de seus Familiares (1990)
- Declaração e Programa de Ação de Viena (1993)
- Declaração Universal sobre o Genoma Humano e os Direitos Humanos (1997)
- Declaração sobre o Direito e o Dever dos Indivíduos, dos Grupos e das Instituições para a Promoção e Proteção dos Direitos Humanos e para as Liberdades Fundamentais Universalmente Reconhecidas (1998)
- Declaração do Milênio (2000)
- Princípios e Diretrizes Básicos sobre o Direito das Vítimas de Violações Manifestas das Normas Internacionais de Direitos Humanos e de Violações Graves do Direito Internacional Humanitário a Interpor e Obter Reparações (2005)

DIREITOS DOS POVOS

- Convenção para a Prevenção e Sanção do Delito de Genocídio (1948)
- Declaração sobre a Concessão da Independência aos Países e Povos Coloniais (1960)
- Declaração das Nações Unidas sobre a Eliminação de Todas as Formas de Discriminação Racial (1963)
- Convenção Internacional sobre a Eliminação de Todas as Formas de Discriminação Racial (1965)
- Declaração sobre a Raça e os Preconceitos Raciais (1978)
- Convênio sobre Povos Indígenas e Tribais (1989)
- Declaração sobre os Direitos das Pessoas Pertencentes a Minorias Nacionais ou Étnicas, Religiosas e Linguísticas (1992)
- Relatório da Conferência Mundial contra o Racismo, a Discriminação Racial, a Xenofobia e as Formas Relacionadas de Intolerância (2001)
- Declaração das Nações Unidas sobre os Direitos dos Povos Indígenas (2007)

DIREITOS DAS MULHERES

- Convenção sobre a Eliminação de Todas as Formas de Discriminação Contra a Mulher (1979)
- Declaração sobre a Eliminação da Violência Contra a Mulher (1993)

DIREITOS DA INFÂNCIA

- Convenção Contra a Discriminação na Educação (1960)
- Convenção Relativa à Luta Contra as Discriminações na Esfera do Ensino (1962)
- Recomendação sobre a Educação para a Compreensão, a Cooperação e a Paz Internacional e a Educação Relativa aos Direitos Humanos e às Liberdades Fundamentais (1974)
- Convenção sobre os Direitos da Infância (1989)
- Convênio sobre as Piores Formas de Trabalho Infantil (1999)

DIREITOS DAS PESSOAS COM NECESSIDADES ESPECIAIS

- Declaração dos Direitos do Deficiente Mental (1971)
- Declaração dos Direitos dos Inválidos (1975)
- Convenção sobre os Direitos das Pessoas com Incapacidade (2007)

Fonte: O autor.

Neste longo processo de conquista dos direitos, também considero necessário destacar duas dinâmicas que desempenham um papel decisivo: os discursos e ações dirigidos, por um lado, à conquista dos direitos individuais e, por outro lado, aos grupos e minorias sociais.

À medida que vão sendo conquistados avanços nos discursos, propostas e políticas multiculturais, especialmente quando se evidencia que estas não têm por que pôr em risco os Direitos Humanos nem as liberdades, os países desenvolvidos com governos mais conservadores começam a se sentir ameaçados; consideram que estão em jogo tradições que lhes favoreciam bastante, pois lhes outorgavam benefícios exclusivos e, o que é pior, à custa dos demais. Os Estados que anteriormente haviam sido beneficiados com o colonialismo ou com governos ditatoriais nos países que funcionavam como seus satélites não assimilam com facilidade que todos os povos e grupos por eles considerados ignorantes, irracionais, indolentes, etc. exijam ser tratados com respeito, que não lhes sejam impostos idiomas alheios, costumes e saberes sem seu consentimento e que o consentimento seja dado sem a imposição de práticas e políticas de manipulação e dominação. Os grupos e povos oprimidos passam a denunciar suas dificuldades para levar uma vida digna e, até mesmo em inúmeros casos, para sobreviver; estão cansados de serem manipulados e explorados.

Neste sentido, os direitos das minorias são assimilados pelos governos com muita dificuldade e, inclusive, por uma porcentagem muito significativa dos cidadãos das anteriores metrópoles e das grandes potências mundiais em geral. Assim, conforme avança o século XX, agrava-se uma falsa e perigosa dicotomia entre direitos individuais *versus* direitos coletivos.

Curiosamente, foi no período seguinte ao término da Segunda Guerra Mundial que este dilema se acentuou mais. As grandes potências vencedoras passarão então a recorrer à opção dos direitos individuais como forma de frear as reivindicações das minorias por maiores cotas de poder público e pelo apoio legislativo para poder assegurar sua sobrevivência e, o que é mais importante, continuar se desenvolvendo como povos.

Nas primeiras décadas do século XX haviam sido conquistados direitos significativos que possibilitavam o trabalho e a sobrevivência das minorias que habitavam os distintos territórios em que viviam; inclusive, apostou-se em elaborar acordos bilaterais entre países que abrigavam minorias pertencentes a outros países a fim de proteger suas culturas e seus idiomas de origem. Considerava-se que o fato de viver de maneira forçada em outro território, pois no território de origem não havia condições que permitissem levar a vida desejada, não implicava necessariamente ter de aceitar políticas de assimilacionismo; o fato de viver em determinado Estado receptor não equivalia a ter de renunciar às identidades culturais que caracterizavam essas minorias.

Porém, é preciso recordar que essa linha de apoio às comunidades e culturas estrangeiras que viviam em outros países foi instrumentalizada de uma maneira perversa pelo governo alemão que Adolf Hitler presidiu. Ele justificou a invasão da Polônia e da Tchecoslováquia argumentando que os direitos dos alemães que viviam nesses territórios estavam sendo violados.

Terminada a Segunda Guerra Mundial, permanecia na memória dos grupos defensores do Estado-nação, tanto progressistas como conservadores, a recordação desses tipos de motivações de algumas das invasões políticas nazistas. É por isso que em muitos dos debates posteriores a esse enfrentamento mundial, servindo-se de manipulações de argumentos semelhantes aos oferecidos pelos nazistas, as grandes potências apostaram em restringir as políticas de apoio às minorias e aos grupos culturais distintos aos hegemônicos. E para isso recorreram a linhas discursivas e medidas políticas que consideravam unicamente os direitos individuais.

Defender os direitos de cada pessoa era visto como uma estratégia muito prática para, por sua vez, retirar poderes das minorias. Nesse período do século XX, também denominado de Guerra Fria, o debate e as linhas de ação costumavam ser propostos de maneira dicotômica: direitos individuais frente a direitos coletivos, sem outras possibilidades de compatibilização.

Proteger as pessoas, mas não suas instituições, é uma maneira de despolitizá-las, desorganizá-las e retirar seus poderes como grupos culturais, sociais e políticos. Uma prova disso é que quando se opta por essa linha de intervenção se aumenta enormemente as dificuldades dessas minorias para manter vivas suas culturas e seus idiomas, assim como para propor ou manter instituições e políticas pelas quais se governa os direitos de autonomia. Não atender aos direitos coletivos, os quais são mostrados como ameaçadores das liberdades individuais, é uma das estratégias que possibilitam a implementação de políticas assimilacionistas com menor resistência.

Os apoios às linhas discursivas que apostam nos direitos individuais são facilitados, além disso, pelo avanço das linhas discursivas sobre o individualismo e a psicologia pessoal. Neste sentido, é muito importante a diferença que Beck (2003, p. 339) estabelece entre "individuação", "individualização" e "individualismo".

"Individuação" é um termo da psicologia da personalidade empregado para descrever os processos mediante os quais nos convertemos em pessoas autônomas. A "individualização" é um conceito que explica as relações pessoais no interior da estrutura de uma sociedade; descreve como as transformações estruturais, políticas e sociológicas das instituições sociais condicionam as relações pessoais; e como estas transformações afetam as identidades e os papéis de cada indivíduo. A individualização implica considerar a pessoa como planejadora e criadora de sua própria identidade, de seus compromissos, de sua biografia e das redes sociais que constrói, na medida em que participa e interage ativamente em seu entorno. O "individualismo", ainda que seja um conceito cuja explicação não é unânime, para efeitos deste trabalho envolveria a tendência a agir segundo os próprios interesses e critérios, sem levar em consideração nem se ver ou considerar afetado pelos interesses e pelas necessidades da coletividade à qual se faz parte.

Os processos atuais de individualização estão diretamente relacionados às transformações que estão sendo feitas nas instituições políticas, econômicas, culturais e sociais das quais participamos ou que condicionam a vida cotidiana dos cidadãos em todas as suas dimensões. Essas mudanças afetam até mesmo âmbitos que até pouco tempo atrás pareciam mais estáveis como, por exemplo, as estruturas familiares. Assim, a "pós-família" é o modelo que define, em linhas gerais, o novo modelo de convivência que está surgindo em contraposição à família tradicional (BECK; BECK-GERNSHEIM, 2003, p. 165 e seguintes). Embora os grupos mais conservadores ainda tentem apostar na família tradicional como estrutura básica da sociedade, nas políticas públicas que impõem com seus aliados, os neoliberais estão tornando muito difícil sua sobrevivência como célula básica. Na medida em que a partir destas concepções ideológicas se atacam e demonizam organizações sociais como sindicatos, partidos políticos e associações de bairros, enquanto organizadoras dos interesses coletivos, reposicionam a família considerando-a como a célula de convivência que desempenha tarefas de proteção para as quais não haverá facilidades nem disponibilidades econômicas. Assim, por exemplo, uma família em momentos de doença ou desemprego de alguns ou de todos seus membros dificilmente poderá ir adiante se as políticas sociais foram reduzidas ou até mesmo anuladas.

Frente ao monopólio do modelo de família tradicional (também denominada "família pré-industrial") surgem os "novos tipos de família". Os modelos mais tradicionais basicamente concebiam a família como uma unidade econômica (GIDDENS, 2000, p. 67), uma comunidade na qual os membros estão unidos pela necessidade de colaboração para assegurar o bem-estar físico e material; unir esforços para evitar que se caia em situações de pobreza, para ter garantia de cuidado nas doenças e na velhice. As dimensões de amor e afeto passavam ao segundo plano, como comprova um grande número de documentos históricos. Eram principalmente as mulheres que, inclusive, não tinham a liberdade de escolher seus maridos nem muito menos a possibilidade de participar em plano de igualdade nas tomadas de decisão e na gestão da família.

A partir da Segunda Guerra Mundial, nos países mais desenvolvidos, com o avanço progressivo do Estado de Bem-Estar Social, mais possibilidades vão se abrindo às mulheres para o exercício do direito de escolha. Pouco a pouco, o medo de passar por uma situação de pobreza caso decidissem romper seu matrimônio vai sendo superado, e assim a instituição familiar vai adquirindo novas funções e novos papéis.

Foram principalmente os movimentos feministas que evidenciaram as dimensões patriarcais que essa instituição sustentava. Porém, as críticas a este modelo de família não provinham exclusivamente das mulheres. Os movimentos estudantis do final da década de 1960 e da primeira metade da década de 1970 também passam a se voltar, em parte, contra a família, a qual acusam de autoritária e repressora.

À medida que o século XX avança também vai se tornando mais nítida a separação entre sexualidade e reprodução. A família já não é considerada uma estrutura exclusivamente destinada a ter e a criar filhos. Nem mesmo a sexualidade é contemplada somente sob o prisma da heterossexualidade. Neste período da história, as conquistas obtidas pelos movimentos progressistas, mas em especial pelos movimentos feministas e de homossexuais, lésbicas e transexuais, deixam patente uma grande variedade de modelos de família em que todos já não aceitam o modelo patriarcal que servia de pano de fundo à família tradicional.

Ao menos nos países mais industrializados, o campo de escolhas para as relações interpessoais entre mulheres e homens está variando como nunca antes ocorreu na história; "ao contrário da maior parte de seus antepassados, a mulher já não se volta ao matrimônio como caminho de acesso à segurança econômica e ao *status* social" (BECK; BECK-GERNSHEIM, 2003, p. 173). Os processos de individualização vão progressivamente reformulando essa instituição. Tanto o homem como a mulher vão construindo uma personalidade que não mais se limita à família, mas que também tem sua própria vida em separado, algo que nas sociedades mais tradicionais somente o chefe de família tinha. Ambos agora são "chefes" da família, têm alguns espaços e horários determinados para a vida em comum e outros para sua vida como pessoas independentes. Também precisamos acrescentar as novas possibilidades de formação de uma família entre dois homens ou duas mulheres, as famílias monoparentais, as famílias de pessoas divorciadas, as multiparentais, as "famílias mosaico" (formadas por filhas e filhos provenientes de diferentes relações prévias por parte de um ou dos dois cônjuges), as famílias em rede (fruto dos vínculos que vão sendo estabelecidos entre os filhos e as filhas tidos em conjunto), etc. Há novas formas familiares nas quais os membros já não são necessariamente fixos, estáveis, mas onde existe uma maior variabilidade nas relações de parentesco conforme o tempo vai passando. Dessa forma, por exemplo, as pessoas que em um momento exercem o papel de pai ou avó podem até mesmo perder o contato com seus filhos e netos se ocorrer uma situação de divórcio conflitivo, ou simplesmente se a pessoa com a qual as crianças vão viver decide residir em uma cidade ou um país diferente ao de sua vida com o cônjuge anterior.

Como enfatizam Beck e Beck-Gernsheim, os laços familiares

> já não são iguais aos de antes, nem por seu alcance ou por seu grau de obrigação e permanência, e está tomando forma um espectro mais amplo do privado a partir das múltiplas e variadas ambições, expectativas, esforços e erros e das diferentes experiências com final feliz ou nem tão feliz. (2003, p. 186)

A esse respeito, o conceito de Beck de "categorias zumbis" é útil, como a família, a classe social ou a vizinhança. Nesta categoria estão instituições e conceitos que, como os zumbis, são mortos-vivos (BECK; BECK-GERNSHEIM, 2003, p. 341). Mesmo que em um momento passado tenham tido vida, sobrevivem em nossos dias como fórmulas ou *slogans* com significados muito confusos, sem um conteúdo preciso. São categorias mais mortas que vivas, mas que na realidade continuam entre nós.

Assim, por exemplo, no passado a categoria família implicava um vínculo duradouro entre as pessoas que diretamente a compunham e suas respectivas famílias de origem. Hoje, todavia, a família já é uma instituição líquida, na terminologia de Bauman (2005-a). Qualquer criança pode ter vários pais e várias mães adotivas e muitos avôs com variações importantes em relação a eles, conforme decida cada uma, assim como as demais pessoas om quem está se relacionando.

Em um mundo onde a provisoriedade, a instabilidade e as dificuldades para levar uma vida digna afetam as instituições, outrora mais estáveis, como o matrimônio e a família; quando, além disso, já deveríamos ter aprendido que os problemas dos grupos sociais com menor poder e das minorias em geral não costumam ser resolvidos com comportamentos individualistas, optar por descuidar as reivindicações dos direitos coletivos é dificultar e, até mesmo, impossibilitar suas soluções. No momento em que podemos constatar que cada pessoa tende a buscar sua própria solução para seus problemas, estamos perante sintomas bastante claros de que a coesão social necessária a toda sociedade está sendo perdida.

Por um lado, as lutas das nações denominadas "sem Estado" se tornaram lutas de comunidades com identidades diferenciadas que fazem parte de poderosos Estados-nação que se negam a reconhecer suas identidades culturais e seus direitos (como País Basco, Catalunha, Galícia, Irlanda do Norte, Córsega, País de Gales, Saara Ocidental, Caxemira, Kurdistão, territórios Palestinos, etc.); por outro lado, temos as lutas dos povos indígenas que, com maior eficácia, a partir da década de 1970, voltaram a se situar e trazer novamente para o primeiro plano as reivindicações em prol dos direitos das minorias. Quanto às primeiras, a partir desse momento, irão conquistando espaços e estatutos de autonomia, ou, inclusive, transformando os antigos Estados-nação em Estados Autônomos e Estados Federais e Confederativos. E em relação aos povos indígenas, é a partir desse momento que as instituições internacionais como a ONU vão colocar com maior frequência suas exigências sobre a mesa. Assim, a título de exemplo, em 1982 o Conselho Econômico e Social das Nações Unidas constitui um grupo de trabalho dirigido a atender as reivindicações dos povos indígenas. No que pese um enorme número de obstáculos, suas lutas vitoriosas culminam no presente em uma conquista muito importante e que abre as portas para um futuro mais esperançoso: a Declaração das Nações Unidas sobre os Direitos dos Povos Indígenas, aprovada em 13 de setembro de 2007. Trata-se de uma declaração adotada por uma maioria de 143 Estados a favor e quatro votos contra (Austrália, Canadá, Nova Zelândia e Estados Unidos) e 11 abstenções (Azerbaijão, Bangladesh, Butão, Burundi, Colômbia, Geórgia, Quênia, Nigéria, Russa, Samoa e Ucrânia).

Este otimismo quanto às conquistas realizadas não apaga a lembrança dos grandes dramas ocorridos nesse mesmo século. Esta mesma época também é o período das maiores catástrofes provocadas pelo próprio ser humano. Nunca antes na história se conseguiu criar instrumentos com semelhante poder de destruição como na atualidade. O século XX é o período das bombas atômicas, e em geral, das armas de destruição em massa; é o século das grandes guerras mundiais, quando as possibilidades que a globalização oferece nos mostram suas faces mais sombrias; é a época dos fornos crematórios, das guerras químicas e bacteriológicas, das ditaduras mais sangrentas, dos grandes etnocídios, das enormes fomes, etc. Há, porém, uma diferença muito substancial entre estes acontecimentos territoriais provocados pelo ser humano ao longo do século XX e os que tiveram lugar em ciclos históricos anteriores: os grandes aprendizados que a humanidade conseguiu nesse mesmo período.

Ao longo do século XX e da primeira década do século XXI, as grandes mobilizações dos diferentes países, povos e grupos sociais que mais têm sofrido resultaram na conquista das cartas de direitos para poder impedir ou enfrentar acontecimentos semelhantes ou até mesmo piores. Isto nos permite ser otimistas, pois em última análise, estes aprendizados funcionam, por sua vez, como força motriz para continuar avançando rumo a uma humanidade justa, pacífica e solidária que o ser humano mais reflexivo e lúcido sempre foi capaz de imaginar. Este otimismo com relação ao futuro já é uma realidade, pois, pela primeira vez na história da humanidade, já não existem discursos científicos nem leis democráticas que servem como motor de partida e pretexto para a opressão de outros seres humanos ou até mesmo de povos inteiros.

Quando os países ou governos não democráticos legislam contra os Direitos Humanos, os governos do resto dos países (inclusive os aliados) se veem forçados a emitir diferentes desaprovações.[30] Este tipo de reprovação internacional costuma começar com denúncias de organizações sociais (ONGs, sindicatos, partidos políticos, associações, etc.), mais ou menos locais, dos setores mais politizados da população, das próprias comunidades instaladas no país denunciante ou de outros países afetados; e é cada vez mais frequente que acabem envolvendo organizações mais internacionais, como a ONU ou o Conselho da Europa, para tratar de deter e levar a julgamento, mediante os tribunais penais internacionais, os responsáveis pelas violações dos Direitos Humanos.

O otimismo dos sucessos deve funcionar como um sistema de retroalimentação para continuar reforçando caminhos que garantam o cumprimento dessas Cartas de Direitos Humanos. Neste sentido, é urgente envolver cada país em seu cumprimento, obrigando a revisão da Constituição Nacional, dos Estados ou dos Territórios Autônomos (se houver), assim como do código penal vigente, de modo a se adequar por completo às exigências das convenções aprovadas pelas Nações Unidas. Ou seja, urge passar do respeito formal a todos esses direitos universais conquistados à exigência de seu real cumprimento e, portanto, sua penalização quando forem violados.

Estas conquistas sociais são de grande significado e estão gerando uma autêntica revolução nas relações sociais. Cada uma das cartas de direitos conquistada, junto com as dinâmicas políticas e sociais com as quais estão sendo feitas reivindicações em prol de outras reivindicações de direitos pendentes como os dos homossexuais, bissexuais e transexuais, evidenciam a tremenda injustiça de muitas das relações sociais que vinham sendo mantidas entre os diferentes grupos sociais, as quais eram o resultado de processos educativos e de socialização construídos com base em informações muito distorcidas, falsas expectativas, preconceitos e tradições de desvalorização do outro. Com esse substrato de fundo, as relações sociais que se criavam eram sempre discriminatórias, pois as pessoas não dispunham de argumentos racionais suficientes e sólidos para um reconhecimento objetivo do outro; o que, por sua vez, acarretava a construção e a consolidação de um senso comum no qual se consideravam lógicas e normais as práticas de discriminação social, de trabalho, política, jurídica, econômica, educativa e psicológica, nas quais eram submetidas as mulheres, as pessoas não brancas, de outras religiões, culturas, as pessoas com necessidade especial, etc.

Assumir que os direitos das mulheres, crianças, etnias, raças, pessoas com necessidades especiais, etc., são o fruto da luta por sociedades e relações mais democráticas nos obriga a voltar os enfoques aos saberes, comportamentos, expectativas e preconceitos de cada um dos grupos sociais em relação aos demais. Deste modo, todas as pessoas serão mais conscientes do grau que precisam adequar suas relações com cada um dos membros dos grupos antes marginalizados e, em muitos casos, ainda hoje discriminados.

Como consequência desse tipo de conquista de direitos, todas as pessoas têm sido obrigadas a adotar novos papéis; foi preciso conduzir muitos aprendizados sobre esses "outros" que não conhecíamos, sobre os quais tínhamos e continuamos tendo muitos preconceitos e inúmeras distorções nas informações e nos saberes sobre eles. É imprescindível reconstruir nossos conhecimentos e nossas maneiras de ser para adequá-los a novos papéis mais democráticos e de respeito.

Ao longo do século XX, os homens têm precisado aprender a se relacionar com as mulheres de igual para igual; e as pessoas adultas com as crianças, como consequência de seus novos direitos conquistados. Mais recentemente, foram legalizados e tornados visíveis os novos tipos de famílias, fruto do reconhecimento de outros tipos de sexualidade e de outras maneiras de se relacionar; algo que está obrigando a revisão de todas as normas e leis que não contemplavam estas situações em seu desenvolvimento, assim como os conteúdos de muitas áreas do conhecimento científico e popular com os quais tem sido justificada boa parte das discriminações que as pessoas que se encontram nestas situações sofrem. Além disso, as pessoas do Ocidente estão aprendendo a reconhecer como iguais os homens e as mulheres de outras culturas, sobre os quais a sociedade em geral e, portanto, os sistemas educativos, lhes haviam incutido toda uma grande armadura de preconceitos e de informações falsas.

Se no passado os sistemas de educação desempenhavam um papel decisivo para facilitar a dominação e exploração dos povos e grupos sociais marginalizados, recorrendo a fontes de informação muito tendenciosas e à manipulação da história para convencer o resto da população de que os "outros" eram seres inferiores, também hoje, no momento de contribuir para formar personalidades mais democráticas, justas e solidárias, a instituição escolar precisará desempenhar um papel muito valioso.

É de vital importância estar consciente de que as formas de conhecer e produzir os saberes, construir aspirações, símbolos, maneiras de interagir, etc. são construídas e reconstruídas constantemente em espaços e contextos socioculturais e políticos definidos.

Todo docente precisa estar consciente de que quando falamos de "cultura" e, particularmente nas instituições escolares, assim como de "diferenças culturais", estamos utilizando categorias de análise e de avaliação que carregam, mais ou menos, funções políticas implícitas. As diferentes culturas presentes em um mesmo território não comportam valores e funções semelhantes; mas, ao contrário, traduzem relações de poder assimétricas entre os diferentes grupos sociais que as geram e avaliam.

Quando falamos de minorias linguísticas, culturais ou étnicas, o que toda instituição escolar precisa é não ignorar os significados e julgamentos que são atribuídos nessa sociedade a cada um desses grupos sociais. É preciso que sejam esclarecidas as dimensões políticas e ideológicas que condicionam o trabalho e a vida cotidiana nas escolas, uma tarefa urgente em um mundo no qual a meritocracia e o avanço do positivismo nas políticas e pesquisas educativas está encobrindo por completo as chaves que explicam a desigualdade e as injustiças na sociedade e, consequentemente, nas instituições educativas.

As discriminações racistas são um mecanismo que permite manter privilégios sociais, econômicos, de trabalho, políticos e culturais perante aquelas pessoas consideradas inferiores e que costumam ser acusadas, sem qualquer pudor, de geradoras de problemas. Rotular de forma racista uma pessoa é uma maneira de indicar que quem fala acredita dispor de mais privilégios e direitos que a pessoa estigmatizada. Consequentemente, a análise do conteúdo, da linguagem e das imagens é uma tarefa à qual as escolas precisam prestar muita atenção. As crianças têm de aprender a estar conscientes do racismo enrustido ou implícito no qual estão sendo socializadas por meio das fontes de informação que manejam, pelos meios de comunicação de massa e pelo ambiente que reina nas ruas e praças.

A incumbência do aprendizado dos diferentes conteúdos das matérias que integram o currículo não deve se restringir à sua aceitação como verdades dogmáticas, sem outra preocupação além de que sejam entendidos; mas também se deve aprender a julgá-los de forma crítica, a avaliá-los, a compará-los com outros e, é claro, a cuidar com os julgamentos que fazemos e ser consequentes com eles. Esta meta educativa exige maior atualidade e urgência no marco das novas sociedades multiétnicas, multiculturais e multiconfessionais.

É muito importante aprender a desenvolver empatia com o outro e dessa forma compreender suas dificuldades e sua realidade. Educar também é combater e derrubar estereótipos e preconceitos que assumimos mediante toda classe de rotinas e, em muitas ocasiões, manifestamos.

Uma filosofia educativa multicultural crítica deve vigiar escrupulosamente todos os estereótipos sobre a autopercepção e a percepção do que é estranho; fomentar a abertura e a compreensão.

O medo ou o desconforto perante os "outros" habitualmente se baseia na presunção de que os grupos sociais e as comunidades culturais diferentes dos nossos são vistos como fechados em si mesmos; eles são percebidos até mesmo como fundamentalistas, sem possibilidades de evolução. Porém, tais culturas são sempre construções histórico-sociais nas quais as pessoas desempenham um papel ativo. É lógico que as pessoas que convivem em determinado território, como fruto de suas interações, compartilhem maneiras parecidas de ver e interpretar a realidade; que recorram a determinados conhecimentos e práticas para resolver os problemas cotidianos; que julguem certas condutas mais do que outras; que assumam como válidos os mesmos ideais, etc.

Os estereótipos e os preconceitos geram tensão nas relações entre as pessoas. Porém, um dos efeitos mais perversos sobre as próprias vítimas é que os clichês xenófobos condicionam em grande parte a construção da própria identidade.

Isso, de maneira alguma, implica sustentar concepções sobre a "identidade cultural" de tipo fundamentalista. Estamos totalmente convencidos de que as identidades culturais são sempre dinâmicas, sujeitas a modificações constantes à medida que seus membros conhecem outros seres humanos procedentes de outros lugares e se relacionam com eles. São processos contraditórios; não seguem uma mesma linha diretriz. Uma vez que somos seres sociais, estamos abertos a aprender dos demais, dispostos a transmitir o que sabemos e como funcionam as coisas. É com base nos contextos econômicos, políticos, sociais e culturais que têm lugar ao longo da história que estes processos comunicativos vão eternamente moldando as identidades culturais dos povos. Como enfatiza Hall (2003, p. 17),

> as identidades nunca se unificam e, em dias de modernidade tardia, estão cada vez mais fragmentadas e fraturadas; nunca são singulares, mas cons-

truídas de múltiplas maneiras por meio de discursos, práticas e posições diferentes, frequentemente cruzados e antagônicos. Elas estão sujeitas a uma historização radical, e em um constante processo de mudança e transformação.

Dar-se conta deste dinamismo de abertura ao outro, inerente a toda comunidade humana, facilita o desejo de conhecer o que não se sabe sobre seus modos de vida, seus saberes, suas práticas, suas aspirações e seus desejos. Esta é uma das bases para a construção de relações de comunicação e cooperação; para a apreciação de seus sucessos e o aprendizado com suas experiências. Em resumo, além disso, é a razão de ser dos sistemas educativos: o conhecimento de nós mesmos e dos demais.

Uma educação que pretenda educar cidadãos para nosso tempo precisa insistir no desenvolvimento de habilidades e posturas que valorizem o conhecimento e colaborem com todas as pessoas e os grupos sociais. Esta meta implica estar consciente das distorções da informação pelas quais éramos e continuamos sendo dominados, estar cientes de nossos preconceitos e nossas falsas expectativas sobre as culturas e comunidades às quais não pertencemos. Estamos falando de uma educação que possibilite o aprendizado de como harmonizar os direitos individuais e coletivos como meio para continuar mantendo e desfrutando da riqueza e das possibilidades de um mundo onde a diversidade cultural é a norma.

6. REVOLUÇÕES ECONÔMICAS

Atualmente, se há uma forte coincidência em todos os países, é a constatação de que uma das grandes revoluções que estão afetando a todos os seres humanos refere-se às transformações que a esfera econômica está sofrendo.

Um conceito que passou a ser considerado essencial na hora de analisar estas transformações é o da globalização, um processo que está afetando todas as demais esferas da sociedade e de todos os países do mundo e, consequentemente, todas as pessoas.

À primeira vista, um conceito como o da globalização tem um significado positivo, pois ressalta que tudo está interconectado, que existe uma maior comunicação e interdependência entre todos os países, suas instituições e seus povos. Sua aceitação tem muito a ver com o emprego de uma linguagem aparentemente despolitizada, com a sensação de estar a ponto de tornar realidade o ideal de uma fraternidade universal. Todavia, nas últimas décadas, para muitos grupos sociais este vocábulo representa todo um conjunto de processos muito negativos, em especial quando empregado nas esferas da política, cultura e economia de caráter neoliberal.

Na realidade, a razão deste significado execrável está em como os atuais processos de globalização vêm sendo manipulados, em sua grande maioria, pelos países e grupos sociais economicamente mais poderosos.

A utilização da linguagem mercantilista, com seus disfarces para conseguir o consentimento da população é caracterizada por uma generosa profusão de ideias pomposas que, na prática, funciona como conceitos vazios, tais como: transformação, modernização, inovação, dinamismo, iniciativa, criatividade, competitividade, etc. Estas palavras, como *slogans* de propaganda, são formuladas e aplicadas em contextos diretamente relacionados à economia, ao mercado de trabalho e aos serviços bancários, desconsiderando outras urgências e necessidades sociais, sem levar em consideração suas consequências nas dimensões da justiça social e redistributiva na hora de avaliar. Estamos falando de termos que são continuamente redefinidos no âmbito economicista e que as multinacionais e grandes corporações bancárias dão como resposta às orientações neoliberais da globalização. Estes lemas, a princípio, são reconhecidos como oportunos e urgentes para enfrentar os novos desafios de um mundo sem limites, mas que, na prática, buscam gerar condições políticas, fiscais e de legalidade para conseguir que as grandes empresas disponham das melhores condições para seus negócios e, desta forma, competir e ter muito mais rentabilidade nos novos mercados globalizados. Trata-se de palavras e discursos com poder suficiente para desarticular durante bastante tempo outros discursos mais políticos, e que até poucos anos atrás tinham mais poder de mobilizar os cidadãos e comprometê-los ativamente na luta por um mundo mais justo e solidário.

Quando as organizações internacionais financeiras, os órgãos técnicos economicistas e os *think tanks* vinculados a grupos ideológicos conservadores dedicados à realização de diagnósticos dos mercados de trabalho, econômicos e financeiros empregam em seus relatórios palavras como "eficiência" ou "flexibilidade", o que na realidade estão querendo dizer é que exigem que os governos no poder implantem, o mais urgentemente possível, modelos de políticas de trabalho e políticas econômicas que garantam às grandes multinacionais a maximização de seus benefícios e, além disso, tenham como foco o curto prazo. Consequentemente, é muito provável que tais metas entrem em contradição com outros critérios diretamente envolvidos na atenção a outras necessidades mais urgentes dos cidadãos, especialmente dos grupos sociais mais desfavorecidos; que desconsiderem o respeito à igualdade de oportunidades, que não atendam aos bens comuns da sociedade em geral. Obviamente, estas recomendações não implicarão um passo adiante no compromisso com a justiça social dos governos.

Estamos perante conceitualizações de "eficiência" nas quais se contemplam unicamente as relações entre resultados e investimentos, apostando em produzir ou fazer mais com menos.

Os modelos econômicos neoliberais têm entre suas características mais idiossincráticas a busca por políticas de maior desregulamentação, de privatização e, portanto, desmantelamento dos serviços, empresas e instituições públicas, de arrocho e redução de salários, de enfraquecimento dos contratos de trabalho e, além disso, de livre circulação dos capitais, evitando todo tipo de controle político e sem atender às necessidades e aos problemas de cada país nos quais operam.

O culto à privatização foi construído como o novo e poderoso dogma laico. Esta forte aposta na privatização foi expressa com notável lucidez por Gerardo Díaz Ferrán em 2007 em seu discurso de tomada de posse como Presidente da Confederação dos Sindicatos Patronais espanhola, a CEOE (Confederação Espanhola de Organizações Empresariais), quando não vacilou ao afirmar que "a melhor empresa pública é a que não existe" (jornal CINCODIAS.COM, 06/07/2007)[31], que é preciso privatizar todos os serviços públicos, apostar na maior liberdade das empresas, em mais mercados, mais desregulamentação e mais competência.

A globalização construída sob o amparo dos modelos econômicos neoliberais tem favorecido um novo tipo de negócio mais internacionalizado que antes, e, o que é mais significativo, em muitas ocasiões ajuda as corporações multinacionais, os bancos e as instituições financeiras a fugir dos controles, evitar impostos, obter melhores condições para suas empresas ameaçando a transferência para outros locais, etc., e consequentemente obter grandes benefícios econômicos.

Não podemos ignorar que esta proclamada aposta na globalização dos mercados também está sendo feita com muitas armadilhas. Por um lado, o diz defender uma abertura total dos mercados, a livre circulação de capitais e de produtos, dando a sensação de uma desregulamentação desmedida das políticas econômicas. Porém, por outro lado, com muita frequência, os países poderosos trapaceiam recorrendo a medidas protecionistas para suas empresas e seus bancos mais importantes; especialmente quando, por exemplo, são os países mais pobres e menos desenvolvidos os que precisam competir com produtos mais econômicos nos mercados do primeiro mundo.

Este tipo de modelo econômico tem tido bastante sucesso e desfrutado de enorme aceitação e inclusive de uma tolerância passiva por parte de certos setores progressistas mais vinculados à social democracia, pois tem como apoio as grandes organizações neoliberais mundiais, tais como: o Banco

Mundial (BM), a Organização Mundial do Comércio (OMC), a Organização para a Cooperação e o Desenvolvimento Econômico (OCDE), o Fundo Monetário Internacional (FMI) e outros órgãos econômicos e políticos de menor alcance como: a Associação de Nações do Sudeste Asiático (Association of Southeast Asian Nations – ASEAN[32]), o Mercado Comum do Sul (MERCOSUL[33]), o Conselho Econômico da Bacia do Pacífico (Pacific Basin Economic Council – PBEC[34]), o Tratado de Livre Comércio da América do Norte (North American Free Trade Agreement – NAFTA[35]), etc. Os relatórios, os estudos e as recomendações destas entidades desempenham um papel-chave na construção e na gestão do senso comum dos cidadãos e costumam se converter em dogmas para a maioria dos governos.

Todavia, é necessário enfatizar que esse tipo de globalização neoliberal está gerando um mundo cada vez mais dualizado. A distância Norte-Sul aumenta sem parar (REINERT, 2007). Os países mais ricos ficam cada vez mais ricos, enquanto os outros países estão cada vez mais pobres. Nesta dinâmica internacional, os negócios e as empresas são vistos unicamente por meio dos interesses mais egoístas das corporações econômicas que os empreendem. Inúmeros dossiês vêm denunciando como os mercados originados pelo atual modelo de globalização são muito injustos e assimétricos.

> O laboratório da história mostra que o livre comércio simétrico entre nações com aproximadamente o mesmo nível de desenvolvimento beneficia ambas as partes; porém, o livre comércio assimétrico conduz os países mais pobres a se especializar em ser pobres, enquanto os países ricos se especializam em ser ricos. (REINERT, 2007, p. 119)

Não nos esqueçamos que as políticas neoliberais se apoiam no famoso *slogan* "*laissez-faire*", "deixe fazer", um princípio que somente favorece quem tem recursos econômicos, capacidades, propostas e condições para pôr em prática tais políticas. É indubitável que, em uma sociedade onde os recursos econômicos, educativos, culturais, sociais e políticos estão distribuídos de maneira injusta e discriminatória, aplicar esta máxima equivale a deixar o caminho livre para as grandes multinacionais e corporações bancárias e, ao mesmo tempo, ir piorando as condições de vida das pessoas e dos coletivos sociais mais desfavorecidos.

Consequentemente, as dinâmicas da globalização neoliberal estão contribuindo em grande parte para gerar três grandes classificações de seres humanos. De um lado, há uma elite que podemos rotular de cosmopolita, com altos níveis educativos e culturais; uma elite que vive, trabalha e se relaciona se movendo constantemente em um mundo sem barreiras, sem problemas econômicos relevantes e sem empecilhos para cruzar aduanas; de outro lado, há aqueles que podemos denominar provincianos, com muitas dificuldades para se deslocar e trabalhar em outros lugares devido a seus baixos níveis educativos e culturais, suas dificuldades com os idiomas e seu medo do desconhecido; e, finalmente, há os andarilhos: aquelas pessoas que, para sobreviver, devido à ausência de condições em seus locais de nascimento, se viram forçadas a abandonar seu país e ingressar, na maior parte das vezes, como clandestinos em outros países; territórios nos quais encontram muitas dificuldades para sobreviver, o que, consequentemente, explica por que passam a vida fugindo ou se deslocando: o enfrentamento de toda a gama de obstáculos legais, econômicos, culturais, sociais, linguísticos, etc.

Nesta linha de ação, os setores economicamente mais poderosos e que apostam nos modelos econômicos neoliberais costumam se aliar com os grupos mais conservadores e neoconservadores para garantir maiores possibilidades de sucesso. Em troca, recebem a permissão para agir com uma completa discricionariedade em certas parcelas de poder; por exemplo, nos assuntos mais relacionados com valores e crenças religiosas no sistema educativo. Dessa forma, os neoliberais podem dispor dos votos e do apoio dos setores conservadores e acelerar o enfraquecimento dos papéis sociais que vinham sendo desempenhados pelos Estados por meio de uma importantíssima rede de instituições que formam o que denominamos de Estado de Bem-Estar Social. Estas instituições oferecem a toda a população serviços dignos nas áreas da saúde, educação, cultura, moradia, assistência social, etc.; garantem e regulam as aposentadorias, os salários mínimos, as condições dos contratos de trabalho, os auxílios-desemprego, etc. (TORRES, 2007).

Podemos rotular este modelo alternativo neoliberal de economicista, no sentido de que se pretende que sejam a esfera econômica, as ciências econômicas, que dirijam e controlem todas as esferas restantes (FINE; MILONAKIS, 2009). Segundo esta filosofia neoliberal, a economia acaba regendo e controlando todas as ações do governo em qualquer assunto público e, consequentemente, de qualquer tomada de decisão que os cidadãos e as cidadãs tenham que fazer. É algo que se constata facilmente se realizamos um acompanhamento do avanço na nossa sociedade, o que podemos rotular como uma economização progressiva da política (ZIZEK, 2007) e uma notável privatização do Estado. Este modo de funcionamento vem caracterizando a maioria dos governos atuais.

As mensagens políticas estão a cada dia mais claramente orientadas pelo pressuposto de que são somente os grandes grupos empresariais e multinacionais que geram riqueza e emprego; razão pela qual o Estado se converte em uma instituição quase exclusivamente a seu serviço. Um bom exemplo desta reconversão economicista são as campanhas eleitorais para eleger os membros do Parlamento, do Senado e os Presidentes, quando a economia se torna uma das chaves decisivas dos debates, dos comícios e, consequentemente, das votações.

Soros (1999) explica essa transformação recorrendo ao conceito de fundamentalismo do mercado, uma expressão que explica a peneira com a qual as decisões tomadas pelos órgãos públicos e privados são controladas; o que, por sua vez, gera como efeito colateral que cada um dos cidadãos tenda a fazer suas escolhas de maneira semelhante. Até mesmo nos últimos anos, quando as políticas de diversidade e equidade foram avaliadas, ficou muito visível a preferência por implementá-las com base no fundamentalismo do *homo economicus*.

> Supõe-se que seres econômicos têm a posse do conhecimento perfeito tanto de suas próprias necessidades como das oportunidades que lhes são oferecidas, assim como a capacidade para tomar decisões racionais baseadas nessa informação. (SOROS, 1999, p. 247)

Estamos perante um modelo que considera como implícito um forte individualismo em todas as condutas realizadas tanto pelos homens como pelas mulheres; seres que, contemplados por esta modalidade de darwinismo sociopolítico e econômico, não se caracterizariam precisamente por valores como a generosidade, a cooperação, a solidariedade e a justiça.

Todavia, a globalização não se refere unicamente ao fenômeno de uma maior interconexão dos mercados de trabalho e dos fluxos de capital em um cenário de escala planetária, mas também ao conjunto de transformações que caracterizam todas as dimensões da vida cotidiana da maioria dos seres humanos: os hábitos de trabalho e lazer, os produtos culturais utilizados, a variedade dos produtos de alimentação consumidos, o tipo de relações sociais, de trabalho e pessoais que são estabelecidas, etc.

Não convém aqui ignorar que a globalização neoliberal exige e provoca uma maior uniformidade no consumo das pessoas e uma maior homogeneização dos mercados. Este modelo de economicismo explica um processo que não para de avançar: o da uniformização e padronização. Um exemplo desta uniformização e homogeneização dos gostos e hábitos de consumo são os produtos que as grandes produtoras culturais de cinema, televisão, histórias em quadrinhos, músicas, *videogames*, etc., lançam ao mercado. Busca-se e constrói-se um modelo de consumidor genérico que, não importa onde viva, consuma os produtos das multinacionais Nike, McDonald's, GAP, Coca-Cola, Nintendo, Adidas, Disney, Nokia, Apple, etc.

Cada vez fica mais clara a confrontação entre dois grandes modelos culturais, o da "McDonalização" (RITZER, 1993) e o do pluralismo, uma confrontação na qual o primeiro modelo tem levado uma vantagem notável.

Ritzer destacou quatro componentes fundamentais da "McDonalização":

1. **Eficiência**: significa saber escolher os meios mais adequados para alcançar um fim; encontrar o método mais eficaz para cumprir determinado objetivo.

2. **Quantificação (Calculability)**: a observação por tudo o que pode ser calculado, contado, quantificado; por tratar todo tipo de assuntos de maneira quantitativa; por reinstaurar o positivismo como único paradigma.

3. **Previsibilidade**: enfatiza-se a formalização e a normalização nas rotinas. Trabalha-se com o pressuposto de que as pessoas preferem conhecer o que caracteriza os produtos e serviços existentes em qualquer lugar do planeta ao qual se dirigem e no qual se encontram. Não se apreciam as surpresas que podem surgir com a exploração de novos sabores, gostos, nos modos que um serviço ou máquina funcionam. Não se aposta nas surpresas e, consequentemente, uma ampla maioria da população vai preferir um Big Mac por saber que é igual em todos os lugares do mundo, em vez de se arriscar com produtos ou serviços para ela completamente novos.

4. **Controle**: o melhor controle é assegurado por tecnologias não humanas. Os robôs, os computadores, as cadeias de montagem e até mesmo as regulamentações e normas burocráticas garantem que procedimentos e técnicas adequadas estejam sendo empregados. As máquinas, além disso, asseguram uma maior produtividade, qualidade nos produtos e redução de custos.

Essa uniformidade também é acompanhada por uma nova cultura, a cultura do efêmero. Um mercado que se baseia em uma produção constante e intensiva precisa de consumidores com necessidades contínuas a serem satisfeitas. Esse mercado, com a contribuição de um dos campos do conhecimento mais inovadores, o *marketing*, contribuirá para gerar constantemente necessidades novas e urgentes, as quais, por sua vez, transformam a psicologia das pessoas, provocando uma forte angústia que exige o consumo para sua satisfação.

A globalização neoliberal gera um modelo de sociedade de consumo que determina importantes transformações que afetam o modo como as pessoas experimentam sua passagem pelo mundo; a forma como percebem a si próprias, suas disposições, seus afetos, etc. Portanto, podemos falar dos "custos emocionais da globalização" (ELLIOT; LEMERT, 2006), ou seja, de um modelo que forma personalidades fortemente individualistas, egoístas e consumistas sempre insatisfeitas.

Os novos modelos neoliberais exigem, e, portanto, favorecem o surgimento de uma nova forma de moralidade, tanto entre os consumidores e clientes como entre os produtores. Esta variante do capitalismo global exige um novo ser humano, com uma psicologia adequada, capaz de alterar sua escala tradicional de valores e de aceitar e introduzir como norma uma cultura de egoísmo, de ambição e da busca de seus próprios interesses pelos meios que sejam; fazendo desaparecer de seu núcleo de preocupações as necessidades e os interesses dos "outros". Trata-se de formar um darwinismo social em que cada membro da comunidade busca sua sobrevivência competindo com seus congêneres. Deste modo, tanto os fracassos como os sucessos sociais, profissionais e escolares são percebidos como próprios, sem a necessidade de reconhecer o trabalho e o apoio de outras pessoas.

É este absolutismo das teses de luta pela existência, o darwinismo social como filosofia dominante que explica uma das obsessões do ser humano contemporâneo: a distinção, o mostrar-se como uma personalidade idiossincrásica, diferente de todas as demais pessoas com as quais convivemos ou rivalizamos.

Atualmente, um dos principais focos de interesse, de fascinação das pessoas, é sua identidade. Esta identidade é permanentemente construída e reconstruída, e até mesmo admite ser compartilhada, motivo pelo qual falamos das identidades múltiplas. Porém, inclusive nesse grupo social com o qual uma pessoa se identifica para algumas coisas e para o alcance de determinadas aspirações, cada integrante procura deixar manifesto certas peculiaridades que o diferenciam dos demais. Nas palavras de Bauman, "o que constitui o indivíduo moderno líquido é a urgência dessa escolha e do esforço para conseguir o reconhecimento público da mesma" (BAUMAN, 2007, p. 150).

A preponderância das preocupações e estímulos econômicos que definem e guiam o *homo economicus*, preocupado com a acumulação de riqueza e com um consumo que garanta sua distinção e manifestação de poder, explica uma variedade de aparição mais tardia no tempo como é o

> *homo consumens*, esse comprador solitário, autônomo e preocupado somente com si próprio, um homem que fez da busca pelo melhor preço uma cura

> para a solidão e nega qualquer outro tratamento, um personagem que somente reconhece como comunidade necessária de propriedade essa multidão de compradores que atestam os centros comerciais, um personagem em cujo mundo vital abundam outros personagens que não compartilham nada mais além dessas virtudes. (BAUMAN, 2005a, p. 96)

Se as sociedades capitalistas funcionam tendo como base uma população dedicada ao consumo obsessivo, agora, operando em um âmbito mais global, esse consumo irá originar novas e decisivas mudanças na psicologia e no comportamento das pessoas.

Acumular capital econômico e consumir requerem que essas mesmas pessoas tenham que trabalhar o maior número de horas possível para obter os recursos econômicos necessários para seguir acelerando essa roda obsessiva do consumo. Um ritmo consumista que nos recorda o castigo que Tânatos impôs a Sísifo, filho de Enarete e do deus Éolo: empurrar incessantemente uma rocha que nunca chegará ao topo, pois sempre que está próxima disso acaba deslizando. Este é um dos mitos gregos que melhor simbolizam o absurdo do esforço inútil, da condenação a estar continuamente insatisfeito, recomeçando sempre a busca de um objetivo que parece estar ao alcance da mão, mas que no fim se mostra inatingível. Consumir e consumir repetidamente, sem nunca obter satisfação suficiente para convencer-se de que já é suficiente.

Obviamente, outros valores mais verbalizados até muito recentemente como a solidariedade, a fraternidade, a cooperação, a empatia, a confiança nos demais, etc. entram em franco retrocesso, ainda que continuem sendo verbalizados, mas como *slogans* sem significado.

> O retrocesso das habilidades de socialização vem sendo alimentado e acelerado pela tendência, inspirada no modelo de vida consumista dominante, a tratar os outros seres humanos como objetos de consumo, conforme a quantidade de prazer que podem oferecer e em termos de "custo-benefício". (BAUMAN, 2005a, p. 104)

Um modelo economicista semelhante exige uma sociedade de pessoas infelizes porque acabam nunca estando completamente na moda, adotando as últimas exigências que a publicidade dita e apresenta como solução para o alcance da felicidade. Haverá sempre um último modelo cuja propriedade promete a felicidade completa. Em uma sociedade semelhante, é óbvio que a educação pode desempenhar um papel-chave vinculando uma educação moral adequada à educação intelectual e à educação para o consumo, visando a formar cidadãos mais responsáveis, reflexivos e críticos.

Mas há alternativas para a globalização neoliberal

Na medida em que o Estado de Bem-Estar Social era considerado já consolidado e não era explicado às novas gerações e até mesmo, em alguns casos, lhes ocultava de forma explícita seu verdadeiro sentido e sua razão de ser, os neoliberais responderam com seus discursos populistas, oferecendo com suas propostas de *laissez faire* o aumento da riqueza e, presumivelmente, da qualidade de vida de todos os cidadãos. Pouco a pouco, foram convencendo os cidadãos com cada vez menos formação política e em geral com fortes lacunas na educação recebida no âmbito das ciências sociais. A rapidez em ficar rico foi levando ao fomento tão somente daquele conhecimento que se considerava capaz de "se vender" melhor no mercado de trabalho.

Desde o início da década de 1970, coincidindo com o início do auge dos modelos econômicos neoliberais, as funções do Estado foram sendo cada vez mais limitadas, obrigando a implementação de políticas de desregulamentação e de privatização dos serviços públicos, com as quais, no mesmo ritmo em que essas políticas avançavam, ia aumentando o índice das desigualdades sociais. Para ninguém é segredo que, nas últimas décadas, vem aumentando a distância entre pessoas ricas e pobres dentro de cada país e, da mesma forma, entre as nações ricas e as pobres.

Uma estratégia eficaz para o descrédito do público é a que vem desenvolvendo as políticas de governos conservadores que permitem um funcionamento muito deficiente em um bom número dos serviços públicos que dependem deles, favorecendo ou permitindo condutas corruptas de um setor de funcionários nas instituições públicas nas quais trabalham, etc. Estas situações e comportamentos foram e ainda são muito habilmente utilizados de maneira alarmista pelos defensores do neoliberalismo para acelerar novos processos de privatização.

Desta maneira, recorrendo a uma importante censura e manipulação das informações, os governos conservadores e neoliberais transferem suas responsabilidades a empresas privadas, as quais são apresentadas com *slogans* e todo o tipo de falsas promessas, como anjos vingadores e corretores das disfunções "naturais" dos serviços públicos. Na realidade, trata-se de se aproveitar estes serviços públicos para ampliar as possibilidades de fazer novos negócios, com os quais obter enormes benefícios privados. Estes benefícios, sob o amparo de fórmulas de terceirização de serviços públicos, como a matrícula de alunos do ensino público na rede do ensino privado, permitem diminuir os custos do Estado, desativando os serviços de maior custo e, em geral, oferecendo serviços piores para os cidadãos, que são disfarçados com a seleção de uma clientela que não exigirá atenção ou cuidados muito especializados, algo "certo" ou ao menos previsível. Desta forma, vemos o escandaloso exemplo de inúmeras escolas privadas que recebem alunos do sistema público impedindo o acesso dos alunos de maior risco às suas salas de aula, alunos que iniciam com importantes déficits culturais, psicológicos, físicos, etc. Estes estudantes são repudiados para que as notas médias dos alunos e os resultados das provas de avaliação externa aplicadas não os deixem mal nos *rankings* de rendimento publicados.

Com este pano de fundo economicista muito frequentemente deixam de ser efetuados numerosos investimentos nos serviços públicos; o argumento é de que, sob o ponto de vista de sua rentabilidade econômica no curto prazo, tais investimentos não são produtivos. Como consequência, são desativadas escolas de núcleos rurais com poucos alunos, são fechadas ferrovias que vinham conectando municípios com populações mais velhas ou menores; aposentadorias são reduzidas ou deixam de responder ao custo de vida atual, pois o Estado arrecada pouco; é reduzido o número e o valor das bolsas de estudos destinadas aos filhos de famílias economicamente desfavorecidas, etc.

As teorias e decisões econômicas empregadas pelas ideologias neoliberais omitem do debate público as diferentes alternativas com as quais as distintas ciências sociais operam a fim de sanar deficiências e propor melhorias no funcionamento da sociedade. Não podemos ignorar que toda decisão econômica considerada inquestionável não explica a prioridade de determinados valores pelos quais se opta; suas decisões e seus valores que não são submetidos à consulta pública. Como ressalta Soros (1999, p. 134), "enquanto o capitalismo continuar triunfante, a busca pelo dinheiro anulará todas as demais considerações sociais. Os mecanismos econômicos e políticos ficam desbaratados".

Porém, seria cair em ingenuidade e falta de rigor pensar que os objetivos da globalização pretendidos pelas grandes corporações sempre são alcançados e até mesmo com certa facilidade. Isto realmente não é verdade. A globalização também é aproveitada para combater essas filosofias mercantilistas e desumanas com as quais os grandes poderes econômicos neoliberais pretendem construir os novos mercados. Os meios de transporte e as grandes redes de telecomunicação também estão sendo aproveitados pelos movimentos sociais progressistas e grupos de esquerda para debater suas ideias sobre novos modelos de organização social mais justos, para coordenar estratégias e planos de ação, etc.

As ideias, o conhecimento, a cultura, os artefatos, etc., não são assimilados acriticamente ou sem reflexão quando entram em contato com as tradições culturais de cada país e comunidade, com os estilos pessoais de outros grupos sociais diferentes de quem os gera, produz e difunde. Ao contrário, é muitas vezes por meio desse contato que muitos países e grupos sociais se conscientizam sobre seu valor e passam a defender sua idiossincrasia cultural, econômica, política e social.

Portanto, na hora de uma análise da globalização neoliberal é preciso prestar atenção às reações geradas entre os povos e grupos sociais mais sensíveis às questões de justiça, como mostra o exemplo de dinâmicas como o Fórum Social Mundial[36] e sua busca por alternativas para a construção de outro mundo mais humano e justo; dos grupos organizados no nível mundial, como a ATTAC (Associação Internacional para a Taxação das Transações Financeiras para a Ajuda ao Cidadão)[37], que tratam de denunciar a especulação financeira, as políticas de privatização das instituições públicas e a ditadura dos mercados, em geral; de fenômenos como os do ciberativismo e do próprio movimento do *software* livre, nos quais se facilita o acesso a todos tanto às tecnologias como ao *software* necessário para as comunicações virtuais, a fim de se envolver mais ativamente, mediante *blogs*, *wikis*, Facebook, Twitter, etc., na divulgação de notícias e documentos que contribuam para converter os cidadãos em um conjunto de agentes mais ativos e críticos, social e politicamente. Um bom modelo deste uso do ciberativismo é o que vem sendo feito pela maioria das Organizações Não Governamentais comprometidas com a justiça, os Direitos Humanos, a solidariedade e a paz, tais como: Anistia Internacional[38], Intermón Oxfam[39], Greenpeace[40], Save the Children[41], SODePAZ[42], ACSUR Las Segovias[43], ADEGA (Associação para a Defesa Ecológica da Galícia)[44], Médicos Sem Fronteiras (MSF)[45], etc.

As organizações sindicais de esquerda também estão aprendendo a se articular levando em conta essas dinâmicas de globalização. Mediante uma maior e melhor coordenação com os sindicatos de outros países, elas têm maior probabilidade de estruturar melhores análises e repostas, de âmbito mais internacional, exercendo maior pressão sobre as políticas nacionais e organizações capitalistas internacionais. Esta é uma das maneiras atuais mais eficazes de resolver os problemas locais. Um exemplo no campo da educação é a Internacional da Educação[46], a Federação Sindical Internacional de organizações sindicais da educação que, no inicio de 2010, representava mais de 30 milhões de docentes e outros especialistas e trabalhadores da educação, por meio de suas 402 organizações-membro, em 173 países e territórios, organizações preocupadas com todos os diferentes níveis da educação, desde a educação infantil até o ensino universitário.

Na atual crise financeira global, as soluções não podem vir das mesmas teorias econômicas que a geraram. As teorias econômicas são necessárias, mas precisam de uma abordagem mais interdisciplinar que permita detectar, antes das eleições dentre as distintas alternativas possíveis, os efeitos secundários para a comunidade, e não para os indivíduos preocupados em obter os maiores benefícios econômicos possíveis, custe o que custar.

Qualquer sociedade que gera e precisa de tal número de Organizações Não Governamentais, como acontece no mundo de hoje, que necessita de iniciativas cidadãs que resolvam os numerosos e graves desastres que as economias de mercado ocasionam, é uma boa amostra das enormes injustiças com as quais os governos e as instituições públicas e privadas tomam suas decisões; de como as grandes corporações e os governos neoliberais e conservadores sofrem uma cegueira seletiva. Na hora de analisar, planejar, implementar e avaliar as decisões que vêm sendo tomadas por estes órgãos econômicos nos mercados locais e globais é muito fácil detectar seu egoísmo e sua incapacidade para abordagens políticas e sociais de maior abrangência, bem como sua cegueira para atender ao bem geral. As multinacionais estão preocupadas apenas em cuidar de seus acionistas; assim ignoram e, em muitos casos, enganam o público consumidor. Um exemplo disso são os "telefones de atendimento ao cliente" que geram tantas queixas entre os cidadãos. A grande maioria dos cidadãos se sente ignorada quando manifesta alguma queixa.

A educação em um contexto de economia neoliberal

Se aceitamos o economicismo e o mercantilismo como filosofias de fundo dominantes para a organização de uma sociedade, passa a ser visto como lógico e aceitável que a questão decisiva na hora de hierarquizar qualquer iniciativa educativa também seja sua utilidade para os mercados de trabalho.

Os sistemas educativos a serviço de governos que apostam em modelos econômicos neoliberais também são contemplados de modo simplista como o conjunto de possibilidades oferecidas a cada pessoa para que ela se capacite e tenha melhor empregabilidade no mercado de trabalho; ou seja, uma educação para poder participar do mercado de trabalho e dele obter os maiores benefícios econômicos possíveis. As necessidades empresariais passam a ser o referente que condiciona tanto a duração da escolarização obrigatória como, principalmente, o currículo obrigatório a ser cursado, as especialidades que são oferecidas e, por sua vez, o controle para decidir os níveis de qualidade e excelência dos sistemas educativos.

O conhecimento educativo passa a ser contemplado de forma mercantilista, recorrendo a marcos conceituais economicistas e a estratégias de planejamento e avaliação semelhantes às que são empregadas no âmbito dos negócios e das fábricas.

É especialmente nesta última década que, com base nas políticas de cunho mais economicista, proclama-se a aposta pela reorientação daquilo que vínhamos denominando sociedades da informação, ou seja, sociedades baseadas na economia do conhecimento. Atualmente, a ênfase está em prestar atenção exclusivamente à informação e ao conhecimento capazes de funcionar como matéria-prima para a obtenção de mais benefícios econômicos.

Levemos em conta que são três os principais motores da nova economia: as finanças, o conhecimento e o capital humano. Estes três motores são realmente inovadores, entre outras razões, porque já não são bens materiais, tangíveis, como eram as máquinas e as terras até pouco tempo atrás.

A formação do capital humano passa a ser uma das grandes preocupações dos governos e dos grandes monopólios empresariais. Este capital é decisivo para os novos mercados e as novas necessidades imprevisíveis dos mercados, para enfrentar as inovações tecnológicas e a constante transformação dos postos de trabalho e das correspondentes relações de trabalho.

A educação considerada sob o prisma da produção e geração de capital humano transforma o indivíduo em uma mercadoria ou meio de produção que se desloca seguindo as leis dos mercados neoliberais. Trata-se de trabalhadores que vendem e negociam seu capital humano nos países ou zonas de cada território no qual possam obter maiores benefícios econômicos. Esta é uma nova forma de emigração, não devido à impossibilidade de sobreviver no lugar de origem, mas porque o capital humano que uma pessoa conseguiu acumular possibilita maiores rendimentos econômicos em outros lugares. Um bom exemplo é o grande número de especialistas em medicina e enfermagem que não têm postos de trabalho suficientes na Espanha e emigram para Portugal ou Reino Unido, pois nestes países o salário e as condições de trabalho são melhores; ou o caso de um grande número de especialistas em informática de países como a Índia empregados nas grandes multinacionais desta especialidade em Seattle, nos Estados Unidos, pois os salários e as possibilidades de emprego são muito melhores; ou seja, ali o capital humano que conseguiram acumular pode ser mais bem negociado.

A *economização* das políticas educativas é a orientação que pode acabar sendo imposta (RIZVI; LINGARD, 2009), à medida que as empresas e o mercado passarem a controlar a proa do barco dos sistemas educativos.

Na medida em que a economia atual está baseada no conhecimento, as organizações empresariais tratam de pôr os sistemas educativos exclusivamente a seu serviço, razão pela qual fazem de tudo para que o foco de atenção esteja na geração e exploração do conhecimento que tiver maiores possibilidades de ser aplicado à produção e à geração de novos negócios rentáveis. Estamos vendo como se potencializa por todos os meios e incentivos possíveis um determinado tipo de conhecimento que tem maiores possibilidades diretas de se transformar em uma mercadoria, em um bem de consumo.

Esta reorientação economicista já é muito visível no avanço de uma espécie de conversão das etapas educativas pós-obrigatórias em uma espécie de formação com orientação exclusivamente profissional; dirigida pelos valores do atual mercado capitalista, mais que por outros interesses públicos ou pelo compromisso com políticas de igualdade de oportunidades, justiça social e reforço da democracia.

Obviamente, dentre suas grandes metas, a educação tem de contemplar a melhoria da produtividade e o crescimento econômico do país, mas sem que tais objetivos obriguem a relegar a um segundo plano a contribuição para um ótimo desenvolvimento integral da pessoa, o avanço da solidariedade, de uma integração social cada vez maior e de um maior compromisso com a sustentabilidade do planeta; consequentemente, um projeto educativo a serviço de uma sociedade democrática que deve ter como marco de referência e vigilância as distintas convenções que integram o que genericamente rotulamos como os Direitos Humanos. É um erro enorme e gerador de injustiças sociais muito significativas transformar a educação em uma mercadoria (TORRES, 2007).

Se os Estados-nação se serviram dos sistemas educativos para transformar seus habitantes em cidadãos com identidade e interesses comuns, atualmente as grandes organizações econômicas internacionais também se servem dos sistemas educativos para reformar as instituições escolares e os currículos que nelas são desenvolvidos; a fim de acomodá-los às necessidades de uma economia globalizada que, na busca de maiores benefícios econômicos, não atende a outras necessidades e urgências particulares de cada país.

Uma economia pós-nacional exige pessoas um tanto apátridas; seres humanos que se preocupem exclusivamente com seus interesses individuais, uma vez que já não se compartilham outros diagnósticos diferentes, outros problemas, esperanças e soluções em comum.

Custa cada vez mais ver o que temos em comum como seres humanos. Acontecimentos políticos de grande dimensão como a queda do Muro de Berlim ou as invasões do Iraque e Afeganistão, na medida em que foram instrumentalizados pelos setores políticos mais conservadores e pelas grandes corporações neoliberais obcecadas com o controle do mercado petrolífero, serviram como desculpa para endurecer ainda mais a cara do capitalismo, abrindo as portas aos modelos econômicos neoliberais como únicos motores da sociedade.

A partir deste momento, organizações internacionais com alto poder de influência, como a Organização para a Cooperação e o Desenvolvimento Econômico (OCDE), o Fundo Monetário Internacional (FMI), o Banco Mundial (BM) e a Organização Mundial do Comércio (OMC)[47], junto aos *lobbies* empresariais como a European Round Table of Industrialists (ERT – Mesa Redonda Europeia de Empresários)[48] passaram a ser contempladas como instituições técnicas, à margem de interesses políticos. Como consequência, à medida que esse tipo de organização ia assumindo importância, os sistemas educativos foram sendo instrumentalizados e forçando a comunidade escolar a reconsiderar seus objetivos principais sob prismas muito mais economicistas. Tenhamos presente que as organizações como as que acabamos de citar têm também o âmbito da educação entre suas preocupações e seu foco de interesse. Todas elas emitem relatórios com análises e medidas para corrigir as disfunções que, sob sua perspectiva, detectam nos sistemas educativos de cada país. Periodicamente, distintos aspectos do mundo da educação costumam ser evidenciados em seus relatórios e diagnósticos.

As organizações podem diferir entre suas prioridades, mas todas coincidem na urgência de pôr o sistema educativo a serviço do mundo empresarial e financeiro e, além disso, ampliar os níveis de privatização do sistema e ao mesmo tempo reduzir a participação das instituições públicas.

Nas últimas décadas, a OCDE se converteu na organização com maior eficácia na hora de direcionar os sistemas educativos para colocá-los a serviço das concepções e dos mercados econômicos neoliberais, promovendo uma filosofia instrumental e utilitarista dos saberes. Esta instituição internacional, com sua aposta na mercantilização dos sistemas educativos, desempenha um papel determinante na estratégia de redefinir e redesenhar a atual rede de instituições escolares com o objetivo de gerar o capital humano necessário com possibilidades de ser instrumentalizado a serviço do crescimento econômico.

Documentos-chave da OCDE, como, por exemplo, o de 1996, intitulado "The Knowledge-Based Economy" (A economia baseada no conhecimento) já advertem de que na atualidade os "sistemas econômicos estão diretamente baseados na produção, distribuição e uso do conhecimento e da informação" (OCDE, 1996, p. 7). O fator-chave da riqueza dos países passa a ser o capital cultural.

A dimensão economicista deste influente dossiê não fica evidente apenas no título, mas também nos argumentos aos quais se recorre. Assim, alude somente ao conhecimento científico e não faz sequer uma única alusão a outras parcelas do conhecimento complementares como as ciências sociais, a ética e a moral, já que todo saber humano tem implicações para a vida das pessoas, dos animais e das plantas, ou seja, para a sustentabilidade do planeta.

O foco de interesse, a chave para a OCDE está em colocar no centro de todas as preocupações a necessidade de estimular aqueles saberes que têm maior aplicação para o setor produtivo; vincular o mundo empresarial às universidades e instituições de pesquisa para gerar um conhecimento técnico-científico com maiores possibilidades de resolver os problemas práticos urgentes dos setores econômicos e empresariais; para gerar novos e rentáveis negócios e indústrias.

Uma estratégia-chave neste redirecionamento dos sistemas educativos é o emprego de conceitos e expressões que em seguida são divulgados e impostos com muito sucesso, como: prestação de contas, indicadores de rendimento ou padrões, avaliação baseada em resultados, excelência, boas práticas, eficiência, transparência, gestão de rendimento[49], pagamento por resultados, etc. Esses conceitos, devidamente resignificados com base nos marcos teóricos com os quais estes órgãos econômicos trabalham, são de uma importância notável para redirigir e aplicar suas filosofias e seus modelos produtivistas também nas instituições escolares.

Outro foco de atenção das grandes organizações internacionais de orientação neoliberal é a linha de ação em favor de maiores cotas de privatização nos sistemas educativos; objetivo no qual a OMC está especialmente comprometida por meio de um marco legal como é o Acordo Geral sobre o Comércio de Serviços (AGCS). Mas o Banco Mundial também tem oferecido um serviço na internet[50] que, como uma caixa de ferramentas, é destinado a políticos e lideres responsáveis pelas políticas de reforma, pelos conselhos práticos e recursos para implementar e acelerar medidas de privatização oferecidas por outros profissionais mais experientes.

Entre os objetivos comuns deste tipo de organização neoliberal mundial está o de acelerar a criação do mercado da educação com base na introdução de dinâmicas competitivas em todos os níveis do sistema educativo, desde a educação infantil até a universitária. Esta competitividade entre instituições escolares e docentes visa atrair os melhores alunos às escolas privadas e às escolas públicas conveniadas (TORRES, 2007).

As instituições escolares passaram a ser vistas como outro mercado para fazer negócios. Porém, para isso é preciso reduzir as funções do Estado neste âmbito e, pouco a pouco, arruinar a fama da educação pública e, obviamente, destruir seus sindicatos e suas organizações profissionais.

Em poucos anos, devido a todo tipo de manipulações na informação, de reduções nos investimentos feitos diretamente nas escolas públicas, assim como na formação e atualização dos professores, foi construído todo um conjunto de tópicos sobre as escolas públicas e sua falta de qualidade; sobre a irresponsabilidade dos professores, argumentando sem rigor, difamando sobre a falta de conteúdo e a inutilidade de seu trabalho nas salas de aula.

Um olhar sobre a imprensa jornalística permite observar como os sindicatos da educação são continuamente rotulados pelos meios conservadores como um dos principais obstáculos para a democratização das instituições escolares; eles são acusados de defensores de corporativismos obsoletos, de avaliar os professores mais indolentes e de estar continuamente exigindo vantagens para profissionais que não querem trabalhar, que não se esforçam. Um exemplo muito recente deste tipo de ataque é a recente estreia nos Estados Unidos do documentário *Waiting for Superman* (Esperando pelo Super-Homem)[51], dirigido por Davis Guggenheim, no qual se faz uma duríssima e muito injusta denúncia da educação pública e, ao mesmo tempo, se oferece como a melhor solução o ensino em escolas privadas que recebem alunos do sistema público, modelo conhecido nos Estados Unidos como *charter schools**.

Nesta linha de acusações sempre se esquece de explicitar que o desenvolvimento do atual Estado de Bem-Estar Social teve entre seus principais motores os poderosos sindicatos democráticos de esquerda, vigilantes do lucro de um grupo empresarial ávido por obter cada vez mais benefícios, sem se preocupar com os meios e suas consequências; desconsiderando os salários e as condições de trabalho dos trabalhadores.

Mas o pior dessa situação de ataques contínuos à educação pública é que os governos, especialmente os conservadores, não costumam enfrentar com rigor as crises, como a financeira que enfrentamos atualmente, provocada pelos setores neoliberais e conservadores; por outro lado, eles irão se servir da imprensa mais sensacionalista para desviar os olhares e tratar de obcecar a população com a ineficiência dos serviços públicos, a fim de debilitar a educação pública e apoiar os centros privados.

Uma das formas de contribuir para o desprestígio dos serviços públicos é não realizar um acompanhamento, uma avaliação democrática de seu funcionamento; e quando o menor problema for detectado, imediatamente se planejar um plano de choque para corrigir tais disfunções, para sanar os comportamentos considerados inadequados, com o objetivo de convertê-los no que deveriam ser: serviços públicos de qualidade para que todos os cidadãos possam se sentir orgulhosos.

---

* N. de R. *Charter schools* são escolas públicas autorizadas pelos Estados ou distritos educacionais para funcionar sob administração de grupos da sociedade civil, ou mesmo por administrações terceirizadas.

Por outro lado, obcecados por políticas de curto prazo derivadas de sua permanente preocupação com os processos eleitorais periódicos que caracterizam a sociedade democrática, os governos apostam em se concentrar naqueles problemas, dimensões e urgências que querem que fiquem mais visíveis aos meios de comunicação e aos grupos de pressão que os controlam. Estes grupos, por sua vez, interpretam tais problemas e para eles oferecem soluções coerentes com seus interesses privados.

No momento atual, perante a gravidade das crises financeiras que estão afetando praticamente todas as corporações bancárias do mundo mais desenvolvido e próspero, os governos têm se visto presos entre duas grandes frentes: de um lado, o poder econômico empresarial e financeiro; de outro, as demandas de seus cidadãos e de suas organizações sociais, políticas e sindicais que, por meio de seus votos, outorgam legitimidade aos governos.

Contudo, o resultado deste dilema parece estar se inclinando a favor das poderosas multinacionais e das corporações bancárias que também aproveitam este momento para diminuir as demissões de trabalhadores, reduzir seus salários e, o que também é muito relevante, forçar as administrações públicas a reduzir os investimentos nos serviços públicos; reduzir as prestações típicas de todo Estado de Bem-Estar Social na saúde, nos serviços sociais, nos seguros-desemprego, nas aposentadorias e, evidentemente, na educação.

Estas políticas de redução de investimentos, junto com um panorama de crise na educação pública, devidamente amplificado e interpretado por concepções neoliberais e conservadoras, dão força para acentuar os discursos e as práticas de privatização. A voracidade desses grupos ideológicos e empresariais, junto com todo um importantíssimo arsenal de medidas que agências avaliadoras internacionais vêm pondo em ação, como o recurso para estudos comparativos como o PISA, e todo um enorme jargão discursivo defendido por *slogans* como qualidade, excelência, competitividade, eficiência, etc., conduzem a um mesmo objetivo: uma política educativa autenticamente neoliberal. Esta pressão mercantilista, apoiada por uma compacta rede de meios de comunicação a seu serviço, pouco a pouco vai fazendo com que até mesmo os setores importantes das classes médias com maior sensibilidade para o público coloquem a educação de seus filhos a cargo das escolas da rede privada e das escolas privadas que recebem alunos do sistema público.

De maneira continuada e insistente, os discursos tendenciosos veiculados nos meios de comunicação conservadores insistem em chamar de ineficazes e responsáveis pela reprovação escolar as práticas de ensino e aprendizagem das redes públicas, as quais são acusadas principalmente de serem um saco sem fundo na hora de dilapidar o patrimônio público. Assim, tratarão de ocultar as estratégias de seleção elitista dos alunos admitidos nas escolas privadas e das que também recebem os alunos com fucionamento público.

Esse tipo de instituição escolar que surgiu da aposta em políticas de privatização e da desregulamentação costuma gerar um notável darwinismo e egoísmo nas maneiras de se portar perante os cidadãos. Isto já se percebe na grande maioria dos centros escolares que recebem alunos do sistema público, cada vez mais preocupados em selecionar os melhores alunos para suas escolas e, simultaneamente, expulsar e colocar obstáculos para a entrada de pessoas com necessidades especiais, de imigrantes pobres, alunos com dificuldades de aprendizagem, estudantes pertencentes a culturas minoritárias e a religiões não cristãs. Colégios, famílias e, consequentemente, em muitos casos também os próprios alunos, aliam-se em função de seus interesses exclusivos em excluir aqueles que "não são iguais".

Desta maneira, o famoso modelo de "seleção de escola" está se transformando em "seleção pela escola". Se o atual modelo de avaliação externa se consolidar, serão muitas as instituições escolares que farão tudo o que estiver a seu alcance para impedir a matrícula em suas turmas daqueles alunos que talvez se tornem um estorvo, para ficar o mais bem posicionadas possível nas classificações feitas com os resultados dos testes de avaliação que são aplicados externamente e publicados.

Esta aposta na privatização esconde outro assunto de enorme importância: não se garante a liberdade de pensamento que deve reinar nas instituições escolares. Esta é uma questão de enorme importância, pois está na base da educação, antepondo-se ao doutrinamento. Não existem garantias de liberdade, pois segundo uma regra óbvia do capitalismo, quem paga impõe seus ideais e suas concepções de vida, seus valores e interesses específicos.

Um dos procedimentos mais empregados pelas escolas privadas e as privadas que recebem alunos do sistema público para criar um bom nome no mercado são os dossiês comparatistas, especialmente o PISA. No entanto, os dados do PISA se prestam a importantes manipulações, ainda que algumas delas sejam feitas sem ter essa pretensão em mente. Trata-se de dados que devem ser cruzados com análises multivariantes e multiníveis para que possam ser interpretados com um mínimo de assertividade.

Assim, por exemplo, quando foram apresentados à opinião pública os dados do Relatório PISA de 2006, foram muitos os exemplos de meios de comunicação que lançaram matérias sensacionalistas, completamente alarmistas, anunciando que se acabava de demonstrar empiricamente que o risco de reprovação escolar é até três vezes maior no ensino público. Um dos quadros deste relatório especulava a possibilidade de aprovação e reprovação escolar das diferentes redes escolares; dava como risco de reprovação escolar os seguintes números: 23,6% nas escolas públicas; 14,5% nas escolas privadas que recebem alunos do sistema público, e 7,7% nas escolas privadas independentes. Alguns meios de comunicação mais conservadores e neoliberais aproveitaram um único quadro apresentado pelo PISA para convencer o público de que já dispunham de dados irrefutáveis que demonstravam que o ensino público era pior que na escola que recebe alunos com financiamento público e muito pior que nas escolas privadas que não recebem verbas públicas. Obviamente, qualquer especialista em estatística sabe que um quadro deste tipo não permite de forma alguma chegar a conclusões semelhantes (CALERO, 2007; CALERO; WAISGRAIS, 2009).

Uma leitura com um mínimo de rigor do Relatório PISA de 2006 ou de qualquer um dos relatórios anteriores (e imaginamos que até dos posteriores), nos diz algo completamente diferente quando aplicamos análises multivariantes e multiníveis, pois se vê que esses dados alcançarão seu verdadeiro significado quando cruzados com outras informações que também são publicadas: a classe social à qual os alunos pertencem, a importância dos níveis culturais de suas famílias (especialmente das mães), o fato de os alunos serem imigrantes ou não e há quanto tempo suas famílias vivem no país, o número de livros existentes no lar, a proporção de computadores e a existência de conexão ou não à internet nas escolas, a proporção docentes/estudantes, o tamanho das salas de aula, as modalidades de agrupamento dos alunos nas escolas e nas salas de aula, etc. Quando todas estas dimensões são levadas em consideração e cruzadas entre si, podemos atribuir um verdadeiro significado aos dados que ali aparecem.

Desse modo, um quadro como aquele ao qual antes nos referíamos reflete com clareza a consequência de um modo de seleção dos alunos, um processo seletivo que já no momento de sua aceitação pela escola nos oferece garantias de que a aprendizagem ali será algo que não requer muito esforço, pois são estudantes provenientes de famílias muito abastadas, com bons níveis culturais, com lares onde a leitura é valorizada, onde existem recursos de todo o tipo, etc. Enquanto não for reduzida esta seleção injusta e imoral dos alunos por estas redes de escolas privadas que também recebem alunos do sistema público, a rede pública concentrará todas as crianças pertencentes aos grupos sociais com os maiores déficits culturais, econômicos, de saúde, etc.; situação que todas as pesquisas, assim como os relatórios da Defensoria Pública vêm denunciando.

Como consequência, cada dia fica mais fácil de constatar que o avanço das políticas de privatização está dando lugar a uma nova modalidade de eugenia social, por meio da retirada das instituições públicas dos alunos com maiores possibilidades de sucesso escolar; dos alunos que iniciam com melhores condições de ter melhor rendimento acadêmico, devido à sua origem social privilegiada, ao melhor nível cultural de suas famílias, aos recursos culturais aos quais têm acesso e às expectativas que se criam sobre esse tipo de estudante por parte de seu ambiente social e familiar. Se estes alunos abandonam a rede pública é previsível que neste tipo de escolas fiquem somente os alunos que têm os maiores problemas de todo o tipo e, consequentemente, passem com muita facilidade a serem considerados alunos fracassados, a escória das sociedades modernas neoliberais. Esta população no dia de amanhã provavelmente acabará "fechada" em bairros da periferia ou nas novas modalidades de cárceres, os guetos completamente isolados.

Outra das poderosas fontes de pressão para mercantilizar o sistema educativo provém das grandes fundações capitalistas filantrópicas, majoritariamente norte-americanas, ou como são denominadas ultimamente, o "filantropicalismo": fundações como a de Bill e Melinda Gates[52], a da Família Walton[53], a de W. K. Kellog[54], a Annenberg[55], a Eli e Edythe Broad[56], etc., que poderíamos agrupar sob o rótulo de "Clube das Crianças Milionárias" (RAVITCH, 2010). Estas novas fundações, mediante grandes investimentos em bolsas de estudo e em projetos educativos, buscam construir novos modelos de escolarização baseados nos valores promovidos pelos seus principais patronos. Suas vozes de autoridade são escutadas continuamente nos grandes e mais importantes fóruns e reuniões políticas e econômicas internacionais, como nas reuniões de cúpula dos países mais industrializados do mundo – o G8 e o G20 – no Fórum Econômico Mundial de Davos (World Economic Forum – WEF), nas reuniões do Grupo Bilderberg, em conferências que ocorrem, por exemplo, na sede da UNESCO e da ONU, etc. Porém, o meio pelo qual se consegue que suas ideias e iniciativas sejam ouvidas sem levantar grandes suspeitas e até mesmo aparecer perante a opinião pública como generosos salvadores, como os novos messias capazes de revitalizar ou modernizar os modelos empresariais neoliberais, é mediante suas políticas de bolsas de estudos, doações, relatórios e pesquisas. Estas redes financiam tais iniciativas e terão muita influência nas tarefas de convencer o mundo acadêmico, cultural e político e, consequentemente, o público em geral, da bondade e oportunidade de suas medidas e propostas.

Todavia, os modelos produtivos propostos pelas multinacionais e com os quais elas trabalham estão por trás deste tipo de fundação, assim como as mercadorias que são lançadas no mercado e que lhes permitem acumular essas fabulosas fortunas continuam sem alterar suas políticas de preços e benefícios, fazem isso sem se tornar acessíveis a quem não dispõe dos recursos econômicos suficientes e, obviamente, não ajudam a pôr em dúvida ou questionar o modelo econômico e de pesquisa que o avalizam e fundamentam.

Por meio de suas fundações, as multinacionais se apresentam perante a sociedade com uma cara nova, com um discurso no qual abundam conceitos pelos quais as organizações políticas e sociais de esquerda se mobilizam. Dizem se preocupar com a pobreza, com as pessoas em situação de risco, mas nem por isso alteram suas políticas empresariais e financeiras. Ao contrário, seguem pressionando os governos dos Estados nos quais operam ou aos quais pretendem se expandir, para que lhes ofereçam maiores garantias e melhores condições para se instalar e poder obter esses enormes benefícios econômicos que puseram tais multinacionais nos primeiros postos das classificações de multimilionários que a revista *Forbes* divulga.

Também são as redes que formam as grandes multinacionais que coagem continuamente os governos dos Estados para gerar condições ideais para seus investimentos; sua obsessão é convencê-los de que não devem interferir em seus negócios atuais e, o que é mais importante, que devem fazer tudo o que for possível para que possam se introduzir em âmbitos que são atualmente regulados e governados pelo Estado. São estas fundações e as empresas e negócios que estão por trás delas que mais se esforçam para desbancar o Estado, para que ele lhes deixe todo o terreno livre nos âmbitos que são objeto das políticas públicas: a saúde, a educação, os serviços sociais, etc. Sua finalidade não é ajudar os serviços públicos, ou mesmo privatizá-los, para que sejam transferidos para suas empresas, para que possam fazer novos negócios onde antes não podiam. Suas verdadeiras intenções não são promover novas empresas para solucionar a pobreza, melhorar o acesso a uma saúde de melhor qualidade e a boas instituições educativas destinadas aos setores sociais mais desfavorecidos e marginais.

O verdadeiro objetivo destas fundações e empresas é ampliar seus mercados e benefícios; deste modo também podem obter maiores doações para suas fundações. Estas entidades, obviamente, se preocuparão em controlar para não entrar em contradição com as filosofias e políticas econômicas e empresariais com as quais suas empresas operam. Em momento algum terão como ideal de suas intervenções transformar as políticas econômicas, as leis de mercado dos atuais Estados capitalistas para criar outros modelos de produção e trabalho nos quais não se veja como lógico a existência dos processos de acumulação que imperam na atualidade; que não se considere "legal" que algumas pessoas acumulem fortunas que crescem exponencialmente; que um reduzido número de pessoas tenham em suas mãos mais riqueza que todo o resto das pessoas do planeta juntas.

É sob a proteção dos programas educativos que são promovidos por estas megafundações que se acelera a introdução nos sistemas educativos das filosofias com as quais seus patronos conseguiram suas imensuráveis fortunas. Consequentemente, conforme foram avançando as últimas décadas do século XX e a década do presente século XXI entraram em moda conceitos como competitividade, escolha, desregulação, incentivos e outros enfoques utilizados no mercado de trabalho e financeiro (RAVITCH, 2010, p. 213). Isto explica a obsessão destas fundações contra a educação pública e sua aposta na rede de escolas privadas que recebem alunos com o finaciamento do sistema público. Elas são conscientes de que esta opção de obrigar o Estado a distribuir seus escassos recursos econômicos com os colégios privados é a melhor estratégia para acabar com as escolas públicas. É impossível manter no médio e longo prazo estas duas redes: a pública e a privada conveniadas com o sistema público. Uma acabará com a outra, e logicamente, se as políticas educativas continuarem sendo guiadas por filosofias de mercado, no fim quem perderá serão as escolas da rede pública. Essa meta há anos vem sendo proposta pela Organização Mundial do Comércio (OMC).

Ademais, esta rede privada conta com grandes apoios por parte da opinião pública. Ao contrário, os centros escolares públicos terão enormes dificuldades para enfrentá-los e derrubar os falsos pressupostos e a manipulação de dados e variáveis que são periodicamente apresentados como científicos e irrefutáveis.

Outro tipo de fundação promotora da privatização dos serviços públicos é aquela que, como a Foundation for Educational Choice[57], promovida por Milton e Rose D. Friedman, a John Templeton Foundation[58], o Adam Smith Institute[59], o National Center on Education and the Economy (NCEE)[60], a Social Market Foundation (SMF)[61], etc., por meio de seus centros de estudos, ou *think thanks*, divulga constantemente ideias, estratégias, possibilidades e exemplos de privatização (BALL; YOUDELL, p. 72).

A aposta em políticas de privatização e de colocação de alunos nas redes conveniadas com escolas privadas equivale a que o Estado abra mão de assuntos que estão na base de qualquer modelo de política social comprometido com a equidade e a justiça social. Isso implica uma delegação de responsabilidades públicas nas mãos de empresas privadas e de grupos de pressão obcecados em atender quase exclusivamente, ou ao menos com maior dedicação, os grupos sociais mais privilegiados, as elites.

À medida que vai crescendo o peso dos colégios privados e daqueles que aceitam alunos do sistema público se torna mais difícil frear o caminho que conduz à destruição do ensino público, entre outras razões, pois cada vez se vai desmantelando mais sua razão de ser entre a opinião pública e, inclusive, entre um número crescente de professores e professoras. Vai sendo criada uma amnésia provocada sobre o verdadeiro sentido do ensino público, enquanto desaparece o debate sobre os verdadeiros motivos, interesses e finalidades do ensino privado e escolas conveniadas.

Os benefícios de ter cidadãos com um bom nível educativo, além dos efeitos positivos para cada pessoa considerada individualmente, geram vantagens para toda a coletividade; benefícios sociais como uma melhor integração social, comportamentos cívicos mais responsáveis e solidários, um clima social de maior satisfação e bem estar, um ambiente social e cultural muito mais atrativo e estimulante, etc. (GIMENO, 2005). Além disso, bons cidadãos também promovem o progresso científico e social de toda a comunidade, dado que todos os campos do conhecimento se beneficiarão com cidadãos cultos que se sentem capacitados e estimulados para desfrutar de novos saberes e especializações, bem como se aprofundar neles; promove-se uma abertura mental que incita cada pessoa a seguir aprendendo ao longo de toda sua vida. Obviamente, isto também é motor de benefícios econômicos; mas é um erro contemplar a educação exclusivamente sob ópticas mercantilistas, ou seja, como capital cultural.

Contudo, também dispomos de motivos para otimismo, de pensar que estes processos segregadores possam voltar atrás, na medida em que continuam existindo famílias de classe média que valorizam a educação de seus filhos em ambientes com maior diversidade social, cultural, étnica e econômica. Há grupos sociais cultos que, portanto, apostam na escolarização na rede pública (BALL; VINCENT; KEMP, 2004).

Apostar nos bens públicos deve exigir cada vez mais dos cidadãos a geração de condições para que eles possam participar na orientação, continuidade e valorização das instituições públicas. Os cidadãos devem ser incentivados a explorar novas maneiras de trabalhar nas instituições públicas, de participar do diagnóstico de novas sociedades, da definição dos objetivos que devem se tornar prioritários em seu funcionamento (neste caso, das instituições escolares).

Uma maior participação dos cidadãos é algo obrigatório nas sociedades abertas e multiculturais do momento atual. Urge incorporar as vozes tradicionalmente silenciadas na redefinição, gestão e avaliação dos serviços e das políticas públicas: educação, sanidade, serviços sociais, transportes públicos, empregos públicos, urbanismo, etc. É preciso uma nova arquitetura, novos modelos de participação e controle democrático das instituições e dos serviços públicos. Do contrário, é muito provável que os cidadãos mais comprometidos com o público, pouco a pouco, irão se desanimando e talvez acabem cedendo a modelos e serviços privados. Eles acabarão acreditando que não existem possibilidades de melhoria do funcionamento da coisa pública. Um governo que não leva a sério as instituições e os serviços públicos pode acabar convencendo seus cidadãos de que são as empresas privadas que sabem escutar sua clientela (ao menos as classes médias) já que sem seu apoio, seus recursos e seu consentimento, as políticas de privatização do público não seriam factíveis.

Frente aos agentes e serviços cada mais burocratizados de um Estado um tanto enferrujado e imóvel, tornam-se necessárias outras formas de Estado democrático; o que exige que seus cidadãos disponham de suficientes causas para que sejam escutados, que possam realmente participar e decidir. Isto vai muito além de um Estado que somente a cada quatro anos concede a possibilidade de voto para cada cidadão maior de idade e que desfrute da nacionalidade espanhola. Esta meta também exige como requisito indispensável a preocupação com a educação; a vigilância para que a duração dos períodos de educação obrigatória, os conteúdos, os recursos didáticos, os planos de formação e atualização dos professores sejam os mais adequados a este mundo que está sofrendo tantas e tão rápidas transformações.

É lógico que o mercado de trabalho condicione em alguns aspectos o sistema educativo, urgindo a incorporação de determinados conteúdos e práticas, pois a educação também tem entre seus objetivos fazer com que funcionem todos os serviços e todas as instituições que são indispensáveis para podermos viver melhor e com mais dignidade. Mas essa dimensão de urgência de caráter mais prático é fundamentalmente a tarefa dos níveis superiores do sistema educativo, não tanto das etapas de escolarização obrigatória, onde a educação tem outras metas mais básicas e gerais, não a especialização.

Quando enfatizamos que o sistema educativo tem de preparar as novas gerações para se incorporarem ao mercado de trabalho, para participar do sistema produtivo e saber consumir, devemos estar conscientes de que esta missão pode ser posta em prática por meio de duas filosofias completamente distintas e opostas. Uma é preparar as pessoas para se integrarem ao mercado produtivo atual e para se converterem em seres consumidores, mas sem que esta incorporação se faça de forma crítica e aceitando as regras atuais do jogo capitalista como algo que não se pode questionar, como o único modelo possível. Frente a este modelo promotor de pessoas alienadas existe outra maneira de preparar os alunos adolescentes por meio do sistema educativo para se incorporarem ao mundo do trabalho e produtivo: tornando-os cidadãos responsáveis, críticos e solidários, trabalhando com ênfases mais comunitárias, deixando claro que todos os seres humanos são interdependentes, que necessitam uns dos outros. Este modelo de trabalhador consciente e responsável sabe que seu trabalho não tem como meta principal ganhar o maior salário possível com o menor esforço. Antes de tudo, a questão é de que cada pessoa veja sua contribuição para a produção de bens e serviços cuidando para que não se favoreçam situações de alienação nem de exploração nestes processos; que o objetivo é trabalhar para poder levar uma vida digna, evitando situações de dominação tipo opressores e oprimidos, exploradores e explorados.

O mercantilismo consumista acaba gerando um notável empobrecimento e degradação moral da educação. Consequentemente, urge apostar em uma educação para enfrentar este simplismo mercantilista segundo o qual as pessoas valem o quanto possuem. Essa é uma tarefa urgente de qualquer sistema educativo que queira apostar em dimensões cívicas e em converter cada estudante em um autêntico cidadão comprometido e solidário com seus vizinhos.

7. REVOLUÇÕES ECOLÓGICAS

Uma vez que começa a ser plenamente reconhecido por todo o mundo que o atual modelo energético já não é sustentável no médio e longo prazo e que o aquecimento global é um problema realmente mundial, um dos assuntos que já está plenamente incorporado à agenda da maioria dos Estados é a necessidade de novas políticas energéticas. Não há lugar no planeta que não esteja sofrendo as consequências desse problema. Os focos de ação das novas políticas energéticas devem contemplar um compromisso prioritário com a diversificação das fontes de energia que avançam para uma substituição completa pelas energias renováveis, ao mesmo tempo em que são promovidas políticas de forte economia de energia. Todavia, essa tarefa não é tão simples nem tão fácil como pode parecer à primeira vista.

Em 1975, o cientista norte-americano Wallace S. Broecker publicou na revista *Science* o trabalho "Climatic Change: Are We on the Brink of a Pronounced Global Warming?" (Mudanças climáticas: estamos no limiar de um acentuado aquecimento global?) no qual realizou um dos primeiros e mais sérios diagnósticos sobre os efeitos do aquecimento global. Broecker recorreu para isso à expressão mudança climática, e seu prognóstico passou a condicionar as agendas das principais potências econômicas e industriais do mundo. Não obstante, esse processo de reorientação dos modelos produtivos e energéticos vigentes é algo que está acontecendo com excessiva lentidão e com muitas manipulações de informações por parte dos complexos industriais e dos setores econômicos e políticos com fortes interesses nesse âmbito. No artigo, o autor advertia que as emissões de dióxido de carbono causadas pelo homem eram de tamanha magnitude que os oceanos não tinham como absorvê-las, o que provocaria um considerável aquecimento global no início do século XXI.

As emissões desses gases poluentes são o resultado de um processo de produção industrial regido unicamente para a obtenção de benefícios no curto prazo, sem levar em consideração os limites de crescimento em um planeta finito e suas repercussões sobre o meio ambiente.

Uma advertência feita há bastante tempo nesta mesma linha é também a de James Lovelock, outro dos cientistas que desde a década de 1970 vem advertindo sobre os grandes perigos das mudanças climáticas. Ele é o criador da famosa hipótese de Gaia (nome da deusa que na mitologia grega personificava a Terra), ou seja, que a Terra se comporta como um organismo vivo, um sistema que se autorregula, cujas partes mantêm mecanismos de autorregulação interconectados que garantem que este planeta seja habitável e saudável e possibilitam que sua fauna e flora possam se desenvolver. Nas últimas décadas tem se alertado de que Gaia está adoecendo com muita gravidade; sua febre não para de subir e, no momento atual, tantos limites foram ultrapassados que o seu estado é próximo ao coma, assim, consequentemente, devemos nos preparar para o pior (LOVELOCK, 2007). Seu diagnóstico explicita que a habitabilidade e a salubridade do planeta não garantiriam as mínimas condições para a vida dos seres humanos, de outras espécies animais e das plantas. Seu pessimismo frente às possibilidades de chegar a tempo de frear o grande desastre climático que se aproxima é tal que ele propõe que nos preocupemos com urgência em minimizar suas consequências catastróficas e elabora um guia para os seres sobreviventes. Esse guia deve ajudá-los a reconstruir a civilização, mas sem repetir seus erros, apoiando-se em uma das tarefas que eram executadas pelos grandes monastérios medievais, recopilando e armazenando o saber que a humanidade conseguiu construir, agora se propõe que se faça o mesmo, inclusive no mesmo formato, em livros, já que as novas tecnologias da informação não têm asseguradas suas possibilidades de continuar funcionando.

Não obstante, chama muito a atenção que esse mesmo autor é quem atualmente propõe o uso da energia nuclear entre as medidas com possibilidades de controlar os efeitos do consumo exagerado de energia por parte da humanidade. Segundo ele, somente essa perigosa fonte de energia pode satisfazer as necessidades atuais, pois os outros combustíveis fósseis e renováveis, conforme sua análise, não serão possíveis nas condições ecológicas previstas para a vida no futuro mais próximo do planeta (LOVELOCK, 2009).

A emissão de alertas e de pedidos urgentes para se tomar medidas o mais rápido possível também foi a conclusão dos Relatórios de Avaliação do Intergovernmental Panel on Climate Change (IPCC – Painel Intergovernamental sobre Mudanças Climáticas)[62], órgão criado em 1988 pela Organização Meteorológica Mundial e pelo Programa das Nações Unidas para o Meio Ambiente, com a atribuição de realizar avaliações periódicas das variações climáticas e de suas consequências. Até o momento, o IPCC publicou cinco relatórios de avaliação, em 1990, 1995, 2001, 2007 e 2008, os quais obtiveram um merecido reconhecimento mundial. Um de seus últimos relatórios é de junho de 2008, "A Mudança Climática e a Água", o qual apresenta estudos rigorosos e enfatiza em suas conclusões a necessidade de prestar maior atenção ao impacto das mudanças climáticas nos países menos desenvolvidos. Se isso não for feito, "os países e as regiões de baixa renda permanecerão vulneráveis no médio prazo e terão menos opções de adaptação às mudanças climáticas que os países de renda alta". Porém, mesmo acelerando a tomada de medidas para enfrentar os efeitos das políticas de mitigação das mudanças climáticas passadas e atuais, "*é muito provável* que não se consiga evitar os impactos negativos de uma maior frequência e gravidade das enchentes e estiagens sobre o desenvolvimento sustentável" (BATES et al. [Eds.], 2008, p. 141).

Nesta tarefa de conscientização da população e dos governos de diferentes países é preciso destacar o trabalho decisivo da informação, sensibilização e constante mobilização cívica promovida por um número crescente de Organizações Não Governamentais ambientalistas. Esse ativismo político está levando os governos e órgãos oficiais de caráter internacional a se reunirem com uma periodicidade cada vez maior a fim de dar algum tipo de resposta satisfatória a essa grande ameaça que pesa sobre todo o planeta.

Assim, desde 1988, órgãos mundiais como as Nações Unidas estão criando comissões de especialistas para avaliar o impacto sobre o planeta das formas atuais de produção e consumo. Em 1992, como consequência da documentação abundante disponível com evidências científicas sobre o aquecimento global, mais de uma centena de Chefes de Estado se reuniu no Rio de Janeiro, na Convenção Marco das Nações Unidas sobre as Mudanças Climáticas (CMNUCC), buscando chegar a algum acordo e estabelecer objetivos comuns para resolver o problema. Porém, as fortes pressões às quais tais governos estavam submetidos impediram o avanço no ritmo necessário.

Já nessa convenção se denunciou com especial contundência que a utilização abusiva de alguns recursos energéticos básicos para manter o atual modelo produtivo e os hábitos de consumo dos habitantes dos países mais industrializados superava em cerca de 25% as possibilidades de recuperação da Terra.

Outro evento importante sobre esse assunto no nível mundial teve lugar no Japão em 1997, quando os representantes de mais de 150 países conseguiram redigir o Protocolo de Quioto da Convenção Marco das Nações Unidas sobre as Mudanças Climáticas[63], destinado à redução das emissões de gases com efeito estufa em todo o planeta. Nesse protocolo se exigiam reduções principalmente nas emissões dos países desenvolvidos, uma vez que os demais países deixaram claro que os níveis atuais de contaminação eram resultado das políticas de produção e dos hábitos de consumo dos países mais desenvolvidos. Sua aplicação tem como meta alcançar determinados objetivos finais em 2012: que a Europa reduza em 8% seus níveis de emissão em relação aos níveis de 1990, os Estados Unidos em 7% e o Japão em 6%. Porém, mais uma vez, é o governo dos Estados Unidos que opta por ficar à margem e se dedicar a dificultar sua aplicação.

Inclusive, em 2006, esse mesmo país, durante a celebração do Fórum Econômico Mundial de Davos, na Suíça, no qual participaram representantes de importantes multinacionais petrolíferas, aproveitou para analisar as possibilidades de acesso às grandes reservas de petróleo que se encontram sob o Ártico, dadas as facilidades de extração que surgirão uma vez que se derretam as geleiras polares (STIGLITZ, 2006, p. 223). Uma iniciativa que, a pedido do Presidente George W. Bush, já havia tido a sanção da Câmara dos Deputados dos Estados Unidos em 2001, na qual o Partido Republicano tinha a maioria. Mas esse mesmo projeto, a seguir, seria barrado no Senado que, naquele momento, era controlado pelo Partido Democrata.

Contudo, ainda que o grau de aplicação do Protocolo de Quioto esteja sofrendo demoras constantes na grande maioria dos países, os governos das grandes potências econômicas e industriais não conseguem desviar essa problemática da agenda mundial. Cada vez com mais frequência se tornam públicos os resultados de inúmeros estudos realizados em prestigiados centros de pesquisa de todo o mundo, demonstrando com enorme contundência o progressivo avanço na deterioração ambiental do planeta.

Com cada vez mais frequência, são feitas reuniões internacionais organizadas tanto por instituições públicas como privadas de alcance nacional e internacional e com orientações e tendências a serviço das distintas ideologias e políticas com maior presença, mas que concordam que é preciso resolver esse problema. Isso se deve, entre outras razões, às pressões das ONGs e às frequentes mobilizações de cidadãos de um número cada vez maior de países que assim o exigem. Nesse sentido, a CMNUCC organiza, desde 1995, encontros oficiais com periodicidade anual.

Entre as últimas reuniões promovidas pela CMNUCC, podemos resumir a XV Conferência Internacional sobre as Mudanças Climáticas[64], celebrada de 7 a 18 de dezembro de 2008 em Copenhague, na Dinamarca. Nessa reunião, mais uma vez as delegações dos 192 países participantes, junto com representantes de ONGs, de grupos de pesquisa e meios de comunicação, pretendiam elaborar uma série de acordos para combater as mudanças climáticas, uma vez que as grandes potências mundiais não conseguiram entrar em acordo.

O problema do aquecimento global já está no centro das preocupações da maioria dos países, ainda que os políticos mais conservadores o ponham algumas vezes em dúvida, dada a pressão à qual são submetidos por grandes setores industriais que obtêm seus imensos benefícios graças a grande emissão de gases poluentes à atmosfera.

Atualmente, existe um consenso na urgência de estabelecer um novo modelo de relações do ser humano com seu meio natural. Todo mundo começa a estar consciente das mudanças climáticas ou, em outras palavras, da irracionalidade com a qual o ser humano interage com o meio ambiente; de como os modelos de produção dominantes, à medida que enriquecem algumas pessoas, contribuem para destruir nosso planeta, originando a extinção de espécies de todo tipo, inclusive a vida de muitas pessoas.

Obviamente, esse tipo de preocupação com a qualidade de vida de todas as espécies no planeta Terra terá cada dia mais repercussões em nossa vida cotidiana e em nossos hábitos de consumo.

Até mesmo o Banco Mundial, um dos órgãos que direta ou indiretamente tem dado seu aval para este modelo depredador de interação com o meio ambiente, no relatório sobre o desenvolvimento e as mudanças climáticas que terminou de elaborar em 2010, trata de buscar alguma solução para este problema. Nesse relatório ficam evidentes os efeitos das denúncias que são feitas pelos movimentos ambientalistas mais comprometidos com a justiça social. Já não se colocam em dúvida as ameaças que pairam sobre o planeta se continuarem os atuais ritmos de emissão de carbono à atmosfera vinculados ao atual modelo produtivo. Os dados empíricos apresentados são suficientemente preocupantes para sugerir a busca por modelos de desenvolvimento mais equilibrados; motivo pelo qual se somam às recomendações para "reduzir as emissões mundiais". Do contrário, as consequências para o planeta teriam enorme impacto:

À medida que o planeta aquece, mudam as pautas das precipitações e se multiplicam os episódios extremos, como secas, inundações e incêndios florestais. Milhões de pessoas das zonas costeiras densamente povoadas e dos países insulares perderão seus lares à medida que o nível do mar se elevar. As populações pobres da África, da Ásia e de outros lugares enfrentam a perspectiva de perda de safras com consequências trágicas, diminuição da produtividade agrícola e aumento da fome, da desnutrição e das doenças. (BANCO MUNDIAL, 2010, p. III)

É significativo que uma das instituições que mais tem contribuído para favorecer o atual modelo econômico e produtivo causador das emissões dos gases com efeito estufa responsáveis pela mudança climática, agora opte por buscar um modelo mais comedido. De fato, já no prefácio desse relatório, o Banco Mundial se autodefine como "instituição multilateral cuja missão é um desenvolvimento integrador e sustentável", ainda que em nenhum momento chegue a questionar o modelo econômico que vem sendo imposto em todos os países que a ela recorrem. Na realidade, o que mais preocupa esta organização mundial neoliberal é tratar de modificar as pautas de industrialização e de crescimento dos países em via de desenvolvimento, mas sem ameaçar o modelo capitalista que tratam de reforçar em todo o mundo.

Porém, simultaneamente a todos esses tipos de reuniões internacionais, relatórios e propostas para enfrentar as mudanças climáticas, tampouco devemos ignorar a nova estratégia de neocolonialismo agrícola que está sendo praticada pelos países que têm à frente governos mais corruptos, se apossando das terras produtivas e controlando-as para garantir os novos negócios emergentes

Com esse controle, tais governos provocam a alteração das produções agrícolas típicas de tais países. Grandes multinacionais se dedicam a comprar terras em países pobres e em seguida fazem plantações de produtos cujo cultivo além de não gerar postos de trabalho faz com que os camponeses nativos sejam destituídos de suas terras e expulsos para os cinturões mais marginais das grandes cidades, onde tampouco têm garantida sua sobrevivência – o que também abre uma fonte de novos riscos para toda a humanidade.

É preciso estar alerta aos novos negócios que estão começando a surgir, relacionados com os biocombustíveis. Apostar nos biocombustíveis com modelos econômicos neoliberais implica abrir a porta para uma perigosa competição entre a produção agrícola destinada à alimentação e a que tem como finalidade substituir os combustíveis atuais derivados do petróleo. Uma opção é produzir biocombustíveis recorrendo à reciclagem de resíduos; outra muito diferente é se basear exclusivamente em cultivos diretamente destinados a essa finalidade. Além disso, precisamos estar conscientes das implicações e dos riscos de uma política alimentar no nível mundial cujo controle, no futuro próximo, algumas multinacionais pretendem dominar com exclusividade.

Tenhamos presente que, ainda que o próprio Banco Mundial constate que o controle da agricultura e da silvicultura possa contribuir para uma importante redução das emissões de carbono – particularmente mediante a preservação dos bosques e recorrendo a uma melhoria dos fertilizantes e das técnicas de cultivo –, no fundo não se deixam claros os perigos desse novo controle nas diferentes mãos que atualmente vêm trabalhando no setor agrícola e florestal.

Outra medida proposta no presente relatório do Banco Mundial é a criação de um imposto mundial sobre o carbono, uma medida que poderia inclusive beneficiar em maior grau os países desenvolvidos, dado que os países tecnologicamente menos avançados teriam de recorrer a tecnologias menos poluentes para não serem gravemente afetados por tais impostos. Essas tecnologias, em sua maioria, são o resultado de patentes pertencentes aos grandes centros de pesquisa privados e, além disso, normalmente empregadas em instalações localizadas nos países de primeiro mundo, dado que para sua produção recorrem ao emprego de estratégias muito sofisticadas cuja exclusividade de uso os centros de pesquisa privados não estão dispostos a perder.

Por outro lado, tampouco podemos ignorar o novo panorama mundial de crise que a grande maioria dos países desenvolvidos está vivendo. Neste momento de graves crises financeiras, que afetam com extrema dureza os mercados de consumo e provocam o fechamento de empresas por falta de avais e empréstimos bancários, existe o perigo de que os governos dos países que mais sofrem com elas recorram a políticas de curto prazo e de graves efeitos no curto e médio prazo. Por exemplo, apostar na flexibilização da legislação ambiental permitindo instalar novas fábricas em zonas de proteção ecológica especial, realizar obras de grande impacto socioambiental ou continuar mantendo infraestruturas e maquinarias, fortemente poluentes a fim de evitar demissões, fechamentos e transferências de indústrias em outros países nos quais os controles sobre o meio ambiente são muito mais frouxos ou simplesmente não existem. Nesse sentido, não podemos esquecer que essa aposta em se despreocupar com o impacto no meio ambiente está sendo aproveitada pelas empresas dos países mais industrializados para obter todo tipo de garantias e vantagens sobre os países menos desenvolvidos. Esses países contemplam a chegada de tais indústrias com a esperança de abandonar suas realidades precárias, ignorando que, na realidade, apenas estamos perante um novo disfarce de um capitalismo imperialista dedicado a espoliar os recursos naturais e humanos de países com muitos déficits, quando não de países com regimes políticos completamente corruptos, submetidos a ditaduras militares e tribais.

Essas transferências em um grande número de casos contam, por sua vez, com o aval de instituições internacionais como a Organização Mundial do Comércio, o Banco Mundial e o Fundo Monetário Internacional, órgãos que vêm há anos falando de incentivar as grandes indústrias – que, por sua vez, são mais poluentes – a transferir parte de seus processos aos países em via de desenvolvimento, recorrendo, para isso, ao chamariz de estar contribuindo para o seu desenvolvimento, ajudando na geração de muitos postos de trabalho e, consequentemente, estar contribuindo com suas populações nativas.

Não ignoremos, entre outras coisas, que multinacionais farmacêuticas e empresas de alimentação têm recorrido a estratégias similares para dessa forma acabar utilizando a população dos países mais pobres como cobaias para testar seus medicamentos, vacinas e produtos de alimentação. As denúncias de uma grande maioria de ONGs solidárias com o Terceiro Mundo e até mesmo as sentenças judiciais que às vezes vazam para alguns meios de comunicação são um pequeno exemplo que confirma este fenômeno.

Nesses casos, podemos falar que estamos frente a políticas empresariais e de industrialização que sustentam a implantação de um racismo ambiental baseado na violação dos Direitos Humanos, no roubo de recursos naturais, na agressão ao meio ambiente, no ataque à biodiversidade que caracterizava os territórios hoje ocupados e, além disso, na deterioração com total impunidade da saúde e qualidade de vida dos cidadãos desses países.

Corremos o risco de que a crise financeira e empresarial desse momento esteja sendo aproveitada para fortalecer ainda mais as políticas neoliberais como única saída, ignorando que foi esse modelo capitalista depredador o responsável pelo atual panorama de pânico nos mercados econômicos, pela quebra de empresas e pelo crescente e acelerado desemprego.

O Hemisfério Sul há muito tempo vem sendo o lugar no qual o Norte consegue os recursos minerais, florestais, energéticos e agrícolas, mas segundo uma série de tratados comerciais tremendamente injustos para esses países mais fracos e necessitados; em muitos casos, o Sul até mesmo chega a funcionar como a lixeira dos países mais industrializados. Hoje, o momento da busca por alternativas tem de ser aproveitado também para romper estas situações de neocolonialismo que o Hemisfério Norte mantém com o Hemisfério Sul.

Nesta linha de substituição das atuais fontes de energia poluente, Rifkin (2002) propõe a opção do uso do hidrogênio como fonte alternativa, o que originaria um novo modelo de produção e um novo tipo de sociedade baseada em uma economia que tem como motor o hidrogênio. Esse combustível, considerado eterno, não contamina e é encontrado praticamente em todas as partes do planeta. A dificuldade de seu uso no momento presente está no fato de que ele aparece em estado livre na natureza, e precisamos da tecnologia adequada para que seja extraído.

O otimismo que esse pesquisador manifesta em relação ao hidrogênio é tal que o leva a prever que a utilização dessa fonte energética acabaria por gerar mudanças radicais em todas as atuais instituições sociais, políticas, financeiras e produtivas, dando lugar a uma nova era. Ainda que as possibilidades de uso dessa fonte energética sejam muitas, creio que Jeremy Rifkin caia em um notável simplismo economicista ao conferir a apenas um tipo de energia um poder tão decisivo, ignorando o papel que os seres humanos desempenham em todas as mudanças sociais e políticas e os ideais com os quais eles se comprometem para realizar a transformação de suas condições de vida em cada momento geo-histórico e em cada realidade social definida.

Urge fazer uma análise sobre o papel das distintas nações do mundo em termos geopolíticos em relação às dinâmicas de produção e consumo causadoras das mudanças climáticas; algo que ajudará a explicar onde estão as autênticas causas e, portanto, condicionará uma tomada de decisão com maiores níveis de justiça na hora das propostas de políticas econômicas, financeiras, científicas, culturais, sociais e educativas para enfrentar a crescente degradação do planeta.

Como uma das medidas básicas para enfrentar esse estado de coisas, pesquisadores como Robyn Eckersley apostam na necessidade de implementar políticas verdes, ou seja: um modelo de políticas deliberativas e emancipadoras cuja finalidade é aumentar a autonomia tanto da espécie humana como dos demais organismos vivos. Esse modelo deve ser deliberativo, no sentido de estar apoiado no diálogo e no debate, com o objetivo de oferecer as melhores e mais rigorosas informações aos cidadãos e, portanto, formar uma opinião pública política e socialmente mais ativa. Essa política emancipadora implica abrir o leque de vozes a serem escutadas. Ela passa pelo reconhecimento político de grupos sociais e povos que ainda hoje são completamente ignorados, reduzidos ao silêncio ou que não contam com amplificadores adequados que lhes permitam divulgar suas preocupações, seus interesses, seus conhecimentos e suas experiências; inclusão que é muito mais urgente atualmente, devido ao forte impacto da globalização neoliberal dos mercados.

Esta política verde emancipadora deve adotar como condição inevitável a proclamação dos chamados Direitos Humanos Meio Ambientais, complementares aos direitos políticos, sociais e culturais já em vigor e de cumprimento obrigatório. A urgência desses direitos tem como razão de ser a prioridade em "conectar as preocupações democráticas e ecológicas no nível dos princípios" (ECKERSLEY, 1996, p. 208–209).

Entre esses direitos e responsabilidades ambientais poderíamos incluir os seguintes (ECKERSLEY, 2004, p. 243–244):

- O direito à informação sobre o meio ambiente (os governos devem ser obrigados a proporcioná-la, incluindo o direito a conhecer a legislação relativa às substâncias poluentes e tóxicas).
- O direito a estar informado dos riscos gerados pelas distintas propostas em discussão.
- O direito a participar na avaliação dos impactos ambientais das novas tecnologias e de suas propostas de desenvolvimento.
- O direito a participar na negociação de indicadores ambientais.
- O direito das ONGs e dos cidadãos a recorrer à justiça para assegurar que as leis ambientais sejam cumpridas e que incluam um mínimo de padrões a serem respeitados.
- O direito a empreender ações contra aqueles que não cumprem suas obrigações ambientais, tomando como princípio a norma de que a pessoa que polui paga.
- A inclusão na Constituição da figura de uma autoridade pública independente, semelhante a uma defensoria dos direitos ambientais, com a responsabilidade política e legal de representar os interesses públicos ambientais, incluindo os interesses das espécies não humanas e das futuras gerações.

Uma política verde tem de ter entre suas estratégias a conquista de um grande pacto social que comprometa seriamente os governos, os partidos políticos, os sindicatos, as ONGs e os movimentos e as redes sociais para promover com a maior urgência linhas de pesquisa e investimento no desenvolvimento e na utilização de fontes de energia renováveis: energia eólica, solar, das ondas do mar, geotérmica, biocombustíveis, etc.

Fazer as grandes transformações imprescindíveis para enfrentar as mudanças climáticas não implica somente a revisão dos modelos atuais de produção e consumo, mas também o replanejamento da construção do conhecimento, a difusão e a avaliação da informação e dos saberes relacionados com o meio ambiente e, obviamente, a incorporação do sistema educativo a esse compromisso ambiental. As mudanças climáticas exigem tanto políticas públicas voltadas para a proteção do meio ambiente como políticas educativas e de pesquisa que colo-

Os sistemas educativos e a educação ambiental

Ao longo da década que está chegando ao fim tem estado muito em evidência o debate sobre se realmente havia dados suficientes ou não para se poder falar de mudanças climáticas. Houve muita falsidade, especialmente por parte de grupos de pesquisa e de opinião que tratavam de manipular e enfrentar os contundentes dados que se tornavam públicos sobre as posições que buscavam chamar a atenção sobre a degradação acelerada do meio ambiente. Pouco a pouco, afloraram os interesses econômicos, políticos e sociais escondidos em relatórios que tratavam de convencer os cidadãos de que estava tudo bem, de que não havia dados empíricos relevantes para introduzir mudanças no estado atual das coisas; ou, em outras palavras, mas com maior clareza, que os modelos econômicos e produtivos neoliberais com os quais se trabalha não produzem efeitos colaterais perversos sobre o meio natural, não afetam de forma negativa as condições de vida dos seres humanos, da flora e da fauna, que não incidem na atmosfera e, consequentemente, não estão causando essa mudança climática acelerada que os movimentos ambientalistas e as posições políticas mais progressistas denunciam.

Enfrentar as mudanças climáticas implica repensar os modos de vida atuais, não somente os modelos econômicos, políticos e sociais, como também a política científica, especialmente suas linhas e metodologias de pesquisa, aspectos que tem enorme importância. Por sua vez, é necessária a promoção de uma nova ética que oriente e guie tanto os comportamentos e as atividades coletivas, de governos, empresas, associações, etc., como os individuais.

No relatório do ano de 2008 sobre a situação do mundo realizado pelo Worldwatch Institute, o Presidente desta instituição, Christopher Flavin, nos relembra em seu prefácio de uma convincente afirmação de Albert Einstein: "Não podemos resolver os problemas utilizando o mesmo raciocínio que usamos para criá-los", enfatizando a seguir a necessidade de que essa frase oriente "as salas de aula das escolas de economia, as salas dos conselhos de administração das empresas e das grandes assembleias onde os legisladores do mundo decidem o curso das políticas públicas" (WORLDWATCH INSTITUTE, 2008, p. 30).

São cada vez mais importantes e mais numerosas as iniciativas que estão sendo promovidas pelas instituições públicas e privadas comprometidas com o bem estar da população para enfrentar este grave problema. Porém, por parte dos sistemas educativos, as respostas acontecem com maior atraso e são mais lentas.

Como um dos resultados da Conferência das Nações Unidas sobre o Meio Ambiente e o Desenvolvimento, celebrada em junho de 1992 no Rio de Janeiro, Brasil, a Assembleia Geral das Nações Unidas aprovou em dezembro de 2002 a resolução 57/254 declarando a década de 2005 a 2014 como a "Década da Educação para o Desenvolvimento Sustentável"[65], e a UNESCO foi designada como o órgão diretor da promoção e dinamização desse programa.

Frente a uma humanidade em estado de emergência planetária, dada a gravidade da poluição e da degradação dos ecossistemas, a aceleração das mudanças climáticas, a exploração irracional e terrivelmente injusta dos recursos naturais, a perda da diversidade biológica, etc., agora se pretende que os sistemas educativos também colaborem nesta tarefa de formar um novo mundo ecologicamente sustentável. Consequentemente, urge promover uma educação que contribua para a construção de uma sociedade mais viável para a humanidade. Portanto, é necessário integrar os princípios, os valores e as práticas do desenvolvimento sustentável em todos os níveis do sistema educativo, em todas as facetas da educação e da aprendizagem.

Em muitas ocasiões, uma educação inadequada promoveu uma fé cega na ciência e na tecnologia que nos levou a descuidar seus efeitos perversos sob políticas econômicas e produtivas que não contemplavam as consequências de seu desenvolvimento e de suas aplicações sobre o planeta Terra.

Além disso, desde muito jovens, a maioria das pessoas estão acostumadas a viver alheias às consequências ambientais de seus atos, às repercussões de suas ações sobre a saúde pública, as relações sociais, a economia e a política. Não fomos educados para vigiar em que medida as coisas que compramos, usamos e jogamos no lixo, os comportamentos individuais e os compromissos éticos que guiavam nossas condutas, tinham efeitos colaterais sobre a vida de outras pessoas e outros seres vivos que não viviam imediatamente ao nosso lado; não fomos educados sobre outras realidades mais distantes e, obviamente, sobre a sustentabilidade do planeta.

Por trás dos objetos cotidianos que nos rodeiam e consumimos, existem histórias muito complexas e relacionadas entre si. Assim, por exemplo, uma camiseta foi feita com algodão cultivado em alguma parte do planeta no qual se empregaram determinados organofosfatos que funcionam como venenos e impedem que outras plantas possam dividir esse mesmo terreno; pesticidas que, por sua vez, têm consequências para o solo e as águas com as quais entram em contato; algo que, consequentemente, irá repercutir na saúde dos animais e seres humanos próximos a esses terrenos ou em contato com essas águas residuais, tanto atualmente como no futuro. As pessoas próximas a esses terrenos, em mais de uma ocasião, como consequência de tais formas de cultivo, costumam manifestar efeitos colaterais, doenças graves, como alguns tipos de infecção e câncer. Na maioria dos casos, os trabalhadores destas plantações, além disso, recebem salários muito injustos; eles têm de suportar condições de trabalhos terríveis que, por sua vez, por não disporem de organizações sindicais, tampouco têm uma solução fácil. Ao mesmo tempo, continuam sendo promovidas informações de um senso comum, para o qual se consideram "normais" modelos de trabalho baseados na exploração humana, etc. (RYAN; DURNING, 1997).

Essas situações tremendamente injustas continuam sendo reproduzidas, na medida em que os cidadãos não são educados para compreendê-las e enfrentá-las. Esses cidadãos, em sua grande maioria, funcionam principalmente como uma massa de consumidores desinformada, dominada e constantemente manipulada por meio de campanhas publicitárias alheias aos nivelamentos da ética.

Contudo, à medida que as novas gerações entram em contato com uma rigorosa e bem implementada educação ambiental e participam em ONGs comprometidas com a sustentabilidade do planeta, vai surgindo um novo tipo de indivíduo com hábitos de consumo responsáveis, homens e mulheres que apostam no que se denomina comércio justo e que, consequentemente, na hora de comprar ou não determinada roupa e marca levam em consideração outros aspectos além do preço e da modernidade do desenho: eles vigiam os processos de manufatura dos produtos que lhes são oferecidos para escolher os que não recorrem à exploração de trabalhadores; exigem informações sobre a origem do produto, demonstrações de que o produto é resultado de uma produção que respeita o meio ambiente, que não usou em momento algum o trabalho infantil, etc.

Nessa linha de formação de um novo modelo de ser humano educado e dotado de maior sensibilidade, Goleman (2009) propõe que as pessoas devem desenvolver não somente a inteligência emocional, mas também a inteligência ecológica. Tal inteligência se refere à

capacidade de aplicar nossos conhecimentos sobre os efeitos da atividade humana para causar o menor dano possível ao ecossistema e viver de uma maneira sustentável em nosso nicho que, no momento atual, engloba todo o planeta. (GOLEMAN, 2009, p. 61)

Ou seja, ele considera uma necessidade urgente reinventar nosso modo de vida e consumo para aprender a viver respeitando a natureza.

Esse tipo de inteligência ecológica é mais uma razão que obriga os sistemas educativos a trabalharem com modelos informativos e didáticos muito mais interdisciplinares e integrados, pois se trata de entender a complexidade dos sistemas e esclarecer todas suas interdependências. É preciso fomentar uma práxis educativa que se preocupe em conscientizar os alunos da relação cruzada tanto das distintas parcelas do conhecimento como da complexidade e da relação de suas múltiplas aplicações na vida cotidiana, de seus impactos e de seus efeitos negativos e positivos.

Especialistas como Alan Peacock propõem a necessidade de uma ecoalfabetização dos alunos desde muito cedo. Essa

> ecoalfabetização pode reunir as importantes dimensões das ciências exatas e humanas e da cidadania que são essenciais para que as crianças compreendam o que devemos fazer para assegurar a continuação de nossa sobrevivência no planeta. (PEACOCK, 2006, p. 20)

Consequentemente, é urgente que se promova a educação para a sustentabilidade como um objetivo-chave na formação dos futuros cidadãos; é preciso se preocupar em deixar clara a necessidade urgente de ações que contribuam para um futuro sustentável nos diferentes âmbitos de nossa vida, na vida pessoal – apostando em um consumo responsável –, no âmbito laboral e, também, não descuidando da ação e da mobilização cívica e política. Temos de aprender a ver que quando compramos ou consumimos algo podemos estar ajudando ou destruindo o planeta, mesmo que não nos demos conta disso.

Planejar uma educação com essa filosofia de fundo requer que as distintas entidades da administração da educação, estatal ou das Províncias Autônomas, incluam como obrigatórios na lista dos conteúdos legislados aqueles temas com maiores possibilidades de contribuir para uma rigorosa educação ambiental.

Uma educação preocupada com a ecologia implica uma maior preocupação com a interdisciplinaridade do conhecimento trabalhado nas salas de aula; destacando também que

> nem todo mundo tem de saber as mesmas coisas nem ser competente nas mesmas áreas, sobre as mesmas questões. O que importa é que, colaborativamente, produzamos os conhecimentos e as ações relevantes para os problemas imediatos. (PEACOCK, 2006, p. 110)

Essa interdisciplinaridade, junto com uma metodologia didática adequada de caráter colaborativo, servirá para otimizar as capacidades de reflexão e o pensamento crítico de cada aluno.

Necessitamos desenvolver na infância e na juventude uma identidade ecológica que lhes ajude a compreender como seus hábitos de consumo e suas rotinas de vida têm repercussões no meio natural e, portanto, que seus comportamentos devem estar guiados por um compromisso claro com a sustentabilidade do planeta. Trata-se de fazer com que as novas gerações compreendam a maneira pela qual todos os sistemas vivos estão interconectados, são interdependentes uns dos outros. As plantas, os animais, a água, os minerais e as fontes de energia estão em íntima relação com os seres humanos e suas atividades econômicas e de trabalho, culturais, de lazer, etc. Da mesma forma, as atividades comerciais, o consumo humano e as intervenções sobre a natureza têm repercussões no equilíbrio ecológico, na sustentabilidade do planeta.

Esse objetivo requer uma aposta nos modelos de tratamento da informação que devem ser os mais interdisciplinares possíveis, que deixem claro, além das implicações para o aquecimento global, as repercussões das políticas vigentes naqueles países menos desenvolvidos na vida das mulheres, das crianças e, em geral, dos grupos sociais mais desfavorecidos.

Nesse sentido, é urgente uma revisão dos materiais curriculares que circulam nas instituições escolares, pois a análise que foi desenvolvida nos últimos anos, atendendo a estas dimensões de justiça ambiental, evidencia uma notável manipulação da informação, assim como silêncios cúmplices na escassa informação relativa a esse problema urgente (ECOLOGISTAS EN ACCIÓN, 2007).

Portanto, uma tarefa obrigatória é revisar os atuais projetos curriculares para ver em que medida contribuem para que os alunos aprendam a diferenciar os distintos interesses das agências de informação: a que tipos de pesquisas e fontes oficiais recorrem e a quais não. É preciso que cada estudante possa chegar a detectar as técnicas de manipulação da informação que são empregadas com maior frequência; e, logicamente, analisar em que graus essas mesmas distorções e modos de executá-la estão presentes ou não nos livros didáticos e demais recursos didáticos com os quais se trabalha nas salas de aula.

Uma educação ecológica exige, além disso, a promoção de uma educação ética apropriada que sirva para orientar as condutas dos seres humanos a fim de impedir abusos e desequilíbrios entre os sistemas. Um foco de atenção decisivo nessa direção é a otimização de valores como a colaboração, a solidariedade, a responsabilidade, a honra, a participação e a justiça.

Se sabemos que as rotinas e os hábitos de consumo dos seres humanos terão impacto sobre a sustentabilidade do planeta e que nessa consolidação de hábitos influenciam também o tipo de construção e as condições materiais das moradias, dos postos de trabalho e de lazer, o desenho da cidade, de suas ruas, seus parques e seus jardins, é obvio que um dos ambientes que deveria ser exemplo de construção e projeto sustentável deve ser a própria escola.

Não devemos ignorar que as distintas administrações educativas levam décadas reproduzindo um modelo um tanto militar e panóptico de construções escolares, de caráter muito tradicional e vinculado a certos modelos pedagógicos também tradicionais; que se ergueram edifícios com estruturas e materiais de baixa qualidade, quando não claramente de péssima qualidade, e de acabamentos bastante deficientes em termos de isolamento térmico e acústico, ventilação e iluminação; construções com problemas no acesso, na segurança; com uma estética e decoração que dificilmente estão em consonância ou ajudam na educação ecológica e estética que essa mesma instituição tem a obrigação de oferecer aos seus alunos.

É preciso convencer toda a comunidade educativa, os professores, os alunos e as demais pessoas que trabalham na escola, da necessidade de se envolver muito mais na vida cotidiana como ativistas ambientalistas comprometidos com a justiça ambiental e social; convencê-los das enormes possibilidades de transformar nosso mundo mediante a participação na vida pública e privada como cidadãos responsáveis pela sustentabilidade do planeta.

Apostar em um currículo verde exige levar em consideração o maior número possível de dimensões políticas, laborais, financeiras, éticas, sociais, culturais e militares envolvidas com as mudanças climáticas. Mostrar as responsabilidades desiguais dos países do Hemisfério Sul frente às dos países do Norte na contaminação e na exploração dos recursos naturais, da fauna e da flora. Pesquisar mais detalhadamente as consequências dessas agressões ambientais nas distintas partes do planeta; quais grupos sociais são mais afetados e de que maneiras; quem se beneficia e o porquê das emissões de carbono à atmosfera; que modelos econômicos, teorias políticas e processos produtivos são mais apropriados em um mundo quais aposte pela sustentabilidade e justiça ambiental e social. Além disso, o currículo deve obrigar a uma práxis curricular que possibilite detectar quais hábitos e rotinas são característicos dos alunos e dos professores e que não respeitam o meio ambiente; imaginar, debater e projetar modelos alternativos de vida baseados no respeito aos demais seres vivos e comprometidos com a justiça ambiental. Uma estratégia didática adequada a essas metas deve ser convertida em uma preocupação pelos professores com a localização de exemplos positivos de intervenções e condutas ecologicamente sustentáveis com as quais motivar seus alunos.

Comprometer-se com a luta por maiores parcelas de justiça ambiental implica se esforçar em imaginar a vida em uma sociedade que tenha mais respeito à natureza, que tenha seres humanos mais comprometidos com ser do que ter, que sejam mais colaboradores e solidários, mais democráticos e justos.

8. REVOLUÇÕES POLÍTICAS

A pobreza e a riqueza costumam aparecer nos meios de comunicação e em uma boa parte dos materiais informativos usados nas instituições escolares à margem de modelos políticos, econômicos e culturais. Com bastante frequência vemos nos meios de comunicação notícias sobre como vêm aumentando os capitais de uma série de pessoas, normalmente grandes empresários ou executivos de primeira linha, como se isso fosse uma coincidência, ou a sorte os tenha favorecido em determinado investimento, ou foi oferecido determinado contrato muito vantajoso a alguma de suas empresas. Mas muito raramente ou somente em jornais, revistas ou emissoras de rádio de pouca audiência ou com uma orientação claramente de esquerda aparecem nessas notícias análises sobre que tipo de acontecimentos políticos e leis e quais decisões dos governos desempenham algum papel nesse enriquecimento.

As explicações sobre a pobreza costumam cair em simplismos semelhantes; costuma-se culpar a má sorte, o desinteresse ou a indolência das pessoas ou causas exteriores que estão fora de controle do ser humano, tais como catástrofes atmosféricas, terremotos, *tsunamis*, etc. Por outro lado, é muito mais difícil encontrarmos explicações de causas derivadas de comportamentos e de decisões injustas tomadas por pessoas e instituições protegidas por determinados modelos políticos, leis e normas que privilegiam alguns e marginalizam outros.

É muito chocante que cada dia seja mais raro se questionar sobre quais ideologias, teorias políticas e leis contribuem para dividir ricos e pobres em comunidades locais, regiões, países, Estados e até mesmo continentes. É tampouco habitual que se indague quando esse caminho de despolitização iniciou, em que momento acelerou e mediante quais estratégias políticas, econômicas, militares, culturais e de informação.

Até o fim dos anos de 1980 era muito visível a existência de diferentes ideologias organizadas por partidos políticos, sindicatos e diversas associações que mantinham abertas diferentes linhas de debate sobre os assuntos públicos. As pessoas se agrupavam e/ou se afiliavam a organizações sociopolíticas em função das alternativas de transformação da realidade que cada uma delas oferecia, a fim de coordenar ações e ter acesso a estruturas de poder com as quais poderiam ter maior eficácia na melhoria da sociedade.

Hoje em dia, esse tipo de compromisso mais coletivo não desfruta de reconhecimentos suficientes e, o que é pior, com muita frequência se rotula as pessoas que tomam esse caminho de terem intenções escusas; em muitos casos, se tem a ideia de que nos encontramos perante pessoas que na realidade pretendem se situar de tal maneira que fique mais fácil obter um cargo em alguma instituição pública para poder alcançar benefícios pessoais ou, é claro, roubar com maior facilidade e impunidade.

Um bom exemplo desse desinteresse pela militância política é a redução drástica do número de associações políticas juvenis. Recordemos que, até poucos anos, um setor muito importante dos jovens era rotulado de estar em uma idade utópica e altruísta, como se fosse uma etapa evolutiva do desenvolvimento pessoal. Grande parte dos jovens se autodefinia esquerdista ou simplesmente progressista; ou, em outras palavras, eram pessoas que, na medida em que iam tendo uma melhor educação, tinham acesso a inúmeras fontes de informação, se habituavam a ler os diferentes meios de comunicação presentes em seu entorno e, é lógico, entravam em contato com associações culturais e políticas, como os próprios partidos políticos e sindicatos; e esses jovens iam assumindo que entre seus direitos e suas obrigações como cidadãos estava o de contribuir para melhorar a realidade. O debate político era visto como algo natural e, quando esse debate proibia ou tolhia as possibilidades de participação, imediatamente aumentava todo o tipo de protesto, pois essa não se considerava uma situação própria de uma sociedade democrática.

Não era visto como normal o fato de que as pessoas não tivessem ideais, que não fossem capazes de analisar e debater o que estava acontecendo em cada momento do presente e, consequentemente, pudessem imaginar estratégias e medidas políticas que permitiriam construir um mundo muito mais justo.

Hoje, o problema não é que as novas gerações sejam um conjunto de pessoas insensíveis, sem aspirações e desejos de transformar o mundo; mas o que acontece é que, como consequência das políticas ineficientes e frustrantes que os governos vêm tomando a serviço dos mercados econômicos vorazes e, é óbvio, tremendamente injustos, os jovens são um dos grupos sociais que mais está sofrendo os efeitos da crise econômica: um número reduzido de ofertas de trabalho precário e com salários aviltantes, ou, simplesmente, o desemprego. Assim, por exemplo, nos medidores de opinião realizados pelo Centro de Investigaciones Sociológicas (CIS)[66], tanto entre os jovens como os demais grupos da população, é cada vez mais crescente o número de pessoas que manifestam desconfiança e extremo desinteresse pela política e pelos partidos políticos. Essa imagem também é reproduzida no estudo "Jóvenes Españoles 2010", promovido pela Fundación SM (SÁNCHEZ, 2010), no qual podemos ler que 56,5% dos jovens escolhem a alternativa "a política não tem nada a ver comigo, não afeta em nada minha vida privada". Da mesma forma, a grande maioria dos jovens compartilha uma visão deplorável da classe política: 71,4% consideram que "os políticos buscam seus próprios interesses ou os de seu partido antes do que o bem dos cidadãos"; 66,7% afirmam que "eles põem em primeiro lugar os interesses das multinacionais, dos bancos e dos grandes grupos de pressão, em vez dos interesses dos cidadãos", e somente um em cada quatro jovens (24,9%) considera que os políticos levem em conta as ideias e inquietudes dos próprios jovens.

Outro fator que, no meu modo de ver, está condicionando o comprometimento político da juventude atual é também a nostalgia com a qual as gerações mais velhas costumam idealizar sua juventude passada, se vendo e apresentando como exemplo para as gerações atuais e rotulando-se com predicativos que lhes fazem parecer muito melhores do que na realidade foi o comportamento predominante. Frente a histórias de épocas passadas melhores e nas quais o ativismo político era visto como o motor de tudo, com base nos dados obtidos sobre o que está acontecendo na realidade, as crianças de hoje constatam que aqueles sonhos ficaram longe de se tornar realidade e que, portanto, tais vias não são as mais adequadas e pertinentes. Algo que também não é correto, pois na verdade houve muito mais avanços do que pode parecer à primeira vista. O problema é que em um momento como o atual, devido à fortíssima crise econômica e laboral que caracteriza esta última década é difícil ser realista e, mais ainda, otimista.

Contudo, de maneira nenhuma devemos fechar os olhos frente à tarefa conservadora de silenciar inúmeros grupos sociais, empregando discursos que tratam de enterrar a política, anunciando a inadequação e até mesmo a desaparição de outros discursos verdadeiramente alternativos; vendendo uma "suposta" morte da política em um mundo sem fundamento no qual as diferenças entre visões políticas antagônicas são substituídas por uma aliança entre *tecnocratas instruídos*.

Caso esses grupos conservadores consigam convencer os cidadãos, a política deixará de ser a arte do possível, a via para tornar realidade as aspirações humanas, para acabar se transformando em um possibilismo rasteiro que impossibilitará colocar em funcionamento inovações e se arriscar no envolvimento com iniciativas mais inovadoras e radicais destinadas à transformação da realidade. Com posições estanques e conservadoras se pretende reduzir a política exclusivamente à mera aplicação e administração de medidas técnicas propostas por equipes de tecnocratas.

Essa demonização da política por parte dos grupos sociais com maior poder econômico, político e da mídia tem resultado no surgimento de uma espécie de "pós-política pós-moderna" (ZIZEK, 2007, p. 30); isso no sentindo de não somente reprimir o discurso e o debate político entre as diferentes concepções ou modelos de organizar nossa convivência e da sociedade em geral, mas também excluir dos meios de comunicação, das livrarias e das bibliografias aquelas obras que manipulam os alunos e com sólidos e bem provados argumentos colocam sobre a mesa outras concepções políticas que apostam na construção de uma sociedade na qual todos os povos e grupos sociais possam se considerar responsáveis uns pelos outros. A ideologia da "pós-política" se traduz na prática em ocultar e silenciar as ideologias rivais, verdadeiramente preocupadas com a justiça social e, consequentemente, em se negar a tomar todas as medidas pertinentes que permitiriam que todos os povos, grupos e pessoas fossem objeto de políticas justas de reconhecimento, de redistribuição e de participação (FRASER, 2006).

As estratégias que tratam de ocultar a existência de diferentes opções políticas na realidade pretendem que uma única ideologia seja considerada como verdadeira; que seja esta a que se converta em hegemônica, em pensamento único, que funcione como um dogma religioso que não admite discussão. Dessa forma, a política é equiparada à tecnocracia. Naqueles países que se dizem democráticos, as personalidades políticas eleitas mediante processos eleitorais controlados e manipulados por uma mídia cada vez mais conservadora e neoliberal limitariam seu papel a debater entre um reduzido conjunto de soluções técnicas medidas que, evidentemente, seriam o resultado de ter escutado exclusivamente aos especialistas legitimados oportunamente pelas instituições de vigilância do pensamento ortodoxo (universidades, centros oficiais de pesquisa, institutos e acadêmicas científicas) e aos meios de comunicação considerados "oficiais".

O discurso político das ideologias de direita, na medida em que elas têm optado por se aliar aos modelos econômicos neoliberais, passou a ser completamente dirigido para o mercado.

Até a queda do Muro de Berlim, em 1989, o mundo era dividido em zonas de influência controladas por duas grandes superpotências – a União Soviética e os Estados Unidos – que, por sua vez, se justificavam como defensoras das duas grandes ideologias rivais até aquele momento: o comunismo e o capitalismo.

O colapso da União Soviética e dos demais países comunistas da Europa Oriental, visibilizado com a queda do Muro de Berlim, trouxe como principal resultado uma forte contraofensiva neoliberal. As alternativas políticas às posições de esquerda sofreram um choque importante do qual tardaram a reagir, dado que setores importantes da população foram convencidos por toda uma grande rede da mídia controlada por grandes grupos financeiros e multinacionais de que não havia alternativas.

Uma vez finalizada a Guerra Fria, a Europa nesse momento escolhe entre ser um continente autenticamente comprometido com a democracia, a justiça social e o respeito à diversidade cultural, linguística e de crenças – enquanto uma maior abertura e colaboração entre os diversos países que a integram lhe permite ir construindo projetos e ideais compartilhados – ou acabar se convertendo em um grande mercado sob um modelo de continente pós-nacional e regido por práticas econômicas neoliberais.

A esquerda tardou a reagir, pois nesse momento já estava muito fragmentada devido às diversas tentativas de modernização que vinham sendo feitas em grande parte dos Estados Europeus, processo que se acelera de uma maneira notável desde a invasão da Tchecoslováquia pela União Soviética em agosto de 1968, consequência da opção de abertura que se pretendia inaugurar com o denominado "socialismo com rosto humano" ou Primavera de Praga, liderada pelo governo de Alexander Dubcek.

É notável como as alternativas socialistas que até poucas décadas atrás apresentavam o internacionalismo e a solidariedade internacional como pilares básicos de sua ideologia com o avanço da crise do capitalismo globalizado, não acertaram na busca nem na comunicação e difusão de soluções alternativas; ainda sabendo que é precisamente em momentos como esses que urge a necessidade de uma maior coordenação internacional.

Por outro lado, as multinacionais e as organizações políticas de direita vão sustentar grande parte de seu sucesso em se apresentar como um modelo único e bastante uniforme de organização e administração da sociedade, especialmente na medida em que grandes instituições neoliberais como o Banco Mundial, o Fundo Monetário Internacional, a Organização Mundial do Comércio, a OCDE, etc., de fato atuam de maneira coordenada.

Todos os partidos e as organizações políticas conservadoras, assim como as organizações internacionais neoliberais que vínhamos comentando, vão ser muito beneficiados por um conjunto de acontecimentos e conflitos políticos de enorme dimensão e muito bem manipulados pelos grandes meios de comunicação, tais como a queda do Muro de Berlim (em 9 de novembro de 1989), seguida da Guerra do Golfo (1991), e posteriormente os atentados terroristas de 11 de setembro de 2001 nos Estados Unidos, de 11 de março de 2004 em Madrid e de 7 de julho de 2005 em Londres. Essa nova modalidade de terrorismo globalizado e de redução dos Direitos Humanos frente às situações de pânico moral que o poder gera, especialmente por meio de seu controle sobre os meios de comunicação de massa, vão servir como desculpa para o redesenho de toda a política dos países mais industrializados.

Estes fatos vão marcar o início do processo de enterro da política. A partir deste momento os conflitos políticos passam a ser explicados e substituídos por novas e originais ameaças: as religiões, principalmente o Islamismo, e as culturas das pessoas que chegam como imigrantes nos países mais ricos e poderosos do planeta. Essas dimensões religiosas e culturais passam a funcionar como uma explicação para as dinâmicas sociais.

São momentos que vão ser aproveitados pelos grandes poderes econômicos, especialmente pelo governo dos Estados Unidos, para implementar novas políticas neoimperialistas e neoconservadoras de grande abrangência e para reconstruir modelos de neocolonialismo que voltem a permitir aos Estados Unidos a recuperação de sua liderança, chegando a se converter em uma espécie de vigilante universal, em juiz e policial do planeta. O lema que preside a base militar dos Estados Unidos "Camp Delta" e a prisão de segurança máxima de Guantánamo na ilha de Cuba deixa isso perfeitamente claro: *Honor bound to defend freedom* (Moralmente obrigado a defender a liberdade).

As ideologias e os partidos políticos de direita, que tanto nos países da América Latina como na Espanha, em Portugal e na Itália estavam fortemente associados a ditaduras e democracias muito autoritárias – o que levava muitas pessoas a rotularem de fascistas as pessoas de direita – viram na queda do Muro de Berlim uma boa maneira de se safar, optando por reformular todo seu discurso político com uma nova linguagem economicista e abandonando, ao menos nos primeiros momentos, os discursos fundamentalistas. Essa estratégia de eleger uma linguagem mais vazia, na linha do que se rotula como "politicamente correto", permitira uma melhoria em seus resultados nas urnas. Assim surge o que comumente se denomina a "nova direita", a direita liberal, ou, como muitos deles mesmos se definem: a centro-direita.

De qualquer maneira, nas duas últimas décadas, com o avanço da globalização neoliberal e as transformações nos mercados derivadas das grandes inovações tecnológicas (especialmente a robótica), junto com os efeitos das crises econômicas e políticas, o discurso da direita volta a mostrar seu rosto menos maquiado. A direita necessita ocultar cada vez menos suas verdadeiras intenções, pois já dispõe de um setor importante da população que confia e aposta nela; especialmente na medida em que os setores mais poderosos e oficiais da Igreja Católica Apostólica Romana apresentam a direita como opção política salvadora.

Na medida em que essas ideologias neoconservadoras e neoliberais têm interferido politicamente para acelerar a implementação de medidas legislativas que darão lugar a uma notável desregulamentação dos mercados financeiros, de redução do pagamento nas contratações de mão de obra no âmbito laboral, facilitados, por sua vez, pelas novas tecnologias, vêm se consolidando as grandes multinacionais. Essas vêm progressivamente aumentando suas demandas no sentido de reduzir cada vez mais os poderes dos Estados. Por parte dessas corporações econômicas, o Estado era visto exclusivamente como um instrumento para garantir e legalizar seus negócios. Nesse sentido, tais corporações precisavam romper a autonomia dos Estados-nação e acabar com suas políticas protecionistas, apostando em fórmulas supranacionais que permitiriam uma maior concentração do poder econômico, laboral e legislativo nessas novas instituições, consideradas como os motores mais eficazes dos novos mercados neoliberais. Um exemplo dessas novas estruturas políticas supranacionais vem a ser a União Europeia.

Este princípio essencial da economia neoliberal – a submissão do Estado – passa a ser adotado e se torna dominante nos discursos políticos dos partidos de direita e, além disso, em um *slogan* com notável êxito: "menos Estado e mais mercado"; totalmente o contrário do que deve caracterizar uma sociedade democrática de cidadãos que se mobilizam com o objetivo de trabalhar por maiores cotas de justiça social, algo que do ponto de vista da esquerda vai exigir que os mercados tenham de estar submetidos aos governos democratas e não o inverso.

Os problemas políticos, econômicos e sociais e suas soluções cada vez mais têm sido de âmbito mais transnacional; o que, por sua vez, vai evidenciando a inadequação de uma cidadania nacionalista, dado que as novas organizações políticas internacionais ampliam o círculo de ação de seus cidadãos. Seus direitos e deveres já não são exclusivamente de âmbito nacional, mas se estendem a todos os países que hoje integram essas novas estruturas supranacionais como, por exemplo, a União Europeia. Surgem cidadãos europeus que têm de aprender a se identificar com esta nova macroestrutura política. Rompem-se as identidades políticas nacionais e sua vinculação a determinado território.

As dinâmicas transnacionais vão dando lugar a novas instituições sociopolíticas também internacionais e a novas identidades. Cada vez fica mais evidente que as questões e os problemas políticos são o resultado de dinâmicas e acontecimentos que superam as fronteiras nacionais.

Consequentemente, pouco a pouco os cidadãos vão considerando que seus âmbitos de identidade são múltiplos e que não estão fixos para sempre.

Todavia, na medida em que os processos de globalização vão sendo dominados quase exclusivamente por dinâmicas e interesses econômicos e financeiros de cunho neoliberal, as reações dos cidadãos se diversificam.

Uma parte dos cidadãos vai se sentir atemorizada perante a insegurança dos mercados de trabalho e financeiro, assim como perante todo outro conjunto de medos imaginários provocados pelos meios de comunicação sensacionalistas de orientação muito conservadora, os quais passam a construir mentalidades em que as pessoas de outras culturas e religiões serão os bodes expiatórios e culpados pelos excessos provocados pelas ideologias neoliberais. Esse setor da população passa a se caracterizar por buscar a segurança e a imunidade a qualquer custo. Assim, além de se converter em eleitor fiel das opções políticas mais conservadoras, passam inclusive a frequentar ginásios para aprender artes marciais ou estratégias de defesa e ataque, viver em bairros e casas que parecem abrigos antiaéreos, utilizar em seus deslocamentos veículos "defensivos" com notável semelhança aos carros de combate, etc.

É óbvio que vivemos em uma época em que as situações de perigo são maiores do que nunca, fruto dos próprios modelos de desenvolvimento com os quais organizamos nossa vida cotidiana; uma era de avanços científicos que acompanham os modelos econômicos capitalistas mais interessados em obter grandes benefícios econômicos do que buscar aplicações seguras e de um modo democrático. Habitamos sociedades suscetíveis a ameaças derivadas de riscos descontrolados de todo tipo: terroristas, tecnológicos, industriais, ecológicos, sanitários, militares, econômicos, jurídicos, etc. Porém, esta "cultura do risco", na terminologia de Beck (2002), no contexto de uma sociedade regida por modelos econômicos neoliberais onde o Estado de Bem-Estar Social a cada dia se enfraquece um pouco mais, tem maiores probabilidades de acabar formando uma sociedade hiperindividualista na qual cada pessoa está exclusivamente obcecada com o que lhe afeta ou ameaça mais diretamente.

Mas outro setor importante da população se dedica a questionar a desterritorialização das estruturas de poder e das políticas de desregulamentação neoliberal, especialmente na medida em que se evidenciam as instâncias e os poderes que tomam as grandes decisões políticas, de trabalho, econômicas e militares.

Não devemos ignorar que outra das grandes características do século presente são as revoluções a favor dos Direitos Humanos, fruto das lutas sociais para democratizar nossas sociedades. E é esse último setor da população o que se sente mais comprometido com essa linha de ação política.

O fato de que as ideologias, os partidos e as associações políticas socialistas se encontraram com dificuldades para transmitir à população o verdadeiro sentido das alternativas propostas, não significa que careçam delas.

Todavia, é preciso aceitar que conceitos mobilizadores de esquerda como democracia, justiça social, participação, solidariedade, redistribuição, reconhecimento, ainda que até alguns anos atrás também admitiam uma notável variabilidade na hora de sua interpretação, atualmente soam em muitas ocasiões como meros *slogans* desgastados, perdendo cada dia mais valor para entender esta sociedade, para mobilizar ou estruturar as pessoas em torno deles, para construir agrupamentos que vinculem e organizem a ação de seus integrantes. Isso não significa que o mundo de hoje seja formado por pessoas egoístas e individualistas, e sim por seres humanos que têm visto modelos de vida que lhes foram oferecidos como de saída para a resolução de todos os problemas da humanidade e não se convenceram, não conseguem ver que estes modelos hoje podem ser eficazes. Isso explica o surgimento dos novos movimentos sociais e uma grande quantidade de Organizações Não Governamentais que tratam de combinar o exercício das liberdades individuais com compromissos mais coletivos, tanto no âmbito local como nacional e, especialmente, transnacional e global.

Atualmente também não devemos ignorar a importância das respostas desses novos movimentos sociais, elaborando e desenvolvendo alternativas a estes modelos economicistas de globalização. Assim, por exemplo, países com governos progressistas na América Latina, África e Ásia estão dando passos importantes para criar modelos de sociedades mais humanistas e com maiores parcelas de justiça social, a fim de serem mais eficazes em suas políticas de desenvolvimento e ao mesmo tempo estender seus modelos sociais e econômicos a outros países submetidos a políticas neocoloniais ou claramente neoliberais. Assim, na América Latina, frente ao modelo neoliberal proposto pela ALCA (Área de Livre Comércio das Américas) – uma iniciativa dos Estados Unidos destinada a aumentar ainda mais seu poder sobre os países restantes do continente americano – os novos governos progressistas latino-americanos se organizam desde 1991 em torno do MERCOSUL[67], tratando de criar um cenário mais próprio para a colaboração entre os distintos países que o integram, o novo Mercado Comum da América Latina. Essa organização nasce formada por Brasil, Argentina, Paraguai e Uruguai, e com o passar dos anos países como a Bolívia e a República Bolivariana da Venezuela solicitaram sua adesão. O Brasil desempenha uma liderança importante. Outras iniciativas que podemos considerar nesta linha são a Comunidade Andina (CAN)[68], a Alternativa Bolivariana para as Américas (ALBA)[69] e a União de Nações da América do Sul (UNASUL)[70], uma nova organização que pretende reunir as anteriores e que neste momento está dando seus primeiros passos.

Mas como linha de trabalho e como organização de mobilização progressista no nível mundial, penso que o Fórum Social Mundial (FSM)[71] é uma das organizações que está fazendo os maiores esforços para buscar alternativas mais justas que permitam a formação de um planeta mais justo. Esse fórum, cujo primeiro encontro teve lugar em 2001 na cidade de Porto Alegre, no Brasil, atualmente já é uma referência mundial na tarefa de coordenar e estruturar os inúmeros movimentos sociais e a sociedade civil em geral. Como está declarado em sua carta de apresentação, o Fórum Social Mundial é um espaço para o debate democrático de ideias, de formulação e intercâmbio de propostas, de coordenação de movimentos sociais, redes, ONGs e demais organizações da sociedade civil que se opõem às políticas neoliberais e a qualquer outra forma de imperialismo. O fórum também é caracterizado pela sua pluralidade e diversidade, tendo um caráter não confessional, não governamental e não partidário. O evento se propõe a facilitar a articulação, de forma descentralizada e em rede, de entidades e movimentos comprometidos com ações concretas, no nível local e internacional, que trabalham pela construção de outro mundo, mas não pretende ser uma instância representativa da sociedade civil mundial. O Fórum Social Mundial não é uma entidade nem uma organização: é um espaço no qual, à medida que vai passando de país em país, organizando encontros em torno de grandes temas da atualidade que são submetidos periodicamente à discussão e ao debate, fica marcado por novas vias alternativas de enfrentamento das políticas neoliberais e, consequentemente, de renovação e reposicionamento da política como atividade libertadora, digna e imprescindível.

É também essa aposta para trazer a política para o primeiro plano o que explica a existência, embora ainda muito tímida, dos Tribunais Penais Internacionais[72] como alternativa para julgar agressões, crimes de guerra, crimes contra a humanidade e genocídios. Um exemplo é o Tribunal Penal Internacional para a ex-Ioguslávia (TPII), criado por resolução do Conselho de Segurança das Nações Unidas em 1993, para julgar os crimes de guerra e as graves violações do direito internacional humanitário cometidas nesse território desde 1991.

Outro exemplo é o Tribunal Penal Internacional para Ruanda (TPIR), estabelecido pela resolução do Conselho de Segurança em 1994, com a finalidade de levar a julgamento os responsáveis por genocídio e pelas graves violações do direito internacional perpetradas tanto nesse território como em outros territórios vizinhos entre 1º de janeiro e 31 de dezembro de 1994.

As conquistas das grandes mobilizações sociais ao longo do século XX contra as políticas imperialistas e neocoloniais, bem como em favor dos Direitos Humanos, estão formando novos cidadãos cada vez mais decididos a atuar localmente, mas pensando globalmente. Estão surgindo cidadãos cosmopolitas e democráticos que buscam maneiras de enfrentar o poder das grandes corporações multinacionais e as grandes disfunções sociais, culturais, econômicas e políticas que elas geram. Assim, surgem inúmeras associações e redes que buscam e colocam em ação distintas alternativas destinadas à construção de um mundo muito mais justo onde todos os seres humanos sejam objeto de políticas de reconhecimento, de uma redistribuição da riqueza muito mais equitativa e um mundo no qual os cidadãos ativos se sintam com maior poder, voz e voto.

Esses cidadãos, à medida que tiverem acesso a melhores níveis e índices de educação, compreenderão a extrema necessidade de uma urgente democratização das democracias atuais. Nesse processo, nenhuma voz deve deixar de ser escutada; por isso a importância do diálogo, de uma "democracia dialógica" baseada no "reconhecimento da autenticidade do outro, cujas perspectivas e ideias as pessoas possam debater e escutar como um processo mútuo" (GIDDENS, 1997, p. 135). O diálogo deverá ser sustentado pela negociação e busca de consenso na complementaridade e na reciprocidade; abandonando, por conseguinte, as lógicas das imposições e manipulações autoritárias, as relações de poder não democráticas e seletivas.

Um modelo de democracia semelhante exige a colaboração de um sistema educativo que tenha entre seus objetivos educar cidadãos, e não súditos obedientes por coação.

A formação política dos cidadãos

Reconhecer que vivemos em um mundo cada vez mais interconectado e globalizado implica, por sua vez, educar os cidadãos para que saibam se mover nesses novos contextos. Contudo, essa formação de homens e mulheres mais cosmopolitas que se exige na atualidade por meio de posições politicamente progressistas obriga a transformação de uma maneira muito relevante dos atuais sistemas educativos, que foram criados para o oposto, para construir personalidades nacionalistas chauvinistas – mulheres e homens que precisavam ser convencidos de que viviam no melhor dos países da Terra.

Se admitirmos que a política é o conjunto de discursos, propostas e ações que afetam a vida das pessoas e que respondem à reflexão de como é e como deveria ser nossa vida e nossos modelos de convivência, a educação política se torna um objetivo urgente. O grau em que essas reflexões, decisões e ações serão democráticas ou não estará relacionado com as possibilidades e condições que os cidadãos tiveram de participar. Neste sentido, a educação desempenhará um papel muito importante frente à atribuição de poderes a estes novos cidadãos.

Nessa tarefa, não devemos esquecer que a memória e suas recordações são um dos objetivos a serem vigiados e controlados por aqueles que ocupam estruturas de poder; são espaços de disputa pelas ideologias em litígio visando alcançar justificativas e sua legitimação. As controvérsias entre memórias ou as lutas para recuperar a memória real e objetiva estão entre as medidas que nunca são renunciadas por aqueles que necessitam que a "memória oficial" seja modificada, a qual trata de disfarçar determinadas circunstâncias e realidades do passado, cujos efeitos continuam se manifestando no presente de forma negativa para muitas pessoas; cidadãos que, ainda hoje, não viram como a justiça reconhece os sofrimentos e as injustiças que tiveram e têm de suportar. Os casos mais notáveis de luta pela recuperação da memória e pela consequente reconstrução da história são os derivados das lutas imperialistas coloniais, assim como também de conflitos bélicos entre bandos em um mesmo território. Esse é o caso, no ambiente espanhol, das inúmeras mobilizações sociais para recuperar os direitos daquelas pessoas e famílias que mais sofreram com a guerra derivada do levante militar e do golpe de Estado promovido pelo exército fascista liderado por Francisco Franco em 1936.

Em muitos momentos da história, as opções políticas que eram feitas por meio de decisões do governo imediatamente passavam a reinterpretar o passado, ocultando, falsificando e manipulando inúmeros acontecimentos e dados em uma tentativa de provocar zonas de amnésia generalizada; isso especialmente em relação a todos aqueles assuntos nos quais essa ideologia política não está bem fixada. Portanto, hoje testemunhamos as inúmeras tentativas de reescrever distorcidamente o período da ditadura, a fim de convencer as novas gerações de que os acontecimentos gravíssimos como foi o golpe de Estado e a ditadura do General Franco não foram realmente assim, ou que fenômenos como o Maio de 1968 foram festas um tanto descontroladas feitas por certos grupos de adolescentes[73], em outras palavras, ocultando que em nosso mundo houve e ainda há distintas ideologias que implicam diferentes opções para organizar a convivência e o mundo.

As visões "complacentes" das grandes injustiças e, em geral, das invasões e guerras são algo que as ideologias conservadoras sempre tratam de construir e manipular recorrendo a todo tipo de linhas de argumentação e, também, a uma férrea censura de qualquer outra informação que possa colocar seus discursos em dúvida.

Apostar em uma profunda revisão dos conteúdos que são trabalhados nos currículos das instituições escolares é uma tarefa urgente, em um mundo no qual se proclama com muita rapidez que já não existem alternativas para as maneiras de organizar e administrar o mundo. Como ressalta Zizek

> a grande novidade da era pós-política atual – a era do "fim das ideologias" – é a despolitização radical da esfera da economia: o modo no qual a economia funciona (a necessidade de reduzir o gasto social, etc.) é aceito como um simples dado objetivo da realidade atual. Contudo, na medida em que esta fundamental despolitização da esfera econômica é aceita, todas as discussões sobre os cidadãos ativos e sobre os debates públicos de onde deveriam surgir as decisões coletivas continuarão limitadas a questões "culturais" de diferenças religiosas, sexuais ou étnicas – ou seja, a diferenças de estilo de vida – e não terão real incidência no nível onde são tomadas as decisões de longo prazo e que afetam a todos nós. (ZIZEK, 2000)

A necessidade de enfatizar análises mais rigorosas sobre a globalização e seus efeitos, sobre a interconexão em escala planetária que impera atualmente, ainda se choca com uma tradição arraigada do ensino das ciências sociais na qual o peso do Estado-nação justifica um notável "Estado-centrismo" (BRENNER, 1999), um nacionalismo metodológico e delimitado territorialmente com o qual ainda hoje se vem formando as mentalidades da grande maioria dos alunos nas salas de aula.

Tenhamos presente que há muito tempo a geografia, junto com a história, têm sido uma das grandes armas do colonialismo; elas contribuíram para a construção da imagem do Ocidente como fonte e motor da civilização e, simultaneamente, os demais povos e culturas foram vistos como obstáculos a serem removidos.

Da mesma maneira, as "Sociedades Reais de Geografia" criadas durante o século XIX nos principais estados europeus (Reino Unido, Alemanha, França, Portugal, Espanha, Bélgica, Países Baixos, etc.) foram algumas das grandes instituições por meio das quais se organizaram e promoveram explorações a serviço dos governos imperialistas. As viagens que promoviam, denominadas "expedições científicas", eram uma importante estratégia para a obtenção e ampliação do conhecimento sobre o estado do planeta nesse momento: os países existentes, seus recursos, suas riquezas, suas culturas, etc.

Nesse sentido, chama a atenção como nessas sociedades foram excluídas as mulheres exploradoras e viajantes como profissionais da pesquisa e, portanto, como fontes de informação. Seus trabalhos e suas publicações, normalmente livros de viagens, eram de caráter etnográfico e cultural, concentrando-se mais em descrever como era a vida cotidiana das mulheres e dos homens nos lugares pelos quais passavam e nos quais permaneciam por algum tempo, mas sem se preocupar com as formas, estratégias e modalidades de governo com as quais estavam sendo feitas as conquistas e a submissão dos países coloniais e de suas populações.

Naquele momento, os livros das mulheres viajantes não eram considerados como fontes de autoridade para explicar as realidades dos países colonizados. Todavia, serão os estudos pós-coloniais, muito inspirados nos trabalhos de autores como Frantz Fanon, Stuart Hall, Edward W. Said, Paulo Freire e, mais recentemente, Homi Bhabha ou Gayatri Chakravorty Spivak, entre outros, que nos obrigam a reler esses importantes documentos nos quais se prestava atenção à vida cotidiana das mulheres e dos homens, às razões e aos motivos de suas condutas diferenciadas. Ou seja, esses diários incidiam em aspectos cruciais aos quais os estudos pós-coloniais estão prestando atenção, buscando esclarecer como as dimensões de etnia, classe social e gênero influenciam na construção e validação do conhecimento e, consequentemente, na construção das identidades europeias como "superiores".

A obra de Edward W. Said, em especial seu livro *Orientalismo* (1990), foi essencial nessa linha de trabalho ao concentrar seus argumentos em desmontar como o Oriente é uma construção mental de caráter ocidental para facilitar outras construções como as de "europeu" e "ocidental". O "outro" é concebido em um espaço diferente ao "nós".

No momento de especificar todas as características e possibilidades do resto do planeta, a geografia desempenhava um papel fundamental. Como enfatiza Edward W. Said, "a geografia era essencialmente a matéria que sustentava o conhecimento sobre o Oriente. Todas as características *latentes e imutáveis* do Oriente se baseavam em sua geografia e estavam enraizadas nela" (1990, p. 260). Ou seja, suas peculiaridades não eram fruto das políticas dominantes e de suas consequências, das condições de vida típicas de momentos históricos determinados, mas, ao contrário, eram essencialmente imutáveis e se fixavam como tais.

Serão as feministas pós-coloniais as que criticarão Edward W. Said por não saber interpretar de forma adequada o papel dos homens, mas em especial das mulheres que o imaginário colonialista descrevia (LEWIS, 1996). Elas chamarão a atenção à supervalorização das variáveis étnicas e, ao mesmo tempo, à pouca valorização das relações de gênero, algo ao qual, todavia, as mulheres exploradoras e viajantes prestavam atenção (GARCÍA RAMÓN; NOGUE; ZUSMAN, coordenadores, 2008).

Portanto, uma educação que evidencia o papel da política obriga a uma profunda revisão das ciências sociais, de acordo como o sistema educativo foi trabalhado, especialmente nas etapas obrigatórias. Nesse sentido, não se pode deixar de lado a importância dos enfoques pós-estruturalistas, feministas e pós-coloniais que nas últimas décadas vêm contribuindo para uma corajosa e sólida reconstrução das ciências sociais, ao reabrir toda uma série de debates epistemológicos sobre a construção do conhecimento e de suas funções; bem como do que se considera a objetividade e a verdade, quais são as fontes relevantes do saber, quem pode falar e ser escutado e, portanto, quem não pode.

Fricker (2009) introduziu o conceito de injustiça epistêmica, no sentido de que pessoas e grupos sociais podem estar sendo tratados de maneira injusta nas seguintes bases: a) a dos prejuízos dominantes que desvalorizam a credibilidade de suas vozes, juízos e saberes (injustiça testemunhal), ou b) que, devido a determinadas circunstâncias, as capacidades e os recursos que uma determinada comunidade ou grupo social possui para interpretar sua própria experiência social são inadequados (injustiça hermenêutica). Este conceito de "injustiça epistêmica", ao meu modo de ver, é muito pertinente para explicar porque em muitas ocasiões o problema de determinados grupos sociais não é o de permanecerem mudos, passivos, mas, em vez disso, de que as estruturas de interpretação das quais se servem as maiorias e o poder estabelecido não lhes outorgam crédito algum ou até mesmo não os entendem.

Como uma das maneiras de preparar cidadãos capazes de assumir novos papéis que lhes permitam participar mais ativamente neste mundo cada vez mais interconectado e complexo, as recomendações oficiais dos distintos órgãos europeus preocupados com a educação vão se centrar na introdução de uma nova área do conhecimento nos sistemas educativos: a educação para a cidadania e os Direitos Humanos.

Desde os primeiros momentos em que a União Europeia foi sendo formada, a educação foi vista como um instrumento importante para educar os cidadãos necessários a esse novo sistema político, econômico e cívico de alcance europeu. Assim, por exemplo, em 1997, a Comissão Europeia publicou o documento "Accomplishing Europe Through Education and Training" (Construir a Europa mediante a educação e a formação), no qual se faz referência às dificuldades de determinar o conceito de cidadania europeia e onde fica claro que este deve estar dirigido à educação do reconhecimento da diversidade, do pluralismo, da tolerância e da pertença europeia e mundial.

Outro documento nesta mesma direção e digno de menção é o intitulado "Learning for Active Citizenship" (Aprender para uma cidadania ativa)[74], publicado em dezembro de 1998. Nesse documento, o sistema educativo é contemplado como um elemento decisivo para a formação de cidadãos europeus baseada nos Direitos Humanos que ajude a superar concepções e modelos racistas e xenófobos de sociedade. Além disso, nesse mesmo documento, lançam-se as bases para uma harmonização de distintos aspectos em matéria de ensino em todos os países da União Europeia.

Mas a proposta específica de uma educação para a cidadania e para os Direitos Humanos é posterior. Essa matéria é a consequência de uma recomendação do Conselho da Europa do ano de 2003, na qual se solicitou que os Estados-membros implementassem a educação para a cidadania democrática como um objetivo prioritário das políticas e reformas educativas. Essa educação básica deve contribuir para a coesão social, a compreensão mútua, o diálogo cultural e inter-religioso e a solidariedade, uma linha de trabalho que, por sua vez, deveria contribuir para o desenvolvimento do princípio da igualdade entre as mulheres e os homens, para favorecer o estabelecimento de relações harmoniosas e pacíficas nos povos e entre eles, ou seja, uma formação que permita aos cidadãos desenvolver a capacidade de tomar decisões autônomas que afetam tanto a sua vida privada como a sua participação na vida pública: no governo da sociedade.

Não devemos ignorar que o Artigo 27.2 da Constituição espanhola já contempla a educação como instrumento para preparar os cidadãos para a convivência dentro da ordem política, além de vê-la como meio para a extensão e transmissão de valores democráticos.

Porém este objetivo sempre foi o mais abandonado tanto pela legislação mediante a qual se estabeleciam os conteúdos obrigatórios do currículo como pelos planos de formação e atualização dos professores; planos imprescindíveis para a capacitação de um grupo que, em sua carreira nas Escolas de Magistério e nas Faculdades de Educação, apenas lhe dedicou espaço e tempo.

Entre as tímidas tentativas de explicar melhor esse objetivo de uma educação para a cidadania cabe ressaltar a opção do currículo transversal pelo qual a Espanha aposta por meio da LOGSE (1990), buscando propor uma série de temas transversais para alcançar essa meta educativa: a educação moral e cívica, a educação para a paz e a educação para a igualdade de oportunidades para ambos os sexos, transversalidade que não tem funcionado devido fundamentalmente à falta de recursos e interesse que a administração central e as autônomas lhes dedicaram.

Mais recentemente, conteúdos nesse sentido e com o mesmo nome que a recomendação do Conselho da Europa explicitava foram aprovados como obrigatórios na LOE (2006), uma Lei Orgânica que estabelece a inclusão obrigatória de três blocos temáticos na educação infantil, em uma das séries do terceiro ciclo: indivíduo e relações interpessoais e sociais; a vida em comunidade e viver em sociedade. Na educação secundária obrigatória, esta meta é trabalhada em duas matérias: a) "Educação para a cidadania e para os Direitos Humanos" (que é lecionada em uma das três primeiras séries), e b) "Educação ético-cívica" (na 4ª série). No bachillerato*, se trabalha com "Filosofia e cidadania".

Porém, apesar da obrigatoriedade desta matéria, a realidade é que sua implantação vem sendo boicotada pelos setores mais conservadores e pelos grupos religiosos mais oficialistas. Esses conteúdos são acusados por estes grupos de interferir na vida privada e violar o direito dos pais e das mães a educar seus filhos em conformidade com suas próprias crenças. Esse é o principal argumento que está na base das diversas denúncias que, por exemplo, determinadas associações de pais e mães católicas fazem perante os tribunais de justiça.

Contudo, esses setores sociais costumam esquecer que as convenções ideológicas e religiosas nas quais as famílias decidem educar seus filhos têm de respeitar os direitos e as liberdades fundamentais incluídas na Constituição espanhola; e não devem prejudicar o direito à educação.

A educação dos menores exigida pelas famílias católicas e conservadoras não pode prejudicar os direitos que as distintas convenções de Direitos Humanos em vigor outorgam a essas crianças, além da própria Constituição. Sempre que as convicções das mães e dos pais interferirem nos direitos cívicos que a infância possui, será obrigação dos poderes públicos intervir para impedir essa restrição dos direitos.

---

* N. de R. Ver tabela de equivalência de níveis entre os sistemas brasileiro e espanhol de educação ao fim do livro.

Na defesa de uma educação e formação política também seria injusto esquecer o árduo trabalho de inúmeros professores que desde a transição democrática vêm elaborando e colocando em prática propostas destinadas a educar diferentes tipos de cidadãos mais democráticos e solidários. Entre um grande número, destacamos aqui os grupos antimilitaristas e pacifistas, as ONGs, as Cátedras UNESCO em uma boa quantidade de universidades, os Movimentos de Renovação Pedagógica e as organizações de Educação para a Paz que desde o final da década de 1970 se dedicam a ensinar às novas gerações as estratégias de resolução de conflitos, a lhes fornecer o conhecimento dos Direitos Humanos e a lhes ajudar a se comprometer em sua aplicação (JARES, 1991); a assegurar de que os projetos curriculares desenvolvidos nas salas de aula apostem claramente na justiça social.

Até mesmo ONGs como a HEGOA[75] dedicarão principal parte de seu tempo ao trabalho de uma linha complementar a que temos comentado: a educação para o desenvolvimento. Essa matéria é contemplada com um compromisso mais explícito com os países mais desfavorecidos, com uma visão mais cosmopolita que deve se apoiar em uma importante revisão crítica do conhecimento trabalhado nas salas de aula. Trata-se de ajudar as novas gerações a construir um conhecimento melhor e mais objetivo das realidades dos Hemisférios Norte e do Sul e de suas interdependências; dos processos de exploração com os quais o Norte se enriquece, enquanto o Sul se empobrece. Este conhecimento vai ser fundamental para a promoção de um mundo mais justo baseado na cultura do respeito mútuo, da igualdade e da solidariedade.

Esse tipo de educação é especialmente necessário nas sociedades multiculturais de hoje, que abrigam minorias que, devido à sua origem étnica, religião ou cultura, costumam estar sob suspeita de apoiar ou concordar com determinados grupos terroristas. Consequentemente, com alguma frequência se gera um enfrentamento de alguns setores dessa população imigrante com partes da sociedade nativa ignorada e temerosa, que em tais situações de pânico moral dirige sua ira e orienta suas ações à condenação e repressão destas minorias; exigindo, por sua vez, governos que adaptem a legislação em vigor para conseguir sua expulsão do país; instando a repressão policial e jurídica a encarcerá-los ou tornar a sua vida cotidiana mais difícil.

À primeira vista, os motivos que a imprensa mais sensacionalista apresenta fazem referência a problemas religiosos e culturais. Todavia, a realidade dos protestos de grupos desfavorecidos, independentemente da cor de sua pele, de sua origem étnica, religiosa ou cultural, costuma ser muito distinta. Devemos levar em consideração os resultados de diversas pesquisas sociológicas que nos informam de que

> as reivindicações dos jovens de meios populares são em todas as regiões as mesmas e não têm nada de especificamente étnico: empregos decentes, escolas adequadas, habitação acessível ou melhores, acesso aos serviços públicos e um tratamento justo por parte da polícia e outros órgãos do Estado. (WACQUANT, 2007, p. 38-39)

Tenhamos presente que os preconceitos são o fruto de informações aceitas sem serem submetidas a uma análise crítica, sem a necessidade de verificação, e funcionam sem que tenhamos consciência de tê-las introduzido, pois em nenhum momento estamos conscientes de que são frutos de aprendizados culturais. Eles operam por meio da aceitação de que o mundo e a realidade são do jeito que são e assim devemos aceitá-los; que as coisas sempre foram assim.

Na medida em que os discursos públicos dominantes e os livros didáticos apostam no individualismo, em discursos dos direitos individuais, enfraquecem os ideais e compromissos coletivos. Isso era típico das ideologias mais conservadoras, mas pouco a pouco foi se consolidando em um importante setor da esquerda.

Uma política e educação libertadoras devem ter como meta conferir poderes aos grupos sociais mais desfavorecidos, para convertê-los em seres mais autônomos, com todas as possibilidades de decidir como deve ser uma vida mais justa; elas devem redistribuir possibilidades e condições para a formação de pessoas independentes.

A história ainda não acabou e o futuro não está escrito, mas ele será o resultado do que as gerações atuais desejam e fazem do presente.

9. REVOLUÇÕES ESTÉTICAS

Para um importante setor da população, falar de arte supõe se referir a museus e galerias de arte; aludir a esculturas, pinturas ou murais localizados em lugares públicos, em igrejas e catedrais; pensar em concertos de música clássica; contemplar livros de arte, etc. Implicitamente, se assume que a arte é uma criação feita por alguém muito importante que nasceu com dons muito especiais para a música, pintura, escultura ou dança; supõe-se que quem faz críticas de arte fala muito bem das obras que essa pessoa produz; que tais criações são vendidas, geram muito dinheiro e têm como principal função adornar e alegrar nossas vistas ou nossos ouvidos.

A arte costuma ser equiparada a objetos e produtos que as elites valorizam e desfrutam, além de servir para distingui-las do resto da população.

Contudo, nas últimas décadas e, especialmente, à medida que o nível cultural da população sobe, tais ideias são consideradas inadequadas para cada vez mais pessoas. De fato, as manifestações artísticas estão aumentando, organizadas por entidades muito diversas, e a cada dia é maior o número de pessoas que vão contemplá-las e desfrutá-las. Um bom exemplo disso é que praticamente todos os jornais dedicam uma seção do noticiário local para informar sobre as exposições que podem ser visitadas, assim como os concertos e recitais que acontecerão na região onde o meio de comunicação é editado. Essa mesma informação é reproduzida nas emissoras locais de rádio e televisão, assim como nas páginas da internet das prefeituras e das entidades nas quais tais eventos culturais serão celebrados. É visível que as mudanças em tudo o que tem a ver com o mundo da arte são muito notáveis.

Todavia, no meu modo de ver, o problema continua sendo a formação que esse público tem; que grau de enriquecimento e de prazer que cada uma das pessoas que participam dessas manifestações culturais obtém. Em tais eventos, ainda é muito frequente escutar comentários nos quais as pessoas manifestam um desconcerto notável frente àquilo que contemplam, especialmente nos museus, nas exposições de pintura, escultura, fotografia ou instalações. São análises de observadores que se surpreendem perante um desenho, afirmando que aquilo torna seu filho melhor e mais bonito; ou alegando que aquilo é uma farsa, pois o que veem lhes parece manchas de tinta ou riscos feitos por uma pessoa um tanto desequilibrada sob o efeito do álcool. Opiniões semelhantes são ouvidas em concertos de música sinfônica contemporânea, onde mais de uma pessoa crê que aqueles "ruídos" são inclusive nocivos.

As pessoas frequentam manifestações artísticas, mas ainda hoje um bom número de indivíduos não se atreve a opinar perante outras pessoas desconhecidas sobre o que vê e escuta. Eles têm medo de falar besteira e parecer ignorantes, especialmente quando se trata de pessoas com certo nível cultural em outras áreas do saber que não são a arte.

No fundo, temos de reconhecer que os gostos artísticos ainda continuam muito dependentes dos níveis culturais alcançados por cada pessoa, além de sua inserção em determinada classe social. Nesse sentido, Bourdeu (1988) já distinguia três universos de gostos que, em grande parte, correspondem à classe social à qual se pertence e aos níveis escolares alcançados: 1) o gosto legítimo, ou seja, a valorização e o desfrute "culto" das obras de arte, consideradas como tais pela crítica oficial, como "Arte da Fuga", de Johann Sebastian Bach, a pintura de Bruegel ou de Goya, 2) o gosto "médio",

Currículo escolar e justiça social **145**

que inclui as obras menores das artes maiores, como a "Rapsodia in Blue" de George Gershwin e a pintura de Renoir, e 3) o gosto popular, que valoriza a música culta desvalorizada por sua divulgação excessiva, como a valsa "Danúbio Azul", o "Canon" de Pachelbel, bem como outros estilos claramente mais populares, como as canções de Julio Iglesias, ou seja, a música mais simples e com maior aceitação entre as classes baixas.

Porém, esses são gostos que não permanecem tão mecanicamente fixados – eles não são para sempre. Ao contrário: mudam muito. Não é preciso mais que uma revisão da história da arte para ver grandes variações no gosto artístico, nos julgamentos que foram feitos de determinada composição musical, de uma escultura, de determinado quadro de pintura, de um filme, ou de uma apresentação de balé. Essas obras em um primeiro momento (o dia de sua estreia, por exemplo) foram muito aplaudidas, mas que com o passar do tempo não resistiram, e hoje ou passaram ao esquecimento ou somente figuram nos livros onde se reúne a biografia dessa personalidade do mundo da arte.

Mas também se produzem outros tipos de variações nas apreciações das obras de arte; podemos falar de uma importante mobilidade de gostos e de sua vinculação com as distintas classes sociais. Esse é o caso de obras de música clássica que em um primeiro momento eram mais desfrutadas pelas classes altas, mas à medida que outros grupos sociais diferentes as escutam, por exemplo, como a trilha sonora de um filme ou de uma apresentação de teatro ou simplesmente como música de fundo em uma grande loja ou em uma emissora de rádio, acabam agradando e são muito aceitas por pessoas pertencentes às classes sociais menos elitistas, ou seja, mais populares.

Nesta mobilidade de gostos, as classes médias costumam desempenhar um papel importante. Em muitos momentos da história o papel das classes médias, especialmente dos segmentos mais cultos, é o de servir de ponte entre as culturas consagradas e as populares. Seu papel um tanto ambivalente, por estar no meio – já que não passaram tanto tempo em instituições educativas de elite como as classes altas, porém mais que outros setores das classes médias – faz com que se tornem pontes entre classes; funcionem como uma espécie de advogados interclassistas entre as culturas populares e as mais elitistas. Estes membros das classes médias mais cultivadas costumam manter uma relação ambivalente com o sistema escolar

> que os leva a se sentirem cúmplices de qualquer espécie de protesto simbólico, os inclina a acolher todas as formas de cultura que estejam, ao menos de forma provisória, nas margens (inferiores) da cultura legítima – *jazz*, cinema, histórias em quadrinhos, ficção científica – e a encontrar, por exemplo, na moda e nos modelos norte-americanos – *jazz, jeans, rock* ou *underground*

–, que monopolizam, a ocasião para uma revanche contra a legítima cultura. (BOURDIEU, 1988, p. 364-365)

À medida que o século XX foi avançando, ocorreu um aumento no número das classes médias, resultado de um período marcado por uma notável mobilidade ascendente. Este setor foi um dos grandes dinamizadores dos debates e das conceitualizações sobre o que deve ser considerado arte.

Até meados do século XIX era somente a nobreza e a burguesia mais poderosa, junto com as altas hierarquias das diferentes igrejas, que praticamente tinham o monopólio na hora de rotular o que poderia ser considerado como uma obra de arte. Foi a partir da Revolução Francesa, mas muito especialmente ao longo do século XX, que o mundo da arte se tornou objeto de disputas mais fortes e muito mais relevantes.

Foi durante o século XX que iniciaram os debates mais notáveis sobre a distinção entre "alta" e "baixa" cultura, semelhante ao que décadas antes se havia começado a dar entre arte *versus* artesanato (SHINER, 2004), quando não existia diferença entre "artistas" e "artesãos", todos eram ao mesmo tempo artesãos/artistas, pois não se contemplava a dimensão estética à margem da utilidade ou da funcionalidade da obra de arte.

Quando o rótulo "arte" passa a ser outorgado, as obras que os artistas decidem livremente fazer – sem que o mecenas de plantão lhes diga o que tem de pintar e, até mesmo, em que formato e com quais cores, como vinha acontecendo séculos atrás – o gosto estético passa a ser uma das categorias que funcionará mais claramente para diferenciar as pessoas cultas das desprovidas de educação ou ignorantes.

Consequentemente, poucas vezes na história aconteceram mais debates sobre tudo o que é relacionado à cultura e arte do que no século XX e no presente. Da mesma forma, esse período histórico se caracteriza por um maior número de reivindicações políticas e de maior alcance. Levemos em conta que ao longo dos séculos XIX e XX a confrontação de ideologias e visões do mundo esteve acompanhada por grandes disputas também no mundo da arte. Podemos facilmente constatar que nenhuma etapa anterior da história produziu tantas revoluções estéticas.

Os confrontos políticos e bélicos foram viabilizados também por meio da produção artística, de estilos, linguagens e formatos que serviam para identificar os grupos em litígio.

Tradicionalmente, a concepção dominante do que poderia ser considerado como obra de arte era estabelecida pela aprovação (ou após a aprovação) de quem ocupava as esferas de poder em cada sociedade e período histórico. Isso explica por que quando analisamos a arte oficial também podemos distinguir importantes silêncios e, é lógico, preconceitos.

A histórica dicotomia Cultura (com maiúscula) *versus* cultura popular implicava a plasmação de uma fragmentação política, econômica e social; ela servia para convencer as classes mais populares de que havia razões "objetivas" que deixavam clara sua inferioridade, dado que não podiam compreender e não eram capazes de captar a beleza de tudo aquilo que os poderosos rotulavam como Cultura.

Não nos esqueçamos de que até filósofos como David Hume ou Immanuel Kant quando opinavam sobre arte e cultura deixavam aflorar um fortíssimo racismo. Kant (2005, p. 140) chegou a afirmar que "os negros da África sofrem por natureza de uma sensibilidade que fica logo acima do insignificante... Os negros são muito vaidosos, mas da sua maneira, e tão falantes que é preciso separá-los a golpes".

E até mesmo dentro do próprio continente europeu, determinados rótulos artísticos eram o reflexo de uma desvalorização dos países que essa produção representava. Um exemplo que vale muito a pena mencionar está na história da arquitetura gótica. O termo "gótico", em seus primeiros momentos, do século XVI ao século XVIII, teve um sentido pejorativo. Esta denominação era utilizada para rotular negativamente as criações arquitetônicas e artísticas dos povos germânicos durante a Idade Média; momento em que conquistaram grande parte da Europa, e os responsáveis pelas cismas no seio da cristandade. Assim, por exemplo, os historiadores italianos afirmavam durante o Renascimento que a verdadeira arte, a da Antiguidade Clássica grega e romana, havia desaparecido na Idade Média para dar lugar à barbárie gótica (*Gothic barbarism*). Apenas a partir do século XIX que foi outorgada a esta arte o valor que ela tem hoje.

Os países e as classes mais poderosas não se serviam somente dos exércitos, do controle dos meios de produção e do mercado de trabalho, mas também da arte para ir formando um mundo a seu gosto.

Ao longo do século XX, praticamente todas as dicotomias artísticas que refletiam formas de domínio e opressão começaram a ser objeto de revisão à medida que os conflitos de classe se agravavam, se acentuaram as lutas pela libertação das colônias africanas, asiáticas, oceânicas e latino-americanas para recuperar sua independência, foram sendo formados os primeiros movimentos e organizações pela libertação das mulheres, iniciaram as lutas da população afro-americana nos Estados Unidos contra o racismo branco e a exploração capitalista e a luta da juventude por seu reconhecimento frente a um mundo de adultos que a ignora.

As organizações mais ativas deste tipo de rebelião passam a se dar conta de que a arte também é um espaço de reivindicação; é um tipo de arma para, de um lado, denunciar a exclusividade de dizer e classificar que tinham os dominadores e, de outro, relacionar a causa e se somar à luta de reivindicação dos dominados.

Tenhamos presente que todos aqueles conhecimentos, técnicas, crenças, artefatos, objetos e criações artísticas que costumam ser rotulados como "cultura popular" geralmente são o resultado do trabalho de pessoas pertencentes a grupos que ocupam posições de poder subalternas. Porém, são grupos que, por sua vez, lutam e reivindicam seus direitos.

Reconhecer a arte popular como arte, sem mais predicativos que estabeleçam uma hierarquia, é uma condição a mais para o reconhecimento desse grupo social ou povo que produz essas obras. Assim, por exemplo, o *jazz* era considerado uma música inferior no início do século XX, pois era produto dos escravos levados da África e instalados nos Estados Unidos. Posteriormente, foi rotulado como "música popular", mas nesse momento, mesmo que a escravidão já tivesse se tornado um delito, suas vítimas, o povo negro, ainda eram rotuladas como uma raça inferior. Enfatizar a importância de uma expressão artística obriga a considerar suas vítimas como igualmente importantes e dignas, nesse caso a população afro-americana, motivo pelo qual este estilo musical demorou para alcançar seu reconhecimento.

Um estilo como o *jazz* também é um bom exemplo para mostrar as lutas sociais nas quais participam seus intérpretes e compositores. Quando essa música foi conquistando sua aceitação entre a população branca surgiram intérpretes brancos que descobriram os primeiros ritmos do *jazz* e começaram a formar as primeiras duplas e bandas – chegando a ser incorporadas até mesmo às bandas militares – mas as primeiras reações de músicos afro-americanos como Charlie Parker, Dizzy Gillespie, John Coltrane ou Thelonius Monk foi protestar pelo que consideravam um roubo cultural. Consequentemente, sua reação foi a de "africanizar" ao máximo os ritmos, recorrendo a ritmos múltiplos aos quais os intérpretes brancos não estavam acostumados e complicando as harmonias, especialmente a dos saxofones, conferindo importância às melodias, etc.

Um fenômeno análogo aconteceu com o *rock* e suas demais variações de estilo musical. Valorizar como arte a música de bandas de *rock* da década de 1960 como The Beatles, The Rolling Stones, The Animals, The Doors, The Velvet Underground ou de intérpretes como Janis Joplin, Jimi Hendrix, Bob Dylan ou Frank Zappa e suas Mothers of Invention equivaleria a reconhecer o *status* de pessoas adultas a adolescentes; dar-lhes direitos cívicos que até o momento não lhes eram outorgados. Isso equivaleria a aceitar que os adolescentes poderiam pensar com autonomia e livremente; que poderiam contribuir com coisas importantes à sociedade, que são pessoas valiosas e não seres que deveriam ser vigiados constantemente para que não se comportassem mal. O desprezo das elites econômicas, políticas e culturais pela música e cultura do *rock* significava que acreditavam que os jovens não poderiam ser considerados cidadãos de pleno direito, seres responsáveis e com responsabilidades.

O mesmo ocorre nos Estados Unidos com a rejeição às novas músicas da década de 1970, o *hip hop* e o *rap*. Nesse momento, os jovens negros e latinos que viviam nos guetos das grandes cidades recorreram a esse tipo de música para se diferenciar e especialmente para denunciar suas realidades como grupos marginalizados e oprimidos. Para isso, recorreram a ritmos completamente originais, bem como a letras que as classes mais abastadas rotularam como escandalosas. Conforme ressalta McLaren, "o *rap* ajuda a comunicar símbolos e significados e manifesta de maneira intersubjetiva a experiência vivida pelos atores sociais" (1998, p. 175).

No contexto espanhol, o mesmo ocorre com o flamenco, uma música que representa o povo cigano que vai sendo valorizada ao mesmo ritmo que o povo cigano vai alcançando reconhecimento e direitos.

Uma análise semelhante pode ser feita de outros fenômenos como o grafite, que começa sendo rotulado como um conjunto de atos de vandalismo de gangues de jovens marginalizados que se dedicam a manchar as paredes das cidades, trens e ônibus para chamar a atenção. Os grafiteiros assinam suas criações com grandes números ou apelidos, algumas vezes como identificadores pessoais e outras como marcas de um grupo. Este estilo desde a década de 1970 terá muitas variantes (GANZ, 2004). Uma de suas últimas evoluções é o pós-grafite, uma variedade que aparece na década de 1980, modalidade na qual o artista, ao contrário do grafiteiro tradicional, não busca ocupar o maior número de espaços com suas criações – não se trata, como no caso do grafite, de estabelecer uma competição entre artistas para ver quem ocupa mais lugares e alcança locais de mais difícil acesso, tanto por sua localização física, como por quão protegidos e vigiados podem ser. No pós-grafite se pretende uma maior interação com o público, recorrendo a múltiplas técnicas além dos aerossóis: instalações, esculturas móveis e leves, pôsteres, etc. Além disso, ele aposta em um tipo de linguagem que possa ser facilmente compreendido, recorrendo, portanto, a uma menor abstração. Se esse tipo de arte no início se equiparava à anarquia, à sujeira e a condutas não cívicas, hoje já entrou nos circuitos de arte mais elitista: nos museus.

O que é música clássica? Se consultarmos a enciclopédia e talvez até os livros didáticos, veremos a música clássica como a produção musical culta produzida em um reduzido número de países da Europa desde o século XV até hoje. Ou seja, o resto dos continentes e países do planeta não tem uma música que mereça ser reconhecida, desfrutada, interpretada e estudada; vive à margem dos conceitos de arte e, portanto, suas populações não são reconhecidas como criadoras de música de valor.

Em geral, podemos dizer que as lutas que qualquer grupo social ou povo trava em prol de seu reconhecimento também implicam a exigência de uma valorização justa de sua produção cultural.

O resultado dessas revoluções estéticas é facilmente visível se atendermos aos inúmeros movimentos artísticos que hoje já desfrutam de reconhecimento. Esses movimentos têm lugar em todos os campos: pintura, cinema, histórias em quadrinhos, colagem, escultura, instalações, vídeo, fotografia, fotojornalismo, arte digital, desenho gráfico, etc.

Todo este conhecimento tradicionalmente silenciado ou ignorado tem um potencial enorme para conferir poderes a todos os grupos sociais que o produzem, além de contribuir para a formação de uma nova cultura global na qual a exploração e a marginalização não são admitidas e, muito menos, terão a mínima possibilidade de obter legitimidade.

Contudo, convém estar conscientes também de que hoje o próprio conceito e a rotulagem do que é arte são cada vez mais influenciados pelos mercados de arte, pelos leilões das grandes casas de arte, pela crítica de arte, pelos grandes editores de livros de arte e revistas, por curadores de exposições, representantes de artistas, colecionadores, etc. Obviamente, os museus e as exposições itinerantes organizadas por livrarias de arte e lojas já fazem parte de um mercado que move muito dinheiro.

O mercado neoliberal, com sua ideia mercantilista sobre os produtos culturais, ao se referir à arte prefere falar de pluralismo, tratando de retirar o caráter histórico e despolitizar a arte: uma concepção da arte na qual todos os estilos e tradições têm valor idêntico; eles seriam como as convenções, mas que não têm uma história que lhes confira um significado mais idiossincrático. A arte considerada natural seria vista também como livre de constrangimentos "não naturais" (da história e da política em particular), neste caso se tornaria verdadeiramente autônoma, isto é, absolutamente irrelevante (Foster, 1985). Seria mais uma manifestação que levaria à conclusão de que também chegamos ao "final das ideologias" na arte.

Dessa forma, a arte passaria a ser considerada como mais uma indústria que produz artefatos para consumir, os quais rotulamos como objetos de arte e

Currículo escolar e justiça social **151**

trazem benefícios multimilionários aos grandes grupos financeiros, às galerias de arte e aos museus.

Este tipo de descontextualização, baseada em desvincular a obra de arte das intenções nas quais foi criada, serve para reforçar posições conservadoras, uma criação cultural que, por exemplo, foi gerada como ato de denúncia, de protesto para denunciar determinada situação injusta, para reivindicar outro mundo mais justo, acaba sendo reduzido a um objeto de decoração, mais ou menos valioso economicamente, cuja contemplação tampouco altera quem a observa ou escuta. Apostar nesta forma de retirar o caráter histórico das produções artísticas faz com que as abordagens acabem concentradas no anedótico, sem permitir a visibilidade das injustiças sociais, econômicas e laborais que estão associadas a muitas das realidades nas quais essa obra artística foi gerada, dos problemas de exploração sofridos por essas pessoas cuja realidade é narrada e evidenciada. Assim, por exemplo, há quem valorize certas produções culturais do povo cigano, sua música e até mesmo a letra de muitas de suas canções nas quais se denuncia a opressão e a dor de sua vida cotidiana, mas essa "avaliação positiva" se restringe unicamente ao âmbito da beleza pura, abstrata. Ela não obriga a olhar além, por exemplo, para o mundo da economia e da política, e, consequentemente, a uma mobilização para resolver as inúmeras injustiças que esse povo ainda sofre.

Uma estratégia isolacionista como esta que denunciamos, destinada a esvaziar o conteúdo reivindicatório das criações artísticas, é uma maneira de considerar ou valorizar a diversidade cultural, que é reconhecida e desfrutada como se estivesse em um zoológico – quem a observa não costuma se sentir responsável pelas condições e pela qualidade de vida de quem está na prisão.

Em um mundo onde as distintas manifestações artísticas desempenham um papel tão fundamental, é lógico pensar que o sistema educacional não pode ignorá-las. Se educar é gerar as condições necessárias para que os alunos possam compreender e participar de forma ativa na sociedade da qual fazem parte, é óbvio que essa parcela da cultura também deve ser objeto de atenção.

Porém, creio que existe um conceito bastante generalizado em que o mundo da arte talvez seja a dimensão cultural mais esquecida, ou relegada a um lugar muito secundário; na maioria dos casos reduzida a uma matéria "banal", das mais fáceis de aprovação ou, quem sabe, falando com maior rigor, onde as exigências para sua aprovação são muito menores que as exigidas para as disciplinas consideradas mais importantes, como a matemática, a língua materna ou as ciências.

Todavia, nas conversas que se escutam nas salas em que os professores se reúnem, frequentemente são ouvidas opiniões de que essa área do conhecimento tem limitações importantes na hora de se trabalhar nas salas de aula. A ideologia do dom natural ou herdado é ainda mais abrangente entre os professores, especialmente das primeiras etapas, a educação infantil e a primária. Sua própria formação nas universidades de formação de professores nesse nível de escolarização tem sido uma das mais descuidadas, quando não uma espécie de aprendizado de coisas ridículas, reduzidas a copiar desenhos de pouco valor e a reproduzir todo tipo de estereótipos. Quem nunca se encontrou alguma vez com professores que ao escrever dáblios acreditavam estar desenhando pássaros, que ao fazer uma espiral conectada a um cilindro nos diziam que aquilo era uma fumaça saindo de uma chaminé ou que ao reproduzir um pentágono o equiparavam a uma bela casinha em um campo de rosas, pássaros e fumaça.

Obviamente, essa confusão de definir o que é uma obra artística também é consequência da história de vida de pessoas como os professores que, por sua vez, são em grande parte filhos de famílias pertencentes às classes mais populares e, portanto, herdeiros de classes sociais às quais foi vetada a educação da sensibilidade, a educação artística.

É muito diferente nascer no seio de uma família que escuta, estuda e pratica música, dança, escultura ou pintura, que frequenta concertos, conferências e tertúlias sobre temas artísticos, que se reúne com os vizinhos para ensaiar e praticar esses interesses e que, portanto, insere suas filhas e seus filhos desde muito jovens nessas rotinas culturais, do que viver em uma família em que esse tipo de tradição e rotina não existe.

É lógico que as pessoas que vivem em contextos culturalmente estimulantes e ricos, mesmo que o sistema educativo regrado descuide dessas áreas do conhecimento e da expressão, mostrarão em sala de aula um domínio de conhecimentos e técnicas que perante seus companheiros, e até mesmo os professores, serão vistos como o resultado de algum dom natural.

Em ambientes ricos em estímulos semelhantes aos que acabamos de exemplificar, esses aprendizados artísticos não são vividos como algo obrigatório, imposto de fora, como a maioria dos aprendizados escolares; mas pelo contrário, são vistos como algo do qual se gosta, que dá prazer e, portanto, o esforço que é indispensável para esses aprendizados é visto como algo normal, óbvio.

As biografias pessoais assumem maior sentido quando estão contextualizadas; é assim que podemos encontrar explicações mais convincentes àquilo que, contemplado de fora, isoladamente, pode parecer resultado de código genético.

Isso poderia dar a sensação de que, se uma pessoa vive em uma família onde não se atendem as exigências que acabo de mencionar, ela não teria como desenvolver uma sensibilidade artística e aprender as técnicas adequadas para criar obras artísticas. Não é nada disso. O que pretendo é deixar clara a influência dos ambientes em que cada pessoa vive, esse ambiente familiar é substituível por outros ambientes dos quais essa pessoa participa. Assim, por exemplo, os músicos de *jazz*, especialmente os afro-americanos, mesmo que grande parte tenha nascido em famílias e bairros muito desfavorecidos, a música era valorizada e escutada em tais ambientes, se desfrutava dela e se assistia a muitos músicos interpretá-la. Naturalmente, ocorria um contágio da paixão pela música.

Explicações parecidas seriam válidas para argumentar a criatividade pictórica, a criatividade na montagem de uma instalação, o apreço pela dança, a dedicação ao balé, ao cinema, à fotografia, ao grafite, etc.

Existe o perigo de cair em uma idealização exagerada da pessoa que trabalha no âmbito das artes, precisamente devido a essa ideologia latente do dom natural, considerando que a capacidade criativa, a criação de beleza, não pode ser ensinada nem se aprende. Infelizmente as instituições também contribuíram para divulgar ou presentear as pessoas criadoras, os artistas, como se isso não se devesse ao estudo, à dedicação de muitas horas, ao esforço e a investimentos econômicos. No fundo, esses preconceitos também são uma maneira de desvalorizar os artistas: estas pessoas não teriam um mérito maior do que aquelas que por mero acaso receberam determinado conjunto de genes, os quais, evidentemente, não aparecem quando se efetua a sequenciação do genoma humano. Essa postura, por sua vez, nos levaria diminuir a responsabilidade do resto da comunidade sobre a vida e o destino das pessoas. Seria como tornar invisíveis as estruturas econômicas, políticas, culturais e de saúde geradoras de possibilidades, mas também das grandes injustiças que caracterizam as atuais sociedades capitalistas. Isso equivaleria a negar que dimensões tão importantes como a classe social, a raça, o gênero, etc., tenham qualquer influência sobre as possibilidades de se tornar ou não artista, de ser uma pessoa com sensibilidade e conhecimentos, habilidades e domínio de técnicas para criar.

> Precisamos ter consciência crítica dos processos que estão nos formando e dos que não temos escapatória; devemos entendê-los para poder neles intervir como atores sociais, ou seja, conforme ideais democráticos de cidadania e participação no âmbito do público. (POLLOCK, 2007, p. 31)

A educação destinada ao desenvolvimento da sensibilidade converte as pessoas em artistas, em seres humanos muito sensíveis a detectar todas as transformações e os conflitos do mundo contemporâneo. Por isso, suas criações funcionam como estímulos para ajudar os demais a entender melhor a realidade. A variedade de linguagens utilizadas também é um complemento muito valioso para a leitura do mundo com mais lucidez.

As instituições escolares já assumiram os novos valores democráticos, e agora os maiores esforços são no sentido de que a tolerância e o reconhecimento dos direitos do "outro" se convertam em um objetivo real, e não somente em um *slogan* que os programas educativos oficiais e os prólogos dos livros didáticos dos alunos reproduzem de forma mecânica.

É fundamental o papel das artes na educação obrigatória, como um conjunto de criações, linguagens e formas de expressão empregadas para falar sobre a realidade. Elas podem, além disso, desempenhar uma função muito valiosa como núcleo globalizador para o desenvolvimento de propostas curriculares mais interdisciplinares, para motivar os alunos, para obter maior relevância nos conteúdos com os quais se trabalha e, consequentemente, para elaborar tarefas de aprendizagem mais significativas. Essa parcela do mundo cultural é um autêntico filão para motivar e envolver os alunos nos processos de ensino e aprendizagem que ocorrem nas salas de aula e nas escolas. Assim, por exemplo, uma unidade didática sobre um musical permite vincular em torno dessa representação o estudo de textos literários (romances, biografias, cinema, etc.) com outros produtos culturais (pintura, escultura, arquitetura, cinema, etc.), com fenômenos científicos, com parcelas da história, da geografia, com fenômenos e ideologias políticas, etc.

Contudo, é preciso estar consciente de que, devido ao fato de que o mundo das artes é em muitas ocasiões um dos mais descuidados, para muitas crianças as expressões artísticas com as quais estão familiarizadas são as correspondentes às produções comercializadas por grandes indústrias, como a Walt Disney, Hanna Barbera, Mattel, etc. Os desenhos e fotogramas de filmes dessas multinacionais decoram as paredes de algumas escolas, e em muitas outras o estilo das decorações das paredes dos corredores escolares se baseia em modelos muito parecidos, quando não são imitações de baixa qualidade. Esse tipo de decoração também é reproduzida nas pinturas e nos adesivos de roupas infantis, na decoração de seus dormitórios, etc. Um modelo semelhante de educação artística tem muita probabilidade de acabar educando cidadãos dispostos não ao consumo da arte, mas do *kitsch*, um dos motores da indústria do consumo que torna as pessoas idiotas e alienadas.

Tampouco podemos passar por cima de certas tradições que os alunos aprendem em muitas instituições escolares por meio do currículo oculto, como são as de que todas as perguntas que podem ser feitas pelos professores têm uma única resposta. Temos muitos estudantes acostumados a buscar e a dar a resposta correta, como uma verdade única. Esse modelo realmente pode ser correto para a matemática, mas isso não será tão fácil para a educação artística, em que o julgamento estético é muito mais aberto; ele está submetido a uma maior amplitude de avaliações. Mas o que mais chama atenção, no meu modo de ver, é que a educação estética nas salas de aula raramente leva os alunos a emitir juízos e avaliações sobre as produções culturais. Em uma aula de educação artística, os alunos desenham, cantam, modelam, etc., mas é muito incomum que alguém lhes peça para avaliar uma obra de arte ou interpretar uma canção. Também não é frequente que sejam estudados esquemas com os quais se possa julgar se uma obra pode ser classificada como arte e as razões para isso, e muito menos se incentiva os alunos a avaliar uma obra de arte ou uma criação musical de um colega de turma, levando-o a ratificar os argumentos que defende com juízos de valor. E quando se trabalha com algum modelo didático semelhante em algumas salas de aula, isso é feito com muita frequência com base no modelo da busca da resposta correta, da resposta que se supõe que o professor vai avaliar de forma positiva; e muito raramente sob a ótica da perspectiva múltipla, da divergência de opiniões.

Como corretamente enfatiza Pollock,

> a prática artística pode ser um dos momentos mais destacados do pensamento crítico: precisamos do *ethos* desses artistas que interrompem o fluir da cultura, que destroem nossas ilusões e nos mostram o caráter destrutivo da produção, do consumo ou da cegueira social. (2007, p. 33)

Prestar a devida atenção à educação artística não deve nos levar a trabalhar a arte com modelos de um arquivo histórico, começando com as criações artísticas das cavernas pré-históricas mais antigas até chegar ao presente. Dessa forma, é muito fácil que os alunos continuem saindo das escolas com uma escandalosa ignorância sobre o que caracteriza o presente. Os principais movimentos do século XX permanecem ausentes dos programas e das salas de aula. É muito difícil encontrarmos livros didáticos nos quais se dedica alguma atenção para a explicação do que são movimentos como o Dadaísmo, o Surrealismo, o Fauvismo, o Cubismo, o Suprematismo, o Futurismo, o Expressionismo, o movimento COBRA, a Arte Pop ou "Pop Art", a arte conceitual, para citar apenas alguns dos movimentos artísticos ocidentais sem os quais é difícil entender grande parte das criações artísticas de hoje. Porém, é ainda mais grave o esquecimento quando procuramos pela arte latino-americana, africana, asiática ou da Oceania.

Da mesma forma, é imprescindível que o sistema educativo estenda a categoria arte para incluir junto com a pintura, a escultura, a arquitetura e a música outras manifestações fundamentais como a dança, a fotografia, o cinema, as instalações, as histórias em quadrinhos, os videoclipes, a videocriação, os *videogames*, etc.

Trabalhar a educação artística nos traz a possibilidade de conectar as instituições escolares às realidades mais próximas; nos ajuda a derrubar os muros que isolam as escolas do mundo que as rodeia.

Desde o final da década de 1970, há um número cada vez maior de instituições culturais fisicamente próximas às escolas destinadas a divulgar o mundo da arte, educar a sensibilidade do público ao qual tentam constantemente atrair, esforçando-se em oferecer cada vez mais e melhores exposições, conferências, oficinas, etc., sobre temas de grande atualidade e relevância. Dispomos de uma enorme variedade de galerias de arte que, por sua vez, dispõem de departamentos didáticos destinados a preparar programas, guias em áudio e seminários para oferecer ao público uma melhor compreensão das obras de arte que ali estão e para que possam ser contempladas.

Em muitas ocasiões temos a sensação de que já são os museus, por meio de seus departamentos didáticos correspondentes, que usurparam das instituições escolares o encargo de educar a sensibilidade e de conhecer o mundo da arte, ou, melhor dizendo, que se encarregam de uma tarefa que o sistema educativo tem descuidado.

Se, além disso, em uma grande parte dos casos os museus de arte são instituições públicas, o que traduz essa desconexão entre ambas as redes culturais é uma desorganização das administrações públicas.

Todavia, atualmente levamos alguns anos dando passos muito importantes na direção de buscar uma maior estruturação do trabalho desenvolvido nas escolas com essas instituições que promovem a cultura, como os museus, as salas de concertos, as galerias de arte, os edifícios arquitetonicamente relevantes, etc. Esses lugares costumam dispor de departamentos didáticos cada vez mais coordenados com as programações escolares que os professores elaboram, de modo que os alunos possam se servir dessas instituições dedicadas à promoção da arte para o enriquecimento e o aprofundamento de seus aprendizados.

A educação artística nos obriga a aperfeiçoar nossa capacidade de olhar e ler o mundo que nos rodeia; ela nos ensina a estarmos mais alertas às transformações que estão ocorrendo no mundo de hoje; também nos permite estimular a atenção e potencializar nosso sentido crítico, aprender a nos questionar e a duvidar para seguir aprendendo. Falar de arte é se referir à liberdade, ou ao menos ao esforço para encontrar novos estímulos para tentar conquistar a liberdade.

10. REVOLUÇÃO NOS VALORES

Na medida em que a luta a favor dos Direitos Humanos é uma das características idiossincráticas do século XX e da primeira década do presente século, podemos admitir que estamos vivendo em sociedades nas quais os cidadãos consideram a existência de valores prioritários indispensáveis para guiar e servir como medida com a qual podem explicar e julgar o que acontece.

Já faz anos que Bauman (2003) nos revelou o advento da modernidade líquida na qual são raros os códigos que podem ser escolhidos para se comportarem como pontos de orientação estáveis, que esmaecem os vínculos entre as escolhas individuais e os projetos e as ações coletivas, que as pautas que direcionam as responsabilidades individuais já não são determinadas nem aceitas pela maioria da população; ao contrário, existem muitas e elas se chocam entre si, e em diversas ocasiões seus ditames se contradizem.

Em obras posteriores, esse mesmo autor (BAUMAN, 2005a; BAUMAN, 2005b) concentra sua análise na vida cotidiana e nas relações interpessoais, concluindo que estão sendo produzidas transformações realmente importantes nos valores que orientam nossas vidas. As pessoas têm medo de construir relações duradouras; a solidariedade somente lhes interessa em função dos benefícios que gera. Com muita frequência, pensar nos outros e se preocupar com eles se transforma em desconfiança, quando não em terror perante às pessoas estranhas. O compromisso social firme – a construção do comunitário – é substituído pela estética do consumo e por relações efêmeras, consequência de uma vida líquida. É necessário avaliar tais transformações levando em conta que outras mudanças, mais ou menos estruturais, estão acontecendo nas sociedades nas quais esse tipo de comportamento é produzido.

Quando já havíamos aprendido, ao menos na teoria, que os problemas sociais não têm soluções pessoais, as abordagens se tornam egoístas, cada um buscando sua própria solução para seus problemas particulares.

Uma sociedade que não trata de minar o avanço de ideais e valores como esses não fará mais que renunciar à coesão social. Esses ideais e valores são a via para introduzir a filosofia de vida mais egoísta do "salve-se quem puder". Esse é um caminho muito favorecido pelas sociedades consumistas atuais nesta era de individualização das identidades, nas quais cada vez mais pessoas se tornam obcecadas por estarem continuamente construindo e reinventando a si próprias por completo, tanto no nível físico como no social. Uma prova do zelo pela reinvenção da identidade física é o enorme desenvolvimento da cirurgia estética; uma prova contundente deste afã por tratar de refazer continuamente a imagem que nosso corpo projeta no espelho, equiparando-a à pessoa que gostaríamos de ser, àquilo que sonhamos ser. Já está muito óbvio também que a identidade social é mutável, flexível e temporal. Hoje estamos muito mais conscientes das possibilidades de reinventar identidades sociais em função das possibilidades dadas por recursos como a internet e, particularmente, pelas diferentes redes sociais de maior aceitação e impacto. Não é raro o fenômeno de pessoas que inventam personalidades e trajetórias de vida que são pura fantasia e mentira.

Porém, para compreender esse tipo de mudança não podemos evitar mais uma vez o importante papel desempenhado pelas profundas transformações políticas, econômicas e de trabalho às quais estamos sujeitos.

Até pouco tempo atrás, as escolhas que as pessoas faziam em suas vidas cotidianas, e com muita facilidade costumavam ser rotuladas como responsáveis, implicavam a obrigação de levar os outros em consideração; se considerava como inquestionável que seus direitos deveriam ser respeitados; assim como quando declaramos que pretendemos agir com responsabilidade frente a uma situação, uma tomada de decisão ou um compromisso. Se realmente quiséssemos que tais condutas fossem merecedoras de serem qualificadas como responsáveis, elas deveriam ser o resultado de processos de reflexão nos quais uma série de dilemas éticos deveriam ser resolvidos; dilemas por meio dos quais se avaliaria o fato de não incomodar ou prejudicar outras pessoas que supostamente seriam iguais a nós, que estaríamos submetidos a direitos e códigos morais compartilhados. Todavia, à medida que as políticas, os ideais e os valores humanos passam a ser julgados por meio de lentes economicistas, conceitos como responsável e responsabilidade sofrem uma importante mudança de significado para então se transformarem em sinônimo de egoísmo moral e egoísmo psicológico, de busca pelos interesses próprios custe a quem custar; totalmente o contrário da ética do altruísmo.

A proeminência da cultura do egoísmo se manifesta, além disso, no tipo de sociedade vigiada que os grupos sociais mais conservadores consideram mais conveniente. Podemos dizer que estamos vivendo em sociedades neopanópticas: a cada dia somos mais vigiados, habitamos uma espécie de nova prisão modernizada para nos adequarmos ao mundo de hoje, mas no fundo com a mesma finalidade de controle e reorganização de nossos comportamentos que Foucault (1982) explicava quando se referia ao surgimento das prisões, dos manicômios e das demais instituições de vigilância e reeducação. Uma rede enorme de câmeras de vídeo, microfones ocultos e apetrechos cada vez mais sofisticados gravam todos nossos movimentos e nossas comunicações. A internet armazena todos os dados inimagináveis sobre nossas preferências, gostos, amizades, relacionamentos, compras, etc. Até certo ponto, todos nós estamos incluídos nas poderosas bases de dados que oferecem a quem puder acessar informações muito relevantes sobre nossas vidas.

Se hoje agregamos o prefixo "neo", é devido ao teor diferente que essas estruturas de vigilância implicam neste momento. Na conceitualização foucaultiana, as pessoas que estavam submetidas a esse regime de observação – nos cárceres, manicômios, colégios, etc. – não estavam nesta situação devido àquilo que exigiam, mas, ao contrário, tal regime de controle lhes era imposto. Hoje, falamos de neopanoptismo, dado que é a própria população que aprova e inclusive exige esse tipo de vigilância. Essa exigência hoje é feita como estratégia autodefensiva, uma vez que nos países mais ricos os governos assustam constantemente seus cidadãos com os perigos provenientes de inúmeros inimigos, alguns reais, outros potenciais e imaginários. Esse substrato ameaçador, permanentemente construído e reconstruído com base em uma enorme rede de meios de comunicação, torna "normal" uma cultura do medo que, por sua vez, faz com que uma parte muito importante dos cidadãos considere como algo necessário ou, ao menos como um mal menor, a ausência da privacidade. Busca-se uma segurança ao custo da renúncia à esfera privada.

Neste sentido, a internet está convertendo todo o mundo no possível objetivo do YouTube[76], Tu.tv[77], Dailymotion[78] ou de redes semelhantes. A qualquer momento é possível que alguém, de forma anônima, coloque na rede imagens confidenciais ou até mesmo manipuladas nas quais se desonra ou agride qualquer pessoa. A difamação e o *bullying* pela internet – *cyberbullying* – são delitos novos perante os quais a ordem jurídica não é capaz de agir com suficiente rapidez.

Por isso, urge que os sistemas de educação formem as novas gerações em valores que contribuam para frear esta nova cultura da crueldade, de que vale tudo para se tornar uma pessoa famosa. É preciso que a passagem pelo sistema de educação ajude-as a desenvolver capacidades e estratégias que lhes permitam compreender as implicações reais do que significa se dedicar a vender informações ou imagens escandalosas e exclusivas, mentir e difamar em qualquer uma das redes sociais e dos "programas enlatados" tão frequentes em um grande número de cadeias de televisão.

Como consequência, com relação a valores que até pouco eram defendidos e garantidos, como o direito à vida privada e à liberdade, hoje podemos constatar que de certa forma têm-se baixado a guarda perante eles. O sucesso dos programas de televisão como os *reality shows* do estilo *Big Brother* é algo que não deve ser ignorado.

Porém, mesmo que seja preciso reconhecer que em muitos casos esse tipo de moralidade é a dominante, tampouco podemos esquecer que muitas pessoas e um grande número de grupos nos quais se agrupa um percentual significativo de cidadãos são regidos por valores radicalmente diferentes. A existência de um número crescente de Organizações Não Governamentais comprometidas com a construção de um mundo mais justo e solidário nos permite assegurar que o momento presente da humanidade também pode ser caracterizado como o momento da reconstrução dos laços de solidariedade. Nunca antes houve tal quantidade de movimentos e organizações sociais trabalhando por um mundo regido por novos valores de justiça, solidariedade e cooperação, como vemos hoje.

Contudo, é inevitável se dar conta de que o mundo de hoje é muito diferente do de outros momentos do passado. Era inimaginável, por exemplo, ainda em meados do século XX, prever que o mundo atual seria do jeito que é hoje. As transformações que vêm ocorrendo são muitas e enormes, e há um sem-fim de sinais que nos permitem vislumbrar outras transformações que há dois ou três anos eram inimagináveis, mas agora vemos que estão muito próximas de se tornarem realidade. Boa prova disso são todas essas revoluções que estamos comentando e que explicam como o mundo de hoje é e quais são as alternativas para o nosso futuro.

Porém, tal acúmulo de mudanças e inovações nos abre, por sua vez, múltiplos questionamentos, obriga-nos a repensar ideais e valores que até este momento pareciam ser imutáveis; eram considerados sem história ou, em outras palavras, válidos para qualquer época.

Assim, por exemplo, os rápidos desenvolvimentos científicos, médicos e tecnológicos que estão ocorrendo, as dúvidas e as situações extremas que sofremos em função das mudanças climáticas ou a abertura e a ruptura de fronteiras nos situam frente a problemas nunca antes pensados ou imaginados, mesmo pelas obras mais mirabolantes de ficção científica. Esses assuntos são completamente novos e também trazem problemas e dúvidas de caráter ético também surgidos pela primeira vez na história.

Estamos cada vez mais conscientes de que estamos enfrentando novos problemas que a ética não teve como prever; por exemplo, tudo o que for relacionado aos desenvolvimentos e aos usos da biotecnologia, da nanotecnologia, da tecnologia da informação e da biomedicina. Estão surgindo debates de grande interesse e transcendência sobre as consequências e possibilidades do conhecimento da sequenciação do genoma humano[79]; sobre as possibilidades oferecidas pelas células-tronco para tratar doenças que até o momento ainda são vistas como incuráveis; sobre os xenotransplantes, a manipulação ou engenharia genética, a clonagem, etc.

Da mesma forma, estão surgindo importantes problemas éticos da aplicação de novas descobertas como a das células sintéticas de DNA, uma descoberta que exige o debate e a aprovação de regulamentações que impeçam abusos em sua aplicação, como em guerras bacteriológicas e que, por sua vez, garantam que os benefícios obtidos se apliquem a todas as pessoas, não importa qual seja seu poder econômico, sua classe social, seu gênero, seu sexo, sua etnia e onde mora.

Os debates éticos em torno dos desenvolvimentos científicos que vêm sendo proporcionados pela nanotecnologia e nanociência também são imprescindíveis e permitem interferir no nível molecular e gerar novos conhecimentos e técnicas, e inclusive na possibilidade de modificar a matéria no nível atômico.

Da mesma maneira, o fato de assumir a necessidade de uma integração completa das pessoas com incapacidades psíquicas está dando lugar a importantes debates éticos sobre a sexualidade e a reprodução das pessoas afetadas pelos diferentes tipos de incapacidade mental.

Dilemas éticos semelhantes vêm sendo enfrentados e ainda precisam ser enfrentados nos momentos em que nos encontramos frente a preconceitos contra homossexuais e transexuais, sobre a admissão legal do matrimônio e processos de adoção dessas pessoas e, até mesmo, sua doação de sangue.

Também são atuais os debates éticos sobre a exploração e a depredação indiscriminada dos recursos do meio ambiente; sobre os efeitos em outros espaços físicos – cidades, países e continentes – das decisões e dos modos de vida que recorrem à exploração de determinados recursos naturais muito poluentes, mas que contam com o aval de governos, organizações internacionais e poderosas multinacionais.

É preciso questionar também a ética para nos certificar sobre nossas responsabilidades com o resto das espécies animais; sobre os cuidados com nosso meio ambiente e com a natureza e sobre as obrigações de preservá-los em boas condições para as novas e próximas gerações.

Em um mundo onde a informação e o conhecimento desempenham um papel tão decisivo, tornam-se urgentes os debates éticos para nos esclarecer o acesso à informação privada (especialmente de caráter médico, penal, profissional, etc.) e sua utilização; algo que a internet e as novas tecnologias da informação em geral já possibilitam. Da mesma maneira, as discussões cada vez mais frequentes sobre a propriedade intelectual e o acesso à informação e as distintas modalidades de produção cultural também nos evidenciam assuntos nos quais a ética tem muito a dizer.

A necessidade de tomar precauções para que os efeitos secundários ou colaterais da utilização do conhecimento ou de sua pesquisa não gerem problemas irreversíveis ou que afetem, inclusive temporariamente, os seres vivos (pessoas, animais e plantas) também obriga à abertura de novas linhas de reflexão e debates nos quais a ética também pode participar.

Nesse sentido de contemplar os efeitos diretos e secundários de muitas das linhas de pesquisa abertas nesse momento já dispomos de muitas denúncias sobre a imoralidade de várias das estratégias recorridas. Um exemplo escandaloso desse tipo de problema é o que está acontecendo com um importante número de pesquisas farmacêuticas.

Penso que para pouquíssimas pessoas é segredo que no mundo de hoje muitos seres humanos doentes, de países subdesenvolvidos, estão sendo submetidos a perigosos experimentos que as autoridades dos países mais ricos proíbem em seus próprios territórios. Contudo, a indústria farmacêutica encontra na África, na América Latina, na Ásia, e até mesmo na Europa Oriental, pacientes desprotegidos, os quais frequentemente são mal-informados sobre o risco que correm ao participar de programas experimentais.

Desde meados do século XX até o presente momento, grandes empresas farmacêuticas, com o objetivo de fabricar os melhores medicamentos possíveis para os países mais desenvolvidos e ricos, vêm recorrendo a perigosos ensaios clínicos e utilizando para isso inúmeras pessoas que vivem nos países mais pobres do Terceiro Mundo, que vendem seus corpos para serem utilizados como cobaias. Tais ensaios clínicos são feitos nesses países porque ali as leis apenas impõem controles de segurança.

Na medida em que as políticas neoliberais são unicamente guiadas pela lógica de conseguir os maiores benefícios econômicos a qualquer custo, essa tendência a utilizar seres humanos pobres e analfabetos como cobaias humanas apenas aumentará nos próximos anos, dada a competição existente entre os laboratórios para continuamente introduzir nos mercados novos medicamentos e reduzir cada vez mais seus custos de produção.

Como destaca Shah (2009, p. 31), "exatamente da mesma maneira que os fabricantes de automóveis e eletrodomésticos conseguiram escapar das rigorosas leis do trabalho e meio ambiente do Ocidente para instalar seus negócios nos países subdesenvolvidos, as empresas farmacêuticas e as CRO (Contract Research Organizations – Organizações de Pesquisa por Contrato) cruzaram a fronteira em massa" dirigindo-se aos países mais pobres da América Latina, Ásia e África, bem como da Europa Oriental.

Nestes mesmos países pobres, grande maioria dos profissionais está consciente das deficiências do consentimento informado que conseguem obter à força de seus pacientes-cobaias para esse tipo de ensaio clínico; mas a prioridade da esfera econômica se impõe sobre a ética e, portanto, os profissionais são incapazes de denunciá-las.

Não podemos nos esquecer de que

> no ano de 2003, a Pfizer anunciou seus planos de estabelecer na Índia um centro de ensaios clínicos de escala mundial. GlaxoSmithKline e AstraZeneca seguiram seus passos enviando equipes para abrir novas clínicas e escritórios em um subcontinente assolado pela pobreza. Glaxo pretendia transferir até 30% de sua gigantesca atividade de ensaios clínicos a países de "baixo custo" como a Índia ou a Polônia, disse um de seus diretores no ano de 2004, para que a empresa economizasse mais de 200 milhões de dólares anuais. (SHAH, 2009, p. 34)

Esse tipo de comportamento entra em flagrante contradição com a Declaração sobre a Ciência e o Uso do Saber Científico[80] adotada pela Conferência Mundial sobre a Ciência em 1999, cujo considerando n° 41 declarou textualmente:

> Todos os pesquisadores deveriam se comprometer a acatar as normas éticas estritas, e seria preciso elaborar para as profissões científicas um código de deontologia baseado nos princípios pertinentes consagrados nos instrumentos internacionais relativos aos Direitos Humanos. A responsabilidade social dos pesquisadores exige que mantenham em alto grau a honra e o controle de qualidade profissionais, difundam seus conhecimentos, participem no debate público e formem as gerações mais jovens. As autoridades políticas deveriam respeitar a ação dos cientistas a esse respeito. Os programas de estudos científicos deveriam incluir a ética da ciência, assim como uma formação relativa à história e à filosofia da ciência e suas repercussões culturais.

Nesta linha de assuntos que afetam a vida cotidiana é inevitável respeitar as implicações sobre um mundo no qual os cidadãos exigem mais facilidade para se mudar para lugares e países diferentes dos quais nasceram e neles viver. Nesses debates éticos que já estão abertos, temos de acrescentar os debates que vem sendo feitos nos países ocidentais sobre o véu islâmico, o *niqab* e a *burka*, assim como a prática de religiões minoritárias, o direito a uma educação coerente com determinadas práticas religiosas, etc.

Todo esse tipo de transformação na estrutura das populações que compartilham as cidades atuais e nelas convivem, bem como os novos desenvolvimentos e aplicações científicas e os debates éticos ao qual dão lugar também se tornam novos desafios para os sistemas de educação, para a educação dos cidadãos que já consideram essas realidades assuntos típicos de seu mundo.

É preciso aceitar a pretensão de que o século XXI deve ser o século da justiça social, da paz, da compreensão e da solidariedade global e trabalhar com isso. Nosso século deve se caracterizar pela empatia e compaixão, mas no sentido etimológico da palavra: sofrer juntos, compreender o estado afetivo e emocional do outro; seguir uma via que facilite aprender a valorização dos demais como iguais e o respeito a eles. Portanto, é preciso dar maior ênfase à educação das emoções, à compaixão como meio de fomentar a ajuda e à compreensão do outro.

Esta educação por meio da empatia deve ser convertida em uma das metas de uma política da educação destinada a formar as gerações multiculturais de hoje. As instituições escolares devem ser espaços nos quais todas as pessoas que ali interagem percebem e se sentem tratadas com carinho, afeto e amor, algo que facilitará a diminuição do espírito de rivalidade e de concorrência dentro do qual muitas escolas têm educado as gerações atuais. Uma educação nessa linha contribuiria, além disso, para diminuir o nível de estresse e angústia no qual muitas crianças vivem em sua passagem pelas escolas.

Compreender os estados emocionais e fomentar a empatia é algo que, ao mesmo tempo, precisa se tornar o foco de atenção dos programas de formação e atualização dos professores. O mundo dos afetos e das emoções é uma das dimensões que sempre foi pouco considerada. Não é um objetivo que normalmente se leva em conta no momento da formação docente nem depois, nos planejamentos e nas avaliações que os professores costumam fazer dos projetos curriculares que são implementados nas salas de aula das escolas.

A formação dos professores não pode ser reduzida apenas à preocupação com os conteúdos culturais das distintas disciplinas e áreas do conhecimento e nas suas dimensões didáticas. É óbvio que trabalhar como docente implica estar muito atento aos erros conceituais, às distorções de informação, às formas de raciocínio dos alunos a fim de ajudá-los a construir um conhecimento cada vez mais objetivo e válido. Porém, além disso, é preciso formar os professores para que eles possam interagir de modo eficaz, com amor, controlando suas emoções, seus preconceitos e suas faltas de informação e para que tenham respeito com seus alunos, cada vez mais diversos, e com suas famílias, com culturas, tradições e expectativas extremamente diferentes.

Esses professores precisam desenvolver suas capacidades de empatia e cuidar delas; aprender a amar e a manifestar simpatia e compaixão perante os estudantes com maiores necessidades e problemas.

Não é frequente que os professores peçam desculpas aos seus alunos devido ao excesso, à perda de papéis, às perdas de paciência, etc., enfim, que são frequentes em suas relações pessoais com os alunos. Dessa forma, são perdidas oportunidades para que as crianças aprendam a importância de se desculpar, de pedir perdão, de dar explicação quanto a essas perdas de controle, aos excessos emocionais e as suas possíveis consequências. Se não nos sentirmos amados, teremos dificuldades para amar os outros.

A felicidade, o sentir-se bem consigo mesmo e com os demais, repercute na motivação e no interesse nos processos de ensino e aprendizagem.

Ainda somos muito colonizados pelas pedagogias assimilacionistas e, além disso, hierárquicas e autoritárias (OURY; PAIN, 1975), destinadas a domesticar e controlar, além de dar uma resposta verdadeiramente democrática e educativa à diversidade que caracteriza as atuais sociedades multiculturais e plurilinguísticas. Esses não são os tipos de modelos pedagógicos que se tornarão mais adequados para a capacitação das gerações mais jovens a fim de que possam viver em um mundo onde as questões relacionadas com as identidades geram debates importantes, além de notáveis desavenças e conflitos. É preciso reconhecer que as pedagogias da indiferença ainda são dominantes em nossas escolas, e não as pedagogias da diversidade e da inclusão.

Não devemos deixar despercebido o fato de que somos fruto de tradições um tanto autoritárias, resultado de governos e instituições dominadas pelo dogmatismo. Atualmente, o grande avanço no conhecimento das lutas por justiça, assim como o aumento do nível cultural das pessoas, tem dado lugar a gerações de jovens muito diferentes das anteriores; estamos trabalhando com crianças que nasceram e vivem em democracias. No vocabulário que temos lhes ensinado elas estão acostumadas a escutar palavras como diálogo e respeito, e continuamos lhes falando sobre isso. Outra coisa é o exercício prático dessas habilidades, colocá-las em prática com responsabilidade e a serviço de maiores parcelas de justiça social. Isso deve fazer com que nos demos conta de que precisamos aprender a escutar aos outros e a respeitá-los. Precisamos aprender a nos explicar para o mundo, mas fazer isso de forma que implique escutar aos demais; aprender a duvidar para poder contrapor com mais fundamento, debatendo a validade de nossas opiniões e razões. "A dúvida e o ceticismo são sinais de raciocínio" (RAVITCH, 2010, p. 2). Duvidar é uma mostra evidente de que ainda continuamos refletindo, de que estamos dispostos a reexaminar antigas certezas que não costumam ser questionadas. Esse é um dos aprendizados indispensáveis para poder viver em uma sociedade democrática.

Contudo, as políticas educativas atuais estão deixando de lado a ênfase em uma educação mais integrada, holística, que permita que os alunos tomem consciência das múltiplas interações, interdependências e consequências da aplicação do conhecimento com o qual entram em contato nas salas de aula e demais instituições e redes culturais nas quais os alunos interagem. Esse conhecimento ainda hoje continua sendo enlatado e trabalhado de modo fragmentado, na forma de disciplinas independentes. Apostar em um currículo mais integrado ajudará a levar em conta a necessidade de outras metodologias didáticas mais adequadas às grandes finalidades que os sistemas de educação se responsabilizam: educar cidadãos responsáveis, críticos, justos, solidários e democráticos. Consequentemente, as metodologias com as quais são promovidos os processos de ensino e aprendizagem nas salas de aula precisam incentivar muito mais o trabalho cooperativo.

Acostumar os alunos a trabalhar com metodologias que obriguem à realização de tarefas de ensino e aprendizagem em equipe é uma maneira de estimular um bom número de habilidades interpessoais e cognitivas nos alunos que não podem ser fomentadas com outro tipo de metodologia mais tradicional (ver Quadro 1.2).

Há anos vem-se insistindo que o desempenho da profissão docente também precisa ser visto como um trabalho ético. A justiça educativa prática,

> é essencialmente arriscada, guiada por ideias morais que são gerais e, às vezes, tragicamente conflituosas, relacionadas com o bem da humanidade; ela implica suspeitar de circunstâncias e fazer juízos de maneira que se possa atuar corretamente em situações humanas e socialmente determinadas. (KEMMIS, 2008, p. 20)

A essa altura já contamos com uma importante tradição pedagógica na qual pesquisadores vêm dedicando seus esforços para evidenciar as dimensões morais do ensino (TOM, 1980; SOCKETT, 1993; NODDINGS, 2003; AYERS, 2005). Essas dimensões dos processos de ensino e aprendizagem são sistematizadas por Tom (1980, p. 317), quando afirma que

> o ensino é moral em ao menos dois sentidos. Por um lado, a ação de ensinar é moral porque pressupõe que algo de valor vai ser ensinado [...]. Por outro lado, a relação professor-estudante é inerentemente moral, por ser de desigualdade.

Um grupo de pessoas adultas deseja influenciar e/ou controlar o desenvolvimento de outras pessoas mais jovens. Educar pressupõe tomar decisões sobre a direção da ação da influência, sobre o tipo de relação que será estabelecido entre as pessoas que interagem (de hierarquia, de colaboração, de companheirismo, etc.) sobre o tipo de informação e os materiais aos quais possibilitaremos o acesso; sobre com que intenções vamos utilizar as estratégias de avaliação, etc. Em todos esses questionamentos se escondem decisões cruzadas por valores.

Currículo escolar e justiça social **167**

Quadro 1.2 Habilidades interpessoais e cognitivas que são desenvolvidas por meio do trabalho em equipe

Aprende-se a:	Por meio de:	Aprende-se a:
Facilitar a interação	**RESOLUÇÃO**	Avaliar ideias
Respeitar as pessoas	**DE CONFLITOS**	Analisar
Aceitar as diferenças	**NEGOCIAÇÃO**	Justificar opiniões
Usar o humor de forma adequada		Resumir
Participar com entusiasmo		Comparar e contrapor
Falar um de cada vez		Aprofundar-se nas ideias dos
Mostrar discordância com cortesia	**CRITICAR**	outros
Manter o autocontrole	**IDEIAS**	Explorar ideias com maior rigor
Demonstrar sentimentos		Gerar alternativas
Prestar atenção às outras pessoas		Elaborar ideias
Mostrar apreciação e agradecimento		Reconhecer outras ideias/
Compartilhar espaços e recursos		perspectivas
Aprender a duvidar		Integrar ideias
Integrar-se a outras pessoas	**ESCUTA**	Aplicar soluções
Comunicar	**ATENTA**	Esclarecer ideias
Evitar se negar a escutar		Revisar níveis de compreensão
Elogiar outras pessoas		Verificar respostas
Utilizar os silêncios		Perguntar para esclarecer
Incentivar outras pessoas		Estimar o valor de ideias/
Agradecer e pedir perdão	**PEDIR AJUDA**	soluções
Usar o nome das pessoas		Desenvolver ideias de outras
		pessoas
		Estabelecer categorias
		Descrever conceitos
		Fazer perguntas
		Identificar
		Solicitar a ampliação de ideias
		Manter e continuar uma tarefa
		Planejar

(Elaboração própria a partir do trabalho de ABRAMI, Philip C. et al. *Classroom connections: understanding and using cooperative learning.* Toronto: Harcourt Brace, 1995. p. 90.)

Nesse sentido, são muito significativas as conclusões de Lyons (1990, p. 167), que, ao analisar as respostas dadas pelos professores sobre as questões conflitivas que enfrentam ao longo de sua vida profissional, constata que "70% define seus conflitos como morais ou éticos". Na medida em que em todo processo de educação estão envolvidas pessoas, é óbvio pensar que esse tipo de conclusão tem de ser assim. Educar pressupõe promover e optar entre diferentes valores humanos e ideais sociais.

As decisões dos trabalhadores do ensino sempre são cruzadas por dimensões morais, mais ou menos implícitas. São de grande número as ações e escolhas curriculares que acontecem na área do problemático, tanto no relativo aos fins aos quais as escolhas se orientam como aos meios aos quais se recorre em cada momento.

O que se ensina e como os aprendizados são afetados por dilemas éticos têm implicações morais tanto para os próprios professores como para os alunos. O conhecimento disponibilizado aos alunos, as fontes de informação, os blocos de conteúdo selecionados, assim como a metodologia e as formas de avaliação recorridas envolvem uma importante tomada de decisão que implica compromissos com os valores que serão promovidos. Não podemos nos esquecer que o ensino e a aprendizagem de valores ocorrem em todo o momento, seja na modalidade do currículo explícito como no currículo oculto, ou seja, sem uma plena intenção e consciência por parte dos professores ou dos alunos (TORRES, 2005).

Todos os professores devem atender continuamente às dimensões morais implícitas na relação docente-estudantes, as quais embasam as decisões que são fundamentais para qualquer intervenção didática. Por exemplo: até que ponto podemos obrigar os alunos a aprenderem determinado bloco de conteúdos? De que forma o projeto de educação e a consequente estrutura de tarefas planejadas limitam ou coagem a liberdade de pensamento e as possibilidades de aprendizagem dos alunos? Que tipo de socialização é promovida pela estrutura de comunicação que governa a vida cotidiana nas salas de aula e nas escolas?, etc.

Um segundo foco de questões didáticas nas quais é preciso concentrar a atenção vai além da relação docente-estudante e leva a considerar um elemento capital em todo processo de ensino e aprendizagem: os conteúdos culturais, ou seja, a matéria ou área de conteúdos. Afinal de contas, o ensino não tem muito sentido sem que haja algo que valha a pena ser ensinado ou aprendido. Aqui também estão envolvidas questões morais, que são o resultado de se fazer questionamentos como: que textos têm um nível adequado para determinada aula e são pertinentes, significativos e respeitam os distintos grupos de alunos que ali convivem? Onde podemos localizar fontes de informação apropriadas para o desenvolvimento de cada bloco de conteúdos? De que maneira os conteúdos selecionados e as fontes de informação estão adequados à idiossincrasia de cada estudante, derivada de sua participação em determinada classe social, gênero, raça, nacionalidade, sexualidade e crença religiosa?

O terceiro nível de perguntas pedagógicas que precisam ser feitas e às quais é preciso responder, trata de esclarecer as relações cruzadas existentes entre os processos de ensino e aprendizagem, a instituição escolar e a sociedade mais ampla na qual ela está inserida. E, mais uma vez, o peso de questões morais é muito importante, como podemos observar com perguntas como as seguintes: em que medida o projeto curricular desenvolvido em determinada instituição escolar favorece processos de reprodução ou não? Os processos de escolarização contribuem para que os alunos sejam cada vez mais solidários, responsáveis e democráticos? Promove-se uma política autêntica de atenção à diversidade e à inclusão?

É preciso um currículo de formação dos professores comprometido com estas ideias; um currículo que respeite pelo menos os seguintes princípios orientadores: em primeiro lugar, ele deve se afastar de uma perspectiva excessivamente psicológica e substituí-la por outra mais sensível aos aspectos filosóficos, históricos, sociais e morais. Em segundo lugar, é preciso substituir a visão das práticas atuais como as únicas capazes de proporcionar parâmetros de educação por outra na qual estes limites sejam contemplados como construções sociais e, portanto, capazes de serem modificados. Dessa forma, o fim da formação docente não pode ser a reprodução das práticas e atividades atuais, como costuma acontecer no presente. Em terceiro lugar, como consequência do princípio anterior, é imprescindível trabalhar em colaboração com os estudantes e professores, com todas as pessoas interessadas na educação, não somente em reconsiderar as possibilidades atuais, mas também para conceitualizar outras alternativas e o modo pelo qual elas podem ser alcançadas moral e democraticamente (BEYER, 1987, p. 30).

A fim de impedir que nossa tarefa esteja unicamente a mercê de um currículo oculto (com o qual muito provavelmente não concordaríamos se o comparássemos com os compromissos e valores que costumamos defender), podemos recorrer à reflexão, ao debate e à negociação com os alunos, bem como com o resto dos professores da escola, tanto durante a elaboração do projeto curricular para o desenvolvimento das aulas como ao longo de sua implantação. Essa é uma ótima estratégia para tornar mais explícitos os valores que estão realmente sendo trabalhados em cada momento.

A autoridade com a qual o corpo docente trabalha é o resultado do tipo de conhecimentos e habilidades profissionais que conseguiram adquirir em sua passagem pelas instituições de formação dos professores e que, por sua vez, foi avaliado positivamente pelos concursos públicos de acesso à profissão que lhes foi apresentada. Nesses conhecimentos profissionais serão baseadas suas interações com os alunos, suas famílias e com outras instâncias perante as quais se deve prestar contas.

Em termos morais, é esse conhecimento profissional e o fato de desempenhar seu trabalho em um sistema e uma instituição pública que a sociedade destina especificamente a essa missão educativa que lhe confere à autoridade moral (BUZZELLI; JOHNSTON, 2002, p. 57).

Educar cidadãos com capacidades para circular em um mundo sem barreiras, como deveria ser atualmente, exige estarmos conscientes de que não estamos sozinhos, de que há muitas outras pessoas com as quais, queiramos ou não, vamos nos sentir conectados, pois compartilhamos desde aspirações e ideais até problemas que não são comuns.

Trabalhar com essa dimensão inclusiva ou, conforme sugere Nussbaum (2005, p. 28-30), "cultivar a humanidade" no momento atual, requer trabalhar três grandes habilidades nas salas de aula: 1) a autocrítica, a capacidade de examinar a si próprio e as tradições herdadas, 2) o reconhecimento dos vínculos com o resto dos seres humanos; "a capacidade de ver a si mesmo não somente como cidadão pertencente a alguma região ou grupo, mas também – e sobretudo – como um ser humano vinculado aos demais por laços de reconhecimento e preocupação mútua", e 3) a imaginação narrativa, a habilidade que nos permite nos colocar no lugar do outro; ou seja, educar por meio da empatia, aprender a ver e a analisar a realidade sob o ponto de vista do outro.

Para que se consiga a otimização dessas três habilidades será preciso que os alunos tenham acesso a um conhecimento verdadeiramente relevante no qual essas outras realidades mais distantes ou estranhas deixem de sê-lo. Esse deve ser um dos critérios prioritários a ser utilizado na hora da seleção dos conteúdos das diferentes áreas do conhecimento e das disciplinas. Além disso, aqui se encontra a urgência de trabalhar todos os projetos curriculares sob prismas multiculturais; colocando os alunos em contato com fatos verdadeiramente fundamentais da história e da cultura de grupos muitos diferentes àqueles aos quais pertencem; tornar-lhes conscientes de que não estão sós no planeta e, é óbvio, que nós não somos os únicos que têm licença para sua apropriação e para usá-los a serviço de nossos interesses mais egoístas.

A instituição escolar emite opiniões e avaliações em cada um desses âmbitos das revoluções que temos desenvolvido, mas quem, por que, com que argumentos seleciona, de que maneira, para que fins, etc., são perguntas que precisam de respostas do mundo da educação e que, por sua vez, devem estar congruentes com um mundo regido pelos Direitos Humanos.

11. REVOLUÇÃO NAS RELAÇÕES DE TRABALHO E NO TEMPO DE LAZER

Outra das grandes transformações que está acontecendo nos países desenvolvidos é aquela que se refere às relações de trabalho nos novos mercados globais e sob modelos neoliberais.

Quando no Estado espanhol, em meados da década de 1990, se iniciou um processo sustentado e generalizado de expansão do mercado de trabalho e, portanto, de redução do desemprego que durou até o final de 2006, até mesmo os programas dos principais partidos políticos que concorrem às eleições mantiveram ideais que traduzem um otimismo notável de que nos próximos anos poderíamos tornar realidade uma das aspirações mais almejadas por qualquer país e, é claro, por seus cidadãos: o emprego garantido.

Alguns anos depois, a partir de 2008, como consequência do reconhecimento da terrível crise financeira dos mercados no nível mundial, o tom dos discursos públicos, mas especialmente o pessimismo daqueles que passavam a engrossar os percentuais crescentes de desempregados, transformou aquelas aspirações em um sonho passageiro. O pessimismo, visto no emprego continuado do vocábulo crise, passou a afetar tudo. Inúmeras equipes de pesquisadores, bem como jornalistas especializados na esfera da economia, começaram a publicar nos meios de comunicação análises sobre o que estava acontecendo e as possíveis causas. A ganância desmedida das grandes corporações financeiras e das poderosas multinacionais aflorara como as raízes de um modelo causador da miséria e de uma tremenda injustiça dos atuais mercados. Naturalmente, o mercado de trabalho se desestabilizou como poucas vezes ocorreu na história.

Essa é uma das piores crises, mas uma crise em que nem todo mundo é igualmente afetado, já que o número de pessoas multimilionárias divulgado pela revista *Forbes* não sofre variações dignas de nota. Essa estabilidade reflete muito menos tanto no número de pessoas desempregadas, como nas condições de trabalho dos que continuam no mercado.

Como Beck (1998) explica, o sistema de trabalho que se consolidou ao longo do século XX era baseado em progressivas padronizações de todos os aspectos essenciais: do contrato de trabalho, do lugar e das condições de trabalho e do tempo, dos horários de trabalho. Mas, à medida que o neoliberalismo vai se fortalecendo e fixando como modelo hegemônico de funcionamento dos mercados, se produz uma acelerada despadronização do trabalho. O contrato fixo e, consequentemente, o direito do trabalho, são modificados para se tornarem mais flexíveis. Assim, se produz uma perda de hegemonia do contrato permanente, e as fronteiras entre trabalho e desemprego se tornam completamente flexíveis; passa-se de uma situação a outra com muita facilidade. O mesmo vai acontecer em relação ao lugar de trabalho e aos horários estabelecidos pelos contratos de trabalho.

Nos anos 1990 a "reengenharia" promovida por Hammer (1995), ou seja, a modificação nos processos de abastecimento das empresas, buscando uma maior eficiência das tecnologias e dos recursos materiais e humanos que a empresa dispõe, trará toda uma grande revolução de trabalho, algo que uma década antes os modelos japoneses da fábrica de automóveis Toyota já haviam ensaiado (TORRES, 2007).

Esses novos modelos pós-fordistas de organização do trabalho se apresentam como superadores das cadeias de montagem do século XX, baseadas em operações rotineiras e robotizadas. Os novos modelos têm como condição, entre outras razões, a flexibilidade dos trabalhadores necessária para o trabalho em grupos pequenos e nos quais se pressupõe, considera e exige que as pessoas que ali trabalham se responsabilizem pelo que fazem, tomando as decisões que em cada momento considerem mais importantes para garantir a produção, a qualidade do que se faz e, consequentemente, o aumento dos lucros da empresa.

Esses são modelos que, em um primeiro momento, parecem ser mais humanos. Já não se trata de reduzir o ser humano a mais uma peça da engrenagem de uma cadeia de montagem. O novo vocabulário soa bem: flexibilidade, autonomia, auto-organização, delegação de poderes, responsabilidade, horizontalidade, colaboração, etc.

Contudo, uma das estratégias do sucesso da ideologia neoliberal também foi a manipulação da linguagem. Na prática, esses vocábulos acabaram se convertendo em um conjunto de eufemismos para enganar os próprios empregados, bem como as suas organizações sindicais. Na realidade, eles serviram para ornamentar a linguagem, mas não para ocultar suas verdadeiras intenções, seu real e profundo significado: flexibilidade significava demissões; autonomia, mais horas de trabalho; responsabilidade, redução dos salários; colaboração, tratar de não protestar; etc. Os efeitos foram e continuam sendo catastróficos. Pioram-se as condições de trabalho de inúmeros trabalhadores, mas tratando de lhes convencer de que essa era a "única" saída, a "única" maneira de resolver os problemas. Obviamente, neste debate e busca por alternativas, a censura sempre esteve e está na ordem do dia.

Muito rapidamente, descobrimos que as novas modalidades de contratação de trabalhadores que insistem na flexibilidade de trabalho foram pensadas tendo em vista as necessidades e os interesses das empresas; o que menos preocupa são as repercussões na vida cotidiana dos trabalhadores. Em um mercado de trabalho de caráter mais tradicional, as pessoas com contrato de trabalho permanente estão menos alertas às alterações dos mercados. De certa forma, sua vida profissional é bastante previsível e, portanto, admite o planejamento desde o início das metas que o trabalhador prevê.

Contudo, a flexibilidade gera ansiedade, pois o futuro é muito incerto e a pessoa que trabalha com tal modelo de organização se encontra em um processo de aprendizagem contínua para se preparar para outras necessidades previsíveis e até mesmo imaginárias da empresa que a contratou; mas sem a segurança de que esse aprendizado continuará sendo solicitado, que será esse trabalhador que o colocará em prática, pois para essa mesma empresa talvez seja mais econômico e profissionalmente vantajoso despedir esse trabalhador e contratar outro mais jovem, cuja formação já tenha incorporada o domínio de conhecimentos e habilidades mais do que suficientes para essa nova reestruturação à qual se vê amarrada à empresa. Cada trabalhador sempre tem sobre sua cabeça a espada de Dâmocles da demissão, da transferência forçada a outro posto de trabalho dentro da mesma empresa em seu lugar de residência mesmo em outra cidade ou país diferente, bem como a ameaça de fortes reduções salariais, de um aumento do número de horas e dias que deverá trabalhar e, é óbvio, a demissão. É em um contexto semelhante que Sennett (2005) fala da corrosão do caráter.

Em um mundo com um mercado de trabalho tão flexível e instável, uma consequência da hegemonia das filosofias mercantilistas neoliberais, cada pessoa também vê ameaçadas as possibilidades de planejar sua vida privada. Os homens, e principalmente as mulheres, dado o machismo ainda imperante no âmbito da vida privada, podem se tornar muito ansiosos, uma vez que não têm como planejar sua vida no longo prazo, nem tampouco no médio prazo. Qualquer empregado de uma empresa privada sabe quais são suas condições atuais de trabalho, de que valores dispõe para todo o mês, mas o que não tem como saber com segurança é até quando seu contrato vai durar. Assim, se surgir uma crise financeira como a que sofremos atualmente ou sua empresa quebrar, o trabalhador poderá se encontrar em uma situação desesperadora: sem emprego e com um salário-desemprego por tempo limitado, mas tendo que continuar honrando dívidas contraídas nas épocas de bonança: financiamentos de imóveis e empréstimos diversos, gastos gerais, despesas com a saúde e a educação de seus filhos, etc. No caso das mulheres, esta desestabilidade também afetará aspectos-chave, como o planejamento familiar, a decisão de ter ou não filhos e em que número.

Esse nível de insegurança hoje em dia parece ser considerado inevitável, lógico e, o que é pior, com uma mentalidade fatalista. Muitas pessoas consideram inevitável que o mundo seja assim e que as coisas continuarão da mesma forma no futuro, ou, aplicando a "Lei de Murphy", elas podem até piorar: se algo pode dar errado, dará errado. "O que hoje a incerteza tem de particular é que ela existe sem a ameaça de um desastre histórico; ao contrário, ela está integrada às práticas cotidianas de um capitalismo vigoroso" (SENNETT, 2005, p. 30).

Mas para compreender melhor esse estado de coisas, é imprescindível não perder a memória e tratar de explicar qual foi o caminho seguido para chegar a essa situação. Creio que não devemos ignorar as reorganizações que o capitalismo gerou como consequência dos processos que explicam a queda do Muro de Berlim. A partir desse momento, o ataque aos sindicatos sempre esteve nas agendas dos principais governos conservadores e neoliberais, assim como nos manuais de estilo dos meios de comunicação sob seu controle. A palavra "nós", com a qual o movimento trabalhista e sindical pensava, planejava e atuava, passou a ser vista como obsoleta. Consequentemente, o individualismo filosófico que substitui um mundo de ideologias em conflito e de diferentes opções para organizar a sociedade, impõe como senso comum sempre se referir a "eu", e, em alguns momentos, acompanhá-lo de outro singular, "tu".

Contudo, o momento em que vivemos é muito contraditório. De um lado, constata-se um importante desencanto com a política, uma espécie de pressuposto pessimista de que efetivamente já chegamos ao fim da história. Porém, de outro lado, as mobilizações sociais parecem estar aumentando. Os motores da geração de ilusões e de otimismo, prometendo que se chegarem ao poder as coisas melhorarão, já não são mais os partidos políticos tradicionais. Hoje são inúmeras as Organizações Não Governamentais que, cada vez mais organizadas em redes, estão abrindo muitos debates mais democráticos, envolvendo cada vez mais pessoas que desejam colaborar, sem a necessidade de lhes fazer promessas de regalias futuras por se somarem à organização. A antiga fraternidade prometida pela Revolução Francesa, assim como a liberdade e a igualdade, não desapareceu da escala de valores pelas quais as pessoas se mobilizam para que no futuro se tornem realidade. Somente mudaram as formas de sua manifestação e articulação. Sem esperança não existe possibilidade de futuro.

O mundo do lazer é outra das peculiaridades das sociedades mais prósperas e desenvolvidas, o que obriga aos Estados tanto a elaborar políticas para prestar atenção a ele como para preparar as pessoas para dele tirar o máximo proveito; para ensiná-las a utilizar e desfrutar dessas faixas horárias e temporais nas quais cada pessoa dispõe delas com total liberdade. Ainda que em um momento como este, de forte crise no mercado de trabalho, possa parecer que se preocupar com o tempo de lazer é demonstrar certo cinismo, na realidade devemos continuar prestando atenção a esta parcela do tempo, pois do contrário seguiríamos caindo em um simplismo injusto, ao considerar que somos unicamente uma amálgama de *homo economicus* e *homo consumens*. É lógico que a primeira preocupação da grande maioria das pessoas – manter o posto de trabalho atual ou encontrar um emprego e, se possível, com alguns vislumbres de estabilidade – se converta na preocupação principal.

Porém, também na disponibilidade de tempo para o lazer, situações de injustiças continuam sendo manifestadas. Assim como continua existindo uma diferença de salário entre homens e mulheres, existe também uma diferença muito significativa no tempo livre disponível e no tempo de lazer para cada sexo. Isso nos mostra que ainda hoje a igualdade entre os sexos não é um assunto resolvido.

Contudo, tampouco podemos ignorar que para muitas pessoas que têm sido expulsas do mercado de trabalho, alguns dos passatempos com os que ocupavam seu tempo livre estão lhes servindo para encontrar outra porta de entrada no mercado de trabalho. Pessoas que, por exemplo, tinham entre seus gostos a música ou o artesanato, que faziam algo em seu tempo livre por que gostavam e aquilo servia para desenvolver e colocar à prova sua criatividade, o domínio de determinadas habilidades, conhecimentos e técnicas, agora se dão conta de que isso tem valor no mercado. Elas podem vender aquilo que vinham construindo e obter benefícios econômicos para seguir adiante.

Uma educação para aprender a usar o tempo de lazer de maneira enriquecedora surge como necessidade de uma educação que se preocupe com o ser humano em todas suas dimensões. Quando nos referimos à obrigação da sociedade de oferecer uma educação integral à infância e à juventude, implicitamente já estamos destacando que a educação não começa e acaba na formação para se incorporar ao sistema produtivo e nele se manter, que os aprendizados formais não têm como missão única nos capacitar para nos ajudar na produção e no consumo.

A educação para o lazer deve servir para ampliar e explorar novos detalhes nas abordagens que as distintas áreas do conhecimento possibilitam; para abrir novos interesses e horizontes, complementares àqueles que são trabalhados nas salas de aula. Porém, a característica mais idiossincrásica dessa ampliação do mundo da experiência dos alunos é que ela se faz com base na autonomia e na liberdade – ela não é resultado de um currículo obrigatório e fechado.

A avaliação dos aprendizados que aqui se buscam não responde a critérios utilitaristas como seriam os derivados das tarefas escolares obrigatórias determinadas pelos professores, e que, portanto, em muitas ocasiões são realizadas baseadas na busca de recompensas externas. Trabalhar sob a pressão de recompensas extrínsecas é o mesmo tipo de motivação por trás de grande parte do trabalho desempenhado por trabalhadores em seus postos de trabalho. As coisas são feitas por um salário ou, no caso da educação, por uma qualificação.

Por outro lado, uma pedagogia do lazer se apoia nas motivações intrínsecas. Com base nos interesses dos alunos, são oferecidas propostas de ação com recursos didáticos mais diversificados, apoios e ambientes mais flexíveis.

Uma vez que buscamos aumentar a autonomia e a liberdade, é preciso oferta e condições para o aprendizado que ponham à prova e reforcem essa autonomia e liberdade para tomar decisões e ser coerente com suas consequências.

É por isso que o jogo é uma das estratégias mais empregadas nas etapas mais elementares do sistema de educação para essa dimensão educativa, bem como uma das mais adequadas a elas.

O jogo é uma das atividades humanas sobre as quais mais se escreveu durante o século passado. Contudo, os discursos de explicação e avaliação sobre o jogo são extremamente contraditórios. A tônica das argumentações explícitas sobre a atividade lúdica é a de considerá-la uma atividade indispensável para o desenvolvimento pessoal; ela sempre foi considerada positiva e se insiste em recomendá-la como atividade prazerosa e didática. Por outro lado, os discursos mais implícitos continuam considerando esta atividade como algo secundário, de valor escasso; até mesmo como uma perda de tempo, como algo com o qual as pessoas se ocupam quando não têm outras coisas mais importantes para fazer.

Ao longo do século XX, as instituições escolares foram ouvindo os estudos psicológicos, antropológicos, sociológicos e, é claro, pedagógicos que recomendavam fomentar o jogo entre as crianças e nele se apoiar também para os aprendizados mais formais. Os discursos oficiais também assumiram essa filosofia educativa, ainda que muito timidamente, e a recomendam como recurso metodológico para favorecer e/ou reforçar aprendizados. Todavia, podemos dizer que por parte das autoridades da educação a norma continua sendo a de manter o jogo um tanto relegado como atividade didática.

Mas essa dimensão educativa e criativa do jogo também seria muito prejudicada pelo consumismo lúdico que caracteriza as sociedades atuais de economia neoliberal. A lógica do capitalismo se apoderou com notável sucesso dos jogos e, algo mais recente, dos espaços nos quais se pode jogar. Um claro exemplo disso são os parques de atrações promovidos por empresas multinacionais, a cada dia mais numerosos, nos quais o desfrute está associado ao pagamento para o acesso a cada uma das propostas lúdicas que ali são oferecidas.

Porém, uma vez que nós seres humanos temos possibilidades e capacidades para poder transformar nossas realidades, o jogo pode e deve servir para recuperar e/ou criar novos valores humanos. É possível, por meio do jogo, desenvolver nas crianças procedimentos e valores que destacam o valor da comunicação com os outros e do conhecimento dos demais, da cooperação, da ajuda, do respeito e da solidariedade, algo que é beneficiado por uma das características do jogo infantil, antes que as pessoas adultas cheguem a transformar essa atividade em mercadoria: a de despojar as ações que compõem o ato de jogar de suas dimensões de busca por benefícios econômicos. Como esclarece Adorno, tanto o menino como a menina

> em sua atividade sem finalidade, tiram partido, mediante uma artimanha, do valor de uso contra o valor de troca. Com o descarte da utilidade mediada das coisas com as quais se entretêm, a criança busca manter no tratamento com elas aquilo que as torna boas para os homens e não para a relação de troca, que deforma de igual maneira os homens e as coisas. (1999, p. 230)

O jogo, na medida em que também no mundo da educação é considerado como uma atividade realmente importante, pode ser utilizado como uma estratégia muito adequada para ensaiar modelos de vida mais democráticos e justos.

Dado que a degradação do trabalho e das proteções pode implicar a degradação do próprio indivíduo, de sua capacidade de se conduzir como um sujeito de direito pleno; ou seja, com um mínimo de independência e capaz de exercer suas responsabilidades na sociedade (CASTEL, 2009), a educação também deve levar em consideração essa idiossincrasia de nossos tempos. Não é nada provável que o sistema de educação venha a ser a solução para os problemas prementes gerados por determinado modelo político, econômico e financeiro, mas ele pode somar esforços, junto com outras instâncias, para criar as condições que permitem superar modelos tão prejudiciais e injustos de organização da vida coletiva.

Ainda que seja preciso estar consciente das enormes pressões produzidas sobre os sistemas de educação para convertê-los em "empresas educadoras" exclusivamente a serviço das necessidades do mercado, como um elo a mais em uma cadeia de montagem, ainda há espaço para a autonomia.

As escolas, especialmente na rede pública, ainda têm grandes possibilidades para contribuir para a educação de cidadãos com maior capacidade para se comprometerem com os assuntos públicos, e não exclusivamente com os particulares e privados. Uma reorientação dos sistemas de educação e do trabalho cotidiano nas escolas e salas de aula com este objetivo nos obrigará, mais uma vez, a prestar mais atenção a quais conteúdos culturais, fontes de informação, recursos e metodologias didáticas são mais congruentes com esta pretensão.

Se a história das condições de trabalho no mundo contemporâneo está ligada à história de movimentos trabalhistas e sindicais e ao seu compromisso com a dignificação do ser humano e a luta contra a exploração, é óbvio que ocultar essa parcela do saber das novas gerações equivale a uma educação na amnésia social, cultural e política. Se as duras lutas travadas por tais organizações foram determinantes na conquista por melhores condições de trabalho e salários mais dignos, é previsível que sua demonização na atualidade explique a redução do Estado de Bem-Estar Social que atualmente estamos sofrendo.

O sistema de educação tem entre suas finalidades contribuir para o conhecimento daquelas parcelas do passado e do presente com maior poder exemplificante, desenvolver a capacidade de análise e de pensamento crítico. Consequentemente, em um mundo onde o mercado de trabalho está sofrendo transformações tão significativas, a seleção dos núcleos de conteúdo e das parcelas dessa realidade que merecem ser objeto de estudo deve se converter em uma das grandes urgências e preocupações, tanto por parte das autoridades da educação, como por parte dos corpos docentes e departamentos dos institutos de educação.

Não devemos ignorar que o mundo do trabalho é uma das temáticas objeto de tratamentos mais superficiais e evasivos; especialmente quando nos aproximamos mais no tempo e no espaço geográfico atuais. É por isso que as ausências continuam sendo significativamente chamativas. Entre elas:

- A representação e análise das condições de trabalho dos trabalhadores e trabalhadoras das seguintes áreas:
  - Mundo do mar.
  - Agricultura.
  - Minas.
  - Setor de serviços.
  - Grandes e pequenas empresas.

- As modalidades de exploração de trabalho:
  - Horários da jornada de trabalho.
  - Condições de trabalho e medidas de segurança.
  - A exploração de imigrantes.
  - Contratos temporais e/ou precários.
  - Salários injustos.
  - Lucros abusivos das grandes empresas e do setor bancário.
  - Limitações nos direitos de greve dos trabalhadores e trabalhadoras.
  - O desemprego.
  - O trabalho e a exploração infantil.
  - A legislação de trabalho injusta, etc.

Se um futuro melhor foi sempre a motivação para as gerações do presente se organizar, elaborar estratégias e se mobilizar, naturalmente hoje

12. REVOLUÇÕES NA EDUCAÇÃO

O verdadeiro motor e a razão das políticas educativas são as dinâmicas que geram cada uma destas revoluções que temos desenvolvido. Os diferentes governos, dependendo de suas ideologias dominantes, a fim de se acomodarem às necessidades idiossincrásicas geradas por todo este conjunto de grandes transformações na sociedade, argumentam enfatizando umas mais que as outras para propor e pôr em prática novas reformas no ensino. O grau de acerto dessas respostas educativas de mudanças nem sempre é fácil de medir, entre outras coisas porque seus efeitos não costumam ser visíveis no curto prazo. Contudo, em função do tipo de diagnóstico que se faz dos problemas e das distintas soluções, assim como de quem participa nesse tipo de debate e nas diferentes decisões, da quantidade e da qualidade dos debates públicos gerados, servem para avaliar o prestígio e a importância que a sociedade outorga às suas instituições escolares. Além disso, eles servem de termômetro sobre a natureza e os níveis de democracia que caracterizam as sociedades e os sistemas políticos do momento.

Podemos entender as políticas educativas como propostas que influenciam a construção da sociedade do futuro que cada ideologia e opção política considera ideal; bem como o conjunto de reformas que servem de guia e garantia para seus projetos políticos no curto, médio e/ou longo prazo. Em grande parte, esta dimensão propedêutica explicaria um fenômeno que costuma se repetir com muita frequência em todas as sociedades democráticas, como o da enorme dificuldade para que os distintos partidos políticos entrem em acordo na hora da elaboração e aprovação das reformas educativas, obstáculo que tende a aumentar na medida em que diferem entre si as ideologias que caracterizam as organizações sociais e políticas participantes do debate.

Os distintos partidos e coalizões políticas podem chegar, e de fato chegam, a acordos em medidas de política econômica, negociações de trabalho, políticas de defesa, reformas jurídicas, etc., mas quando se trata de assuntos relacionados com a esfera da educação, as tensões e ideias principais de cada ideologia acabam muitas vezes dificultando, e até mesmo impossibilitando, os grandes acordos.

Cada ideologia, na medida em que projeta um modelo mais ou menos específico de sociedade e, portanto, de convivência e organização social, confere uma importância específica a determinados valores e ideais de justiça social, a maneiras concretas de exercer a participação, atender às necessidades humanas e relações com a natureza e lhes dar prioridade. A grande coincidência entre todas as organizações políticas e sociais que se enfrentam é que, visando à resolução dos grandes problemas atuais e a fim de construir a sociedade ideal que proclamam, todas elas dão grande importância às instituições escolares.

Tanto o mero anúncio de qualquer reforma na educação como as mudanças que a seguir são produzidas quando se concretizam em distintas medidas legislativas não costumam passar despercebidos. Ao contrário, as transformações no sistema de educação são um dos fenômenos dos quais os professores mais têm consciência, assim como os cidadãos e, evidentemente, as famílias.

A partir do último terço do século XX, os sistemas de educação muito frequentemente sofreram transformações. Uma boa prova disso são as inúmeras reformas educativas que vêm acontecendo desde o início da década de 1970, que iniciaram com a Lei Geral da Educação (1970)[81]. Porém, na maioria das vezes, as promessas anunciadas se restringem a modificações formais e burocráticas, enunciados de frases um tanto vazios e que acabam não produzindo os efeitos previstos. Muitas delas acabam reduzidas à simples introdução de meros rótulos, a um novo vocabulário que cada um redefine a seu gosto; são mais uma questão de aparência do que de realidade, mas simulam ser mais abrangentes, devido ao fato de que são anunciadas com muita publicidade.

Nas últimas décadas, têm sido muitas as medidas de reforma postas em prática substituindo as terminologias estabilizadas que, em grande parte das vezes, já haviam se consolidado como rotinas, por outras aparentemente mais inovadoras e eficazes. Na realidade, na maioria das vezes elas não são mais que mudanças terminológicas que obrigam a dedicação de muito tempo e esforço aos cidadãos e, particularmente, às famílias e aos professores a fim de se inteirar do que elas consistem; algo que nem sempre se consegue.

Contudo, as revoluções na educação acontecem em ritmos muito diferentes: conforme os países e, dentro de cada um deles, dependendo da ideologia dos governos que estão no poder, bem como das pressões e mobilizações que os distintos grupos e setores sociais, profissionais e ideológicos organizados no seio dessa sociedade levam adiante.

Muitas vezes as reformas no ensino são a máscara usada para dissimular agendas e intenções mais ocultas, mas que os governos não querem reconhecer em público. Contudo, suas verdadeiras razões de ser e seus efeitos são notados de forma muito clara nos recursos destinados pela administração de instituições públicas para a implementação de tais reformas; nas matérias e nos conteúdos que são apresentados como inovações ou que são reforçados; nas transformações que ocorrem com os modelos de formação dos professores; nos materiais didáticos promovidos; nas redes de ajuda e de cooperação oferecidas aos professores em exercício, assim com nas novas tarefas que são dadas às diretorias das próprias escolas e aos serviços de inspeção educativa.

A esfera atual da educação é uma das parcelas da política que concentra o maior número de análises e debates – mais inflamados e polarizados. São muito frequentes as notícias que aparecem com certa periodicidade nos meios de comunicação sobre o valor e a adequação do que acontece nas salas de aula, sobre a pertinência ou não das funções do sistema de educação às realidades e necessidades atuais. Essas informações destacam reiteradamente os maus resultados dos alunos, o descontentamento das organizações sindicais, as queixas dos professores, dos alunos e das famílias. Tais notícias evidenciam um crescente aumento de medidas que favorecem a privatização das escolas; nas quais se revela o freio e até mesmo a redução, em muitas ocasiões, dos investimentos públicos destinados à educação. Se nos atemos a esse tipo de dados e à frequência com que ocupam as primeiras páginas da imprensa, parece que as reformas implementadas desde a década de 1970 até hoje não estão bem encaminhadas.

Além disso, a essa altura da história, há um sintoma que considero muito preocupante e que as políticas educativas dominantes estão agravando: o desinteresse ou a desmotivação perante a educação formal por parte de grande parte dos jovens. Penso que há um enorme consenso que diz que as gerações atuais de crianças já não organizam suas vidas levando em conta a cultura escolar como o eixo mais importante com o qual satisfazem suas necessidades, suas aspirações, seus desejos e seus sonhos. Para grande parte dos jovens, as escolas são espaços de encontro, reunião e troca de ideias e projetos, mas à margem dos fins estipulados para estas instituições; ou seja, os alunos não conferem prioridade aos conteúdos e às tarefas escolares. Para um grande número de estudantes, o que mais interessa no atual sistema de educação é como obter determinados certificados e títulos que sabem ser importantes devido ao seu valor para encontrar um posto de trabalho, e não para se sentirem realizados como pessoas e cidadãos responsáveis.

Esse tipo de disfunção entre a missão que é conferida às escolas e etapas educativas e o papel que elas realmente exercem se converte no propulsor dos debates e das propostas de reforma. No fundo, quando analisamos um sistema de educação, o que está em jogo é uma reconsideração em maior ou menor profundidade das principais e mais urgentes necessidades da sociedade; ou seja, a análise envolve um minucioso exame do momento atual com o olhar para um futuro muito incerto, uma revisão dos objetivos que deveriam ser o eixo para organizar e tomar decisões nas escolas; uma reflexão sobre sua autêntica razão de ser a esta altura da história. Toda reforma educativa é parte de uma política global de maior alcance com a que se pretende assegurar um futuro muito melhor. Essa tarefa obriga à modificação e atualização de normas, modelos de organização e pedagógicos, matérias e conteúdos culturais que não estão adequados à realidade de hoje; e, é óbvio, à preservação daquelas dimensões da organização do sistema de educação, dos conteúdos curriculares e das produções culturais que consideramos metas às quais a humanidade não deve renunciar e muito menos esquecer.

Atualmente, não podemos ignorar que muitas das escolas que funcionam há muito tempo em nossas sociedades se tornaram o que Anthony Giddens denomina instituições concha, "instituições que se tornaram inadequadas para as tarefas que deveriam cumprir" (GIDDENS, 2000, p. 31). São organizações que aparentemente parecem continuar sendo o que sempre foram, mas que em cujos interiores grandes crises estão ocorrendo, fruto de um mundo exterior muito dinâmico no qual as transformações são muitas e em todos os âmbitos (social, profissional, político, cultural, econômico, militar, etc.). Sua concha exterior permanece, mas as tensões que estão sendo produzidas em seu funcionamento interno são consequência de uma importante inadequação entre seus fins fundamentais, as tarefas para as quais foram criadas e o que se demanda delas neste momento.

Uma instituição como a escolar é um bom exemplo de instituição concha. Ela nasceu como instituição elitista destinada a educar, legitimar e distinguir os grupos sociais dominantes – as elites sociais. Contudo, como consequência do Tratado de Vestfália de 1648, mesmo que sua implementação na prática tenha ocorrido vários anos depois – nos países mais desenvolvidos no século XIX, mas na maioria no século XX – foi transformada em instituição de assistência obrigatória tendo como encargo uma missão muito concreta: ajudar a construir o Estado-nação. Consequentemente, a escola serviu para a promoção de identidades chauvinistas, tendo como base a assimilação e uniformização de toda a população que vivia nesse território-nação. A missão das instituições escolares nessa construção do Estado-nação foi cumprida trabalhando com concepções assimilacionistas: impondo uma única cultura (monoculturalismo) e uma única língua como legítimas (monolinguismo), como o substrato cultural com o qual diferenciar as nações entre si. Dessa forma, assegurava-se a legitimidade e o futuro da nova nação que estava sendo construída. É óbvio que esta "integração assimiladora" era realizada com base em exclusões: de outras línguas, dialetos e até mesmo sotaques distintos do espanhol de Castela (o castelhano); proibindo ou deixando de lado e desvalorizando outras culturas presentes no território, e até mesmo em grupos muito numerosos, como a população cigana e a árabe.

Atualmente, a diversidade da população e, consequentemente, dos alunos, não é condizente com escolas pensadas para uniformizar e impor um cânone cultural. Porém, à medida em que não está sendo produzida uma modernização adequada à realidade atual nas escolas, esta disfunção se converte no alvo de inúmeras críticas. A cada dia são maiores as pressões que pedem um forte compromisso com dois grandes encargos: por um lado, educar as crianças para conviver em sociedades multiculturais e multilinguísticas, em coerência com o mundo globalizado em que vivemos; formar cidadãos cosmopolitas; e, por outro lado, capacitar as novas gerações a fim de que se incorporem de maneira ativa e eficaz aos mercados de produção atuais.

É a ausência de políticas educativas bem elaboradas junto à resistência de muitas escolas a aceitar essas urgências e incumbências que faz com que muitas instituições se tornem estanques, como espaços fossilizados; inclusive, fortemente ancoradas em um passado irreal, o qual adocicam e encaram como uma época dourada, maravilhosa, frente a um presente que, por não entenderem, vivem de forma decadente e sem interesses. A esse pano de fundo é preciso somar as frequentes denúncias nos meios de comunicação mais sensacionalistas que, sem incluir dados empíricos significativos, insistem em dizer que os níveis de ensino estão caindo, que os alunos se esforçam cada vez menos, que são mais violentos, que carecem de valores ou que são imorais, etc.

Não podemos ignorar que os sistemas de educação foram e ainda são uma das redes mediante as quais se vem produzindo a domesticação da população, ainda que com intensidade muito variável, dependendo tanto dos anos de escolarização e do sucesso escolar alcançado nessa permanência como dos conteúdos do currículo cursado, dos recursos didáticos com os quais se trabalha, da metodologia pedagógica utilizada e dos papeis desempenhados pelos professores. Esse tipo de dimensão curricular é muito influenciado pelas exigências e pressões feitas às instituições escolares pelos distintos grupos sociais que operam no interior de cada sociedade.

Convém ter presente que os sistemas de educação são o principal instrumento por meio do qual os processos de imperialismo cultural foram executados; uma das principais estratégias de opressão de determinados povos e grupos sociais sobre outros. As culturas e as pessoas que estão submetidas a regimes políticos colonialistas e, até mesmo, na maioria dos

184 Jurjo Torres Santomé

regimes neocoloniais, mediante políticas e práticas de imperialismo cultural, passam a ser "definidas por agentes externos, colocadas, situadas por uma rede de significados dominantes que experimentam como proveniente de alguma outra parte, proveniente de pessoas que não se identificam com elas e com as quais tampouco estas se identificam. Consequentemente, as imagens do grupo estereotipadas e inferiorizadas, que provém da cultura dominante, devem ser internalizadas pelos membros do grupo, ao menos na medida em que estes são obrigados a reagir à conduta de outras pessoas influenciadas por tais imagens. Esta situação cria para os culturalmente oprimidos a experiência que Du Bois chamou de 'dupla consciência'". (YOUNG, 2000, p. 104); ou seja, a sensação de ver a si próprios sempre por meio dos olhos de outras pessoas e culturas.

O corpo docente precisa estar consciente de que quando se fala de "cultura" e, especificamente, nas escolas, bem como de "diferenças culturais", estamos utilizando categorias de análises e de valoração que implicam de maneira implícita, em maior ou menor grau, funções ideológicas e políticas entendidas em seu significado mais amplo, não exclusivamente partidário. As diferentes culturas presentes em um mesmo território não costumam comportar avaliações e funções semelhantes; mas, pelo contrário, traduzem relações de poder assimétricas entre os diferentes grupos sociais que as geram e apoiam.

Por isso, quando reconhecemos a existência de minorias linguísticas, culturais ou étnicas, a escola deve evitar ignorar os significados e os julgamentos atribuídos na sociedade específica em que cada um dos alunos desses grupos sociais vive. É preciso evidenciar as dimensões políticas e ideológicas que condicionam a tomada de decisões, o trabalho e a vida cotidiana nas escolas. Essa é uma tarefa urgente em um mundo no qual a meritocracia e o avanço do positivismo na política e na pesquisa educativa está encobrindo por completo as chaves que explicam a desigualdade e as injustiças na sociedade e, consequentemente, nas instituições de educação.

Levemos em conta que as escolas são um elemento a mais na produção e reprodução de discursos discriminatórios; porém, na medida em que esta instituição tem o encargo político de educar, ela pode e deve desempenhar um papel muito mais ativo como espaço de resistência e de denúncia dos discursos e das práticas que legitimam práticas de marginalização no mundo de hoje e, em particular, dentro dos muros escolares.

Todos esses tipos de revolução nas quais vivemos imersos impõem novos desafios ao mundo da educação, tanto às etapas de escolarização obrigatória como às restantes. Além disso, os desafios são necessários se levamos em conta que é cada vez maior o número de instâncias e redes que disputam com as escolas as funções que seriam tradicionalmente suas: informar e educar, no sentido mais amplo da palavra.

Nunca devemos perder de vista que a legitimidade da escola, sua autêntica razão de ser, está no encargo que a sociedade lhe confere de promover o desenvolvimento e a socialização das novas gerações; de facilitar seu acesso ao conhecimento de maior valor e relevância para interpretar o mundo que os rodeia e poder assumir as obrigações e os direitos que são inerentes ao exercício da cidadania. Isso exige estimular seu desenvolvimento cognitivo, motor, artístico, afetivo e moral; sem tampouco esquecer a preparação para se incorporar ativamente ao mundo adulto em suas esferas distintas: profissional, econômica, política, jurídica, militar e cultural.

O mundo do saber e, especificamente, uma boa e democrática seleção da cultura mais relevante devem desempenhar um lugar primordial no trabalho que é realizado nas escolas, pois, entre outras coisas, essa é a instituição que tem de capacitar as gerações mais jovens para enfrentar um mundo no qual a luta pelo controle e pela privatização da informação e do conhecimento tem de ser cada vez maior.

A escola faz opções e julgamentos para cada um desses âmbitos nos quais vêm acontecendo as revoluções que analisamos; mas quem seleciona os conteúdos culturais, por que, com que argumentos, de que forma, para que fins, etc., são perguntas que precisam de respostas nessas novas sociedades nas quais imperam os Direitos Humanos e nas quais a educação tende a ser prolongada cada vez mais na vida de cada ser humano.

Os interesses ocultos dos diferentes diagnósticos do que acontece nas salas de aula

Esse conjunto de grandes transformações sociais, econômicas, políticas, tecnológicas, culturais, profissionais e ambientais que analisamos explica as ondas de reforma na educação que vem acontecendo cada vez com maior frequência, praticamente em todo o mundo, desde a década de 1960.

É lógico que os diagnósticos que são publicados e principalmente os que têm maior difusão influenciam as razões, finalidades, propostas e medidas práticas legisladas por cada reforma educativa. Assim são as grandes pressões exercidas pelos grupos sociais, econômicos, políticos e religiosos que dispõem de mais poder para a divulgação de suas análises e soluções por meio da densa rede de meios de comunicação que caracteriza as sociedades atuais e, consequentemente, condiciona as reformas que serão legisladas e implementadas.

Não devemos esquecer que as dinâmicas políticas que os diferentes agentes sociais colocam em ação a todo o momento têm entre suas finalidades, de um modo mais ou menos explícito e intencional, incidir na tomada de decisões dos governos, condicioná-la e, portanto, também influenciar as políticas e práticas educativas.

Mas o mundo globalizado que caracteriza o momento atual está introduzindo grandes novidades quanto às vozes que afloram e sua procedência. Nas últimas décadas, aos diagnósticos elaborados no interior dos Estados, as análises de caráter mais local, ou seja, às pressões dos diferentes grupos e setores sociais de âmbito nacional e regional, é preciso acrescentar as derivadas da participação de cada um dos Estados em estruturas políticas de maior abrangência; como é, no caso da Espanha, sua participação na União Europeia, na OCDE, no G20, na ONU, etc.

Contudo, são as macroestruturas políticas europeias que se mostram mais visíveis e apresentam um maior poder de influência. O Estado espanhol, primeiro como membro da Comunidade Europeia[82] ou Comunidade dos Doze (o número de países que integravam a Comunidade Europeia naquele momento) e, atualmente como membro da União Europeia, integrada por 15 Estados-membros, a partir desse momento se vê obrigado a reformar seu sistema de educação a fim de adequá-lo às grandes finalidades que esta macro-organização europeia estabelece, uma instituição supranacional à qual os diferentes Estados que a integram vêm delegando cada vez mais poderes e funções e que, de maneira progressiva, assume um papel regulador e estruturador mais importante.

Consequentemente, a harmonização das políticas educativas dos países que integram a União Europeia é um objetivo que está na agenda dessa instituição já desde o modelo anterior, o da Comunidade Econômica Europeia (CEE). Com o Tratado da União Europeia (TUE), o Tratado de Maastricht (1992), a integração europeia ganha novo impulso. É nesse momento em que oficialmente se opta pela denominação "União Europeia", ampliando o número de países que a integram e substituindo as instituições e os tratados anteriores, como o Tratado de Paris, de 1951, pela criação da Comunidade Europeia do Carvão e do Aço (CECA), ou o Tratado de Roma, de 1957, com o qual se instituiu a Comunidade Econômica Europeia (CEE).

Desde os primeiros anos deste século tentava-se aprovar o Tratado pelo qual se estabelece uma Constituição para a Europa ou, como mais tarde foi conhecido, a primeira Constituição da União Europeia, cujo texto foi aprovado em 18 de junho de 2004 em uma reunião de cúpula feita em Roma pelos países que a integram. Esse texto deveria ser submetido à aprovação por cada país, e seus primeiros resultados foram problemáticos. Em alguns países onde foi submetido a referendo entre a população, como na França e nos Países Baixos, produziu um resultado negativo, contrário ao texto. No Estado espanhol, ao contrário, no referendo de 20 de fevereiro de 2005, os resultados foram favoráveis; 76,73% dos votos apoiou o texto do Tratado. Contudo, é preciso ressaltar que somente 42% da população participou do censo, a participação mais baixa desde o retorno à democracia, em 1977.

Em Lisboa, no primeiro semestre de 2007, os dirigentes europeus chegam a um novo acordo, rebaixando suas aspirações de Constituição para um Tratado, o Tratado de Reforma da União Europeia, que foi aprovado nessa mesma cidade nos dias 18 e 19 de outubro. Porém, em seguida, em junho de 2008, a Irlanda também o recusará[83]. Todavia, um importante passo avante no processo de consolidação marca o Tratado de Lisboa, de 13 de dezembro de 2007, pelo qual se atualizam os acordos e convênios vigentes até esse momento na União Europeia; algo que também era uma tarefa obrigatória, uma vez que importantes incorporações de novos países já haviam sido produzidas.

O Tratado de Lisboa modifica os dois principais textos anteriores destinados a regular o funcionamento da União Europeia: o Tratado da União Europeia (Maastricht, 1992) e a Constituição da União Europeia (Roma, 2004). O acordo presente passa a ser chamado de Tratado de Funcionamento da União Europeia. Com essa nova estrutura política, a União Europeia adquire personalidade jurídica própria para firmar acordos internacionais que vinculam todos os países comunitários. Estamos perante um Tratado que supõe um passo firme no caminho empreendido para conferir muito mais peso às instituições da comunidade. Será em 1º de dezembro de 2009, após anos de negociações sobre questões institucionais, que por fim entrará em vigor o novo Tratado de Lisboa[84].

Atualmente, entre outros assuntos que ocupam a agenda política da União Europeia vigente, está o de que todos os Estados-membros têm de coordenar suas políticas educativas. Dado o objetivo prioritário de caráter econômico com que nasceu o primeiro projeto desta proposta comunitária supranacional, as dimensões economicistas afloraram imediatamente; e, portanto, não é de estranhar que a reforma da formação profissional passará a ser um dos principais focos de atenção das políticas promovidas pela União Europeia. Essa filosofia de base impregnou muito rapidamente todas as iniciativas e linhas prioritárias de intervenção promovidas por essa entidade, algumas vezes de maneira explícita e outras se servindo de estratégias mais mascaradas.

O objetivo que é mais insistentemente anunciado é o de reorientar a educação e a pesquisa universitária nos países da União Europeia para a promoção prioritária daqueles conhecimentos, procedimentos e habilidades que tem maior impacto na economia e na inserção das pessoas no mercado de trabalho; uma filosofia educativa que se mostra de acordo com as políticas economicistas e neoliberais que vem sendo promovidas pelas estruturas políticas e econômicas que controlam tanto este organismo supranacional com outros mais globais, como a OCDE (Organização para a Cooperação e o Desenvolvimento Econômico).

Assim, por exemplo, já em 1986 foi aprovado o Programa Comett I (Decisão 86/365/CEE do Conselho, de 24 de julho de 1986), destinado a reforçar a cooperação entre a universidade e a empresa no campo das tecnologias. Em 1988, foi aprovado o Comett II, (Decisão 89/27/CEE do Conselho, de 16 de dezembro de 1988), com a finalidade de "reforçar a formação nas tecnologias particularmente avançadas, o desenvolvimento dos recursos humanos altamente qualificados e, consequentemente, a competitividade da indústria europeia"[85].

Entre os programas europeus comunitários em matéria de educação, cabe enfatizar a criação, em dezembro de 1988, da Rede Iris I (Rede europeia de programas de formação profissional para a mulher), que engloba 333 programas destinados à melhoria do acesso das mulheres ao emprego público e privado e ao fomento de seu espírito empresarial com o objetivo de motivá-las para a criação de empresas. Em sucessivos anos foram criadas: a Rede Iris II, (1994–1998), para fomentar a igualdade de oportunidades na formação profissional; a Petra I (Decisão 87/569/CEE do Conselho, de 1º de dezembro de 1987), um programa de ação para a formação e a preparação dos jovens para a vida adulta e profissional; a Petra II (Decisão 91/387/CEE do Conselho, de 22 de julho de 1991), em linhas gerais semelhante à anterior, mas insistindo na necessidade de revalorização da formação profissional. Esse plano propõe, além disso, a criação de Centros Nacionais de Recursos para a Orientação Profissional, que facilitem a troca de dados de interesses para a orientação profissional, bem como a troca de informações sobre práticas e métodos eficazes em tudo o que for relacionado com a orientação profissional. Também foi criado o Eurotecnet (Decisão 89/657/CEE do Conselho, de 18 de dezembro de 1989), um programa de medidas destinado ao fomento da inovação no setor da formação profissional na Comunidade Europeia como resultado das mudanças tecnológicas que estão ocorrendo. O Force (Decisão 90/267/CEE do Conselho, de 29 de maio de 1990) é outro plano de ação dirigido a apoiar e completar as políticas e atividades elaboradas pelos Estados-membros da Comunidade Europeia no setor da formação profissional continuada.

Além disso, são criadas entidades como o CEDEFOP[86] (Centro Europeu para o Desenvolvimento da Formação Profissional), cujo regulamento foi aprovado pelo Conselho em 10 de fevereiro de 1975; uma agência europeia que, desde sua instauração, contribuiu para a promoção e o desenvolvimento da educação e da formação profissional na União Europeia; atualmente tem sua sede na Grécia, em Tessalônica. Com uma filosofia similar fundamental, ela constitui a Fundação Europeia de Formação[87] (FEF), cujo Regramento foi aprovado em 7 de maio de 1990, e que tem o objetivo de respaldar e fomentar o desenvolvimento dos sistemas de formação profissional nos países destinatários da União Europeia.

Da mesma maneira, seguindo essa mesma orientação voltada para o mundo profissional, em 2004 foi colocado em prática o Europass[88], um sistema que busca ajudar a população a apresentar seu *curriculum vitae* especificando suas capacidades e qualificações pessoais de uma forma compreensível para todas as empresas da União Europeia, mais uma estratégia destinada a facilitar a mobilidade de estudantes e trabalhadores.

O objetivo desse tipo de programa e iniciativa lançado pela União Europeia é sempre a recondução dos sistemas de educação a fim de colocá-los em uma posição prioritária a serviço do mercado profissional e dos mercados financeiros.

Tenhamos presente que, na reunião extraordinária celebrada em março de 2000 em Lisboa, o Conselho Europeu urgiu países membros da União Europeia para que se comprometessem com a reorientação de seus sistemas de educação a fim de aspirar a uma economia dinâmica e baseada no conhecimento, para então convertê-la na mais competitiva do mundo; configurando, consequentemente, uma Europa com empregos melhores e em maior número.

As análises que têm sido publicadas por este Conselho Europeu insistem em dizer que, para que a Europa seja líder em inovação e conhecimento, é necessário que as pessoas que entram no mercado de trabalho tenham o mais alto nível de formação possível. Para isso, um objetivo no qual se aposta é uma maior coordenação e estruturação dos diferentes sistemas de educação europeus, assim como em políticas de pesquisa comuns, as quais exigem a criação de redes que coordenem os diferentes programas nacionais entre si. Dessa forma, entre as "conclusões da Presidência" do mencionado

Conselho Europeu de Lisboa, uma das medidas dirigidas à reorientação dos sistemas de educação, a de número 25, diz o seguinte:

> Os sistemas de educação e formação europeus devem se adaptar tanto às demandas da sociedade do conhecimento como à necessidade de melhoria dos níveis e da qualidade dos empregos. Eles terão de oferecer oportunidades de aprendizado e formação adequadas a grupos destinatários em diversas etapas de suas vidas: jovens, adultos empregados e desempregados que correm o risco de ver suas qualificações desatualizadas por um processo de mudança rápido. Este novo sistema deveria ser composto de três componentes principais: a criação de centros de aprendizagem locais, a promoção de novas competências básicas, em particular nas tecnologias de informação e uma transparência cada vez maior das qualificações.[89]

Essa continua sendo uma das principais metas orientadoras das políticas educativas nos anos seguintes, motivo pelo qual continuam sendo elaborados e debatidos documentos de análises e propostas de intervenção com essa filosofia de fundo nas distintas reuniões e conselhos oficiais da União Europeia.

Mais recentemente, como aplicação do programa comunitário de Lisboa e para reforçar ainda mais a centralização das políticas de formação profissional, foi aprovado no Parlamento Europeu o Sistema Europeu de Qualificações (Recomendação do Parlamento Europeu e do Conselho, de 23 de abril de 2008), uma estrutura de referência comum pela qual serão regidos os Estados-membros, as escolas, as oficinas de emprego, as empresas e os cidadãos na hora de comparar as qualificações outorgadas pelos diferentes sistemas europeus de educação e formação. Esse instrumento é considerado indispensável para o desenvolvimento de um mercado europeu de emprego, bem como para assegurar um modelo de formação profissional comum. Um sistema de padrões semelhante a esse já vinha sendo urgido por outro documento muito importante elaborado pela OCDE em 1996, "The Knowledge-Based Economy" (A economia baseada no conhecimento), o qual comentamos na seção dedicada às revoluções econômicas.

Com esse sistema fundamental, o antigo discurso das competências, que antes era circunscrito à formação profissional, passa a ser imposto como obrigatório em todos os demais níveis do sistema de educação, o que entre outros efeitos está produzindo importantes perversões, como ir retirando do debate público a importância dos conteúdos de cada disciplina para se centrar unicamente em questões muito mais genéricas e, sobretudo, em práticas e utilitaristas (YOUNG, 2007).

O Marco Europeu de Qualificações pressupõe, sem se preocupar em dar razões e explicações, que é necessário focar os resultados dos aprendizados estabelecidos com a linguagem das competências, deixando como algo secundário e de menor importância o debate sobre os conteúdos específicos e os processos pedagógicos envolvidos nesse aprendizado.

Esse tipo de nova linguagem tecnocrática ajuda na reorientação dos fins ou das razões de ser das próprias instituições educativas, mas sem ter de abrir esse debate de forma explícita. Dessa forma, é inevitável que surjam outras perspectivas e ideais que os cidadãos talvez não tenham entendido que tais instituições quiseram substituir.

O recente vocabulário que vem sendo empregado pelas administrações e grandes organizações econômicas e financeiras internacionais, mesmo que extremamente ambíguo e até mesmo contraditório quando alguém tenta se aprofundar em seus significados e sentidos, funciona como um conjunto de *slogans* com capacidade de convencimento da população de que essas instituições estão no caminho certo, de que essa é a última moda. Trata-se de um vocabulário que mascara com grande eficácia as novas prioridades dos grandes poderes neoliberais e, ao mesmo tempo, anula urgências anteriores e já pactuadas das instituições escolares para então encaminhá-las na busca de determinados objetivos dos quais nem mesmo os professores costumam estar conscientes. Um exemplo desta ambiguidade do novo vocabulário é quando analisamos o que cada docente entende com o termo "competências" e, em geral, cada um dos diferentes profissionais que trabalha no sistema de educação. A grande variedade e dispersão de significados que podemos encontrar explica a facilidade de sua aceitação; à medida que cada um interpreta à sua maneira esse conceito tão atual, é difícil que alguém considere errada a concepção que sustenta.

Esse Marco Europeu de Qualificações define as descrições do conhecimento, as habilidades e competências ou alguma outra conceitualização dos resultados do aprendizado, assim como os princípios e as diretrizes que identificam e validam o aprendizado formal e informal (CEDEFOP, 2009, p. 15).

O CEDEFOP será uma das instituições que mais incidirá na recondução dos sistemas de educação aos "resultados do aprendizado" (CEDEFOP, 2008 e 2009). Esses resultados esperados, definidos mediante indicadores ou padrões, são a referência para as avaliações externas, um modelo que, por sua vez, vai se encarregar de impor como guia para o ensino universitário o conjunto de medidas conhecido como o Processo de Bolonha.

Contudo, perante as críticas que este modelo de educação focado nos resultados do aprendizado definido *a priori* vem recebendo, o próprio CEDEFOP reconhecerá que esta ênfase nos resultados do aprendizado não significa que a definição ou os conteúdos do currículo tenha chegado a carecer de importância. De fato, a identificação clara e apropriada dos resultados do aprendizado atua como princípio organizador da boa prática nas escolas; ela toma seu lugar junto às metas, aos objetivos e ao espírito do sistema ou da instituição. Essa ênfase tem um impacto direto e formativo no currículo e na pedagogia, contribuindo de forma significativa àquilo que os jovens aprendem e como realizam este aprendizado, e deve ter um impacto em como o aprendizado é avaliado. (CEDEFOP, 2009, p. 145)

Um modelo semelhante a esse contribui para favorecer prioritariamente as mudanças de conhecimento que estão mais diretamente ligadas às necessidades mais práticas, o saber utilitarista e diretamente instrumental. Se, além disso, as avaliações externas somente são centradas em determinadas áreas e parcelas do conhecimento e não em todas, é óbvio que somente essas serão as favorecidas.

Estamos frente a uma modalidade de propostas e medidas que combinam perfeitamente com conceitos como "capital humano", que tanto agradam as filosofias econômicas neoliberais. O sistema de educação poderia ser reduzido à geração de uma espécie de "mercado de aprendizados". Crianças entrariam nesse mercado contemplando quais resultados desses aprendizados são os que têm uma demanda anunciada e quais não, e em função disso fariam suas escolhas.

No fundo, o que está sendo considerado é que os modelos tradicionais de formação profissional são os únicos eficientes, motivo pelo qual seus modelos e conceitos estão tentando se impor aos demais níveis e instituições do sistema de educação.

Com esse pano de fundo podemos explicar porque as disciplinas tradicionais pelas quais se vem organizando o conhecimento parecem cada vez mais fragmentadas, para não dizer, obsoletas. Os modelos clássicos que buscavam oferecer uma educação integral, uma boa formação intelectual, moral, social, relacional, etc., estão longe de serem verdades. Agora, como a prioridade das novas metas propostas pela OCDE, pelo Banco Mundial, pelo Fundo Monetário Internacional e pela União Europeia implica uma supervalorização do conhecimento relacionado com o mercado, com a empregabilidade e com a conversão do conhecimento em capital humano por meio do qual se compete em um mercado globalizado, essa linguagem das competências é vista como de enorme utilidade.

A Conferência de Lisboa também deu um passo a mais nesse processo de passar a ver os sistemas de educação subordinados às políticas econômicas e aos mercados. É também nesse momento que urge a reorientação das instituições universitárias mediante a implementação do denominado Processo de Bolonha, um conjunto de medidas de política educativa que buscou dotar a Carta Magna das Universidades Europeias[90] de uma maior legitimação; um manifesto redigido pelos reitores das universidades europeias, reunidos na cidade italiana de Bolonha em setembro de 1988, em função do IX Centenário de Criação da Primeira Universidade Europeia, a Universidade de Bolonha. Essa carta busca soluções para os problemas impostos às universidades ao ter de se adequarem à realidade de uma União Europeia sem fronteiras intracomunitárias.

Contudo, a expressão Processo de Bolonha tem maior relação com a Declaração de Bolonha de junho de 1999, um acordo muito generalista assinado pelos Ministros de Educação da União Europeia nessa mesma cidade italiana. Mediante essa declaração, se reafirma a meta de forçar um processo de convergência e, dessa forma, criar o Espaço Europeu de Educação Superior (EEES), com o claro objetivo de facilitar a mobilidade estudantil e o intercâmbio de profissionais. Nesse mesmo texto se exorta os países a uma melhor adaptação dos títulos universitários e seus conteúdos às demandas da sociedade.

Todavia, o problema é que a partir dessa declaração de intenções de Bolonha, os organismos internacionais mais economicistas, apoiados pelos setores mais neoliberais presentes nas diversas instâncias dos ministérios da União Europeia e dos Ministérios de Educação mais conservadores e neoliberais de diferentes países, vêm tratando de reinterpretar essa filosofia de mobilidade e cooperação, chegando a desvirtuar em grande parte sua filosofia original. O que eles pretendem é forçar as universidades e os centros de pesquisa públicos a se colocarem totalmente a serviço das necessidades dos mercados e das empresas capitalistas, sem problematizar as filosofias básicas que orientam e guiam esse modelo econômico e produtivo.

Nessa missão, é igualmente importante destacar o papel relevante da reorganização do mercado de universidades, faculdades e departamentos que as novas agências de certificação do ensino universitário estão desempenhando.

As agências de avaliação e certificação são vistas como motores para mudar a mentalidade dos professores (e também dos alunos, de suas famílias e dos cidadãos em geral), os planos de estudo, as metodologias, as tarefas e os recursos escolares e introduzir os modelos de planejamento, gestão e avaliação empresarial no sistema de educação.

São esses agentes externos de avaliação que pretendem reorientar um sistema que, mesmo sem dispor de avaliações diagnósticas rigorosas, já vinha sendo rotulado como obsoleto. Seria preciso destruí-lo para então gerar algo completamente novo onde o professor deixaria de ser um profissional competente para se tornar um técnico e empregado a serviço das grandes corporações econômicas e empresariais. Essas agências, dado o poder que as autoridades da educação lhes outorgam, desempenham um papel fundamental na tarefa de destruição dos atuais sistemas universitários e na criação de novas instituições educativas e de pesquisa mais decididamente inclinadas a se colocarem a serviço do mercado.

No Estado espanhol esse papel é desempenhado pela Agência Nacional de Avaliação da Qualidade e Certificação (ANECA)[91], uma instituição concebida como uma fundação estatal, criada em 19 de julho de 2002 sob o amparo da Lei Orgânica de Universidades (LOU, 2001) e que tem entre suas finalidades prioritárias a avaliação de todos os títulos de graduação e de mestrado oferecidos pelas instituições universitárias espanholas. Os resultados dessas avaliações, seus selos de qualidade, são uma peça-chave das dinâmicas neoliberais de hierarquização das distintas universidades, faculdades e departamentos universitários; eles servem para forçar a competitividade e sua reorientação em função dos interesses e das necessidades do mercado e, principalmente, das grandes multinacionais.

Uma questão que não deve passar despercebida frente às análises e propostas políticas é quem tem voz e voto nesses diagnósticos e nestas definições das proclamadas demandas da sociedade. A essa altura da história, é preciso estar consciente de que esta dinâmica de "europeização" dos sistemas de educação é claramente dominada pelas necessidades das políticas econômicas neoliberais. O objetivo dos discursos oficiais e oficialistas é gerar uma maior reorientação mercantilista dos sistemas de educação e da pesquisa financiada por fundos públicos.

A OCDE como vigia das políticas educativas

Nessa tarefa de uma nova orientação economicista da educação, a União Europeia também tem outros focos muito poderosos de pressão, porém mais dissimulados. Entre eles cabe destacar a estratégia de se apoiar nas novas obsessões de medir e comparar internacionalmente alguns dos resultados dos diferentes sistemas de educação de cada país.

Dessa forma, por exemplo, o projeto PISA (Programa para a Avaliação Internacional dos Alunos)[92], da Organização para a Cooperação e o Desenvolvimento Econômico (OCDE), pode ser visto como uma forma um tanto camuflada de pressionar os Estados a reformular suas políticas educativa. Devemos levar em conta que o PISA estabelece indicadores internacionais de rendimento para avaliar os sistemas de educação sem ninguém tê-los pedido de forma explícita e, o que chama ainda mais atenção, sem um debate verdadeiramente democrático sobre suas razões, finalidades e inclusive suas formas de desempenhar esta tarefa de diagnóstico*. O PISA e, consequentemente, a OCDE não estabelecem sanções aos países que estiverem mal posicionados na comparação internacional de seus resultados escolares. Mas a enorme difusão que os meios de comunicação de massa fazem dos seus resultados, assim como as interpretações que por sua vez cada um desses meios desempenha, em função das ideologias e dos grupos de pressão que os controlam, bem como a utilização que os distintos partidos políticos e organizações fazem dessas avaliações incidem claramente nas agendas dos Ministérios e das Secretarias de Educação. Nenhum governo quer ficar mal posicionado nesses "exemplos oficiais" de boas práticas.

Consequentemente, como resultado da enorme repercussão desses resultados na mídia, bem como da instrumentalização política que normalmente é desempenhada pelos partidos políticos de oposição, sindicatos e associações empresariais, um instrumento como o PISA se transforma em um recurso eficiente de controle oculto das agendas educativas.

Esses tipos de estratégia de reorientação, baseados em dados empíricos e apresentados como objetivos e neutros, são aceitos de forma mais fácil por uma população que está muito acostumada a que lhes apresentem estatísticas como se fossem argumentos irrefutáveis. Não devemos esquecer que esses cidadãos, em sua passagem pelas instituições escolares, aprenderam a mitificar o valor dos números entre outros motivos porque foi nesse tipo de conteúdo onde muitos deles encontraram suas maiores dificuldades, chegando a captar somente os aspectos mais mecânicos e que não exigiam reflexão. Vivemos em uma era dominada pelas estatísticas, na qual se oferece continuamente esse tipo de dado como se fosse uma verdadeira radiografia certeira da realidade, mas conforme variáveis decididas, organizadas e interpretadas em função dos interesses das organizações que as difundem.

A estatística – honrando a sua etimologia, do latim *statisticum*, da tradição alemã *Statistik* e da aritmética política inglesa do século XVII, quando era considerada "a ciência do Estado" – está associada à construção dos Estados, aos projetos de administração de seus territórios, à estruturação de seus sistemas e recursos e à unificação de suas culturas e mentalidades

---

* N. de T.: Recentemente, a OCDE criou o The Assessment of Higher Education Learning Outcomes (A avaliação dos resultados de aprendizagem do ensino superior) que vem sendo implantado com a finalidade de criar um sistema de avaliação correspondente ao PISA para o ensino superior.

(DESROSIÈRES, 2004, p. 23). Os dados do Estado, assim tratados, ofereciam uma descrição objetiva de sua população e de suas posses, das ações executadas e do que acontecia nessas novas nações. Com esse tipo de organização de dados coletados o controle e a administração do Estado eram facilitados e ao mesmo tempo a publicidade das estatísticas servia para convencer a população de que as medidas políticas e legislativas que o governo ia adotando eram as mais pertinentes para resolver as disfunções que tais dados e gráficos demonstravam.

Atualmente, quando as grandes multinacionais econômicas neoliberais ameaçam os Estados, forçando-os a tomar decisões e legislar determinadas medidas políticas que, segundo suas previsões, podem gerar melhores condições para aumentar a rentabilidade e produtividade de seus negócios, a estatística aparece mais uma vez como um instrumento privilegiado para obter o convencimento dos governos e de suas populações.

Os dados estatísticos aos quais tanto recorrem os organismos internacionais vinculados aos governos dos Estados mais poderosos são apresentados como análises comparativas científicas e, assim como nos primeiros momentos da constituição desta área da matemática, com cifras e informações objetivas; como os dados oferecidos pelos diagnósticos mais certeiros e, consequentemente, os que se prefere na hora de orientar, decidir e prever as melhores políticas e os modelos de educação. Essas cifras acabam atando os governos e, obviamente, seus Ministérios e Secretarias de Educação.

Os estudos avaliativos de nível internacional que estabelecem hierarquias comparativas de determinados aprendizados dos alunos estão muito ligados ao surgimento legal da International Association for the Evaluation of Educational Achievement (Associação Internacional para a Avaliação do Rendimento Escolar – IEA)[93], em 1967, em Hamburgo, na Alemanha. A partir desse momento se inicia uma crescente espiral de estudos sobre o rendimento dos alunos. Em um primeiro momento, essa instituição conquista uma notável legitimidade institucional para realizar avaliações comparativas no nível internacional do rendimento dos alunos. Posteriormente, em 1988, o governo dos Estados Unidos, aproveitando as críticas que vinham sendo feitas tanto sobre a periodicidade e continuidade das avaliações, como sobre a veracidade e as funções desse tipo de diagnóstico, decidiu encomendar essa tarefa a uma instituição especializada em medir resultados escolares: a Educational Testing Service (Serviço de Provas Educativas – ETS)[94], fundada em 1947. Essa é a instituição encarregada de fazer as avaliações comparativas, no estilo das que vinham sendo feitas pela IEA, mas tratando de se adequar por completo aos interesses da administração norte-americana (BOTTANI, 2006).

Contudo, na década de 1990, a IEA decidiu resolver algumas dessas críticas, especialmente as relativas à periodicidade, de maneira que se pudesse ver em que medida os resultados de cada país nessas avaliações iam melhorando ou não com o passar do tempo. Exemplos dessa modalidade de avaliação comparada promovida pela IEA são: o TIMSS (Trends in International Mathematics and Science Study), um questionário sobre matemática e ciências naturais dirigido a estudantes de educação primária e secundária, aos 9 e 13 anos de idade, respectivamente. Hoje já contamos com medições realizadas em 1995, 1999, 2003 e 2007, estando prevista uma próxima aplicação para o ano de 2011*. O PIRLS (Progress in International Reading Literacy Study), aplicado com uma periodicidade de cinco anos para avaliar o rendimento da leitura dos alunos; o primeiro estudo foi feito em 2001, o seguinte em 2006 e outra aplicação está em preparação.

É também a IEA quem realiza o TEDS-M 2008 (Teacher Education and Development Study in Mathematics), um estudo comparativo sobre a formação dos professores de matemática da educação primária e secundária. O propósito dessa pesquisa é ver a relação entre a formação dos professores e o rendimento dos alunos em tal disciplina.

No ano de 2009, essa mesma instituição anunciou que estava aplicando o ICCS 2009 (International Civic and Citizenship Education Study) com o objetivo de avaliar as competências em educação para a cidadania dos alunos, e cujos primeiros resultados publicou em 2010 (SCHULZ et al., 2010).[95]

Porém, ao mesmo tempo em que esse tipo de diagnóstico é feito, é preciso enfatizar que as críticas políticas e técnicas a tais estudos comparativos continuam se agravando. Em particular, tanto a IEA como o ETS vão gerar muitas suspeitas de estarem fazendo o jogo das agendas ocultas das autoridades da educação norte-americana, entre outros motivos, até por que para o seu financiamento é o governo dos Estados Unidos quem contribuiu com a maior parte das verbas.

Esta política de suspeita facilitará a entrada em ação da OCDE; uma instituição que na segunda metade da década de 1990 apostará no início de um plano de avaliações periódicas do rendimento escolar dos alunos, e, portanto, da qualidade dos sistemas de educação da maioria dos países do mundo.

A partir desse momento, os estudos PISA, que são apresentados como o resultado da aplicação dos instrumentos técnicos promovidos com base na independência e na objetividade, à margem das pressões e dos interesses das autoridades de educação de cada país, se tornam a base prin-

---

* N. de R.: O TIMSS 2011 foi realizado em 63 países, tendo nova edição prevista para 2015.

cipal dos dados de educação de caráter internacional; uma base que goza de grande prestígio e poder de influência para condicionar as políticas educativas europeias e, em geral, dos países representados pela OCDE. Essa referência serve tanto aos governos como às instituições sociais de qualquer tipo (partidos políticos, sindicatos, associações de mães e pais, organizações empresariais, etc.) para opinar e, inclusive, prejudicar quem está no poder, mas ela também serve para sugerir alternativas no sistema de educação, tomar decisões, realizar investimentos, etc. Assim, na prática, um organismo internacional como a OCDE é quem realmente está condicionando o planejamento, os conteúdos e as estruturas dos sistemas educativos; é ele quem dispõe de maiores redes e poder de influência para definir o que é entendido como qualidade dos sistemas escolares, ao impor seu modelo de avaliação.

O PISA avalia amostras de estudantes de 15 anos de idade pertencentes a 57 países, recorrendo a procedimentos de diagnóstico com lápis e papel. Esses testes servem, por sua vez, para legitimar e reforçar políticas baseadas nos resultados e ignoram tanto os processos e as condições nas quais a escolarização ocorre, como outros resultados diferentes daqueles desejados por quem elabora tais provas.

Contudo, como ressalta Bottani (2006), o PISA tem uma série de aspectos característicos que lhe conferem uma notável primazia e reconhecimento no nível internacional. Trata-se de uma prova com periodicidade trienal, a qual permite realizar acompanhamentos mais constantes das distintas políticas educativas e das medidas que vão sendo implementadas a fim de melhorar os resultados nessas provas. Além disso, ela sempre é aplicada às mesmas áreas do conhecimento, mesmo que em cada levantamento uma das três áreas a pesquisar se torne o principal objetivo; portanto, seu estudo representa cerca de dois terços do levantamento e essa é a prova à qual se dedica mais tempo para sua resposta.

Em cada aplicação também são incluídas algumas perguntas que se referem ao contexto sociocultural do aluno, assim como seus interesses e suas motivações; mas estas respostas não são comparadas para calibrar sua veracidade, seu real significado e sua consistência.

A prova PISA é considerada uma prova que não questiona os conteúdos obrigatórios do currículo dos distintos países, pois sua prioridade é avaliar o que denominam "competências" dos alunos. Contudo, esse também é um ponto ao qual são dirigidas críticas a países como a Espanha, no qual tanto o Ministério da Educação como as Secretarias de Educação das Comunidades Autônomas impõem um currículo extremamente sobrecarregado de conteúdos, que força os professores a se dedicar para que seus estudantes memorizem um mínimo de informações relevantes referentes a cada um dos inúmeros blocos de conteúdo estabelecidos como obrigatórios.

Porém, um dos inconvenientes no qual incide o maior número de críticas é o fato de que a prova é aplicada a estudantes de 15 anos sem levar em consideração o ano letivo em que se encontram. Isso prejudica os países nos quais grande parte dos alunos é obrigado a repetir de série, em relação a outros países nos quais esse tipo de situação não ocorre (BOTTANI, 2006, p. 84). Levemos em conta que a opção por aplicar essa avaliação a estudantes nessa idade é devida ao fato de se considerar que os países que tem estabelecida uma menor duração da escolarização obrigatória chegam pelo menos até os 15 anos.

Não pretendo desvalorizar o potencial desse tipo de avaliação, mas chamar a atenção para a complexidade dos processos educativos e, portanto, alertar para o fato de que sua avaliação não deveria depender exclusivamente de uma prova feita com lápis e papel, aplicada em um dia determinado e único aos alunos. Esse grupo, além disso, não está acostumado a se esforçar em exames que sabem que não contam para sua própria avaliação individual, e que inclusive em alguns momentos pode servir de instrumento para que os alunos, cientes dos efeitos do teste, optem por "castigar" seus professores, provocando maus resultados de propósito.

Considera-se como inquestionável que o que medem esses testes é a qualidade da educação, ou seja, o que essas agências consideram como uma "boa educação". Porém, não se faz um debate público e democrático sobre uma questão tão básica e urgente: o que é a educação? Isso, por sua vez, suporia um questionamento crítico tanto sobre a adequação do instrumento eleito para avaliar como também sobre os significados verdadeiros e implícitos do que se pretende e daquilo que de fato se constata. Por que esse tipo de instrumento? Com que itens? De que forma são formulados? Em que condições são aplicados? Que validade têm? Quais dimensões estão envolvidas neste processo de medição? Quais contextos, conteúdos e funções não são levados em consideração?

Depois de mais de meio século de pesquisas e inovações no âmbito da avaliação, parecia que se havia chegado a uma notável unanimidade quanto à crítica e à inadequação dos modelos positivistas e somativos da avaliação; quando já desde a década de 1970 era visível um consenso notável sobre a necessidade de apostar em modelos de avaliação formativa, de pesquisa-ação e de avaliação qualitativa; de optar por modelos que levaram em consideração os processos e não somente os resultados. Embora também houvesse ficado claro que a forma de avaliar condiciona de forma decisiva o conteúdo a ser avaliado. Hoje, sem reabrir o debate sobre a metodologia mais apropriada e os distintos tipos de provas para realizá-la, se impõe a avaliação somativa sem debate algum, se considera como inquestionável sua validade e relevância para o diagnóstico de um sistema de educação. Desconsideram-se os modelos que vêm sendo exigidos pelos professores mais comprometidos com seu trabalho nas salas de aula, o que manifesta de maneira reiterada a urgência de pesquisas democráticas mais sérias; que defende uma avaliação formativa e a solicitação de um maior número de pesquisas etnográficas e hermenêuticas sobre a vida cotidiana nas escolas, sobre o verdadeiro currículo trabalhado nas salas de aula.

Mas voltemos à ditadura dos números e da estatística. Tudo o que não pode ser medido numericamente não existe ou não é relevante. Supõe-se que um simples exame com lápis e papel, realizado em um dia escolhido aleatoriamente, é suficiente para a obtenção de uma radiografia da qualidade e do funcionamento de um sistema tão complexo como é o escolar. Até mesmo em muitos debates públicos se costuma deixar de lado (algo decisivo) que esta modalidade de prova acaba condicionando os conteúdos considerados mais convenientes para trabalhar nas salas de aula, hierarquizando sua importância em função de sua utilidade para a obtenção das melhores pontuações nesses testes de diagnóstico (TORRES, 2006; AU, 2009).

Outro implícito que passa despercebido é que se os alunos não têm uma boa pontuação nesse tipo de provas objetivas (qualificativo que por si só é muito pretensioso), os reais responsáveis por isso são os professores. Este modelo de avaliação, ao contrário, desconsidera outros fatores múltiplos que são incluídos nesses resultados (AU, 2009).

Uma temática complexa como é a avaliação do aprendizado e que é tão exaustivamente tratada na literatura especializada, é resolvida de imediato com alguns testes que ninguém justifica e que nos manuais e tratados sobre avaliação costumam ser criticados pelo seu simplismo e, especialmente, por sua falta de validade para avaliar o que realmente pretendem.

Nunca devemos esquecer que os modelos de avaliação com testes padronizados têm sua origem nos movimentos de eficiência social aplicados à educação, sob a influência dos modelos de produção capitalista e das filosofias eugenésicas do final do século XIX e início do século XX, baseadas no fato de que o Quociente de Inteligência (QI) seria determinado pelo código genético de cada pessoa (SELDEN, 1999; GOULD, 1998).

Porém, como algumas pesquisas vêm deixando claro, os testes tanto de âmbito internacional como nacional destinados a medir os rendimentos escolares são desiguais por sua elaboração (AU, 2009), tanto que inerentemente (re)produzem desigualdades associadas a relações socioeconômicas externas à educação, por meio de escolhas seletivas de códigos e conteúdos culturais associados a determinados grupos sociais e culturais. Os testes fazem opções e dão prioridades aos itens que os compõem e disso deriva sua capacidade de produzir e explicar os diferentes resultados escolares (BERNSTEIN, 1998; HOLLOCKS, 2002). Nas palavras de MacDonald,

> a avaliação deve levar em conta todos os interesses que podem ser identificados, ou seja, ninguém pode comprar a avaliação ou pré-determinar as perguntas, caso contrário seria um mero instrumento para aqueles que podem comprar uma avaliação. Levar em conta todos os interesses significa identificar as preocupações dos diferentes grupos com respeito à atividade que está sendo analisada e, para garantir que seus interesses estejam representados, todos deverão receber informações sobre todos os resultados. (1995, p. 15-16)

Contudo, a realidade é que nas últimas décadas tem havido um rápido desenvolvimento, uma autêntica explosão da cultura da auditoria (POWER, 1999), algo diferente do que deveria ser uma cultura de avaliação democrática (SIMONS, 1999; MACDONALD, 1995) guiada por um compromisso com a justiça, a igualdade e também a busca de um currículo escolar relevante para os alunos e para a comunidade. Trata-se de auditorias pensadas e analisadas exclusivamente sob o ponto de vista e os interesses de quem as exige e financia, que buscam fórmulas para a obtenção de melhores rendimentos econômicos no curto prazo, sem contemplar outros custos pessoais e sociais.

Por sua vez, esse modelo de diagnóstico do qual essas entidades internacionais se servem tem sido imitado pelas agências do Ministério de Educação e pelas Secretarias de Educação das Comunidades Autônomas da Espanha para a elaboração de suas próprias avaliações. Inclusive, em alguns países, os resultados dos alunos nesse tipo de provas servem para premiar ou castigar os professores, como uma estratégia destinada a incentivar a competitividade entre as instituições escolares de uma mesma cidade e das diferentes Comunidades Autônomas entre si.

A forte publicidade que acompanha esse tipo de prova lhe outorga tal importância que o resto dos discursos críticos passa a ser relegado imediatamente, a ser rotulado como algo ultrapassado, quando não como carente de suficiente rigor científico.

Qualquer analista da prova PISA sabe que nela são oferecidos inúmeros dados, mas é preciso contextualizá-los muito mais com outras variáveis, outros focos de atenção, bem como com outras informações coletadas em momentos diferentes e mediante outros procedimentos mais intensivos e outras técnicas mais qualitativas.

Mediante os dados estatísticos de um teste cuja aplicação é imposta sem que haja debates públicos sobre seus efeitos e consequências – uma prova justificada pela aparente objetividade outorgada pelas fórmulas matemáticas – os Estados se veem coagidos a tomar decisões para a melhoria de suas posições nas aplicações subsequentes do teste.

Uma vez publicados os dados do PISA, os meios de comunicação de massa provocam uma comoção significativa interpretando os dados que, por outro lado, não são fáceis de serem lidos nem analisados por membros do público ou jornalistas não especializados em estatística e políticas educativas. O recurso do sensacionalismo é uma reação frequente de boa parte dos meios de comunicação de massa. Com essa reação, e em função dos interesses políticos que estão por trás de cada meio, os meios de comunicação tratam de moldar do modo mais eficaz possível as opiniões e os juízos dos cidadãos e, consequentemente, orientar a tomada de decisões das autoridades da educação no sentido que mais interessa a tais grupos de pressão.

Para entender o papel do PISA é imprescindível ter presente os objetivos que a OCDE busca; ele é um organismo internacional que não dispõe de instrumentos legais para ditar leis nem tampouco de recursos econômicos para oferecer aos governos e, consequentemente, influenciar nas suas políticas e dirigi-las: algo que outras instituições internacionais, como o FMI, o Banco Mundial ou o Banco Central Europeu realmente têm como função expressa. Contudo, a OCDE, com seus estudos e políticas baseadas na comparação de países, se comporta como um vigia dos grandes objetivos e das orientações estabelecidas pelos governos e grupos econômicos mais poderosos do mundo. Nesse momento, seu modelo de política de educação é dirigido pelas teorias do capital humano e está focado em priorizar a construção e difusão do conhecimento necessário para sustentar os atuais modelos produtivos e econômicos neoliberais.

Nunca antes uma instituição global como a OCDE, dado o enorme impacto do seu programa PISA e a sua aparência de instituição neutra, dispôs de tanto poder e autoridade para impor um modelo do que é um sistema educativo de qualidade. Ou seja, ela apresenta à opinião pública um conjunto de medidas de política educativa com possibilidades reais de gerar progresso, riqueza, bem-estar e, de forma implícita, justiça. Como enfatizam Barnett e Finnemore (1999, p. 173), ao se referirem a esse tipo de organização em geral, elas revelam como os missioneiros de nosso tempo, dando as boas novas sobre as verdadeiras chaves para progredir econômica, cultural e socialmente. Todavia, tais organizações não se consideram obrigadas a explicar seus modelos nem quais são as garantias de sucesso de suas propostas; elas se dedicam a estabelecer comparações com base nos testes que se apresentam como a única e indiscutível estratégia para tomar decisões, ao estilo dos missioneiros que baseados na Bíblia difundiam a única "religião verdadeira". Não consideram indispensável justificar o caráter autoritário de sua estratégia metodológica nem dos indicadores que selecionam ou de seu modelo comparativo. Oferece-se como uma verdade "natural" algo que não é mais do que um modelo de educação entre outros possíveis.

A forte ascensão da OCDE também evidencia a maneira como eles conseguiram impor a política de indicadores que está começando a ser trabalhada em boa parte dos países que se submetem a tal pesquisa. É a partir de tais indicadores que a comparação se apresenta como mais lógica e, consequentemente, a competição se assenta cada vez mais como filosofia de fundo. Da mesma forma que os sistemas educativos dos países são apresentados competindo uns com os outros, rivalizando para ficar o mais alto possível na escala, essa mesma filosofia é transferida ao interior dos países. Eis a novidade dos indicadores de rendimento que as últimas leis de educação empregam (a LOCE e a LOE) e a obrigação de avaliá-los anualmente, de tornar os resultados públicos e, consequentemente, facilitar a construção e a visibilidade das classificações das escolas (TORRES, 2006).

Convém estarmos conscientes de que as políticas que enfatizam a avaliação controlada por indicadores de rendimento contribuem para condicionar de uma maneira restritiva a programação, a seleção de recursos didáticos, as tarefas a serem realizadas nas salas de aula e as modalidades de avaliação. Muito em breve, os professores irão se dar conta de que a valorização de seu trabalho por parte da administração e, consequentemente, do público, estará diretamente vinculada aos resultados de seus alunos nas provas de análise feitas pela inspetoria ou pela agência de avaliação delegada pelo Ministério da Educação ou pelas respectivas Secretarias dos Governos Autônomos ou Estados. Assim, ainda que a contragosto, acabam por se concentrar na busca de estratégias metodológicas, materiais curriculares e propostas de tarefas escolares mais diretamente dirigidas à preparação dos alunos a fim de que tenham sucesso nesses testes de medição. Inclusive, um percentual de horas cada vez maior vai ser dedicado para treinar os alunos para que saibam como responder aos itens que constam nos testes por meio dos quais são avaliados e para que possam obter melhores resultados (TORRES, 2006).

A pressão da mídia e das famílias sobre as escolas para conseguir melhores resultados nesses testes de avaliação externa também costuma produzir importantes distorções nos grandes objetivos da educação obrigatória. A preocupação por uma educação verdadeiramente integral acaba se tornando um modelo de formação muito mais restrito – e por que não dizer de forma mais clara, mais corrupto (ROTHSTEIN; ROTHSTEIN; WILDER, 2008) – centrado nas matérias e nos conteúdos que são objetos das provas de avaliação e por eles dominados. Até mesmo nas próprias matérias objeto de avaliação – matemática, ciências e leitura – o que preocupa são as habilidades necessárias para responder de forma eficaz os testes, e não tanto o interesse por conteúdos verdadeiramente significativos e relevantes trabalhados de forma crítica e a mais interdisciplinar possível a fim de facilitar uma melhor compreensão do conhecimento.

À medida que essas políticas vão sendo consolidadas, o debate público e democrático tanto sobre as finalidades dos sistemas educativos como sobre os conteúdos culturais, que deveriam ser objeto de atenção a esta altura da história, são assuntos que irão desaparecendo do âmbito das preocupações dos professores e até mesmo das autoridades políticas responsáveis pela educação. Isso significa que corremos o risco de estar trabalhando com propostas curriculares social e culturalmente "vazias".

É também necessário esclarecer outro dos efeitos colaterais das atuais políticas dominadas pelas agências de avaliação: o enorme crescimento dos negócios derivados dos testes e demais recursos que implicam a aplicação, correção e difusão dos resultados. Essas agências, nos Estados Unidos, por exemplo, estão faturando milhões de dólares anuais proporcionados pelo governo e pelos diferentes Estados e governos locais, mas o resultado de suas atuações não reflete em um melhor rendimento dos alunos (RAVITCH, 2010, p. 101). Essa denúncia é de enorme valor, uma vez que uma das pessoas que a está realizando é Diane Ravitch, uma das grandes especialistas em educação dos Estados Unidos, que de 1991 a 1993 foi Assistant Secretary of Education do governo conservador de George H. W. Bush e posteriormente colaborou muito diretamente com a administração de Bill Clinton. Desde o início, Ravitch apostou claramente neste tipo de medidas dominadas por avaliações de padrões, assim como em políticas de maior privatização. Contudo, uma vez que começou a dispor de dados rigorosos e fiáveis sobre os efeitos de tais medidas e, em geral, da aplicação da famosa lei de educação No Child Left Behind – NCLB (Nenhuma criança deixada para trás), de 2001 (e ainda vigente), ela passou a denunciar o fracasso da agência norte-americana, assim como seus efeitos perversos sobre os níveis de justiça e de eficácia do sistema de educação (RAVITCH, 2010).

Este tipo de avaliação baseada em indicadores de rendimento ou padrões ainda está dando seus primeiros passos no Estado espanhol, mas já dispomos de dados conclusivos sobre seus efeitos colaterais em outros países. No contexto espanhol, contudo, já estamos nos conscientizando dos efeitos do PISA e não podemos deixar de lado que atualmente são os resultados dessa prova os que têm maior poder para definir e convencer a população sobre o que é ou não um bom sistema de educação e, consequentemente, uma boa política educativa. Seus resultados aparecem como "inquestionáveis", objetivos e neutros; portanto, não se aceita de bom grado que alguém os questione.

Além disso, para evitar que alguém acuse a OCDE de estar introduzindo determinados conteúdos culturais no currículo – de apostar em uma seleção concreta que favoreceria grupos específicos culturais em relação a outros – umas das últimas estratégias de distração é a de se servir da linguagem das competências. Dessa forma, tratar-se-ia de analisar capacidades cognitivas que em teoria poderiam ser desenvolvidas com qualquer lista de blocos de conteúdos da matéria avaliada. Estamos perante estudos avaliativos do tipo comparativista e que, por sua vez, são apresentados como avais de um modelo de currículo aberto, válidos para qualquer seleção de conteúdos. Portanto, se as próprias administrações também recorressem à linguagem das competências, encontrariam esse tipo de diagnóstico de seu agrado, pois isso lhes permitiria evitar serem acusadas de promover determinados tipos de preconceitos nas escolhas que tradicionalmente vêm fazendo no que se estabelece como ensino mínimo obrigatório para todo o Estado e, é óbvio, tampouco nos conteúdos adicionados por cada Comunidade Autônoma. Estaríamos assim perante um modelo de educação onde o que não precisaria de maior atenção ou grandes debates seriam os conteúdos, já que a chave está na definição de "competências". Essa filosofia praticada pelo PISA é o que permite a aplicação de seus testes de avaliação em qualquer país, sem que os resultados possam ser aparentemente afetados pelas distintas disciplinas e seus conteúdos obrigatórios, que boa parte dos países impõe que sejam trabalhados nas escolas.

Contudo, não podemos ignorar que as avaliações PISA somente diagnosticam três aspectos: a compreensão leitora[96], a alfabetização matemática e a científica. Uma vez que se publicam estes resultados, tais áreas do conhecimento se convertem imediatamente no principal foco de atenção, tanto por parte da administração – que a partir desse momento dedicará todos seus esforços para reforçar esse tipo de conteúdo e facilitar para que disponham de mais tempo e melhores recursos – como por parte das famílias e dos próprios alunos que já terão claro que a lista das matérias de seu plano de estudos está hierarquizada (MCMURRER, 2007). Assim, se considerará que o importante são os resultados em matemática e ciências, e se relegará o *status* de "banais" ao resto das matérias e dos conteúdos.

Na hora de julgar esse tipo de disfunção, é preciso ter presente que mediante tais provas não se avaliam os conteúdos obrigatórios dos currículos dessas mesmas disciplinas impostas pelo Ministério de Educação e pelas Secretarias de Educação das Comunidades Autônomas e, é óbvio, nem os conteúdos do resto das áreas do conhecimento. Ou seja, não são diagnosticados conhecimentos, procedimentos e valores tão importantes como o conhecimento das habilidades artísticas, a capacidade de interpretação de momentos históricos; fenômenos políticos e sociais; as competências comunicativas; a formação literária; a capacidade de análise crítica; a educação afetivo-social; o desenvolvimento psicomotor e as habilidades esportivas, etc.; nem mesmo outras dimensões que são indispensáveis para o exercício de cidadãos responsáveis dentro de sociedades democráticas, tais como: o conhecimento dos Direitos Humanos por parte dos alunos, sua capacidade de resolução de conflitos, sua participação na gestão da vida cotidiana na escola, suas habilidades para o debate, a capacidade de colaborar com os demais e de ajudá-los, seu nível de responsabilidade, seu compromisso com a democracia; seus valores e suas prioridades na vida, etc. (Quadro 1.3). Curiosamente, esses tipos de área do conhecimento e conteúdos são os que menos atenção recebem nas políticas educativas e, consequentemente, em um bom número dos programas curriculares da grande maioria das escolas.

Do ponto de vista dos grupos sociais economicamente mais poderosos e ideologicamente conservadores, as ciências sociais, a filosofia, as ciências humanas e as artes, na medida em que costumam dirigir seu olhar para assuntos mais atuais, têm um potencial mais perigoso para os aparatos políticos, culturais e econômicos dominantes; pois são grandes as tentações para dedicar muitos esforços a lhes conferir um peso cada vez maior no sistema educativo. Questionar-se sobre a verdade, a bondade, a justiça, a solidariedade e a beleza não é algo que as esferas do Poder Executivo e nem uma ampla maioria dos professores deseje converter facilmente no eixo estruturador da seleção dos conteúdos, da escolha dos recursos de informações e didáticos, das tarefas escolares que os alunos devem realizar e da avaliação dos aprendizados nas instituições escolares. Como enfatiza Young,

> a opressão consiste em processos institucionais sistemáticos que impedem que algumas pessoas aprendam e usem habilidades satisfatórias e expansivas em meios socialmente reconhecidos, ou em processos sociais institucionalizados que anulam a capacidade das pessoas para interagir e se comunicar com outras ou para expressar sentimentos e perspectivas sobre a vida social em contextos onde outras pessoas podem escutá-las. (2000, p. 68)

Currículo escolar e justiça social **207**

Quadro 1.3 PISA e a avaliação dos sistemas educativos

Mede três aspectos:
- A compreensão leitora
- A alfabetização matemática e
- A alfabetização científica

Não são avaliados:
- Os conteúdos obrigatórios de todas as disciplinas impostas pelo Ministério de Educação e pelas Secretarias de Educação das Comunidades Autônomas, inclusive os conteúdos das três áreas que o PISA mede em suas dimensões
- A escrita, a capacidade de expressão, comunicação e raciocínio
- As habilidades para o debate e a comunicação respeitosa
- Os conhecimentos, os procedimentos, as habilidades e os valores artísticos
- A formação literária
- Os conhecimentos e as capacidades de interpretação e de situar momentos históricos, fenômenos políticos e sociais
- A capacidade de análise crítica
- A competência para pensar, analisar e tomar decisões com base em sistemas interdisciplinares
- A educação psicomotora e as competências desportivas
- A educação ética e moral
- A educação para a cidadania e os Direitos Humanos
- A capacidade de resolução de conflitos
- A educação para a paz
- A abertura de espírito e a aceitação de outras culturas e povos
- A participação na gestão da vida cotidiana nas instituições escolares
- A educação ambiental
- A educação para a saúde
- A educação para o consumo
- A educação para o trânsito
- A capacidade para realizar julgamentos informados e arrazoados
- A capacidade de colaboração e de ajudar os demais
- O nível de responsabilidade e o compromisso com a democracia
- Os valores e as prioridades para a vida em sociedades democráticas, etc.
- Os hábitos culturais: a leitura, a frequência em concertos, museus, conferências, etc.
- A educação sobre a mídia ou os meios de comunicação
- A educação afetivo-social

Fonte: O autor.

No entanto, chama muito a atenção o fato de que a maioria dos governos e Ministérios de Educação que são prejudicados imediatamente acaba transferindo a culpa aos elos mais fracos da corrente: os professores e as famílias. Pensemos por um momento nos dois últimos relatórios PISA, nos quais a Finlândia aparece como o melhor sistema de educação do mundo. Dentro dessa lógica, conviria analisar quais são as características do modelo finlandês; por exemplo, um modelo que realmente aposta na formação dos professores, tornando-os profissionais especializados que sabem trabalhar com autonomia nas escolas e nas salas de aula. O governo finlandês não precisa elaborar essas listas exaustivas de conteúdos e competências obrigatórias, fazer avaliações comparativas dos alunos e, portanto, das escolas. Além disso, lá os professores não são tão dependentes dos livros-texto que organizam por completo a vida dos alunos e dos professores; o sistema finlandês aposta decididamente em um modelo abrangente, não segregador, etc. Seu governo investe muito mais em educação e há pelo menos um século lidera a classificação de países que destinam mais recursos a essa esfera. Por que não ocorre às autoridades da educação do Estado espanhol relacionar esse tipo de medida com a melhoria do seu sistema de educação?

No fundo, os grandes interesses da OCDE são priorizados pelo PISA; o que ele busca é diagnosticar em que nível os alunos dos distintos países estão preparados para o mercado profissional e possuem as habilidades que os permitam ser incorporados como força de trabalho. Como resultado do clima de opinião que seus diagnósticos geram em cada país, a OCDE também insiste que os melhores estudantes sejam encaminhados aos estudos de especializações que essa organização internacional considera ter maiores possibilidades de geração de riquezas no sistema produtivo e profissional dominante nos países de hoje.

Este empenho para uma reorientação neoliberal do conhecimento e, portanto, das políticas de pesquisa e desenvolvimento também é visível em fóruns elitistas como as Reuniões de Ministros de Educação do G-8 e do G-20, ou seja, do grupo de países mais industrializados e poderosos do mundo. Assim, por exemplo, no encontro do G-8 celebrado em julho de 2009 na cidade italiana de L'Aquila, no qual participaram, além dos membros originais, representantes de outros 20 países e de 10 organizações internacionais, foi aprovado um relatório intitulado "Sharing Responsabilities to Advance Education for All"[97] (Compartilhar responsabilidades a fim de progredir rumo à educação para todos, 2009), no qual junto com diversas declarações de intenções mais ou menos altruístas – que na realidade não implicam obrigações claras e contundentes – fica bem claro que depois da etapa da educação primária, o papel fundamental do sistema de educação e que é exigido de professores mais competentes é o "desenvolvimento de habilidades para a empregabilidade" (p. 6).

Neste mundo globalizado de acordo com parâmetros neoliberais, como facilmente podemos constatar, uma rede bem organizada de instituições internacionais condiciona cada vez mais e de maneira mais decisiva as políticas a serem implementadas por cada um dos distintos países. A OCDE, por meio do programa PISA, vigia a educação da forma que estamos vendo;

o Banco Mundial, o Fundo Monetário Internacional e o Banco Central Europeu vigiam a economia; a Organização Mundial do Comércio é responsável pelo mundo dos negócios, pelo mercado de trabalho e pela produção; a OTAN, pelas políticas de defesa e pelo mercado de armamentos; o Vaticano, pelos assuntos religiosos e também muitos aspectos da vida social, familiar e da educação, etc. Esses tipos de organizações internacionais têm uma grande capacidade de influência, mas convém estarmos cientes de que são instâncias que raramente precisam dar explicações ou prestar contas do que fazem e exigem ou mesmo de seus erros.

Uma das chaves do poder destas instituições, salvo o Vaticano, está em sua capacidade de manejar e apresentar dados estatísticos de cada um dos países; em estabelecer comparações e publicá-las. Suas estatísticas decidem e reorientam continuamente as tomadas de decisão dos governos de cada país. Até os próprios partidos políticos que se encontram em determinado momento na oposição recorrem a estas estatísticas para extrair os dados a lançar contra os governos e seus ministérios.

A definição e a localização de "boas práticas"

Para facilitar ainda mais essa reorientação mercantilista do conhecimento, a OCDE – além de recorrer à estratégia de pressão baseada na elaboração de indicadores quantitativos, padrões de avaliação que permitam visualizar rapidamente os avanços e freios nesse sentido (OCDE, 2005 e 2007) – abarcará com outra iniciativa que à primeira vista parece muito positiva: localizar e tornar públicos os modelos de "boas práticas", projeto que assim que anunciado não parece levantar suspeitas sobre sua validade e seu valor exemplar.

Este tipo de proposta surge no âmbito tecnológico e na produção empresarial, mas pouco a pouco, na medida em que o positivismo conquista ou recupera outros âmbitos diferentes, também se transforma em pauta a levar em consideração. As palavras do Secretário Geral da OCDE, Ángel Gurría, em uma entrevista ao USCIB (United States Council for International Business) em junho de 2006[98], são uma boa prova disso. Ao ser questionado sobre o motivo pelo qual o mundo dos negócios norte-americano deveria prestar atenção à OCDE, ele respondeu afirmando que esta entidade

> desempenhou um papel muito importante nos momentos em que as ideologias competiam entre si, quando frente aos enfoques de mercado havia opções mais protecionistas. Agora, ao contrário, já é uma questão de boas práticas. Como difundir as melhores práticas a fim de ter uma economia mun-

dial que trabalhe melhor? Somos a instituição porta-voz das economias do mercado. Somo a instituição que identifica, analisa, quantifica, avalia e, a seguir, propõe as melhores práticas aos países.

A OCDE é a instituição que mais trabalhará para a fixação e instrumentalização destes slogans de "boas práticas". Assim, mesmo em um de seus documentos mais divulgados, "The Knowledge-Based Economy" (A economia baseada no conhecimento), um dos primeiros parágrafos inicia enfatizando que "identificar as 'melhores práticas' para a economia baseada no conhecimento é um ponto central do trabalho da OCDE no campo da ciência, da tecnologia e da indústria" (OCDE, 1996, p. 3).

A metodologia que costuma ser seguida para detectar essas "boas práticas" é organizada em torno de três eixos: 1) a especificação dos principais fatores que têm maior impacto nos resultados desejáveis; 2) a concretização dos critérios mensuráveis de maneira quantitativa do que é definido como uma "boa prática"; e 3) o cálculo de um índice de "melhores práticas" e outro de "boas práticas", o que permitirá a comparação e a hierarquização das distintas instituições, empresas e países.

No fundo, nos vemos perante um tipo de intervenção que também serve para legitimar outro tipo de negócio relacionado com essa filosofia, como é o caso das empresas consultoras de educação. Essas empresas, considerando como inquestionáveis determinados parâmetros e padrões que julgam ser os mais adequados e que não submetem claramente ao debate, tratam de promover e controlar o que consideram as condutas e os requisitos básicos para alcançar o sucesso da missão que se pretende realizar. Daí, por exemplo, a atualidade e difusão das Normas ISO estabelecidas pela International Organization for Standardization (ISO – Organização Internacional para a Padronização)[99]. Essas normas pretendem estabelecer o conjunto de requisitos com os quais se pode garantir a eficácia e a qualidade do processo ou produto ao qual se aplicam; elas determinam o que e como avaliar, sem submeter suas razões e seus motivos implícitos a um debate verdadeiramente democrático.

A ISO é uma entidade criada em 1947 para promover um conjunto de normas a fim de avaliar ou tratar de garantir determinados processos de fabricação, distribuição e comercialização. Essa agência tem delegações em aproximadamente uma centena de países e é composta de vários comitês técnicos encarregados de áreas concretas e específicas. Sua filosofia se baseia em estabelecer uma relação de caráter quantitativo entre um conjunto de procedimentos, processos e recursos que garantiriam determinados resultados aos usuários desses serviços.

Essas agências, que logicamente funcionam com base em modelos capitalistas, têm limitações econômicas. No momento de seu planejamento, os custos econômicos condicionam as escolhas dos modelos e das técnicas de avaliação e coleta de informação. Avaliar mais profundamente e rigorosamente a qualidade dos sistemas educativos pode ser muito dispendioso caso se aposte em modelos mais etnográficos e qualitativos do que se o recurso for uma enquete, uma escola ou um teste que se aplica muito facilmente e cujos dados são tratados exclusivamente com modelos matemáticos.

Atualmente, já existe um bom número de instituições de ensino que inclusive aproveitam a obtenção das certificações ISO para sua autopromoção nos meios de comunicação e perante as famílias como escolas eficazes e de qualidade. No fundo, estamos perante práticas educativas baseadas nos modelos positivistas empresariais e produtivos de Gestão da Qualidade Total (Total Quality Management – TQM).

A estratégia da Gestão da Qualidade Total pretende elaborar um rigoroso processo de melhoria continua para o controle de todos os passos que interferem tanto no projeto de determinado produto como na fabricação de instrumentos e materiais específicos ou na oferta de certos serviços. O seguimento escrupuloso dessas pautas garantiria a produção desses objetos sem nenhum defeito ou a prestação desses serviços com o menor custo possível, no tempo estabelecido e com a plena satisfação do cliente.

Este modelo, da maneira como está sendo aplicado aos sistemas educativos, sendo uma das novidades que está se tornando moda, trata de buscar e divulgar as "melhores práticas", ou seja, o conjunto de ações e exigências para atingir padrões de qualidade e de rendimento específicos. Ele se baseia em localizar os professores cujos alunos têm uma melhor pontuação nos testes e exames, considerando que são os profissionais que fazem melhor seu trabalho, e depois o modelo analisa concretamente como isso ocorre, para então tentar copiar essas mesmas práticas de sucesso em outros lugares e com outros docentes.

Na maior parte dos casos, têm se assumido de forma implícita que essas práticas estão à margem dos contextos, posto que quase sempre seus resultados são oferecidos ao público afirmando que esse comportamento modelo garante o sucesso em qualquer lugar com características semelhantes. Porém, o problema é que na educação é muito mais difícil expressar um funcionamento bem-sucedido em protocolos de atuação e de aplicação mais universal do que em outros âmbitos mais técnicos e mecânicos. Um dos vários motivos é que é muito mais difícil chegar ao consenso do que é uma boa prática, uma educação de qualidade, assim como quais são as estratégias metodológicas e os recursos didáticos mais adequados.

Porém, não devemos deixar de citar que tanto a OCDE como os demais organismos internacionais de caráter neoliberal assumem uma concepção simplista do que a educação deve ser, já que definem o capital humano como "os conhecimentos, as competências, as habilidades e outros atributos dos indivíduos que são relevantes para a atividade econômica" (OCDE, 1998, p. 9). Essa é uma definição restrita unicamente aos atributos humanos com os quais, direta ou indiretamente, pode-se gerar benefícios econômicos. Assim, o capital humano constitui um ativo intangível com capacidade para melhorar ou fomentar a produtividade, a inovação e a empregabilidade (OCDE, 1998, p. 9).

Como consequência, tanto a estratégia das avaliações comparativistas de âmbito global como o modelo de mostrar as "boas práticas" visam a reforçar as filosofias neoliberais também no seio dos sistemas educativos. Elas também contribuem para a mercantilização do currículo, contemplando prioritariamente as necessidades e os interesses dos grandes monopólios empresariais. Tais estratégias ignoram que – nas sociedades atuais, na medida em que o nível de educação e da cultura da população sobe – o mundo da pintura, da escultura, da música, da dança, do teatro, da literatura, da poesia, do atletismo, dos esportes, etc., também é um motor muito importante de riqueza, que permite a muitas mulheres e homens uma plena autorrealização como pessoas. Ou seja, dispor de uma boa educação com a qual contribuir para o exercício da cidadania e para a melhoria da sociedade é a mesma coisa que obter recursos econômicos mais que suficientes para viver uma vida digna. Os museus, os teatros, as salas de concertos, as salas de conferências, os espaços poliesportivos, etc., atraem cada vez mais um maior número de pessoas que desfrutam e também investem nesse tipo de produção.

Contudo, esses âmbitos da cultura são parte de um mundo onde o rigor que acompanha o trabalho intelectual e a criatividade costuma estar acompanhado da critica àquelas parcelas da realidade nas quais as injustiças são mais visíveis. Artistas e intelectuais costumam ser pessoas muito incômodas para o poder. Por isso, os interesses e benefícios gerados nesses âmbitos da atividade humana não costumam preocupar as grandes multinacionais que integram, por exemplo, a European Round Table of Industrialists (ERT) ou organizações econômicas como a OCDE ou a Organização Mundial do Comércio. Isso explica por que seus focos de atenção não se dirigem à avaliação de como os sistemas de educação atuais focam os aprendizados exigidos para o âmbito das ciências sociais, das ciências humanas e das artes.

Tenhamos presente que, como já explicado por Horkheimer,

não existe humanismo sem um posicionamento claro frente aos problemas históricos da época; o humanismo não pode existir como mera confissão de si mesmo. O humanismo do passado consistiu uma crítica da ordem feudal de um mundo que, com sua hierarquização, se converteu em um empecilho para o desenvolvimento humano. O humanismo do presente consiste em criticar as formas de vida sob as quais hoje em dia a humanidade sucumbe e em se esforçar para transformá-las em um sentido racional. (1982, p. 197)

Foram os estudos sociais, humanos e artísticos que ajudaram grandes conceitos como política, justiça, igualdade, liberdade, fraternidade, solidariedade, sabedoria, bondade, beleza, ecologia, etc., a se converter em ideais que em inúmeros momentos históricos mobilizaram e continuam mobilizando determinados grupos sociais para lutar pela construção de uma ética para uma sociedade mais democrática. Estudos e criações culturais mostram e oferecem argumentos sólidos para refutar tradições autoritárias, classistas, sexistas, racistas e, em geral, discriminatórias; tais estudos e criações vêm contribuindo para que a cada dia um maior número de pessoas possa compreender a importância de cidadãos mais educados e informados e, consequentemente, que possam lutar por tais objetivos. As teorias filosóficas foram, e ainda são, o *corpus* científico que as distintas ciências sociais vêm desenvolvendo, o que permite entender nosso mundo de uma maneira mais racional; o que nos ajuda a perceber e interpretar com mais acerto o que ocorre nas sociedades atuais.

O que significa educar hoje?

Ao ver as análises das políticas educativas não podemos cair no simplismo de considerar que os governos tomam suas decisões com total autonomia ou, também, em uma harmoniosa coerência com os ideais, os valores e a ideologia e/ou programa do partido político que neste momento são adotados pelo Ministério da Educação. Tampouco devemos assumir um funcionalismo e um mecanicismo que nos leve à suposição de que são sempre os poderes internacionais, as organizações globais e as multinacionais que em todo momento definem o rumo dos governos nacionais, regionais e locais. Convencer a opinião pública de que essas macroestruturas que buscam reorientar as políticas educativas nacionais sempre terão sucesso e que nem os países nem os grupos de profissionais do ensino ou os cidadãos em geral têm possibilidades de gerar reações e contradições que obriguem as autoridades da educação a questionar e, inclusive, deixar à margem tais pressões e recomendações, é o objetivo das campanhas que as ideologias neoliberais e conservadoras fazem em seus meios de comunicação com muita assiduidade.

Esse tipo de modelo analítico, no fundo, considera os cidadãos de maneira passiva, como seres humanos sem iniciativa ou ao menos sem uma verdadeira capacidade de influência, ineficazes em suas ações e mobilizações. Ao contrário, pensar na população como um conjunto de cidadãos nos permite perceber com maior facilidade as possibilidades de consciência, reflexão e autonomia de cada ser humano; seus níveis de liberdade e, portanto, seus potenciais enquanto agentes ativos do destino de sua comunidade, da sociedade e do planeta.

Portanto, é imprescindível prestar atenção às dinâmicas sociais, políticas, econômicas, culturais, religiosas, militares e, é lógico, educativas que ocorrem na sociedade a todo o momento. Essas dinâmicas são geradoras de tensões sociais mais ou menos visíveis e acentuadas, mas que, em boa parte, vão influenciar e condicionar todas as propostas, negociações, decisões e avaliações que por fim determinarão o que será expresso em leis, decretos, normas ou recomendações oficiais.

As reações a esse tipo de política neoliberal de globalização que temos comentado também são um motivo a mais para que os movimentos progressistas possam voltar a repensar os sistemas educativos; para que outras opções de ensino e aprendizagem sejam geradas, com as quais se possa adequá-los de forma mais democrática, justa e solidária às necessidades das sociedades atuais. Nos últimos anos os sindicatos, Movimentos de Renovação Pedagógica (MRP) e inúmeros fóruns e associações dos professores estão tratando de reagir, recorrendo a pesquisas e análises alternativas que denunciam o que na realidade se esconde com palavras como Processo de Bolonha, harmonização europeia, convergência, mobilidade dos alunos, competências, excelência, qualidade, boas práticas, etc.

Para entender com maior rigor o que acontece no interior de determinado sistema educativo e, inclusive, para intervir de modo mais eficaz sobre seu funcionamento, é preciso ir além dos discursos generalistas e, em diversas ocasiões descontextualizados que com muita frequência são mostrados de um modo sensacionalista. Esses estudos tendem a desviar as realidades idiossincrásicas e peculiaridades de cada instituição escolar; eles não levam em consideração as dinâmicas e os aspectos mais particulares que as distintas organizações locais, os setores da sociedade e os grupos de especia-

Currículo escolar e justiça social **215**

listas mais comprometidos politicamente nesses contextos sócio-históricos específicos focam e aos quais dirigem suas linhas de ação. As diferentes comunidades interferem nessas dinâmicas, normalmente de um modo desorganizado, com objetivos antagônicos, com exercícios de força mediante a geração de conflitos, de resistências, de ações de apoio, com negociações, etc., sempre com a finalidade de influenciar a tomada de decisão tanto no âmbito da política e da legislação educativa como no da prática cotidiana nas escolas e nas suas salas de aula.

As leis educativas, e ainda mais as legislações e normas que as desenvolvem, costumam estar muito longe de serem projetos ou modelos coerentes com a ideologia de determinada força política, de uma opção ideológica exclusiva. Os processos de negociação que as atuais democracias parlamentaristas obrigam são uma boa amostra do dinamismo dos distintos grupos sociais nos quais toda sociedade se organiza.

Porém, ainda com esse sistema de fundo, é urgente reconhecer que faltam pesquisas, análises e debates sobre o que é uma "boa educação" e uma "pessoa educada". Essas linhas de discussão tendem a ser evitadas na medida em que é a pressão da mídia – a qual gera os relatórios e as avaliações das instituições econômicas mundiais, como as que temos analisado – o que incide de forma mais decisiva na construção de um sentido coletivo comum relacionado com a razão de ser e as finalidades da educação institucionalizada. As dimensões que essas instituições econômicas e neoliberais mostram nas suas análises são as que acabam se convertendo no que é verdadeiramente decisivo, urgente e substancial para boa parte da opinião pública.

Organizar um debate e elaborar propostas sobre o sentido e as metas dos sistemas educativos a esta altura da história é algo que deveria ser uma tarefa obrigatória para toda sociedade que se autodefina como verdadeiramente democrática. Essa tarefa, da mesma forma, deveria ocupar com maior periodicidade os distintos grupos sociais, as organizações e os fóruns e, logicamente, os meios de comunicação.

As etapas educativas que o Estado impõe como obrigatórias para toda a população têm entre suas razões de ser preparar as gerações mais jovens para o exercício de suas obrigações e seus compromissos como cidadãos democráticos nas atuais sociedades democráticas, abertas e multiculturais.

Educar é preparar as crianças e os adolescentes para serem pessoas autônomas, capazes de tomar decisões e elaborar julgamentos arrazoados e razoáveis, tanto sobre sua conduta como sobre a conduta dos demais; torná-los capazes de dialogar e cooperar na resolução de problemas e nas propos-

216 Jurjo Torres Santomé

tas de solução encaminhadas para a construção de uma sociedade mais justa. Para esse objetivo, toda pessoa educada precisa dispor de conteúdos culturais relevantes, que lhe permitam compreender o mundo e, ao mesmo tempo, desenvolver suas capacidades cognitivas, afetivas e sociais com as quais poderão tirar o melhor partido para seus direitos e deveres como cidadãos. Consequentemente, o estudo das distintas áreas do conhecimento e disciplinas que constam no currículo escolar (idiomas, matemática, história, geografia, ciências experimentais, novas tecnologias, filosofia, artes, etc.) é a estratégia que permitirá que as novas gerações aprendam a conhecer o mundo e se capacitem para se integrar ao seu tecido profissional, cultural, político e social.

Com essa concepção de fundo e dadas as características das sociedades que caracterizam o mundo de hoje, as constantes transformações que originam as 12 grandes revoluções que comentamos, consideramos que podemos julgar a validade, adequação e relevância de um sistema educativo na medida em que quem já passou por ele pode, entre outras coisas, dar uma resposta satisfatória a questões como as que apresentamos no Quadro 1.4.

Quadro 1.4 Aspectos de uma pessoa educada

PESSOA EDUCADA:

É aquela com conhecimentos e capacidades para analisar, argumentar e decidir, entre outros, temas como:
- Que modelos e medidas políticas, econômicas e sociais são mais justas e como elas operam.
- De que maneiras são produzidas as distintas modalidades de discriminação de povos, grupos sociais e pessoas.
- Que deformidades e injustiças são geradas pelos modelos de produção mais hegemônicos e as sociedades de economia neoliberal.
- Por quais meios são legitimados os padrões culturais dominantes e que efeitos eles têm.
- A importância e as implicações das principais teorias e dos fenômenos científicos mais atuais.
- Os modelos dominantes de relação entre poder e conhecimento.
- As possibilidades, as aplicações e os usos responsáveis e críticos dos recursos tecnológicos da comunicação e informação.
- De que formas a racionalidade científica dominante determina o *senso comum*, tanto nas instituições escolares como nas demais esferas da vida cotidiana.
- Quais conhecimentos, habilidades, hábitos e valores são imprescindíveis para poder levar uma vida digna e comprometida com a sustentabilidade do planeta.
- Que capacidade as distintas culturas têm de formar modelos de boas sociedades exemplares baseados no *reconhecimento mútuo*, na *justiça redistributiva* e na *participação democrática*.

Fonte: O autor.

Como consequência, debater, propor e colocar em prática reformas de maior ou menor abrangência no sistema educativo deveria ser um dos principais indícios de que estamos perante uma sociedade democrática na qual os cidadãos não deixam de lado suas obrigações cívicas. A característica que diferencia os cidadãos responsáveis, que não deixam de lado suas funções, costuma tipificar uma comunidade que avalia periodicamente o grau de adequação de suas instituições, políticas e projetos, de acordo com as aspirações e metas do futuro que essa sociedade define, e para as quais têm um maior grau de consenso.

Frente a um panorama tão complexo, é preciso incluir nas preocupações dos professores o tema dos conteúdos escolares e das estratégias com as quais eles trabalham; é preciso ter presente quem seleciona estes conteúdos, e não como e por que tais conteúdos são selecionados. Morin (2001) assinala que um problema universal para qualquer pessoa consiste em como conseguir o acesso à informação sobre o mundo e como alcançar a possibilidade de articulá-la e organizá-la; como perceber e conceber o contexto, o global (a relação todo-partes), o multidimensional e o complexo.

Não devemos ignorar que uma reprovação na escolarização obrigatória sempre acarreta importantes problemas tanto para as pessoas individualmente como para o resto da comunidade da qual fazem parte. O diagnóstico de uma reprovação escolar pressupõe que existem muitas coisas que essas pessoas não entendem sobre o funcionamento da sociedade; que lhes faltam conhecimentos e informações, bem como capacidade para compreender a sociedade e colocá-la em ação, assim como lhes faltam habilidades, atitudes e valores básicos para conviver e trabalhar de maneira responsável. A vida em sociedade sempre exigiu pessoas educadas, não meramente treinadas ou amestradas; mas esse requisito é ainda mais imprescindível para a vida no mundo de hoje.

O futuro das sociedades democráticas depende de um sistema de educação público e democrático. Um empresário nunca diria que seu objetivo é fortalecer a democracia, educar cidadãos críticos, democráticos, responsáveis e solidários.

Dada a complexidade do mundo em que vivemos atualmente, não podemos pensar na educação sem supor que a formação deve ser contínua, ao longo de toda a vida da pessoa. Da mesma forma, é preciso levar em conta que as instituições e os espaços escolares perderam a exclusividade, o que está dando lugar a novos modelos de instituições de ensino nas quais existe uma grande interdependência de inúmeras redes e espaços extraescolares a esta atividade de formação.

NOTAS

1 Disponível em: <http://www.planavanza.es/InformacionGeneral/PlanAvanza1/Paginas/PlanAvanza.aspx>. Acesso em: 31 jul. 2009.
2 Disponível em: <http://www.universia.es>. Acesso em: 31 jul. 2009.
3 Disponível em: <http://www.ite.educacion.es/>. Acesso em: 31 jul. 2009.
4 Disponível em: <http://wikileaks.org/>. Acesso em: 31 jul. 2009.
5 Os países que compõem este continente têm demasiados déficits básicos para pensar que a solução de seus enormes problemas consiste em dar a cada pessoa um computador pessoal e um celular. Seu desenvolvimento econômico está fortemente condicionado pelas políticas neoliberais e neoimperialistas implantadas pelas grandes potências mundiais por meio de seus intercâmbios econômicos e tecnológicos. "A África não está fora da economia global. Ao contrário, ela está desarticulada por sua incorporação fragmentada à economia global por meio de vínculos como a quantidade limitada de exportações de bens, a apropriação especulativa de recursos valiosos, as transferências financeiras ao exterior e o consumo parasitário de bens importados", Castells (1988, p. 117). O continente africano, assim como as nações pobres do Caribe e do Pacífico, está sofrendo os efeitos de políticas econômicas, políticas, militares e culturais neocoloniais que continuam funcionando como motor de sua exploração; políticas geradoras de uma dependência fortíssima das grandes potências econômicas do Norte e, consequentemente, limitando profundamente uma verdadeira autonomia dos povos distintos que integram o continente (CHANG, 2008). Esses países, antes de poderem se informatizar, precisam desenvolver suas infraestruturas básicas, como o fornecimento confiável de eletricidade. "A distância entre as telecomunicações africanas e os parâmetros mundiais da atualidade é abismal. Há mais linhas telefônicas em Manhattan ou Tóquio do que em toda a África subsaariana" (CASTELLS, 1988, p. 118).
6 Entre esses exemplos é oportuno recordar dois, nos quais essas tecnologias se mostraram decisivas: um é o dos protestos originados contra a Junta da Galícia, presidida por Manuel Fraga Iribarne (Partido Popular), em função da devastadora maré negra originada com a explosão de um dos tanques e o posterior naufrágio do navio petroleiro Prestige junto à costa da Galícia em 13 de novembro de 2002; outro exemplo foram as enormes mobilizações contra a manipulação da informação por parte do governo do Partido Popular de José María Aznar, em relação aos atentados terroristas nos trens da estação de Atocha em Madri em 11 de março de 2004.
7 Disponível em: <http://encarta.msn.com>. Acesso em: 31 jul. 2009.
8 Disponível em: <http://en.citizendium.org/wiki/Welcome_to_Citizendium>. Acesso em: 31 jul. 2009.
9 Disponível em: <http://www.scholarpedia.org>. Acesso em: 31 jul. 2009.
10 Disponível em: <http://campusvirtual.unex.es/cala/epistemowikia/index.php?title=Portada>. Acesso em: 31 jul. 2009.
11 Disponível em: <http://es.wikipedia.org/wiki/Wikipedia>. Acesso em: 31 jul. 2009.
12 Disponível em: <http://www.iep.utm.edu>. Acesso em: 31 jul. 2009.
13 Disponível em: <http://www.ambientum.com/enciclopedia/enciclopedia.htm>. Acesso em: 31 jul. 2009.
14 Disponível em: <http://www.artcyclopedia.com/?refer=enciclopedias.com>. Acesso em: 31 jul. 2009.
15 Disponível em: <http://www.itu.int/net/ITU-D/index-es.aspx>. Acesso em: 31 jul. 2009.

16 Disponível em: <http://www.itu.int/net/home/index-es.aspx>. Acesso em: 31 jul. 2009.

17 Citada em Lankshear e Knobel (2008, p. 201).

18 Disponível em: <http://www.spt.org/>. Acesso em: 31 jul. 2009.

19 Disponível em: <http://www.humanitiesandtechnology.org/>. Acesso em: 31 jul. 2009.

20 Disponível em: <http://www.imedea.uib.es/>. Acesso em: 31 jul. 2009.

21 Disponível em: <http://www.esrcsocietytoday.ac.uk/>. Acesso em: 31 jul. 2009.

22 Disponível em: <http://www.units.muohio.edu/aisorg/>. Acesso em: 31 jul. 2009.

23 Disponível em: <http://www.ces.uc.pt/>. Acesso em: 31 jul. 2009.

24 Disponível em: <http://www.unesco.org/science/wcs/esp/declaracion_s.htm>. Acesso em: 31 jul. 2009.

25 Declaração Universal sobre o Genoma Humano e os Direitos Humanos, de 11 novembro de 1997. Disponível em: <http://portal.unesco.org/shs/en/ev.php-URL_ID=2516&URL_DO=DO_TOPIC& URL_SECTION=201.html>. Acesso em: 31 jul. 2009.

26 Disponível em: <http://www.cbd.int/>. Acesso em: 31 jul. 2009.

27 Convém ressaltar que nestas últimas duas décadas a vigilância sobre a população está sendo incrementada de uma maneira exagerada e indiscriminada, mediante câmeras de vídeo colocadas permanentemente em muitas ruas e edifícios. Esse fenômeno se acentuou depois dos atentados de 11 de setembro de 2001 nos Estados Unidos, embora já fosse observado o crescimento dessa tendência panóptica, na medida em que a população dos países mais ricos vem sofrendo diversos atentados terroristas em seus territórios. Não devemos ignorar que o aumento do temor dos cidadãos está possibilitando uma limitação perigosa de sua liberdade. São os governos conservadores que, de um modo mais convincente, estão conseguindo o consentimento de sua população para trocar segurança por liberdade; e, o que é pior, apresentando ambos os conceitos como incompatíveis.

28 Uma lista mais detalhada dos "instrumentos internacionais dos Direitos Humanos" é encontrada no *site* do Escritório da Alta Comissão das Nações Unidas para os Direitos Humanos. Disponível em: <http://www2.ohchr.org/spanish/law/>. Acesso em: 31 jul. 2009.
Por sua vez, os distintos governos de cada país vêm criando leis que algumas vezes reforçam essas declarações universais e outras vezes implicam o avanço nas lutas a favor das Declarações que ainda não são universais, somente locais. No caso do Estado espanhol, alguns exemplos das primeiras leis são: "Lei Orgânica 3/2007, de 22 de março, para a igualdade efetiva de mulheres e homens" (BOE, 23 de março, 2007); e uma segunda lei que reconhece o matrimônio entre pessoas do mesmo sexo, "Lei 3/2005, de 1º de julho, pela qual o Código Civil é modificado em matéria do direito a contrair o matrimônio" (BOE, 2 de julho, 2005) ou a lei que reconhece o direito à identidade de gênero das pessoas transexuais, possibilitando a mudança de nome e sexo, "Lei 3/2007, de 15 de março, que regula a retificação do registro da menção relativa ao sexo das pessoas" (BOE, 16 de março, 2007). A União Europeia também tomou algumas decisões no sentido de assegurar os Direitos Humanos, como a "Decisão Marco 2008/913/JAI do Conselho, de 28 de novembro de 2008, relativa à luta contra determinadas formas e manifestações de racismo e xenofobia mediante o direito penal" (Diário Oficial da União Europeia de 6 de dezembro de 2008).

29 Disponível em: <http://www2.ohchr . org/spanish/law>. Acesso em: 31 jul. 2009.

30 Há, contudo, algumas exceções, como é o caso dos Estados Unidos perante os abusos e as injustiças de Israel.

31 Disponível em: <http://www.cincodias.com/articulo/economia/Asamblea-General-CEOE-nombra-Diaz-Ferran-presidente-organizacion/20070606cdscdseco_6/cdseco/>. Também

em La Moncloa. Boletín de prensa nacional. Disponível em: <http://www.la-moncloa.es/ServiciosdePrensa/BoletinPrensaNacional/_2007/boln20070607.htm>.

32 Disponível em: <http://www.aseansec.org/>. Acesso em: 31 jul. 2009.

33 Disponível em: <http://www.mercosur.org.uy/>. Acesso em: 31 jul. 2009.

34 Disponível em: <http://www.pbec.org/>. Acesso em: 31 jul. 2009.

35 Disponível em: <http://www.na !a-sec-alena.org/>. Acesso em: 31 jul. 2009.

36 Disponível em: <http://www.forumsocialmundial.org.br/>. Acesso em: 31 jul. 2009.

37 Disponível em: <http://www.attac.es/>. Acesso em: 31 jul. 2009.

38 Disponível em: <http://www.es.amnesty.org/>. Acesso em: 31 jul. 2009.

39 Disponível em: <http://www.intermonoxfam.org/>. Acesso em: 31 jul. 2009.

40 Disponível em: <http://www.greenpeace.org/>. Acesso em: 31 jul. 2009.

41 Disponível em: <http://www.savethechildren.es/>. Acesso em: 31 jul. 2009.

42 Disponível em: <http://www.sodepaz.org/>. Acesso em: 31 jul. 2009.

43 Disponível em: <http://www.acsur.org/>. Acesso em: 31 jul. 2009.

44 Disponível em: <http://adega.info/>. Acesso em: 31 jul. 2009.

45 Disponível em: <http://www.msf.es/>. Acesso em: 31 jul. 2009.

46 Disponível em: <http://www.ei-ie.org/es>. Acesso em: 31 jul. 2009.

47 Disponível em: <http://www.wto.org/>. Acesso em: 31 jul. 2009.

48 A ERT, com sede em Bruxelas, reúne cerca de 45 Presidentes e Diretores das principais empresas multinacionais de origem europeia pertencentes a 18 países europeus e que englobam uma ampla gama de setores industriais. Atualmente, os membros espanhóis que a integram são: César Alierta Izuel, representando a Telefónica; Antonio Brufrau, representando a YPF; e Pablo Isla, representando o grupo Inditex. Disponível em: <http://www.ert.be/>.

49 A expressão "gestão de rendimento" se refere ao conjunto de processos, metodologias, medidas e sistemas orientados para a avaliação e direção do rendimento de uma empresa ou instituição.

50 Disponível em: <http://rru.worldbank.org/Toolkits/#sectorspeci.c>. Acesso em: 31 jul. 2009.

51 Disponível em: <http://www.waitingforsuperman.com/>. Acesso em: 31 jul. 2009.

52 Disponível em: <http://www.gatesfoundation.org>. Acesso em: 31 jul. 2009.

53 Disponível em: <http://www.waltonfamilyfoundation.org>. Acesso em: 31 jul. 2009.

54 Disponível em: <http://www.wkkf.org>. Acesso em: 31 jul. 2009.

55 Disponível em: <http://www.whannenberg.org>. Acesso em: 31 jul. 2009.

56 Disponível em: <http://www.broadfoundation.org>. Acesso em: 31 jul. 2009.

57 Disponível em: <http://www.edchoice.org/>. Acesso em: 31 jul. 2009.

58 Disponível em: <http://www.templeton.org/>. Acesso em: 31 jul. 2009.

59 Disponível em: <http://www.adamsmith.org/>. Acesso em: 31 jul. 2009.

60 Disponível em: <http://www.ncee.org/>. Acesso em: 31 jul. 2009.

61 Disponível em: <http://www.smf.co.uk/>. Acesso em: 31 jul. 2009.

62 Disponível em: <http://www.ipcc.ch/>. Acesso em: 31 jul. 2009.

63 Disponível em: <http://unfccc.int/kyoto_protocol/items/3145.php>. Acesso em: 31 jul. 2009.

64 Disponível em: <http://www.copenhagenclimatecouncil.com/>. Acesso em: 31 jul. 2009.

65 Disponível em: <http://www.unesco.org/es/education-for-sustainable-development/decade-of-esd/>. Acesso em: 31 jul. 2009.

66 Disponível em: <http://www.cis.es/cis/opencms/ES/2_barometros/>. Acesso em: 31 jul. 2009.

67 Disponível em: <http://www.mercosur.org.uy/>. Acesso em: 31 jul. 2009.

68 Disponível em: <http://www.comunidadandina.org/>. Acesso em: 31 jul. 2009.

69 Disponível em: <http://alianzabolivariana.org/>. Acesso em: 31 jul. 2009.

70 Disponível em: <http://www.pptunasur.com/>. Acesso em: 31 jul. 2009. Atualmente são países membros: Argentina, Brasil, Bolívia, Colômbia, Chile, Equador, Guiana, Paraguai, Peru, Suriname, Uruguai e Venezuela.

71 Disponível em: <http://www.forumsocialmundial.org.br>. Acesso em: 31 jul. 2009.

72 Disponível em: <http://www.un.org/es/law/>. Acesso em: 31 jul. 2009.

73 Sobre este tema de Maio de 1968, é interessante o livro de ROSS, K. *Mayo del 68 y sus vidas posteriores. Ensayo contra la despolitización de la memória.* Madri: Acuarela, [1968]. Um estudo das estratégias com as quais nos últimos 40 anos vêm-se reinterpretando e manipulando ideologicamente os tumultos políticos do final da década de 1960.

74 Disponível em: <http://ec.europa.eu/education/archive/citizen/citiz_en.html>. Acesso em: 31 jul. 2009.

75 Disponível em: <http://www.hegoa.ehu.es/>. Acesso em: 31 jul. 2009.

76 Disponível em: <http://www.youtube.com/>. Acesso em: 31 jul. 2009.

77 Disponível em: <http://www.tu.tv/>. Acesso em: 31 jul. 2009.

78 Disponível em: <http://www.dailymotion.com>. Acesso em: 31 jul. 2009.

79 Nessa linha de debate, já contamos com a Declaração Universal sobre o Genoma Humano e os Direitos Humanos, aprovada em 11 de novembro de 1997 pela Conferência Geral da UNESCO, em sua 29ª reunião, por unanimidade e aclamação. Esta declaração constitui o primeiro instrumento universal no campo da biologia. Disponível em: <http://portal.unesco.org>. Acesso em: 31 jul. 2009.

80 Disponível em: <http://www.unesco.org/science/wcs/esp/declaracion_e.htm>. Acesso em: 31 jul. 2009.

81 Lei que sempre foi conhecida por esse nome – Lei Geral da Educação –, mas que na realidade foi aprovada com uma denominação mais ampla: Lei Geral da Educação e Financiamento da Reforma Educativa (BOE, 6 de agosto de 1970). Foi exatamente essa segunda parte do título que o Governo da Ditadura presidido pelo General Franco optou por "esquecer". Foi a falta de financiamento que tornou sem valor as medidas de maior alcance da lei.

82 O primeiro pedido para a admissão por parte do Estado espanhol aconteceu em 9 de fevereiro de 1962, mas como nessa data a Espanha ainda era uma ditadura, ela não foi admitida como membro (mesmo que tenha sido estabelecido um acordo comercial preferencial a partir de 1970). Com a chegada da democracia, a partir de 1976, o novo governo ratifica, entre outros, os Pactos Internacionais de Direitos Civis, Econômicos e Culturais das Nações Unidas, e firma o Convênio Europeu para a Proteção dos Direitos Humanos e das Liberdades Fundamentais, requisitos que o novo sistema europeu exigia. Em 12 de junho de 1985 aconteceu a assinatura do Ato de Adesão da Espanha à Comunidade Europeia.

83 As críticas contra este texto por parte das esquerdas europeias e dos movimentos sociais progressistas se basearam no fato de que os países se viam obrigados a realizar muitas cessões de soberania. Reclama-se que são centralizados assuntos demais e, portanto, grandes cortes são realizados nos níveis de participação democrática dos cidadãos; assegura-se o neoliberalismo como filosofia econômica da União Europeia, contribuindo para uma maior

privatização dos serviços públicos. A filosofia da competitividade se impõe à da solidariedade. Também se ressalta como sua redação é confusa, o que faz com que seja um documento muito ambíguo, tendo um excessivo poder de interpretação para quem está à frente da União Europeia em cada momento.

84 Disponível em: <http://europa.eu/lisbon_treaty/full_text/index_es.htm>. Acesso em: 31 jul. 2009.

85 Disponível em: <http://europa.eu/legislation_summaries/education_training_youth/vocational_training/c11015b_es.htm>. Acesso em: 31 jul. 2009.

86 Disponível em: <http://www.cedefop.europa.eu>. Acesso em: 31 jul. 2009.

87 Disponível em: <http://europa.eu/scadplus/leg/es/s19002.htm>. Acesso em: 31 jul. 2009.

88 Disponível em: <http://www.europass.cedefop.europa.eu>. Acesso em: 31 jul. 2009.

89 Parlamento Europeu. Conselho Europeu de Lisboa, 23-24 de Março de 2000. Conclusões da Presidência. Disponível em: <http://www.europarl.europa.eu/summits/lis1_es.htm>. Acesso em: 31 jul. 2009.

90 Disponível em: <http://www.crue.org/espacioeuropeo/pEuropaDocumentosClave.html>. Acesso em: 31 jul. 2009.

91 Disponível em: <http://www.aneca.es/>. Acesso em: 31 jul. 2009.

92 Disponível em: <http://www.pisa.oecd.org>. Acesso em: 31 jul. 2009.

93 Disponível em: <http://www.iea.nl/>. Acesso em: 31 jul. 2009.

94 Disponível em: <http://www.ets.org>. Acesso em: 31 jul. 2009.

95 Disponível em: <http://iccs.acer.edu.au/index.php?page=initial-.ndings>. Acesso em: 31 jul. 2009.

96 Suas avaliações atendem à compreensão leitora, mas não à capacidade e à qualidade da escrita, nem à capacidade de expressão e raciocínio; somente a leitura, entre outras razões, porque é muito difícil realizar uma prova de avaliação levando em conta as peculiaridades da escrita de cada idioma, como a distinção entre idiomas que se caracterizam por serem sistemas ideográficos, fonéticos (silábicos, alfabéticos) e línguas de sinais.

97 Disponível em: <http://www.g8italia2009.it/G8/Home/G8-G8_Layout_locale-1199882116809_Atti.htm>. Acesso em: 31 jul. 2009.

98 Disponível em: <http://www.uscib.org/index.asp?documentID=3484>. Acesso em: 15 jan. 2010.

99 Disponível em: <http://www.iso.org/iso/home.htm>. Acesso em: 31 jul. 2009.

2

A finalidade dos conteúdos escolares

intervenções curriculares inadequadas

O século XX pode ser em geral denominado como o século do reconhecimento dos Direitos Humanos e dos Direitos dos Povos. Os avanços são espetaculares e a educação também tem conseguido dar sua modesta contribuição para estas lutas e conquistas sociais. As propostas de *coeducação, educação infantil, escola inclusiva* e *educação antirracista* conseguiram avanços muito notáveis, e estou convencido de que esses progressos são irreversíveis. Atualmente, é difícil imaginar um retrocesso social dessas conquistas, dada as sólidas lutas reivindicativas que tem sido realizadas. Também não podemos ignorar a vigilância à qual essas práticas são submetidas por inúmeros grupos e organizações sociais, profissionais e políticas. Isso não quer dizer que essas metas de uma real igualdade de direitos já foram atingidas e asseguradas, e sim ressaltar a importância desses tipos de conquistas ao longo dos séculos XX e XXI e, muito especialmente, a necessidade de não perder a memória; não esquecer mediante quais tipos de lutas sociais esses direitos e essas conquistas foram alcançados e consolidados.

Se optei por destacar o lado positivo é por que dessa forma podemos recuperar um novo ânimo para continuar lutando atualmente, principalmente agora que, baseados em discursos pseudoprogressistas ou claramente conservadores, mais ou menos explícitos, argumentamos que não se avança em nada ou até mesmo que as coisas estão piorando. Reconhecer os avanços, além de manifestar algo objetivo, ajuda a insuflar mais ânimos entre aqueles que se unem a essas lutas e incentiva as formas de analisar e avaliar os sucessos e os obstáculos presentes no caminho. Estar consciente desse tipo de informação serve para aumentar a pressão e a esperança nas lutas sociais a fim de corrigir os déficits atuais no exercício dos Direitos Humanos.

A sensibilização perante esses temas é tão significativa que até o Parlamento Europeu e o Conselho da Europa designaram o ano de 2007 como o ano europeu da igualdade de oportunidades para todas as pessoas e, a seguir, o ano de 2008 como o ano europeu do diálogo intercultural[1].

A democracia já é considerada como o modelo político mais justo que organiza a vida social das pessoas, das instituições e do governo e, portanto, também organiza o sistema de educação.

> Como educadores, cabe-nos mostrar aos nossos estudantes a beleza e o interesse por uma vida aberta ao mundo inteiro, mostrar-lhes que, afinal de contas, são mais alegres os cidadãos que questionam do que os que aplaudem; há mais fascinação no estudo dos seres humanos em toda sua real variedade e complexidade do que na zelosa busca por estereótipos superficiais; que existe mais amor e amizade verdadeiros na vida do questionamento e da autonomia do que na submissão à autoridade. É melhor que lhes mostremos isso, ou o futuro da democracia no mundo será muito sombrio. (NUSSBAUM, 2005, p. 115)

Contudo, esse otimismo não pode servir como coação para ignorar ou ocultar as atuais dificuldades. Assim, por exemplo, no contexto espanhol, o último relatório descritivo realizado pela Fundação Secretariado Cigano (FSG), em colaboração com o Centro de Pesquisa e Documentação Educativa (Ministério da Educação e Ciência) e o Instituto de la Mujer (Ministério do Trabalho e dos Assuntos Sociais), com a finalidade de obter um diagnóstico da situação educativa das crianças ciganas na etapa da educação secundária obrigatória e a identificação das variáveis que estão facilitando ou dificultando um processo normalizado desses alunos em igualdade de condições com o resto de seus companheiros não ciganos apresenta resultados realmente desencorajadores, ao mesmo tempo em que devem servir como denúncia para exigir uma solução urgente[2]. Oitenta por cento dos alunos ciganos que começam a educação secundária obrigatória abandonam seus estudos antes de concluir essa etapa, e no caso das meninas a maioria abandona o colégio ao passar da educação primária para a secundária, enquanto que os meninos deixam a escola algumas séries depois.

Devemos destacar que já conseguimos a normalização no acesso a instituições escolares por parte da população cigana, mas os índices de reprovação escolar ainda são muito elevados.

Resultados não tão escandalosos, mas também muito preocupantes e que continuam denunciando que estamos longe de ter um sistema de educação justo, são os índices de reprovação escolar. Mais uma vez, os números continuam evidenciando que as classes sociais baixa e média baixa são as que saem pior. As crianças desses grupos se concentram cada vez mais exclusivamente em escolas públicas e nas escolas localizadas nos bairros socialmente mais desfavorecidos – os quais já estão perigosamente correndo o risco de se transformarem em guetos.

A principal meta de nossa sociedade no momento atual é construir também no sistema educativo, e com base nele, um mundo no qual as diferenças sejam plenamente compatíveis com seu reconhecimento, com a existência de uma justiça verdadeiramente redistributiva e com a igualdade de direitos e oportunidades. Tudo isso sob a proteção e vigilância das convenções internacionais que garantem os Direitos Humanos.

Uma vez que não é admissível atribuir os sucessos e fracassos escolares a problemas na *estrutura dos genes*, aos *dons outorgados por alguma divindade*, à *situação dos astros no firmamento no momento de seu nascimento* ou a qualquer outra explicação irracional (na qual se assume como implícito que as pessoas não têm em suas mãos o controle sobre os assuntos humanos), um dos desafios mais importantes dos atuais sistemas educativos é contribuir para a aprovação escolar e assegurá-la. A reprovação escolar, ao menos nas etapas obrigatórias do sistema, sempre é uma manifestação e denúncia da existência de uma sociedade injusta. A luta por justiça exige um comprometimento inescusável com os alunos procedentes de situações e grupos sociais desfavorecidos social, cultural e economicamente. Ela obriga a garantia de uma educação apropriada a cada estudante em particular, independente de suas capacidades intelectuais, seus tipos de inteligência, seus estilos de aprendizagem, suas capacidades físicas e sensoriais, suas crenças religiosas e culturais, sua etnia, sua sexualidade, seu gênero e sua classe social.

Na minha perspectiva, abordar o tema da justiça e igualdade de oportunidades no sistema educativo envolve a análise e a avaliação do grau de respeito que o currículo escolar e os modelos de organização da vida nas escolas têm com as distintas idiossincrasias dos grupos e das pessoas que precisam conviver nessa instituição. Isso exige estarmos atentos à maneira na qual os modos de funcionamento que regem o interior do sistema educativo assumem um modelo de cidadão responsável, que tem direitos e deveres (não somente deveres impostos sem seu consentimento).

Nos últimos anos, o sistema de educação tem adotado algumas medidas para atender à diversidade, como a criação de *grupos de diversificação curricular,* de *aulas de recuperação, adaptações curriculares, programas de educação compensatória, programas de garantia social, aumento da seletivi-*

dade, divisão de turmas, etc. Todavia, esses tipos de medida se tornam insuficientes se, além disso, não são revisados os conteúdos obrigatórios dos distintos níveis do sistema de educação, as metodologias e os recursos dominantes nas salas de aula e, consequentemente, a formação inicial e as políticas e os programas de atualização dos professores em exercício. Ser docente implica estar continuamente se aperfeiçoando no projeto, no desenvolvimento e na avaliação de projetos curriculares, ter possibilidades de se envolver com propostas de inovação curricular, de se comprometer com propostas de trabalho em aulas que respeitem a diversidade cultural e as diferenças entre grupos e indivíduos.

Porém, além disso, urge repensar esse conhecimento que as instituições escolares consideram básico e que muito poucas pessoas costumam questionar. É preciso ter muito presente quem seleciona tais conteúdos, como o faz, qual sua razão e porque não elege outros conteúdos.

A diversidade atual dos alunos não se encaixa nada bem nas instituições escolares pensadas para a uniformização e imposição de um cânone cultural que poucas pessoas costumam questionar, entre outras razões, porque nem mesmo esse tipo de debate é estimulado pelas autoridades da educação. Contudo, no cenário social no qual as escolas se inserem, as revoluções políticas, sociais, culturais, econômicas e profissionais acontecem em um ritmo vertiginoso, algo que está provocando sérios níveis de desconcerto em muitos grupos sociais e, é claro, entre os professores.

Esta desorientação é cada vez mais evidenciada, na medida em que a cada dia que passa há uma maior diversidade de estudantes nas salas de aula, fenômeno que os currículos e materiais obrigatórios não levam em consideração. Convém estarmos cientes de que no sistema educativo atual são muitos os alunos que não se sentem reconhecidos, entre outros motivos porque os grupos sociais, culturais, linguísticos e étnicos aos quais pertencem não existem nos conteúdos culturais trabalhados nas escolas e muito menos nos materiais didáticos com os quais realizam suas tarefas escolares. Também é comum que – ainda que alguma vez apareçam alguns dados sobre eles –, não se sintam reconhecidos, porque os dados se baseiam em informações distorcidas ou, o que costuma ser mais frequente, utilizam notícias, desenhos e fotos que os ridicularizam ou desvalorizam[3] (TORRES, 2006, Capítulo IV). Será que os alunos nascidos na Espanha saberiam enumerar dez avanços importantes de países da África, Ásia ou Oceania?

Construir um sistema educativo justo, que respeite a diversidade e esteja comprometido com projetos curriculares que combatem a discriminação implica, entre outras medidas, prestar muita atenção às políticas de recursos didáticos, de materiais curriculares, para que não funcionem como cavalos de Troia, cujos conteúdos não seriam aceitos pelos docentes, estudantes ou suas famílias se estivessem conscientes das manipulações, dos erros e dos preconceitos ocultos em seu interior.

Intervenções curriculares inadequadas

As instituições escolares são um elemento a mais na produção e reprodução de discursos discriminatórios; mas, na medida em que estes institutos têm o encargo social de educar, eles podem e devem desempenhar um papel muito mais ativo como espaço de resistência e denúncia dos discursos e das práticas que continuam a legitimar a marginalização no mundo de hoje e, em particular, dentro de seus muros.

No campo da educação não é raro encontrarmos docentes manifestando que quando se gosta dos seus estudantes tudo se consegue, sem se aprofundar um pouco mais nesse tipo de manifestação, que pode inclusive ser muito opressiva para as pessoas que recebem esse carinho, pois muitas formas de colonização e opressão são feitas sob a rubrica do amor. Os julgamentos de muitas das pessoas enforcadas e queimadas nas fogueiras da Santa Inquisição apresentam alusões ao amor dos torturadores. É óbvio que em nenhum momento pretendo sugerir que os docentes e inquisidores fazem a mesma coisa, mas este exemplo me parece oportuno para demonstrar a insuficiência de determinadas condutas mesmo que realizadas com a melhor das intenções. Como enfatiza Bartolomé (2007, p. 29), até mesmo o amor tem dimensões políticas e ideológicas. Existem comportamentos de condescendência e muito amorosos que traduzem e aprovam situações racistas e de opressão, por exemplo, tratando de não preocupar esses alunos com análises das injustiças às quais são sujeitas, tanto eles como suas famílias, na sua vida cotidiana; procurando desviar seus olhares das formas de injustiça e das razões pelas quais sempre levam a pior.

O fato de não proporcionar o acesso dos alunos a determinadas informações que podem se tornar "dolorosas" dificulta o desenvolvimento de capacidades e procedimentos que lhes permitiriam compreender sua realidade e, o que é mais importante, saber como enfrentá-la. Os professores precisam "entender as ideologias e práticas opressoras, mas não de uma maneira fracassada ou pessimista" (BARTOLOMÉ, 2007, p. 30), e sim com uma abordagem histórica de maior alcance que permita ver que no passado sempre houve outros grupos sociais marginalizados que se rebelaram contra as situações de injustiça que tinham de suportar e foram bem sucedidos. Educar para o ensino obriga a recordação das lutas sociais por meio das quais se enfrentaram situações de exclusão e dominação.

Um eloquente texto de Edward W. Said nos alerta de modo convincente sobre o poder dos discursos com os quais conseguimos entrar em contato:

> Se alguém lê um livro que afirma que os leões são ferozes e em seguida vê um leão feroz (naturalmente estou simplificando), o mais provável é que essa pessoa se anime a ler mais livros do mesmo autor e acredite nele. Mas, se, além disso, o livro sobre o leão der instruções de *como lidar* com um leão feroz e as instruções funcionam perfeitamente, então o autor não somente adquire grande credibilidade, mas será incentivado a escrever outras obras. Existe uma dialética complexa de reforço pela qual as experiências dos leitores com a realidade são determinadas pelo que leram, e isso, por sua vez, influencia os escritores a tratar de temas definidos previamente pelas experiências dos leitores. Um livro que explica como lidar com um leão feroz pode, dessa maneira, abrir caminho a uma série de livros que tratam temas tais como a ferocidade dos leões, sua origem, etc. De maneira similar, à medida que o centro de atenção do texto vai se concretizando ainda mais – o foco já não é os leões, mas sua ferocidade – podemos esperar que as maneiras recomendadas para lidar com a ferocidade de um leão, de fato, *aumentariam* sua ferocidade e o forçariam a ser feroz, já que essa é sua essência e é o que nós sabemos ou *somente* o que podemos saber sobre essa espécie.
>
> Um texto que pretende incluir conhecimentos sobre a realidade e que surge de circunstâncias similares às que acabo de descrever dificilmente será descartado, pois é valorizado por sua competência. A autoridade dos eruditos, das instituições e dos governos pode ser somada e assumir uma aura de prestígio ainda maior que sua garantia de sucesso prático; e, o que é mais grave, esse gênero de textos pode *criar* não somente um conhecimento, mas também a realidade que parece descrever. Com o tempo, esse conhecimento e essa realidade dão lugar a uma tradição, ou àquilo que Michel Foucault chama de discurso; a presença e o peso específico dessa tradição, mais que a originalidade de seu autor, são os reais responsáveis dos textos produzidos com base nela. (SAID, 1990, p. 123–124)

As instituições escolares são um dos primeiros espaços nos quais a maioria dos alunos vai ter contato e trabalhar com livros informativos que tentarão lhe explicar o mundo. Mas não podemos ignorar o privilégio informativo dos livros didáticos nesse espaço, que tem praticamente a exclusividade do *poder de dizer*, falando com uma posição de autoridade tão importante na qual, inclusive, a autoria da informação passa a ser algo completamente secundário. O fato de estar no livro didático já é suficiente, ao menos para grande parte dos estudantes e professores. Na maior parte dos casos, os alunos ignoram quem elaborou a informação que lhes é oferecida e imposta como "dogma", sem direito à réplica, as informações são apresentadas como verdades indiscutíveis, sem a suspeita de uma possível divulgação distorcida.

Os livros didáticos selecionam, organizam e interpretam as informações para apresentá-las como verdades objetivas e neutras, ou seja, como o *conhecimento e a verdade oficial*. Raramente são oferecidas informações, interpretações ou bibliografias que questionem a verdade escolhida para o manual.

Os materiais curriculares não veiculam somente discursos informativos, mas também *discursos didáticos* que combinam o rigor das descrições e explicações demonstrativas típicas dos trabalhos científicos, com modalidades de divulgação baseadas na exposição, apresentação de exemplos e realização de tarefas escolares que tornam esses dados compreensíveis, de uma maneira adequada aos alunos que se encontram na sala de aula. Trata-se de ensinar certos conteúdos específicos a quem os ignora, por parte de uma autoridade na matéria.

O perigo está em converter essa ação educadora em um ato de propaganda ou doutrinamento, seja de maneira consciente (o que seria a manifestação de um ato imoral e até mesmo poderia ser considerado um delito, por se tratar de uma *audiência cativa*), ou involuntária (sem que os próprios professores tenham ciência da parcialidade das fontes e dos exemplos com os quais estão trabalhando).

Explicar algo com simplicidade, de modo adequado às capacidades dos alunos, em função de seu nível de desenvolvimento e formação, se esses materiais curriculares não forem bem revisados, pode acarretar importantes distorções de conhecimento e informações.

Sabemos que o conhecimento científico pode ser manipulado, algumas vezes com clara intenção política ou para favorecer determinados interesses privados, e outras vezes sem que esse tenha sido o objetivo explícito de quem o construiu. Esse último caso pode ser o resultado, por exemplo, de não levar em consideração determinadas variáveis, fontes de dados, metodologias de pesquisa, etc. Se isso passa por conhecimento científico, por definição muito mais rigoroso e específico, a ameaça de distorção é maior no caso dos livros didáticos, os quais, dominados pelo afã de divulgação, correm o risco de cair nos mesmos erros dos meios de comunicação de massa.

Quando são feitas análises sobre a qualidade das informações veiculadas nos livros-texto com maior presença nas escolas da sociedade espanhola, é fácil detectar até nove tipos de preconceitos nos textos que falam da realidade dos alunos, distorções informativas que dão lugar a outras tantas estratégias curriculares que considero incorretas e que, portanto, é preciso superar (Quadro 2.1).

1. SEGREGAÇÃO

Esta modalidade de intervenção se manifesta com extrema visibilidade quando se opta por *agrupamentos, conteúdos e tarefas escolares diferenciadas* em função do sexo, da classe social, da etnia e das capacidades dos alunos. Trata-se de uma das formas mais antigas de educação segregadora.

Ela corresponde a sociedades nas quais diferentes grupos e classes sociais, etnias e sexos são escolarizados em instituições diferentes ou em aulas segregadas, assim como também segundo as capacidades de cada uma dessas pessoas. Cada um destes grupos é educado em espaços idiossincrásicos, sem contato com os demais, e até mesmo em alguns momentos da história cursam disciplinas diferentes.

Quadro 2.1 Intervenções curriculares inadequadas

- **SEGREGAÇÃO**
  Agrupamentos e conteúdos escolares por:
  – Sexo
  – Etnia
  – Classe social
  – Capacidades

- **EXCLUSÃO**
  – Culturas silenciadas

- **DESCONEXÃO**
  – "O dia de..."
  – Divisão por disciplinas

- **DISTORÇÃO**
  – Naturalização
  – Estratégia "Nem isto... nem aquilo"

- **PSICOLOGIZAÇÃO**

- **PATERNALISMO-PSEUDOTOLERÂNCIA**
  – Tratamento Benetton

- **INFANTILIZAÇÃO**
  – "Walt-Disneyzação"
  – Currículo de turistas

- **COMO REALIDADE ALHEIA OU ESTRANHA**
  – Ceticismo normativo

- **PRESENTISMO – SEM HISTÓRIA**

Fonte: O autor.

Agrupamentos e conteúdos escolares por sexo

Os discursos sobre a inferioridade da mulher elaborados pela filosofia, teologia e ciências como a biologia e a psicologia têm sido utilizados para explicar tanto a negação do acesso às instituições escolares, especialmente às universitárias, como sua segregação nos níveis mais elementares do sistema de educação.

Jean Jacques Rousseau, um dos pioneiros da educação moderna, em sua obra *Emílio, ou da Educação* (1762), é contundente na hora de apostar em uma educação diferenciada para as crianças, dado que terão funções diferentes no mundo adulto. A educação da mulher teria como meta prepará-la para desempenhar um papel de mãe e esposa, subordinada ao marido.

Porém, muito rapidamente são ouvidas outras vozes denunciando como esse tipo de educação rousseauniana atenta gravemente contra as mulheres. A escritora e filósofa britânica Mary Wollstonecraft (1759–1797), uma das pioneiras do pensamento feminista, está entre as personalidades que apostaram na coeducação. Em 1792, em sua obra *Vindicación de lós Derechos de la Mujer*, são enfrentados os filósofos e políticos do momento que defendem a segregação e até mesmo a proibição da educação para as mulheres. Ela denuncia nessa obra a educação que se dava às mulheres, pois as tornava "mais artificiais e débeis de caráter, o que poderia ter sido de outra forma"; e argumenta que, como seres humanos, as mulheres devem ter os mesmos direitos que os homens. É por isso que proporá aos Estados que elaborem um sistema nacional de educação primária gratuita e de assistência obrigatória para ambos os sexos no qual as crianças estudem os mesmos conteúdos nas mesmas escolas.

Emilia Pardo Bazán se destacará também nessa mesma luta e, como conselheira de Instrução Pública, em uma apresentação chamada "A Educação do Homem e da Mulher: Suas Relações e Diferenças", que apresentou no Congresso Pedagógico Hispano-Português-Americano em 1892, celebrado em Madri, denunciou de modo contundente o caráter limitado da educação que vinha sendo oferecida às mulheres. "A rigor, não se pode chamar a educação atual da mulher de *educação*, mas de *doma*, pois é proposta com a finalidade de obediência, passividade e submissão" (BAZÁN, 2006, p. 105). A proposta que ela defende é a coeducação em todos os níveis, com o objetivo de superar a divisão de funções atribuídas ao homem e à mulher.

Foi na Segunda República que a educação foi admitida e considerada como necessária, ainda que somente tenha sido implantada em uma minoria de escolas. O levantamento militar de 1936 liderado por Franco e a ditadura instaurada no Estado espanhol, apoiada por uma Igreja de caráter fundamentalista, imporá a proibição da escolarização conjunta das crianças nos níveis de educação primária e bachillerato. Foi preciso esperar pela Lei Geral da Educação de 1970 para ver anulado esse tipo de proibição.

É interessante a constatação de que os países europeus nos quais o Catolicismo tem maior peso, como Itália, Portugal, Espanha e Bélgica, esperaram até o século XX para aceitar a viabilidade da escola mista. Nesse século, assim como no presente, a linha argumentativa que continua defendendo uma educação segregada para os distintos sexos é circunscrita quase exclusivamente às razões religiosas e morais. É por isso que atualmente as instituições que continuam separando as crianças são os colégios de organizações como o Opus Dei ou os Legionários de Cristo, organizações que dessa forma contrariam o Art. 14 da Constituição espanhola, que proclama o direito à igualdade e a não discriminação em função do sexo.

Na realidade, a aposta nesta modalidade de agrupamento segregado se apoiava em um fator moral implícito obcecado com as relações sexuais e condutas pecaminosas. Dividir em espaços diferentes meninas e meninos buscava evitar atitudes pecaminosas, as tentações típicas das relações entre os sexos, segundo as autoridades eclesiásticas. No fundo, esta modalidade segregadora se apoiava em um fator implícito falso: que todos os seres humanos são heterossexuais. Porém, a realidade é que nas escolas há muitos meninos que não sentem nenhuma atração física pelas meninas, bem como meninas que preferem e desejam outras iguais a elas.

Tampouco podemos ignorar que nas últimas décadas alguns setores do feminismo, especialmente de cunho conservador e, no contexto espanhol, ligados a organizações como a Opus Dei, propõem uma educação segregada para as meninas, com o objetivo de ajudá-las a reforçar sua autoestima e lhes delegar poder. Atualmente, os discursos que essas organizações religiosas costumam tornar públicos tratam de evitar suas obsessões pela sexualidade e castidade e, consequentemente, passam a adquirir um tom mais atraente, com maior aparência de cientificidade, caindo em um absolutismo psicologista. Eles buscam em todos os meios dados sobre os distintos ritmos do desenvolvimento psicológico entre homens e mulheres, sobre a evolução distinta de suas capacidades intelectuais, suas inteligências dominantes, seus interesses específicos, etc., para depois defender modelos de educação diferentes para cada sexo. Entretanto, esse tipo de linha de ação segregadora esquece os argumentos que mobilizaram todos os grupos feministas e movimentos sociais progressistas ao longo do século XX para exigir um modelo escolar baseado na coeducação.

Contudo, o que todos os dados empíricos vêm nos dizendo é que as meninas têm melhores resultados acadêmicos nas instituições escolares mistas. Quando se analisa o sucesso escolar tanto sob a perspectiva da classe social como da etnia, as meninas sempre obtém melhores resultados que os meninos.

Tenhamos presente que um dos objetivos do feminismo foi a criação e difusão de discursos e práticas que buscam situar as mulheres como pessoas com direitos iguais aos homens. Seu sucesso, evidentemente, é impressionante. Entretanto, essa prioridade dada aos discursos sobre o gênero, sobre o papel das mulheres e as razões para sua submissão e opressão, não foi acompanhada pela revisão dos papéis atribuídos à masculinidade.

A ideologia patriarcal que acompanha os modelos de masculinidade machista dominantes em muitas ocasiões força os meninos a adotarem papéis e condutas que contradizem os discursos mais atuais sobre os Direitos Humanos, a democracia e a cidadania.

Em muitas ocasiões, os meninos se veem submetidos a um forte estresse para adequar seus padrões de conduta às exigências machistas que muitas vezes alguns meninos mais marginais impõem de forma autoritária e agressiva aos outros meninos com os quais são obrigados a conviver (inclusive com o estímulo e a cumplicidade de algumas meninas desse mesmo ambiente). Essa situação é mais frequente do que pode parecer quando observamos escolas públicas que recebem os alunos provenientes de classes média baixa e mais desfavorecidas. Uma cultura machista, ainda residual nesses ambientes, trata de forçá-los a modelos de socialização nos quais o meio afetivo e emocional não é aceito, pois é considerado um obstáculo para provar o nível de masculinidade de cada criança e adolescente.

Uma educação comprometida com os Direitos Humanos e com a justiça social obriga a revisar com os alunos os modelos de masculinidade dominantes no ambiente, as expectativas e os estereótipos que condicionam suas opções de conduta e suas interações tanto com os colegas como com as meninas em geral. É preciso que os professores incluam entre seus objetivos a preocupação com os modelos e as situações que impõem estereótipos de masculinidade ultrapassados, assim como pela vigência de modelos homofóbicos nos conteúdos, nas tarefas e nas relações escolares e sociais.

As escolas são espaços privilegiados para também enfrentar a reconstrução dos modelos de gênero, sendo conscientes de que nessa tarefa as dimensões classe social, etnia e religião desempenham um papel muito importante.

Os discursos filosóficos e científicos já há alguns anos concluíram que não existem razões para a segregação em uma sociedade verdadeiramente democrática e que respeita os Direitos Humanos. Portanto, a coeducação é uma medida imprescindível para garantir igualdade de oportunidades para ambos os sexos. Coeducar é a maneira de aprender a conviver com pessoas do outro sexo e de educar sobre a igualdade e o respeito às diferenças.

Agrupamentos e conteúdos escolares por etnia

Outra iniciativa segregadora, e nesse caso racista, é quando o critério ao qual se recorre para decidir os espaços de escolarização dos alunos se baseia em sua origem étnica. No contexto espanhol, para não repetir erros do passado, convém não esquecer a experiência das denominadas "Escolas Ponte". Em 1978, com a recuperação da democracia, com base em um convênio entre o Ministério da Educação e Ciência e o Apostolado Cigano, uma entidade ligada à Igreja Católica, uma série de unidades escolares foram criadas ao longo de toda a Espanha com a finalidade de preparar as crianças ciganas para o seu ingresso nas escolas normais; quando estivessem capacitadas, passariam às escolas da rede pública. Tratava-se, segundo consta no convênio, de "uma ação especial a fim de integrá-las às escolas com os mesmos direitos que o resto dos espanhóis, eliminando toda consideração e todo tratamento discriminatório".

As lutas reivindicatórias das comunidades e associações ciganas, denunciando sua marginalização e exigindo seus direitos como cidadãos, bem como o trabalho ativo de diversos movimentos de renovação pedagógica, dos sindicatos e partidos políticos de esquerda conseguiram pôr um fim nessa modalidade marginal da escolarização e, consequentemente, apostar na integração dos alunos ciganos nas mesmas escolas e salas de aula às quais o resto da população era destinada.

O projeto das Escolas Ponte se manteve em vigor até 1986, momento no qual a Lei Orgânica do Direito à Educação (LODE) entrou em vigor (BOE de 4 de julho de 1985), que, desenvolvendo o Artigo 27 da Constituição espanhola sobre o direito à educação, não permitia esse tipo de opção segregadora. Recordemos que já no preâmbulo dessa lei, reconhecemos a falta de cumprimento desse direito constitucional:

> Devido às insuficiências de seu desenvolvimento econômico e vicissitudes de seu desenvolvimento político, em diversas épocas, o Estado descuidou de suas responsabilidades nesse âmbito, abandonando-as nas mãos de instituições particu-

lares ou privadas em vista do chamado principio de subsidiariedade. Dessa forma, até pouco tempo atrás, a educação era mais um privilégio de poucos do que um direito de todos.

A partir desse momento, as medidas de apoio aos membros dessa etnia passam a ser circunscritas aos programas de educação compensatória, mas dentro do sistema dos próprios institutos de educação infantil e fundamental.

Mais recentemente, podemos considerar como iniciativa segregadora, classista e racista o que algumas Comunidades Autônomas, como a de Madri, chamam de "aulas de inserção", criadas com a finalidade de facilitar e acelerar o aprendizado do idioma espanhol aos alunos estrangeiros e fazer com que "se incorporem ao meio escolar e social no menor tempo e nas melhores condições possíveis" (Secretaria de Educação, Diretoria da Área Territorial de Madri Oeste: *Instruções Gerais da Subsecretaria de Educação da Comunidade Autônoma de Madri para o Ano Letivo de 2003–2004*). Os destinatários desse programa são os alunos do segundo e do terceiro ciclo da educação primária e os alunos da educação secundária obrigatória escolarizados nas escolas mantidas com verbas públicas.

Essa legislação, que exige um acompanhamento muito de perto por parte da administração, a princípio é implantada com a finalidade de melhorar a integração dos alunos, mas sua própria redação deixa margem suficiente para a permissão de abusos segregadores, classistas e racistas. Assim, por exemplo, na Instrução 4, Seção C, se estabelece um compromisso muito ambíguo: a "aceitação do colégio para escolarizar normalmente os alunos da Aula de Inserção quando finalizarem sua permanência nela, sempre que existam disponibilidade de vagas". Dessa forma, para uma escola particular que recebe alunos do sistema público, é muito fácil alegar que não há disponibilidade e dessa maneira forçar a rede pública a acolher esses alunos.

Da mesma maneira, mesmo que a legislação vigente exija que tais aulas permitam a convivência desse grupo de estudantes estrangeiros com o resto dos alunos nas salas de aula ordinárias da escola, colocando-os juntos, por exemplo, nas matérias de Educação física e Educação artística, a realidade é completamente diferente em muitos dos colégios particulares que recebem alunos do sistema público. Existem inclusive algumas dessas escolas privadas que oferecem tais aulas em prédios de apoio. No fundo, o que esse tipo de escola faz é se aproveitar dos generosos subsídios oferecidos pela administração da Comunidade Autônoma de Madri, enquanto aparentam não discriminar os alunos em função de sua origem étnica.

Atualmente, essa dicotomia do sistema de educação – o *"apartheid acadêmico"* – é muito palpável se considerarmos onde determinados tipos da população estão sendo escolarizados. São contundentes os estudos e relatórios que vêm ressaltando de forma insistente que a escolarização majoritária dos alunos imigrantes se concentra nas escolas públicas. Os colégios privados e a maioria das escolas privadas que também recebem alunos do sistema público, mediante as mais variadas estratégias, vêm impedindo a matrícula de crianças de grupos sociais desfavorecidos, de grupos étnicos sem poder e de pessoas com alguma deficiência, algo que também foi denunciado pelo dossiê sobre a escolarização dos alunos de origem imigrante na Espanha, elaborado pelo Defensor do Povo (2003), e onde são oferecidos dados contundentes como o seguinte:

> 82,01% dos alunos procedentes da América Latina, do Caribe, da África, dos países europeus não pertencentes à Comunidade Europeia, da Ásia e da Oceania estudam em colégios públicos.

Essa situação de clara segregação entre escolas públicas e escolas privadas que também recebem alunos do sistema público "se mantém, às vezes de forma ainda mais acentuada, em todas as Comunidades Autônomas", motivo pelo qual o Defensor do Povo não hesitou em recomendar que, "visto que as escolas públicas e as escolas privadas que também recebem alunos do sistema público também são financiadas com verbas públicas, as políticas educativas tenderão à redistribuição homogênea dos alunos de origem estrangeira entre esses dois tipos de escolas" (p. 414).

Agrupamentos e conteúdos escolares por classe social

Porém, quando analisamos a distribuição dos alunos que não são estrangeiros, a divisão em grupos atendendo à dimensão classe social também serve para denunciar a existência de segregação no sistema de educação do Estado espanhol. Essa é uma das modalidades de discriminação mais antigas na história da educação e é lamentável que ainda se mantenha plenamente atual. Atualmente os dados empíricos para avaliar seu verdadeiro alcance continuam sendo teimosos. Os diversos relatórios publicados sobre as desigualdades em educação continuam deixando clara a existência de um

Currículo escolar e justiça social **237**

sistema de educação no qual a dimensão classe social desempenha um papel muito importante (GRAÑERAS, et al. 1998).

Essa opção classista é uma das formas de discriminação de cuja existência os cidadãos não costumam ter dúvidas. Nesse sentido, um dos dados mais óbvios na hora de confirmar a realidade de colégios dirigidos às classes cultural e economicamente mais poderosas é a existência de colégios privados nos quais se exige que as famílias paguem uma matrícula muito cara. Mesmo que também seja preciso incluir nesse grupo boa parte das escolas privadas que também recebem alunos do sistema público, que não duvidam ao recorrer a estratégias das mais variadas índoles para selecionar as crianças das famílias de classes alta e média alta e, é óbvio, criar obstáculos para a entrada daquelas que pertencem aos setores mais populares (TORRES, 2007). Os perigos desta polarização classista são tão sérios que em muitas cidades já quase podemos afirmar que as classes médias de renda média e baixa, a classe trabalhadora, os imigrantes pobres e a população cigana são a população majoritária dos colégios públicos, enquanto que as crianças da burguesia, pequena burguesia e classe média profissional de alta renda são as que frequentam os centros privados e grande maioria dos centros privados que recebem verbas públicas.

Agrupamentos e conteúdos escolares por capacidades

Outra forma de educação é a realizada quando são feitos agrupamentos de estudantes em função de suas capacidades intelectuais e físicas. Os centros de educação especial foram até uma época muito recente os redutos específicos nos quais eram escolarizadas crianças com incapacidades intelectuais, físicas, sensoriais e psíquicas. Essas instituições acabavam servindo para reforçar e legitimar ainda mais a exclusão social à qual essas pessoas eram submetidas. Os estímulos educativos e as interações sociais em seu interior costumavam ser muito pobres, dessa forma os avanços em sua educação foram, via de regra, muito limitados.

A eficácia das lutas sociais de muitos grupos de ativistas contra este tipo de discriminação que começou a ocorrer nos países anglo-saxões, principalmente desde o final da década de 1960 e durante a década de 1970, acabou também alcançando o território espanhol. No final da década de 1970, e especialmente na década de 1980, distintas associações de familiares dessa classe de alunos, assim como de profissionais da educação que iam tendo acesso à bibliografia e às pesquisas relevantes sobre essa problemática, grupos de renovação pedagógica, sindicatos e partidos políticos de esquerda conseguiram com que as leis educativas desse momento tornassem possível um sistema de educação mais inclusivo.

As reivindicações desses grupos sociais insistiam desde o início em ir além dos discursos médicos e biológicos para enfatizar os modelos políticos e de sociedade vigentes. Suas lutas e seus discursos se baseavam em concepções que apostavam em outros modelos de justiça, nos quais atenderiam as dimensões de reconhecimento, redistribuição e representação. As interpretações sociopolíticas da incapacidade ofereceram uma maior clareza conceitual, assim como outro vocabulário mais respeitoso, e facilitaram as reivindicações nesta linha (BARTON, 1998). Desse modo, surgiram diversas teorias com explicações mais pertinentes e adequadas sobre o significado e as possibilidades das pessoas com incapacidades, os quais serviram para apostar em modelos plenamente inclusivos, também emancipadores na hora de falar e trabalhar dentro das instituições educativas.

Conforme afirma Barnes,

> ao contrário dos enfoques investigadores tradicionais, os objetivos da pesquisa emancipadora sobre a incapacidade garantem a geração e produção de conhecimentos acessíveis e significativos sobre as diversas estruturas – econômicas, políticas, culturais e ambientais – que originaram e mantêm as múltiplas privações encontradas em grande parte das pessoas com incapacidades e em suas famílias. (2006, p. 349)

Atualmente, a autossuficiência tanto individual como coletiva dessas pessoas é o que deve servir de estímulo para a aposta na educação inclusiva e o compromisso com ela. Como resultado destas duas últimas décadas nas quais tem havido um notável avanço quanto a experiências de educação nesta linha, podemos dizer que já contamos com a primeira geração de adolescentes que, em geral, sabe se relacionar com pessoas com alguma incapacidade. Esses jovens trabalham e convivem com elas nas salas de aula, e todos têm desfrutado dos benefícios. As pessoas com incapacidade têm sido beneficiadas por um ambiente normal, muito mais rico em estímulos, e o resto da população aprendeu a ver essas pessoas como colegas muito mais capazes do que imaginavam; viram a tremenda injustiça à qual eram vítimas em sua vida cotidiana social e profissional.

O não comprometimento na luta contra a segregação escolar equivale a aceitar a ser cúmplice de que em alguns desses espaços destinados à educação de cidadãos mais jovens nem todos desfrutam de direitos iguais e muitos deles, portanto, tem verdadeiros problemas de reconhecimento, redistribuição e participação como *igual*, em pé de igualdade (FRASER, 2006, p. 42).

Defender uma educação pública democrática e integradora exige um comprometimento e uma ação política por parte da sociedade e, consequentemente, da ação do governo para corrigir esse tipo de disfunção que se manifesta na organização e no funcionamento do sistema de educação.

2. EXCLUSÃO

Intervenções curriculares que promovem a exclusão são aquelas nas quais as culturas presentes na sociedade são ignoradas; nas quais podemos constatar por meio dos materiais curriculares, das bibliotecas e dos recursos educativos em geral, que existem silêncios muito significativos sobre as realidades que formam nosso mundo. Eliminando sua presença e suas vozes se facilita a reprodução dos discursos dominantes de cunho racista, classista, sexista, homofóbico, etc.

Contudo, em alguns casos é muito difícil eliminar a presença de alguns grupos sociais indesejados; nesse caso, uma tática mais sutil de exclusão é não dar a palavra aos membros desses grupos. Consideremos a enorme quantidade de textos escritos por ocidentais sobre culturas diferentes nas livrarias espanholas ou em colunas de opinião nos meios de comunicação e os comparemos com os de autoria árabe. O resultado é óbvio: quem interpreta a realidade, quem fala pelos "outros" são os "nossos" textos.

Além disso, no mundo de hoje, devido ao grande desenvolvimento das comunicações que tornam mais acessíveis textos e alocuções originários de qualquer parte do planeta, outro procedimento de exclusão é o de vigiar e censurar aqueles que podem falar e serem ouvidos, supervisar e censurar as fontes de informação, silenciando ou manipulando quem contradizer os discursos discriminatórios dominantes ou também amplificando exageradamente os discursos "de outros" que coincidem com "nossas" concepções dominantes. Assim, é mais fácil ter acesso às informações de pessoas de religião muçulmana que criticam seu governo e suas políticas do que às opiniões daquelas pessoas pertencentes a este credo que contradizem as ideias hegemônicas dos grandes meios de comunicação ocidentais. Em geral, os únicos membros dos grupos rotulados como "os outros" que têm alguma probabilidade de falar nos meios de comunicação de massa ocidentais são aqueles que dizem o que agrada a estes, aqueles que reforçam as ideias estereotipadas dominantes, os preconceitos comuns.

Os outros são interpretados e dificilmente podem se defender quando são mal interpretados. Além do mais, isso vai contra aprendizados que de certa maneira grande parte da população foi aprendendo nesta época em que as viagens são mais frequentes. Convém levar em conta como é difícil para qualquer pessoa que visita outro país interpretar a grande quantidade de condutas, costumes e rotinas que são típicas das pessoas nativas. É óbvio que passaremos muito mais apuros se, além disso, tais comportamentos forem de pessoas de grupos marginalizados que os imaginários dominantes definem como hostis. Estar consciente desse tipo de fenômeno deveria bastar para exigir uma maior presença dessas vozes tradicionalmente silenciadas nos meios de comunicação ocidentais e, é óbvio, nos materiais curriculares.

Entretanto, nos livros-texto que circulam nas escolas do Estado espanhol, as vozes e representações dos "outros" são inexistentes ou, na melhor das hipóteses, uma anedota.

Culturas silenciadas

Esse tipo de estratégia de omissão é empregado pelos sistemas de educação que adotam um modelo de sociedade monocultural e, portanto, silenciam todas as demais realidades; talvez em alguns momentos se fale dos outros, mas sempre para calá-los, não lhes permitindo falar e sempre os representando conforme os grupos hegemônicos da sociedade os imaginam.

A imensa maioria dos livros didáticos ainda hoje continua incorporando uma filosofia de fundo que considera que somente existem no mundo homens de raça branca, de idade adulta, que vivem em cidades, estão trabalhando, são católicos, de classe média, heterossexuais, magros, sãos e musculosos (veja o Quadro 2.2). Dificilmente encontraremos nos conteúdos de tais materiais curriculares informações sobre temas como a história e a vida cotidiana das mulheres, seus âmbitos de discriminação (o trabalho doméstico, a maternidade e o cuidado da prole, a violência contra as mulheres, a precarização do trabalho, o "teto de cristal", a prostituição); análises da história da infância e do que significa ser criança e adolescente em nosso mundo; tampouco se presta atenção às pessoas com deficiências físicas e/ou psíquicas ou às pessoas idosas e doentes; e menos ainda às culturas *gays*, lésbicas e transexuais ou àqueles que vivem em estruturas familiares diferentes da tradicional. Também não se costuma refletir acerca das condições de vida das pessoas em situação de desemprego e em estado de pobreza; as pessoas assalariadas com baixos salários e que suportam péssimas condições de trabalho. Tampouco são analisadas as situações das pessoas que vivem em núcleos rurais da agricultura e da pesca. As etnias oprimidas não aparecem, nem as culturas das nações colonizadas, assim como todo o mundo das pessoas imigrantes e as situações de injustiça às quais costumam ser submetidas. As concepções dominantes sobre o ser humano e o mundo são derivadas da religião católica ou coerentes com essa cosmovisão (TORRES, 2006, veja o Capítulo IV).

Quadro 2.2 Cultura escolar

VOZES *PRESENTES*	VOZES *AUSENTES*
Mundo masculino	Mundo feminino
Pessoas adultas	Infância, juventude e terceira idade
Pessoas sãs	Pessoas doentes, com deficiências físicas e/ou psíquicas
Pessoas heterossexuais	Culturas *gays*, lésbicas e transexuais
Profissões de prestígio	Classes trabalhadoras e pobreza
Mundo urbano	Mundo suburbano, rural e marítimo
Estados e nações poderosas	Nações sem Estado
Raça branca	Etnias minoritárias ou sem poder
Primeiro Mundo Ocidental	Países orientais e Terceiro Mundo
Religião católica	Outras religiões, agnosticismo e ateísmo

Fonte: O autor.

Como fruto das reivindicações de inúmeros grupos feministas e movimentos de renovação pedagógica, uma das vozes que tem tido mais sucesso em sua inclusão na cultura escolar explícita é a voz do mundo feminino. Contudo, convém estarmos atentos, pois ainda resta muito a ser feito, deveríamos inclusive revisar com maior atenção a definição de quando um livro didático ou qualquer outro material curricular é sexista ou não. Até muito recentemente era fácil ver que o rótulo sexista mais relacionado à existência ou não do mesmo número de homens e mulheres nas fotografias e ilustrações, se aparecem mulheres em postos de trabalho tradicionalmente dominados pelos homens e em um número similar, etc. Vigia-se muito de perto se existe ou não uma linguagem discriminatória, pois não esqueçamos que o movimento feminista conseguiu dar inúmeras provas de como a linguagem sexista determinava aspirações e condutas tanto dos homens como das mulheres. Por isso, uma das estratégias para combater o sexismo também inclui prestar muita atenção à linguagem.

Porém, tem-se prestado muito menos atenção ao grau em que são tratados temas que atualmente representam situações de injustiça para as mulheres. No meu modo de ver, um material curricular destinado a informar como é o mundo de hoje às novas gerações é sexista na medida em que silencia ou não trata com devido rigor as situações e os problemas que as mulheres do presente estão sofrendo (veja Quadro 2.3), situações de discriminação que se mostram em graus diferentes, segundo essa dimensão de gênero se entrecruza, por sua vez, com outras dimensões objeto de discriminação como a inserção em determinada classe social, etnia e raça, idade, capacidades, nacionalidade, religião e âmbito cultural.

Quadro 2.3 Âmbito de discriminação das mulheres

- O trabalho doméstico ou a "segunda jornada"[5]
- A maternidade e o cuidado com os filhos e as filhas.
- A violência contra as mulheres
- A precarização profissional
- "O teto de cristal" no âmbito profissional
- A feminização da pobreza
- Os direitos sexuais e reprodutivos
- A prostituição

Fonte: O autor.

Dispomos de inúmeras provas, documentadas principalmente pelas pesquisadoras feministas, nas quais se denuncia o sexismo nos conteúdos, nos livros didáticos, nas modalidades de relação na sala de aula e nas avaliações dos rendimentos, e esse é um movimento que desde o início da década de 1970 vem acompanhando muito de perto o que ocorre no interior do sistema escolar. Nas décadas anteriores, essas denúncias eram feitas levando em consideração a variável classe social, mas a queda do Muro de Berlim, em 1989, parece ter relegado esse tipo de análise a um lugar secundário, para não dizer que não se abandonou esse tipo de pesquisa. Com isso, não podemos sequer pressupor que já temos um sistema de educação no qual não existem práticas de reprodução das distintas classes e grupos sociais.

Imaginemos, portanto, que tipo de práticas reprodutivas, de opressão e de marginalização não estarão ocorrendo nas dimensões às quais prestamos muito menos atenção, como o classismo, o racismo, os preconceitos com os idosos, o doutrinamento religioso, a promoção de um único modelo de sexualidade e de família, a promoção da cultura urbana, os silêncios sobre a pobreza, sobre as instituições no mercado profissional, etc.

Não denunciar as vozes e realidades desses grupos silenciados implica continuar reproduzindo as situações de injustiça ou opressão que podem estar lhes afetando.

Até mesmo quando alguns desses grupos tradicionalmente silenciados, como fruto de suas resistências e lutas sociais, parecem mais ativos, assumem o papel de agentes de transformação da realidade e/ou de criadores de cultura, obras de arte, ciência e tecnologia, é fácil que algum rótulo trate de recolocá-los com explicações e avaliações que deixem patente certa forma de inaptidão natural ou inferioridade em suas produções. Isto, por exemplo, costuma acontecer com a utilização do qualificativo "cultura popular", que sempre aparece contraposto, de maneira visível ou latente, à cultura simplesmente sem qualificativos ou, em outras palavras, à cultura oficial e valiosa, dado que é a reconhecida pelos grupos hegemônicos de poder como modelo e, além disso, é convertida em foco de atenção. Essa é a cultura valorizada positivamente pelos espaços oficiais, a que se tornará obrigatoriamente conteúdo nos currículos escolares e que aparece com possibilidades reais de abrir as portas no mercado de trabalho nas atuais sociedades neoliberais e conservadoras. Consequentemente, cultura popular é a denominação com a qual se reforça ainda mais a marginalização de todas aquelas experiências, formas, artefatos e representações produzidas por certo grupos "sem poder" e com o qual os grupos sociais hegemônicos definem a sua importância secundária por meio de posições institucionais de poder. Por que uma lancha, uma barca, uma chalana, um bote, uma chalupa, uma gôndola, uma barcaça, uma canoa, uma balsa são consideradas como construções populares, mas um iate não é?

3. DESCONEXÃO

Nesta opção metodológica podem ser detectadas duas modalidades principais:

"O dia de..."

Sob uma perspectiva histórica, esta é uma das modalidades mais habituais de trabalho dos temas transversais do currículo e, em geral, dos problemas sociais e fenômenos culturais mais próximos aos alunos que não costumam aparecer nos livros didáticos nem, de uma maneira visível, no currículo oficial previsto por lei.

Esta modalidade consiste em trabalhar esporadicamente, por exemplo, em um dia do ano, temas como as maneiras nas quais a opressão das mulheres se manifesta ("O Dia da Mulher"), a luta contra os preconceitos racistas ("O Dia da Hispanidade"), a reflexão sobre a classe trabalhadora

("O Dia da Classe Operária"), pesquisar sobre a poluição ("O Dia da Árvore"), as guerras ("O Dia da Paz"), os idiomas oprimidos ("O Dia das Letras Galegas"), os direitos e os deveres cívicos ("O Dia da Constituição"), etc.

As situações sociais mais conflitivas, abusivas e cotidianamente silenciadas se convertem no foco de atenção das matérias e atividades escolares nesse dia específico. No resto do ano elas são silenciadas, quando não são direta ou implicitamente distorcidas e legitimadas. Esses temas mais interdisciplinares e com maiores possibilidades de serem relevantes e significativos aos alunos são normalmente trabalhados como um parêntese de um projeto de educação; ou seja, de uma maneira que as crianças não costumam vê-los vinculados aos programas, nem às tarefas que realmente conta no momento das avaliações. Esses dias específicos costumam ser vividos como períodos de relaxamento no ritmo do trabalho escolar.

Contudo, é preciso ressaltar que essa estratégia foi uma importante iniciativa criada pelos professores mais progressistas e inovadores para a introdução na sala de aula de temas sociais importantes, mas que até esse momento não eram considerados fundamentais pelas instituições escolares. Atualmente, é óbvio, se mostram claramente insuficientes.

Divisão por disciplinas

É uma das típicas formas de organização e sistematização dos conteúdos a serem estudados, mas que dificultam a verdadeira compreensão da realidade e, consequentemente, das situações e dos problemas sociais, culturais, políticos e religiosos. Neste modelo de projeto e desenvolvimento curricular, as informações que os alunos enfrentam estão divididas em disciplinas estanques entre si. A Lei de Ordenação Geral do Sistema Educativo (LOGSE, 1990) tratou de enfrentar esse perigo mediante o estabelecimento das matérias transversais, mas que tanto aquele governo como os seguintes praticamente não se empenharam em promover.

Contudo, a educação transversal que a LOGSE promovia marcou um forte avanço nessa direção. Seus resultados práticos não foram suficientemente avaliados, mas podemos comprovar que ao menos nos projetos curriculares das escolas e da sala de aula elaborados pelos professores costuma haver uma seção explícita a esse tipo de matéria. Outra coisa distinta é se eles são realmente trabalhados no dia a dia. Em geral, os serviços de inspeção e das diretorias das escolas não costumam prestar suficiente atenção ao seguimento destes conteúdos.

Os blocos temáticos compostos pelas matérias lecionadas nas aulas, por sua vez, costumam ser tanto o reflexo dos conteúdos obrigatórios legislados pelo governo do Estado como dos conteúdos adicionais das correspondentes Secretarias de Educação dos Governos das Comunidades Autônomas e dificilmente facilitam a criação de situações de aprendizagem relevante e significativa para os alunos. Esse foi o argumento decisivo no qual o governo presidido por Felipe González se apoiou para incluir a educação transversal na LOGSE. Mas, como não houve uma política decidida para fortalecer na prática essa modalidade de trabalho transversal, acabou se impondo o tradicionalismo curricular, ou seja, a divisão em disciplinas.

Contudo, conscientizar os alunos e, evidentemente, os professores de que era necessário dar mais visibilidade à realidade também serviu para originar situações nas escolas que não eram do agrado do governo do Partido Popular presidido por José María Aznar. Assim, por exemplo, as instituições escolares que sabem que obrigatoriamente teriam de trabalhar de modo transversal matérias como "Educação para a paz", "Educação moral e cívica" ou "Educação ambiental", se sentiram motivadas a converter em foco de atenção problemas urgentes do momento, como o desastre ecológico originado pelo petroleiro Prestige na costa da Galícia e em muitos enclaves do resto do litoral cantábrico, no outono de 2002, e o ingresso do Estado espanhol na Guerra do Iraque. O aproveitamento educativo nas instituições escolares dessas duas temáticas como centro de interesse para estruturar diversos núcleos de conteúdos correspondentes ao Projeto Curricular Base (PCB) vigente em todos os níveis do Sistema Educativo foi visto como uma ameaça ou um despropósito dos professores por parte do governo conservador de Manuel Fraga Iribarne na Galícia. Essa situação deu lugar à promulgação das *Instruções da Diretoria Geral de Centros e Ordenação Educativa sobre publicidade e propaganda nas escolas e outras questões formuladas em relação ao seu funcionamento e regime jurídico*, com data de 12 de março de 2003.

Nos momentos em que esses dois conflitos estavam sendo objeto de atenção por parte da comunidade escolar, nas mencionadas "instruções", depois de seis folhas de preâmbulo, com uma linguagem jurídica totalmente incompreensível fazendo alusões à Constituição espanhola, a um grande número de leis autônomas (leis de patrimônio, regulamentos orgânicos sobre a utilização dos quadros de anúncios e das diferentes instalações das escolas, etc.), assim como quase uma dezena de artigos da própria Lei Orgânica da Qualidade da Educação (LOCE, 2002), recém-aprovada pelo governo de José Maria Aznar, é concluída com três "instruções". No meu modo de ver e no da comunidade escolar da imensa maioria das escolas destinatárias, tais instruções foram criadas com a pretensão de intimidar. Advertem-se as direções dos colégios de que "os quadros de anúncios e demais instalações sejam utilizados exclusivamente para os fins próprios do serviço público docente; seu emprego para fins distintos – propaganda, publicidade ou relativos a declarações ou manifestações de conhecimento, juízo ou vontade sobre questões alheias ao âmbito que lhes compete – se tornam, portanto, claramente ilegais" (Instrução primeira). Na segunda Instrução se afirma que "também é ilegal que uma escola receba, colete ou faça, por qualquer meio ou procedimento – resolução, acordo, assembleia, consulta, votação, referendo ou similar – declarações ou manifestações de conhecimento, juízo ou vontade sobre questões alheias ao âmbito que lhes compete".

Os dias seguintes à emissão dessas instruções foram dedicados pelas instituições escolares a debater o que elas deveriam fazer com os trabalhos que vinham sendo realizados sobre o desastre ambiental do Prestige e a Guerra do Iraque. A conclusão unânime, até onde pudemos constatar, foi de que as escolas continuariam com esse tipo de tarefa escolar e, consequentemente, não fariam caso das ameaças de sanção feitas pela Secretaria de Educação da Junta da Galícia. As razões dessa decisão estavam no fato de que, de acordo com os corpos docentes e as Secretarias Escolares das diferentes escolas, esses centros de interesse eram plenamente coerentes, no mínimo, com parte dos conteúdos de três das matérias transversais que, segundo a Legislação vigente, deviam obrigatoriamente ser trabalhados: "Educação para a paz", "Educação moral e cívica" ou "Educação ambiental".

Perante essa contundente reação das escolas, dos alunos e de suas famílias, a administração pretende argumentar que obviamente existe liberdade de cátedra, mas volta a insistir, desta vez para esclarecer que as escolas somente podem trabalhar os temas que aparecem nos projetos curriculares da escola; e este documento é elaborado no começo do ano letivo espanhol, ou seja, no mês de setembro. Porém, como os docentes poderiam saber que nos meses seguintes esses dois grandes desastres iriam acontecer? Deveriam eles postergar seu estudo para anos vindouros?

Esta situação de conflito com a administração é uma boa amostra das tentativas dos grupos conservadores que integravam o governo do Partido Popular de tratar, por todos os meios, de controlar o conhecimento que é produzido e difundido nas escolas (TORRES, 2004).

As leis posteriores à LOGSE marcaram uma mudança nesta linha de fomento de uma educação mais interdisciplinar e integrada, e uma boa prova disso é que elas já contemplam sua filosofia. Assim, por exemplo, a legislação vigente – a Lei Orgânica da Educação (LOE, 2006) – somente recorre ao termo "transversal" em duas ocasiões. A primeira ocasião é na introdução, ao se referir de uma das novidades da nova lei, a educação para a cidadania, quando diz que

> esta educação, cujos conteúdos não podem ser considerados em nenhum momento alternativos ou substitutivos do ensino religioso, não entra em contradição com a prática democrática que deve inspirar o conjunto da vida escolar e que deve ser desenvolvido como parte da educação em valores *com caráter transversal a todas as atividades escolares.*

No outro caso, no Artigo 121, que se refere ao projeto de educação, se estabelece que

> o projeto de educação da escola estabelecerá os valores, os objetivos e as prioridades de atuação. Além disso, ele incorporará a implementação dos currículos estabelecidos pelas autoridades da educação, à qual corresponde escolher e aprovar os docentes, assim como o *tratamento transversal nas áreas, matérias ou módulos da educação em valores e outros aprendizados.*

Atualmente, as políticas de gratuidade dos livros didáticos nas quais as distintas autoridades da educação do Estado espanhol estão apostando não são precisamente uma das medidas que facilitam este trabalho interdisciplinar; ao contrário, penso que são uma autêntica bomba-relógio contra a interdisciplinaridade e os projetos curriculares integrados, dado que estes materiais curriculares são construídos de maneira disciplinar.

As matérias, as disciplinas, determinam as abordagens e favorecem que somente se preste atenção aos conteúdos da realidade que direta e visivelmente são seu foco de atenção. Cada especialista se converte em um guerreiro disposto a conquistar mais poder e recursos para sua matéria. Isso pode ser comprovado com facilidade quando observamos nos corpos docentes como cada departamento demanda mais horas de docência para suas matérias, mais recursos, maior reconhecimento, sem se importar em que medida outros departamentos e disciplinas deveriam ter mais importância.

4. DISTORÇÃO

Esta é uma das estratégias didáticas mais imorais, injustas e perigosas, pois trata de apresentar somente textos selecionados dentro de um sistema de linhas discursivas que servem para legitimar as desigualdades sociais, econômicas, políticas, religiosas, étnicas, de gênero e linguísticas, em vez de recorrer a outros textos que, por serem discrepantes, possibilitam submetê-las a uma análise crítica.

Na realidade construída pelos distintos livros-texto e materiais curriculares com os quais se trabalha nas salas de aula é muito provável que os atores se apresentem desenhados de forma seletiva. Quando não se pode silenciar o diferente e minoritário, a opção conservadora e discriminadora é argumentar sua inferioridade ou até mesmo transformá-la em algo medonho. Essa estratégia caracterizou as explicações racistas, sexistas, classistas e homofóbicas ao longo da história das instituições escolares.

Essa opção de recorrer a textos distorcidos é difícil de contrabalançar, pois eles costumam ser perfeitamente compatíveis com o "senso comum" da maioria da população. Esse senso comum é o resultado dos inúmeros processos educativos, intencionais ou não aos quais temos sido submetidos até hoje, mas que marcam a direção dos poderes dominantes.

Uma das peculiaridades do senso comum fruto das ideologias dominantes é a construção de categorias de avaliação muito estereotipadas, especialmente do tipo dicotômico: *nós* somos os bons, *eles* são os maus; *nós* somos os inteligentes, *eles* são os burros; *nós* representamos a modernidade, *eles* representam o retrógrado, o reacionário; *nós* somos os pacíficos, *eles* são os violentos, etc.

As oposições binárias são consideradas pelo senso comum como as únicas realidades e alternativas possíveis, obrigando-nos a escolher entre ambos os polos opostos sem ter de dar grandes explicações, pois essas polarizações são reforçadas e reconstruídas continuamente mediante todo tipo de discursos, legislações e interações como óbvias e naturais.

Uma educação verdadeiramente emancipadora tem de servir para evidenciar esse tipo de falsidade, assim como os subterfúgios por meio dos quais são construídas as explicações racistas que impregnam nosso senso comum e, o que é pior, a ciência que é vendida como neutra e objetiva. Os prejuízos e estereótipos

> podem se manifestar em todos os níveis do discurso, como na seleção dos tópicos, na maneira pela qual os participantes do discurso são representados, nos meios sintáticos de enfatizar ou não o agente e sua responsabilidade pelas boas e más ações, as metáforas e, em geral, o modo no qual *nossas* coisas boas e *suas* coisas ruins são ressaltadas ou atenuadas. (VAN DIJK, 2005, p. 18)

A esta altura da história, no século atual (das comunicações), não devemos ignorar a grande possibilidade de encontrar em nossas salas de aula estudantes que no seu período de escolarização anterior, em seu país de origem, tenham estudado uma versão de determinado fenômeno histórico, científico ou artístico com uma interpretação e avaliação diferente daquela que lhes é oferecida atualmente. Pensemos, por exemplo, na análise e avaliação de muitos acontecimentos históricos e artísticos em uma aula britânica, sueca, árabe, sul-africana, latino-americana ou no Estado espanhol. A discrepância da análise e apreciação no estudo desses fenômenos deveria servir para repensar tanto as fontes de informação às quais os alunos têm acesso como as tarefas escolares que devem ser executadas com elas.

Não devemos ignorar que a explicação da realidade com base em parâmetros colonialistas foi algo que serviu para convencer a população da "justiça" das invasões e explorações e, por isso, tanto as instituições de pesquisa como as educativas desempenharam uma função central.

Martin Bernal, professor da Universidade de Oxford, com suas pesquisas divulgadas em sua obra *Atenea Negra* (1993), conseguiu apresentar valiosas e contundentes provas sobre o mito da Europa como herdeira das culturas clássicas de Roma e Grécia, do surgimento do que chamamos de eurocentrismo. Tal mito chega até nossos dias e foi construído ao longo dos séculos XVIII e, principalmente, XIX, como estratégia decisiva para silenciar e desvalorizar as contribuições das culturas africanas e asiáticas. Para isso, foi decisivo apagar as contribuições e os empréstimos culturais do Egito e Oriente Médio durante o segundo milênio antes de Cristo, principalmente no período que vai de 100 a 1100.

A herança grega, convertida em "helenomania", ajudaria a explicar a suposta supremacia da raça ariana. Diversas ciências oferecerão a base científica, mas me interessa aqui enfatizar o papel desempenhado por um ramo do conhecimento que normalmente é considerado à margem dos interesses políticos, portanto, uma ciência "neutra": a filologia. O descobrimento da família de línguas indo-europeias imediatamente levou à consideração de seus falantes como uma "raça", a indo-europeia ou ariana. Para isso foi indispensável explicar que o grego também era uma língua indo-europeia. Os trabalhos de Georg Curtius, especialista em filologia e gramática comparada, são considerados decisivos e em um deles, publicado em 1886, podemos ler parágrafos como o seguinte:

> O povo que soube desenvolver de uma forma tão peculiar o tesouro comum da língua indo-germânica foi... (o dos) helenos. Seu primeiro feito histórico foi o desenvolvimento dessa língua, e semelhante proeza tem um valor artístico. Mais que as outras línguas irmãs, a grega deve ser considerada uma autêntica obra de arte... Se a única coisa que nos fosse legado pelos gregos ti-

vesse sido sua gramática, semelhante testemunho teria bastado para provar os extraordinários dotes naturais desse povo... O conjunto dessa língua é parecido com o corpo de um atleta bem exercitado, no qual cada músculo e nervo se encontram desenvolvidos ao máximo, sem que se veja um mínimo de inchaço ou de matéria inerte, onde tudo é potência e vida.

Todos os grandes descobrimentos da Antiguidade passam a ser atribuídos à superioridade do povo grego, e sempre desvalorizando ou simplesmente eliminando qualquer influência do Egito e das demais civilizações anteriores procedentes de outros povos asiáticos ou africanos ou dívida com estas nações.

Até 1860, os autores ingleses e americanos mostravam sua simpatia em relação aos mouros, pois o Islamismo era para eles menos pernicioso que o Catolicismo. No final do século, os critérios "raciais" conseguiram ultrapassar os religiosos; assim, os 800 anos de dominação árabe na Espanha, mesmo que em geral tenham sido prósperos para o país, passaram a ser considerados estéreis e "funestos". (BERNAL, 1993, p. 272)

Os países europeus, à medida que o eurocentrismo ia se tornando o senso comum, se negaram a serem vistos como devedores dos países que colonizaram e que exploraram de forma tão cruel. Suas autopercepções são de povos que se comportaram de maneira generosa, "levando-lhes" e oferecendo-lhes seu legado cultural, com um comportamento de enorme generosidade e justiça, lhes educando, etc., (PARASKEVA, 2006).

Todos os âmbitos da pesquisa científica, social e filosófica são suscetíveis de manipulação, dado que os interesses intelectuais, os esquemas teóricos e as metodologias de pesquisa têm como meta enfrentar os problemas sociais que surgem em contextos políticos e momentos históricos específicos. As estruturas de poder sempre buscaram condicionar a produção e orientação do conhecimento. Assim, por exemplo, qualquer história da ciência no século XIX pode nos oferecer dados muito expressivos sobre a utilização e até mesmo a manipulação e falsificação de dados supostamente científicos, para facilitar determinadas medidas políticas e sociais. Até mesmo a história do nazismo poderia nos oferecer inúmeros dados do papel desempenhado por certas áreas do conhecimento de prestígio para sua consolidação, como a medicina, psiquiatria, antropologia, biologia, química, física, arqueologia, filologia, etc. Os profissionais de prestígio detentores de posições de poder em universidades e centros de pesquisa, bem como os vinculados a entidades governamentais encarregadas de determinar políticas oficiais de saúde e sanidade, desempenharam um papel decisivo na construção e reformulação de teorias científicas que ajudariam os políticos no poder, por exemplo, a desenvolver o conceito de germanidade e supremacia da raça ariana. Como ressalta Mark Walker, a maioria dos membros da comunidade científica alemã estabeleceu

> um pacto fáustico com o nacional-socialismo, obtendo apoio econômico e material, reconhecimento oficial e uma ilusão de independência profissional em troca de um apoio consciente ou inconsciente às políticas nazistas que culminaram na guerra, na violação da Europa e no genocídio. (Citado em CORNWELL, 2005, p. 397)

Este fenômeno de instrumentalização política da ciência não se restringiu, de maneira alguma, apenas à Alemanha, pois no resto da Europa foram feitas aberrações semelhantes utilizando como escudo protetor o "prestígio" e a "neutralidade" da pesquisa científica. Há documentos que provam que em muitos países europeus até o final da década de 1970 grupos de pessoas considerados como os possíveis responsáveis pela degradação e perda do poder dessas nações foram submetidos a processos de esterilização. Com esta pretensão, ao longo do século XX vinham sendo esterilizadas pessoas com incapacidades intelectuais e psíquicas e, em geral, aquelas que viviam em situações de pobreza e marginalidade. Para dar um exemplo, na Suécia a imprensa revelou que até a metade da década de 1970 foram desenvolvidas práticas de eugenia, algo que a população atual considerou revoltante e que forçou o governo, em meados da década de 1990, a indenizar as mulheres que haviam sido vítimas de tais mutilações.

Da mesma maneira, é imprescindível que não esqueçamos que o movimento feminista dedicou – e continua dedicando – muitíssimo esforço para demonstrar o sexismo na ciência, nas ciências humanas e nas artes.

Ainda é ofensivo o número escasso de mulheres de renome que aparecem nos livros de história da ciência e, é óbvio, nos textos de todas as matérias, especialmente nas de ciências e tecnologia. Isso não quer dizer que as mulheres no passado não tivessem contribuído nem um pouco em tais âmbitos do saber, mas que elas permanecem sendo silenciadas, conforme demonstram inúmeras pesquisas feitas por mulheres nestas duas últimas décadas (SOLSONAI PAIRÓ, 1997).

Neste sentido, convém enfatizar a existência de um consenso notável sobre o fato de que "as teorias que influenciaram as ciências sociais e a vida foram inventadas durante as batalhas históricas entre os gêneros e serviram como armas para elas próprias" (HARDING, 1996, p. 93). Manipulações semelhantes também tiveram lugar no campo das ciências humanas e das artes. Assim, nos limitamos a um caso claro de silêncio que acontece no âmbito musical, a historiografia recente demonstrou que as mulheres sempre foram muito ativas ao longo da história, tanto como intérpretes como compositoras, e em todas as parcelas da vida musical; mas, é óbvio, com variações importantes segundo os momentos históricos e geográficos (GREEN, 2001; RAMOS LÓPEZ, 2003).

Patrícia Digón (2005), em sua pesquisa sobre os livros didáticos de música no Estado espanhol, deixa claro o enorme sexismo das concepções de educação musical que tais matérias incorporam. Um de seus exemplos é de que as mulheres aparecem como cantoras, e não como compositoras. Em seu papel de intérpretes, elas não aparecem com instrumentos que exigem certo esforço físico ou que afetam a expressão facial como os instrumentos de sopro e metal, e tampouco aparecem como percursionistas e bateristas. Elas não são representadas dominando instrumentos musicais eletrônicos. As pessoas com capacidade para a composição são exclusivamente do sexo masculino, tanto nos âmbitos da música clássica como do *jazz*, *rock*, *rap*, etc. No mundo da música clássica, não se fala delas como diretoras de orquestra ou instrumentistas profissionais, mas somente como amadoras (p. 118-120).

Por tudo isso, é importante recuperar essas partes da memória e reescrever os diversos campos do conhecimento incorporando suas contribuições, e, além disso, enfatizando as diversas razões de seu silêncio.

É necessário que eduquemos os alunos para o mundo mais justo e não discriminador que desejamos, que eles possam analisar criticamente ao longo de seu processo de formação as barreiras que em muitos casos impediam e em outros dificultavam a participação das mulheres nas comunidades científicas e, portanto, no desenvolvimento da pesquisa. Essa é uma das estratégias que ajudarão para que no futuro não ocorram distorções semelhantes no conhecimento e nas suas aplicações.

Estamos assistindo atualmente a uma "guerra contra o terrorismo" iniciada pelo governo presidido por George W. Busch, e que continua sendo mantida pelo atual Presidente Barack Obama, apesar de que tanto em suas promessas na campanha eleitoral como em seus discursos já investido do cargo de Presidente, ele deixa de expor com clareza as raízes do *slogan* com o qual tanto a Guerra do Iraque como do Afeganistão se justificaram e foram iniciadas. Hoje Barack Obama define o inimigo com maior precisão: o terrorismo praticado pela organização jihadista *Al Qaeda*, responsável, entre outros, pelos atentados terroristas de 11 de setembro de 2001 nos Estados Unidos, de 11 de março de 2004 em Madri e de 7 de julho de 2005 em Londres; porém, por sua vez, o atual Presidente recorre a outro conceito abrangente – como a expressão "estratégia de segurança nacional" –, que lhe faculta fazer múltiplas interpretações que permitem iniciar e justificar inúmeras iniciativas de "proteção". Nesta estratégia antiterrorista e defensiva, as manipulações e distorções das informações e da ciência desempenham um papel importante. Assim, a Fundação Nacional da Ciência dos Estados Unidos, "encarregada de promover a ciência pura, foi obrigada a rever a validade de suas metas" (CORNWELL, 2005, p. 445.). O que se pretende é colocar todo o enorme poder das grandes redes de pesquisa norte-americana a serviço dos interesses políticos e econômicos das multinacionais, seus *lobbies* e outros grupos de pressão que apoiam o governo.

Entre os efeitos perversos ligados a esse programa defensivo está a quantidade de agências de informação e serviços secretos dos governos ocidentais dedicadas a uma recopilação minuciosa de todo tipo de informação sobre acontecimentos provocados por ultrafundamentalistas para, por meio de tais dados, facilitar a construção de linhas argumentativas que contribuiriam para uma demonização injusta da religião islâmica, uma radicalização das posturas islamofóbicas e, em geral, uma divulgação de informações preconceituosas e falsas estigmatizantes do mundo árabe.

O fato de que alguns grupos terroristas sejam crentes islâmicos, mas em sua versão mais fundamentalista, passou a ser generalizado para todo o Islamismo, facilitando o surgimento de uma crescente islamofobia. Os meios de comunicação ocidentais mais conservadores têm desempenhado um papel fundamental na formação deste pensamento discriminador; eles conseguiram persuadir grande parte da população ocidental mediante todo tipo de informação preconceituosa e inclusive falsa de que o Islamismo é uma religião muito perigosa.

De fato, uma das consequências dos ataques terroristas que acabamos de enumerar é que quando nos países do primeiro mundo se fala de diversidade, de outras culturas, de multiculturalismo, o pensamento popular imediatamente pensa no Islamismo, nos muçulmanos e na população árabe. Este pensamento eurocentrista é apropriado e atribuído exclusivamente a todos os tipos de valores e ideais positivos (democracia, justiça, solidariedade, igualdade, cultura, progresso, etc.), ignorando sua própria história, e confere aos povos muçulmanos todos os valores antagônicos (autoritarismo, antidemocracia, injustiça, desigualdade, machismo, violência, marginalização, incultura, atraso, etc.). As demais culturas africanas, asiáticas, da Oceania, e as próprias culturas de inúmeros países, nações e regiões europeias e americanas parecem ser muito menos preocupantes.

Outros dos resultados da consolidação de tal quantidade de estereótipos deformantes da realidade são que quando a população norte-africana, dos países mais pobres do continente asiático ou de raça negra que conseguiu entrar na Europa se encontra em situação de ociosidade ou desemprego, sem recursos econômicos suficientes para uma vida digna, sem moradia, etc., as pessoas nativas da Europa ou dos Estados Unidos atribuem essas situações de marginalidade à cultura, à religião e à origem étnica dessas populações imigrantes. Dificilmente elas serão capazes de relacionar tais problemas profissionais e econômicos a leis e a um mercado de trabalho tremendamente injusto, com uma cultura dominante claramente racista, assim como a um sistema educativo que não lhes presta a devida atenção ou o faz com estratégias inadequadas às dimensões multiculturais; um sistema que tem preconceito com as crianças desses grupos e/ou que não ajuda a desfazer os enormes preconceitos dos nativos que historicamente lhes são transmitidos e a escola tem lhes ajudado a construir.

Os jovens marroquinos, senegaleses, colombianos, peruanos, filipinos, etc., se sentem frustrados porque não encontram trabalho nem moradia digna e pela falta de apoio para se integrarem e poder viver como aqueles que nasceram na Espanha. Não costumam ser os problemas culturais ou religiosos que dificultam sua integração, nem os problemas de falta de respeito às leis, pois está comprovado que aprendem o idioma do país no qual pretendem viver com muita facilidade, rapidamente se tornam bilíngues, algo que para os nativos em geral exige muito mais esforço. Também não se tornam delinquentes em maior proporção, embora geralmente a esse tipo de pessoa sejam atribuídas culpas com enorme facilidade e falta de provas. Em muitos momentos, recordam-lhes de que estão aqui a "favor", que esta terra não lhes pertence. A discriminação legal, profissional, imobiliária, sanitária, recreativa e educativa da qual sofrem é como uma recordação contínua da provisoriedade ou ilegalidade de sua estadia na Espanha.

Uma vez conseguido o consentimento daqueles setores da população ocidental com maior poder de influência quanto aos perigos oferecidos pelo mundo árabe e, em geral, pelos povos que habitam as nações menos poderosas do mundo, os governos e as grandes multinacionais se tornam legitimados para explorar todas as suas riquezas naturais e materiais, empregando argumentos como a defesa de valores ocidentais, a proteção física do primeiro mundo e, até mesmo, a proteção dos cidadãos mais desfavorecidos dos próprios territórios invadidos e colonizados.

Nessa tarefa de preparar e justificar as invasões, os roubos e a exploração imperialista, os discursos elaborados por intelectuais são um elemento-chave. Inúmeros projetos de pesquisa obtêm verbas generosas na medida em que as conclusões são do agrado de quem as financiam. A história da ciência está cheia desse tipo de exemplos. As raízes dos discursos discriminatórios, racistas, sexistas, fundamentalistas, etc., quase sempre têm como fundamento discursos e pesquisas preconceituosas elaboradas por setores eruditos, elites que controlam os discursos públicos dada a facilidade de seu acesso a jornais, revistas, redes de televisão, *blogs*, etc.

Se manipulações e distorções deste calibre ocorrem no seio das instituições universitárias e dos centros de pesquisa, obviamente os livros didáticos que divulgam o conhecimento oficial nos demais níveis do sistema de educação reproduzirão afirmações e discursos com distorções muito semelhantes. São muitas as mentiras históricas que ainda hoje aparecem nas páginas dos livros didáticos e que, portanto, se convertem em informações que muito provavelmente agredirão determinados estudantes que se encontram nas salas de aula. Pensemos, a título de exemplo, em todas as informações que costumam ser incorporadas nos manuais escolares espanhóis de ciências sociais para estudar o "Descobrimento da América". Se as comparamos com as de outros materiais desenvolvidos pelos especialistas desses países seríamos certamente surpreendidos com um bom número de informações omitidas ou que aparecem distorcidas na Espanha. Basta constatar como uma personalidade tão decisiva para entender aquele período histórico, como é Frei Bartolomé de Las Casas (1484-1566), até muito recentemente costumava ser silenciado ou, o que é pior, manipulado – este frei dominicano espanhol, cronista do Descobrimento da América, bispo de Chipas (México) e logo depois denominado "Apóstolo dos Índios", por defender seus direitos, criticou desde o primeiro momento o genocídio e a exploração de recursos que ocorreu na invasão colonial denominada "Descobrimento da América". Essa é uma figura que no famoso Debate de Vallaloid (1550-1551) já defendia com argumentos veementes e irrebatíveis que os povos nativos daquelas terras eram povoados por seres humanos semelhantes aos europeus, frente a Juan Ginés de Sepúlveda, que defendia a legitimidade da invasão, visto que aquelas pessoas eram idólatras vivendo no pecado. A defesa que Frei Bartolomé de Las Casas faz das populações nativas justifica que ele seja considerado como um precursor na teoria e na prática da defesa dos Direitos Humanos.

Da mesma maneira, uma olhada nos livros da época franquista e nas suas explicações do golpe de Estado do General Franco, em 1936, e da ditadura que foi implantada no Estado espanhol, serviria para nos convencer da necessidade de prestar muita atenção às informações contidas nos materiais curriculares com os quais obrigamos os alunos a entrar em contato nas escolas.

O sistema de educação, que em outros momentos foi elaborado claramente para promover o eurocentrismo e um nacionalismo chauvinista, deve agora caminhar no sentido contrário: expandir as mentes das novas gerações e gerar uma cultura mais universalista e uma personalidade mais solidária e acolhedora, enfatizar o que todas as culturas têm em comum. O sistema de educação deve reconhecer os desejos e as aspirações que orientam a vida da grande maioria das mulheres e dos homens de qualquer canto do planeta, que consistem de: poder levar uma vida digna, ser aceitos e aceitar, ajudar e ser ajudados, colaborar, ser tratados com justiça, ser considerados como iguais, etc. Essa é uma estratégia de grande poder na luta contra o racismo e a discriminação em geral.

Naturalização

Nas atuais sociedades da informação e comunicação é provável que essas realidades silenciadas não possam se esconder com facilidade, motivo pelo qual a opção mais habitual é reelaborá-las e reinterpretá-las para que sejam apresentadas como responsáveis por seus próprios problemas e inclusive os problemas que ocasionam a outros grupos sociais majoritários e/ou com mais poder. Primeiro é preciso demonstrar que suas condutas são incorretas e depois procurar explicar que são consequência de condicionamentos inatos, do domínio de determinados genes (os quais os seres humanos não têm como controlar), de aspirações inadequadas a suas capacidades naturais, ou que são fruto de uma vontade de continuar apegados a algumas de suas tradições "ultrapassadas", etc. Para resumir, se recorre a estratégias de *naturalização* das situações de injustiça (TORRES, 2007).

Em momentos de auge do conservadorismo político, um dos caminhos do conhecimento por meio do qual mais se incentiva esse tipo de naturalização é a biologia. O século XX, como acabamos de dizer, testemunhou muitas políticas de eugenia científica em praticamente todos os países europeus mais desenvolvidos econômica e cientificamente. Porém, esse tipo de prática não desaparece tão facilmente, mas costuma reaparecer com novas roupagens. Um bom exemplo disso é o documentário *Why Men Don't Iron* (Por que os homens não passam a ferro?), produzido em 1998 por Jim Meyer para o canal britânico de televisão Channel Four e transmitido no Estado espanhol pelo canal Plus, por meio da rede Documanía (TORRES, 2007, p. 176-178).

O documentário tem duração de três horas e é dividido em três capítulos de uma hora com os seguintes títulos: "The Brain at Work" (O cérebro trabalhando),[6] "Learning The Difference" (Aprendendo a diferença) e "The Emotional Difference" (A diferença emocional). Neles, baseados em entrevistas com diversos especialistas, em imagens escaneadas do cérebro, em análises clínicas, etc., tenta-se demonstrar como as diferenças biológicas atribuídas ao sexo nos condicionam. O homem seria diferente da mulher na estrutura cerebral, fruto da importância de determinados hormônios e da rede de neurônios que eles constroem, o que explicaria as opções profissionais que os homens e as mulheres costumam escolher. Ou seja, a biologia é a ciência que melhor explica que não existe "sexismo" na distribuição e no desempenho dos distintos postos de trabalho em nossas sociedades, mas que tal peculiaridade na distribuição é algo natural em relação à nossa natureza humana.

Como Harding ressalta de forma muito correta,

> as pesquisas recentes em biologia, história, antropologia e psicologia concordam ao considerar totalmente inaceitáveis os pressupostos de que o gênero e a sexualidade humana – identidades, condutas, papéis e desejos – são determinados pelas diferenças sexuais necessárias para a reprodução. Simone de Beauvior assinala que não se nasce mulher, torna-se mulher; a bibliografia posterior mostra que não somente as mulheres, mas também os homens, são socialmente formados. (1996, p. 117)

Uma afirmação biologista muito semelhante também aparece no livro *La Libertad de Elección en Educación* do Ex-Secretário Geral de Educação do Governo do Partido Popular da Espanha, Francisco López Rupérz (1995, p. 175) no qual podemos ler argumentos como o seguinte: "Sem entrar na discussão detalhada de sua proporção, os fatores da natureza genética constituem a primeira, no tempo, das causas da diversidade em relação ao rendimento escolar e, por extensão, perante o fato de educação", porém, a seguir declara: "Até o momento, não se conseguiu refutar definitivamente a tese da existência de uma certa dependência biológica do talento". O autor reconhece que tem certezas, mas não se importa se estão ou não confirmadas pelo desenvolvimento da ciência atual.

Se outros discursos e conceitos atuais não são produzidos e promovidos, mas silenciados ou limitados por disciplinas e temas muito restritos por meio dos quais a aplicação na realidade é dificultada, então o que se gerará é uma naturalização do discurso racista, sexista, classista e dos estereótipos que as ideologias dominantes colocam em circulação. Essas visões racistas, e/ou sexistas, e/ou classistas da realidade parecem aos olhos dos alunos naturais, objetivas, lógicas, as únicas existentes; serão elas que formarão e representarão o senso comum. Portanto, estamos perante estratégias de manipulação que funcionam como *fábricas de elaboração de consentimentos* ou, mais especificamente, de obter dos alunos o *"consentimento sem consentimento"*, segundo a expressão cunhada por Giddins e que posteriormente foi muito mais desenvolvida por Chomsky e Herman (1990). Mediante a deformação, o silenciamento e a manipulação de determinados dados e situações, busca-se construir uma história e uma ciência na medida, ou seja, uma ciência racista, sexista, classista e homofóbica.

Esta é uma estratégia que favorece uma medida fortemente conservadora como a privatização das responsabilidades sociais e o progressivo abandono das responsabilidades coletivas e dos Estados.

Estratégia "nem isto... nem aquilo"

Esta é uma estratégia muito característica das formas de raciocínio nos quais se deixa de tomar partido, especialmente quando as pessoas são obrigadas a decidir entre dois times.

Os raciocínios que hoje vêm sendo feitos e as razões com as quais se justificam evidenciam uma nova posição: a de quem não está nem com um nem com outro time. Aqui, a pessoa que constrói o discurso define uma nova alternativa com certa clareza, exagerando as posições que até o momento são colocadas. Fica evidente que as posturas de seus interlocutores são muito extremas e, consequentemente, é proposta uma terceira alternativa com a qual aparentemente se superam as posições anteriores. Desse modo, as posturas em litígio até esse momento parecem muito perversas, completamente inadequadas e até mesmo com interesses ocultos que não podem ser defendidos.

Proclama-se uma nova alternativa que hoje parece ser a mais lógica e racional. Na estratégia *"nem isto... nem aquilo"*, trata-se de seguir ao máximo o que Aristóteles formula em sua obra *Moral a Nicômano*, quando teoriza sobre a natureza das virtudes morais: "no justo meio está a virtude". Essa máxima, com o passar do tempo, acaba sendo estendida também às verdades intelectuais, mas não por parte do próprio Aristóteles. Seguindo esta estratégia *"nem isto... nem aquilo"*, no ponto intermediário está a verdade que, além disso, é apresentada como a criação de seres virtuosos e lúcidos. Essa postura se torna muito atrativa se as posturas antagônicas são evidentemente vistas como completamente extremas. É óbvio que quem defende ou opta por essa opção virtuosa saia vencedor.

O problema desta linha de argumentação costuma estar no fato de que para ser vitoriosa ela costuma exagerar, quando não mentir, sobre o que propõem as posições que competem com as propostas por este ponto intermediário. Seria a mesma coisa que se colocar como árbitro em uma partida na qual as regras, as condições do jogo ou do discurso, são estabelecidas e julgadas exclusivamente por quem fala.

Esta é uma estratégia que deixa seus autores à margem dos interesses partidários de direita ou esquerda em uma clara posição de superioridade. Aqui a linha de argumentação seguida para a defesa desta terceira via insiste em apresentar seus opositores como o fruto de posições egoístas: todos são maus, perversos, interesseiros, e quem hoje propõe esta terceira via se mostra como uma pessoa lúcida e generosa que oferece uma explicação e/ou solução verdadeira às opções rivais.

5. PSICOLOGIZAÇÃO

Uma das formas mais sofisticadas de distorção na qual costumamos cair com determinada frequência atualmente é a que podemos denominar *psicologização dos problemas sexistas, raciais e sociais*. Ou seja, tratar de buscar a explicação das situações de marginalidade se baseando em análises que têm como centro de estudo a pessoa considerada de forma individual ou as relações interpessoais, sem prestar atenção a outras estruturas sociais. Este tipo de tática também foi aquela à qual tradicionalmente se recorreu para manter estruturas de opressão das minorias sociais sem poder e, é claro, para legitimar estruturas coloniais recorrendo à estigmatização de seus membros; inventar teorias incoerentes e dados de caráter médico e psicológico para rotular supostas deficiências e patologias psicossociais que agregariam traços de racionalidade científica ao que eram unicamente injustiças sociais, negação de direitos e privação de justiça. Assim, até pouco tempo atrás, a marginalização da população negra nos países europeus e na América do Norte era justificada pela herança genética mais deficitária de cada um dos integrantes da raça, e/ou um menor Quociente de Inteligência que os de raça branca. Dessa forma, nunca se chega a prestar atenção às verdadeiras relações e estruturas de poder que causam essas situações de marginalização; são ignoradas as condições políticas, econômicas, culturais, militares e religiosas nas quais as situações dessa opressão se fundamentam.

No contexto espanhol, sempre foram abundantes os estudos pseudocientíficos que tentam demonstrar que os sucessos sociais, econômicos e, é óbvio, escolares são determinados em grande parte pela herança genética. Assim, por exemplo, Gonzalo Fernández De La Mora, um ilustre ideólogo da ditadura franquista, autor da obra *El Crepúsculo de las Ideologias* (1965), defendia que a inteligência era determinada pela herança e pelo código genético, e, portanto, devia-se aceitar que estas pessoas precisavam ocupar os cargos diretivos e o governo da sociedade. Já as pessoas menos inteligentes se revoltariam, como consequência de uma *inveja igualitária* (1984), ou seja, aquele mal-estar que sentimos perante a felicidade alheia, desejada, inalcançável e inassimilável... O invejoso dá importância aos valores, mas lhe dói que outros os possuam e lhes tornem mais felizes. Em troca, o ressentido chega a negar os valores e até mesmo os considera contravalores; e o poder deve ser encarregado de reprimir essas pessoas.

Não nos esqueçamos que houve até quem pretendesse atacar a validade do marxismo recorrendo à psicologia. Assim, Richard Herrnstein, em 1971, publicou o trabalho "IQ" em *The Atlantic Monthly*, que tratava de demonstrar que o pensamento de Karl Marx e Friedrich Engels, proclamado no *Manifesto Comunista*, não concordava com os descobrimentos da psicologia. O argumento de Herrnstein, então professor de psicologia e Chefe do Departamento de Psicologia da Universidade de Harvard, era baseado no seguinte silogismo:

1. Se as diferenças de aptidão mental são herdadas,
2. se o sucesso social exige essas aptidões, e
3. se os ingressos e o prestígio dependem do sucesso,
4. então o *status* social (que os ingressos e o prestígio refletem) estará de certa forma baseado nas diferenças herdadas que se dão entre as pessoas.

(Citado em EYSENCK, 1987, p. 163)

Esse mesmo autor terá grande impacto na mídia em função de outra alegação classista, especialmente racista, de enorme impacto na década de 1990, a publicação de *The Bell Curve: Intelligence and Class Structure in American Life* (1994), escrita juntamente com Charles Murray, um grande ideólogo conservador do The American Enterprise Institute, e um "guru da Administração Reagan em matéria de bem-estar social" (WACQUANT, 1999, p. 14) e que antes ficara famoso com a edição de 1984 de *Loosing Ground: American Social Policy, 1950–1980*, um dos livros com os quais os Republicanos liderados por Ronald Reagan justificaram a destruição do Estado de Bem-Estar Social[7]. Richard J. Herrnstein foi professor de psicologia na Universidade de Harvard até sua morte em setembro de 1994, momento no qual *The Bell Curve* chegou às livrarias. Esse livro que assinam juntos chegou a ser um *best-seller*; rapidamente foram vendidos 500 mil exemplares. A tese central que os autores pretendem demonstrar é que existem diferenças genéticas mensuráveis nos níveis de inteligência das diferentes raças. Eles tratariam de justificar essa ideia afirmando que nos Estados Unidos – mas isso é algo que poderia ser aplicado a qualquer outro país – não existe discriminação pelo fato de que os principais postos de trabalho sejam ocupados por pessoas brancas anglofalantes. Estamos frente a mais uma tentativa de demonstrar que o racismo é uma invenção da esquerda, já que a atual estrutura da sociedade nada mais é que fruto da herança genética e intelectual das pessoas que a compõem, não uma consequência das maneiras que usamos para organizar as distintas sociedades.

Herrnestein e Murray (1994, p. 105) têm muito claro que

> o Quociente de Inteligência é herdado. O estado do conhecimento não permite uma estimativa precisa, mas depois de meio século de trabalho, hoje contamos com centenas de estudos empíricos e teóricos que possibilitam uma conclusão definitiva: é improvável que o componente genético do Quociente de Inteligência seja menor que 40% ou maior que 80%... Porém, para os propósitos dessa obra adotaremos a estimativa de que 60% do QI possa ser herdado.

A capacidade intelectual das pessoas também diria muito quanto às probabilidades de chegarem ou não a viver em situações de pobreza, ou seja, quem tem um Quociente de Inteligência menor consequentemente terá alto risco de se tornar pobre. "Se uma criança branca da próxima geração pudesse realizar uma escolha entre viver em uma situação de desvantagem em seu *status* socioeconômico ou em seus níveis de inteligência, não há dúvida de qual seria a opção que ela escolheria" (HERRNESTEIN; MURRAY, 1994, p. 135). Obviamente, isso significa que as situações de pobreza existentes em nossa sociedade não seriam mais que o resultado lógico do comportamento de pessoas que nasceram com um baixo Quociente de Inteligência.

Essa medição da inteligência também serviria para explicar a causa da delinquência e do crime[8]. Segundo as estatísticas, pessoas com um baixo nível intelectual são as que aparecem por trás dos delitos. O fato de que a criminalidade tenda a se concentrar em bairros específicos, normalmente em zonas mais degradadas da cidade e com menos serviços, não seria mais que a consequência de que ali vivem pessoas com um Quociente de Inteligência mais baixo.

Porém, segundo ambos os autores, o problema para os distintos países é agravado na medida em que os fenômenos de imigração favorecem que novas pessoas pobres, ou seja, com baixo nível intelectual, cheguem, se instalem e contribuam para a degeneração desses países. Nos Estados Unidos, por exemplo, os imigrantes de hoje já não são aqueles que outrora eram "valentes, capazes de trabalhar duro, criativos, *self-made* e com um alto Quociente de Inteligência" (HERRNESTEIN; MURRAY, 1994, p. 341), hoje eles pertencem às classes mais baixas de seus países de origem e contribuirão para degradar os lugares para os quais emigram.

Além disso, J. Herrnstein e Murray sustentam que o Quociente de Inteligência da população negra é em média 15 pontos inferior ao da branca, algo que seria demonstrado pelos resultados da aplicação de um grande número de baterias de testes destinadas a medir a inteligência. Porém, o que esses e outros estudos semelhantes não levam em consideração são as condições de vida dessas pessoas de raça negra que pontuam tão pouco; como lhes afeta o fato de viverem em favelas, em lares sem condições mínimas de habitação e salubridade, no seio de famílias em situações de pobreza, frequentando colégios que não reúnem as condições mínimas para oferecer uma educação de qualidade, sendo objeto de todo tipo de expectativa negativa, continuamente perseguidos pela polícia, repudiados pelos integrantes da população considerada "digna", etc.

É preciso levar em conta que seu estudo é realizado, como eles evidenciam, depois de muitos anos nos quais medidas de discriminações positivas vêm sendo aplicadas. Quando um Estado se compromete com políticas de justiça social semelhantes, se vê obrigado a arrecadar impostos para enfrentar tais compromissos. Com frequência, esse aumento de impostos é extremamente criticado pelos grupos conservadores, que também são em nossa sociedade aqueles que estão ocupando postos de trabalho mais bem remunerados. A partir do lançamento do livro de Herrnstein e Murray, o Partido Republicano iniciou uma campanha agressiva para frear os programas de ajuda aos grupos sociais mais desfavorecidos. As pesquisas racistas como a que estamos comentando ou outras que poderíamos mencionar nesta mesma direção costumam ser apresentadas como fruto do rigor intelectual, portanto, estão à margem de ideologias e interesses políticos, e, assim, suas conclusões passam a ser objetivas. Consequentemente, o argumento lançado à sociedade era claro: a sociedade não tem nenhuma responsabilidade pela falta de oportunidades ou pelo fracasso social e escolar de quem sofre. Seria possível, portanto, promover "debates sobre se valeria a pena financiar os programas de recuperação para as minorias deprimidas, dadas suas capacidades intelectuais, limitadas e fixas" (Stobart, 2010, p. 64) e em seguida lançar uma campanha para reduzir impostos. Poucas semanas depois do surgimento dessa obra, o Partido Republicano conseguiu que o Congresso dos Estados Unidos aprovasse medidas de redução nas dotações orçamentárias destinadas às mães sem recursos, assim como nas dotações de inúmeros programas de saúde e de ajuda para a alimentação de pessoas em situação de pobreza.

Obviamente, uma alegação racista e classista como esta, tratando de passar suas afirmativas e seus prognósticos como resultados de pesquisas científicas rigorosas é uma arma poderosa nas mãos dos grupos conservadores, quando desfrutam de certa hegemonia.

Esses tipos de explicação são os que embasam os estereótipos das pessoas e situações que pertencem a grupos sociais de gêneros e etnias diferentes. Essas imagens funcionam no inconsciente coletivo como explicações que justificam as situações de marginalização. Assim, por exemplo, os ciganos são discriminados porque se pressupõe que são ladrões "por natureza", ou, no melhor dos casos, que somente podem trabalhar naquilo para o que, supostamente, são dotados, ou seja: cantar e bater palmas, ou em trabalhos tradicionais, típicos das populações negligenciadas e/ou marginalizadas: funilaria, cestaria, etc. Os galegos são rotulados como desconfiados, os bascos, como teimosos, os andaluzes, como trapaceiros, os catalães, como avarentos, os alemães, como trabalhadores e inteligentes e os mexicanos, como preguiçosos (e por isso sua representação iconográfica na qual aparecem, com muita frequência, dormindo com um grande sombreiro), etc. Também não faltará quem esteja convencido de que determinada criança tem de ser muito inteligente porque seu pai ou algum familiar direto também era. Os provérbios oferecem inúmeros exemplos da consolidação deste pensamento pseudocientífico, classista e racista: "A fruta não cai longe do pé", "Filho de peixe, peixinho é", "Tal pai, tal filho", etc.

Recordemos também como diversos testes de projeção para diagnosticar tendências de cometer delitos, níveis de agressividade e, em geral, patologias pessoais de caráter social das mais variadas, como o "Teste de Szondi", são construídos a partir da exibição de rostos humanos, quase sempre de pessoas com alguma patologia mental, e perante os quais se deveria mostrar impressões de simpatia ou antipatia. Ou seja, estamos perante uma prova projetiva para prever o destino das pessoas, no qual a "feiura", a "cor da pele" e os estereótipos culturalmente construídos são associados a esses tipos de patologias. Esse teste foi criado pelo psiquiatra húngaro Léopold Szondi, defensor das teorias do determinismo genético e, portanto, da predestinação dos seres humanos.

Associações semelhantes continuam sendo frequentes em boa parte dos meios de comunicação de massa quando dão informações sobre condutas delituosas e criminais atribuídas a pessoas pertencentes a grupos sociais e etnias desfavorecidos. Não é por acaso que levamos mais tempo para atribuir qualidades positivas às pessoas da raça negra, e, além disso, elas também não se inserem nos cânones estéticos dominantes.

Essa estratégia de manipulação da informação de cunho psicológico é uma das estratégias mais utilizadas por quem propõe, na expressão de Buras (2008), um *multiculturalismo de direita*; uma estratégia muito apreciada e à qual muitos grupos e muitas ideologias neoconservadoras recorrem atualmente. Suas análises e linhas de argumentação se apoiarão em um reconhecimento cultural muito superficial para desviar os focos de atenção das verdadeiras modalidades de exploração econômica, política, profissional, militar e cultural que os grupos que estudam sofrem, enquanto os discursos sobre a cultura do individualismo radical que serão promovidos por meio de todas suas redes de comunicação e todos seus espaços culturais oferecerão uma saída exculpadora às situações de opressão. Os sucessos e fracassos das pessoas serão apresentados como o resultado de opções e comportamentos de cada uma delas dentro de uma sociedade livre e meritocrática e na qual, implicitamente, predomina a igualdade de oportunidades. Neste individualismo radical, cada pessoa é considerada à margem do grupo social ao qual pertence ou no qual vive e, consequentemente, sem que seja afetada por condições sociais, econômicas, culturais, étnicas, raciais, de gênero, etc., que podem caracterizar o contexto no qual sua vida se desenvolve.

Nesta mesma linha de ação de efeitos conservadores incidiram muitas iniciativas progressistas, mais preocupadas em mudar atitudes e comportamentos individuais claramente racistas, sexistas e classistas, oferecendo informações históricas e culturais insuficientes sobre os grupos sociais tradicionalmente silenciados que em nada alterava a organização dominante do conhecimento escolar. Com base em uma espécie de anedotário cultural, do tipo "informação turística", as condutas de dominação somente eram apresentadas como resultado de nossas interações pessoais. A solução passava por uma espécie de psicoterapia individual ou coletiva para modificar atitudes e preconceitos, mas as verdadeiras estruturas profissionais, jurídicas, econômicas, políticas e culturais que fomentavam e reproduziam o racismo, o sexismo, o classismo e os preconceitos com os idosos eram ignoradas e silenciadas.

A obsessão desta modalidade de psicologia conservadora seria demonstrar que a atual estratificação da sociedade, o sucesso socioeconômico, a reprovação escolar, assim como as patologias sociais, são consequência da herança genética intelectual, eximindo de responsabilidades qualquer estrutura social. Como consequência, toda tentativa de compensar desigualdades estaria condenada ao fracasso, pois *não poderíamos ir* contra a natureza.

O sucesso e as possibilidades de promoção são vistas como atos de competitividade entre pessoas que, mediante o esforço individual e suas capacidades naturais inatas, herdam méritos com os quais competir e demandar acesso a privilégios sociais também de maneira individual.

Em geral, podemos dizer que voltam a ser valorizadas as posições teóricas e políticas que propõem a primazia das escolhas pessoais e da mobilidade social individual, desconsiderando as condições estruturais que levam os grupos sociais mais alijados das esferas do poder ao fracasso social e, consequentemente, escolar. O *slogan* da necessidade de uma *cultura do esforço* com a qual o Partido Popular conseguiu o consentimento de um amplo setor da comunidade educativa se assenta em princípios inatistas, considerando que a *igualdade de oportunidades* já é realidade em nossa sociedade (TORRES, 2006-b).

Outro exemplo de simplismo psicológico foi recorrer a um *construtivismo individualista* no qual boa parte da divulgação feita desta filosofia se baseou no fato de que a LOGSE o legitimara como chave das inovações educativas, da Reforma da Educação. Esta difusão foi feita com frases-*slogans* que afirmavam que as pessoas constroem conhecimentos, mas a reflexão praticamente nunca se centrava em questões fundamentais como: que tipos de conteúdos? Quais? Quando? Onde? Em que condições? Com que finalidades? A serviço de quem? Promovidos por quem? É em torno de perguntas semelhantes a essas que os silêncios do discurso construtivista "oficial" ficavam muito chamativos.

Em geral, podemos dizer que o que as análises conservadoras fazem é continuar responsabilizando cada ser humano por sua sorte, e é por isso que até mesmo nos últimos tempos tem aumentado a consideração das situações de necessidade como casos de delito, dado que muitas vezes aqueles que se encontram em urgências extremas em determinadas situações não tenham outro remédio senão obter de maneira ilícita o que lhes é imprescindível para se manter vivo, algo que Bauman (2000, p. 120) denuncia claramente ao concluir que "relacionar a pobreza à criminalidade tem outro efeito: lhes ajudar a retirar dos pobres do mundo as obrigações morais". Resta somente a opção da caridade individual.

6. PATERNALISMO – PSEUDOTOLERÂNCIA

As análises *paternalistas* têm como fundamento *visões hierárquicas*, de *"superioridade"* de certas culturas e realidades sobre outras, algo que fica evidente em muitas salas de aula quando se apresenta os povos e as culturas oprimidas enfatizando seus defeitos; considerando-os, por exemplo, muito pobres, incapazes de seguir adiante por si mesmos e nos colocando como seus salvadores e redentores. Assim, os oito séculos de presença árabe, da cultura islâmica na Península Ibérica desde o início do século VIII até 1492, são denominados na historiografia tradicional, e também costumavam ser chamados assim nos livros didáticos até muito tempo, como período das "Guerras de Reconquista". Enquanto isso, as invasões coloniais espanholas na África eram adoçadas com outro tipo de linguagem e tratamento, por exemplo, denominando de "Protetorado Espanhol do Marrocos" a situação de ocupação colonial daqueles territórios.

Esse preconceito paternalista é o que explica, por exemplo, por que nos livros didáticos não aparecem estradas congestionadas na representação dos países africanos, por que não se fala de arranha-céus, grandes hospitais, personalidades de prestígio do campo da ciência e da tecnologia, etc. Essas comunidades são tratadas como incultas, ignorantes e atrasadas, já que o nível determinado é sempre aquele dos grupos dominantes e colonizadores. Não se enfatizam os processos de espoliação e exploração aos quais tais povos foram e continuam sendo submetidos, as dinâmicas de colonização para transformar suas formas de vida, seus valores, mas lhes é imposto o idioma da metrópole para facilitar seu domínio. É normal escutar palavras como "donativos", "sacrifício" e "caridade" em relação aos povos do Terceiro Mundo neste tipo de trabalho curricular, enquanto que outras palavras como "justiça", "solidariedade" e "igualdade" são apenas admitidas.

Nesse tipo de colocação se costuma insistir na negociação do racismo, "nós não somos racistas", mas o contrário.

Tratamento Benetton

Uma das estratégias características deste tipo de intervenção fica muito evidente no modelo publicitário utilizado pela empresa multinacional Benetton (GIROUX, 1996). Neste modelo se opta por contemplar imagens sobre as "diferenças", as injustiças e os problemas sociais como a AIDS, o racismo, a pobreza, etc., mas despolitizando-os e relendo-os dentro de um novo cenário de cores (*Colors* é o nome da revista editada por esse grupo empresarial), harmonia e paz mundial. Isso é algo que não existe na realidade. Nesse esquema, quando se quer representar grandes tragédias sociais, se age de modo sensacionalista, optando por alternativas que produzem "compaixão" e "pena" a título individual, e chegam a converter aqueles que contemplam essas imagens em *voyeurs*. Podemos constatar isso quando vemos como certos cartazes e quadros que representam grandes tragédias humanas são utilizados em muitos momentos exclusivamente como algo decorativo; a pobreza e a observação das pessoas inválidas podem chegar a ser vistas somente sob o ponto de vista estético, deixando de lado uma análise política de maior calado. Dificilmente a observação de tais fotografias ou ilustrações resultará automaticamente em análises mais profundas e reais dos significados das situações nelas representadas, portanto sua solução é dificultada. Não esqueçamos como são celebradas em muitas escolas efemérides como "o Dia da Paz": "liberando" pombas, realizando jogos que de modo algum levam a reflexões relevantes sobre as razões dos conflitos mais violentos do momento, prometendo que todos se darão bem uns com os outros, esquecendo-se das brigas, pintando pombas da paz, etc.

A informação apresentada é caracterizada por uma notável descontextualização; ela não facilita nem promove problematizações sobre as causas estruturais das situações que pretendem denunciar, o que realmente faz é recontextualizá-las no âmbito emocional de cada pessoa; ela provoca o sentimentalismo do espectador e o faz ver que ele tem sorte de viver como vive e onde vive. Como consequência, em muitas ocasiões, para a maioria dos observadores dessas chocantes e dramáticas imagens, as soluções são facilmente circunscritas em medidas assistenciais: donativos pessoais. Costumam ficar mais à margem as ajudas que envolvem um caráter mais estrutural, como políticas institucionais como as que vêm sendo demandadas pelos movimentos sociais de base, às quais os governos destinam pelo menos 0,7% do PIB; algo necessário, mas que também precisaria de medidas de maior porte envolvendo organismos internacionais como a ONU, a Organização Mundial do Comércio, o próprio Banco Mundial e o Fundo Monetário Internacional. Estas últimas perspectivas de análises não aparecem frequentemente refletidas nos livros didáticos.

Desta forma, continua-se reproduzindo um modelo assistencialista ou até mesmo se considera a pobreza como algo inevitável e que sempre deverá nos acompanhar neste planeta. Envolver-se com os meios que levam a uma solução real implica analisar as origens e causas de todas as situações de conflito e pobreza.

7. INFANTILIZAÇÃO

Nas intervenções educativas, costuma-se cair nesta tendência de duas maneiras:

"Walt-Disneyzação"

Esta estratégia é a consequência da ideia que muitas pessoas adultas têm de proteger os alunos mais jovens de ver as desigualdades e injustiças sociais, de mantê-los em uma espécie de limbo ou de paraíso artificial. Isto é o que explicaria a infantilidade e as idiotices da maioria dos livros didáticos destinados aos níveis obrigatórios do sistema escolar, especialmente a educação infantil e primária. O avanço de uma espécie de "Walt-Disneyzação" da vida e da cultura escolar é muito preocupante (GIROUX, 1996), na qual a realidade e a informação científica, histórica, cultural e social são apresentadas às crianças por meio de certos seres fantasiosos, personagens irreais e animais antropomórficos e que, portanto, costuma ser reduzida a um conjunto de descrições de caricaturas e, muitas vezes, eles são adocicados em relação ao mundo no qual vivem. Muitos dos livros didáticos com os quais se trabalha nas salas de aula abusam desse tipo de imagem e informação e, consequentemente, dificultam que os alunos possam aprender a diferenciar com clareza um livro de aventuras ou de contos e um realista, científico e rigoroso sob o ponto de vista informativo.

O implícito que explica esse tipo de tendência nos materiais curriculares seria o de que uma vez que são destinados a crianças, não deveriam refletir a vida real como ela é; que é conveniente mantê-las mais alguns anos em um mundo mais perto da fantasia. É por isso que as situações da vida cotidiana que tais livros didáticos refletem apenas se diferenciam na forma e no tratamento das histórias que aparecem em seus livros de contos e das histórias de quadrinhos mais "bobos" (pois há também uma boa literatura infantil onde a realidade tem um tratamento mais correto, sem desfigurações ridículas). Esta modalidade de material curricular artificialmente infantilizado acaba se convertendo em um poderoso estímulo para aumentar o consumo da cultura do ócio conservadora, classista, sexista, racista e preconceituosa com os idosos promovida pelas multinacionais do tipo Walt Disney, Hanna Barbera ou Mattel e seu mundo da Barbie.

É preciso repensar as concepções dominantes e implícitas sobre os alunos, suas capacidades e possibilidades. Também é necessário revisar em que medidas as relações interpessoais, as tarefas escolares e os modelos de organização e de gestão estão baseados em ideias defasadas, românticas e infantis sobre os alunos.

Se em séculos anteriores as imagens dominantes das crianças oscilavam entre ressaltar seu caráter selvagem ou sua inocência natural negando sua dignidade como ser humano racional, no século XX e especialmente à medida que nos aproximamos do momento atual, as diferentes ciências e áreas do saber que se ocupavam com o estudo da infância foram nos obrigando a revisar tais concepções, até reconhecer seus direitos como cidadãos.

Alguém pode pensar que uma instituição escolar comprometida em ensinar os alunos a compreender o mundo e a analisar as injustiças que mais afetam suas vidas e as de suas famílias pode ser um espaço no qual somente se veja o lado negativo da sociedade. No entanto, devemos estar conscientes de que entre os objetivos mais urgentes da educação das gerações mais jovens está o de educá-las com otimismo e confiança nas possibilidades do ser humano; essa meta nos obriga a enfatizar como os seres humanos sempre optam pela esperança e, portanto, de uma maneira ou outra, acabam por criar formas de superar essas dimensões negativas. Porém, esse otimismo requer o desenvolvimento da capacidade de reflexão, análise e comprometimento com uma luta pela justiça e democracia. Convém não esquecer o conselho de Pierre Bourdieu de que é doloroso tornar visível o sofrimento social e se dedicar a teorizar suas conexões com as estruturas de poder, sabendo que

> evidenciar as contradições não significa resolvê-las. Contudo, por mais cético que alguém seja a respeito da eficácia social da mensagem sociológica, não é possível considerar nulo o efeito que ela pode exercer ao permitir a quem sofre descobrir a possibilidade de atribuir esse sofrimento a causas sociais, e assim se sentir desculpados; e ao tornar amplamente conhecida a origem social coletivamente ocultada das adversidades em todas suas formas, inclusive as mais íntimas e secretas. (1999, p. 559)

Convém estar consciente de que as crianças tentam por todos os meios buscar explicações para as situações em que vivem[9]. E é lógico pensar que, especialmente as pessoas que pertencem a grupos sociais mais desfavorecidos, tratem de encontrar alguma explicação que lhes diga por que elas têm de viver em casas piores, ter brinquedos piores e em menor número, se alimentar com comidas menos apetitosas, vestir roupas piores, etc. Se além disso elas dividem aulas com colegas cujas famílias dispõem de muito mais recursos, perguntas como as anteriores precisam de alguma resposta satisfatória com o máximo de urgência e, é lógico, de uma resposta verdadeira. Caso contrário, é possível que o currículo oculto lhes esteja ensinando que elas tiveram azar na vida quanto às mães e os pais que lhes tocaram. Essas crianças poderão pensar que se hoje seus pais estão desempregados, sem recursos econômicos, vivendo em um apartamento muito pequeno e mal construído, etc., é porque não se esforçaram na escola, não obedeceram a seus professores, etc.; ou seja, elas aprenderão a culpá-los e até é possível que cheguem a se envergonhar deles; que mintam aos seus amigos sobre quem são seus pais, inventando títulos e profissões de maior prestígio para ter uma boa imagem ou mesmo para ser aceito em outro círculo de amizades. Consequentemente, não são esses alunos que irão agradecer para os quais mais convém transformar a escola em uma espécie de Disneylândia. Muito pelo contrário, lhes será de grande ajuda participar em projetos curriculares mediante os quais possam compreender o porquê da situação de sua família e o que acontece em seu bairro.

Uma das formas por meio das quais quem mantém o poder costuma obter o consentimento das pessoas e dos grupos dominados é culpar esses grupos marginalizados e a cada uma dessas pessoas pelo "seu fracasso", não pelo "nosso fracasso", tornando-os os únicos responsáveis pelo seu próprio destino. Não podemos esquecer que todos os alunos que fracassam implicam uma perda para a comunidade à qual pertencem. A reprovação escolar priva a sociedade de todas as potencialidades criativas dessa pessoa, convertendo-a em um parasita e, normalmente, em um problema social e talvez até policial para a convivência.

Currículo de turistas

Este tipo de infantilização explica porque grande parte do trabalho que é realizado pelos professores em muitas escolas do estudo dos grupos sociais minoritários, mesmo que com a melhor das intenções, é feita com extrema superficialidade e banalidade, e cai em uma espécie de *currículo de turistas*. Ou seja, tratando as realidades culturais diferentes com uma perspectiva muito trivial, similar ao modo como a maioria das pessoas faz turismo; analisando exclusivamente aspectos como sua culinária, seu folclore, suas formas de vestir, seus rituais festivos, a decoração de suas casas, a paisagem, etc.

Nessa mesma linha, uma estratégia para infantilizar, hoje muito frequente na imensa maioria dos livros didáticos, é recorrer à apresentação de culturas diferentes e minoritárias *por meio de desenhos* semelhantes aos utilizados pelas séries de televisão de desenhos animados ou as histórias em qua-

Currículo escolar e justiça social **271**

drinho. Ess estratégia favorece para que tais situações assim representadas, ainda que seja muito provável que a intenção de seus criadores fosse reivindicar e exemplificar, continuem sendo consideradas pouco habituais, esporádicas, estranhas ou até mesmo irreais.

Assim, é inclusive muito frequente que ao se analisar o sexismo e o classismo dos livros didáticos, ao se fixar na quantidade de imagens, não se encontrem diferenças entre as fotos e os desenhos. Entretanto, ao analisar um pouco mais profundamente, em geral nos deparamos com o fato de que essas imagens que traduzem situações problemáticas de nosso contexto somente são encontradas em forma de desenho e não de fotografia. É normal que as pessoas de outras raças somente apareçam desenhadas e, algo que não devemos ignorar, perpetuando os estereótipos dominantes (p. ex., crianças negras cheias de cachinhos, lábios muito carnudos, vivendo em situações de pobreza, em choças, em núcleos rurais com ruas não pavimentadas, em plena selva ou no meio de uma natureza bucólica e selvagem). Podemos ver um tratamento semelhante quando são representadas situações nas quais os homens realizam trabalhos domésticos ou se dedicam ao cuidado de seus filhos. Os desenhos, e não as fotografias, são as imagens com as quais tais condutas costumam ser tratadas. Entretanto, não deveríamos esquecer que as crianças sabem que os desenhos não são somente desenhos. Ninguém torce o nariz vendo desenhos animados de um rato e um gato que se agridem e fazem mil e uma travessuras, ou vendo Popeye dar e receber murros, mas será que nós interpretamos da mesma forma esse tipo de conduta quando é reproduzido em fotos em um jornal ou em imagens reais em um telejornal ou até mesmo em um filme? Alguém imagina um noticiário na televisão onde a realidade fosse representada com desenhos animados? É claro que a maioria dessas pessoas se veria então forçada a fechar seus olhos ou a olhar para outro lado, pois não suportariam essa crueldade da denúncia que uma foto transmite.

Recorrer à infantilização é uma maneira de não expor os alunos à diversidade, seus verdadeiros significados e suas consequências. Além disso, há algo que não podemos deixar de levar em consideração: esse tipo de proposta curricular que foca os aspectos mais exóticos das culturas e dos grupos humanos pode contribuir para acentuar ainda mais determinados estereótipos. Por exemplo: que todos africanos usam véus e turbantes, vivem em ocas e andam de camelo; ou que na Espanha todos os homens são toureiros ou cantores de flamenco e as mulheres se vestem com o traje folclórico da Andaluzia.

Tampouco é raro ver como em muitos casos se cai em uma notável banalização e infantilização das pessoas do Terceiro Mundo, apresentando-as como adultos com comportamentos infantis, como seres que não sabem valorizar nossas coisas e, portanto, os quais podemos contentar com *espelhinhos* e *bugigangas*; os quais podemos roubar e explorar porque não têm maturidade suficiente para valorizar suas riquezas. Esta é uma estratégia à qual se recorre com muita frequência quando são abordados temas referentes à conquista e colonização de outros países. Até mesmo para reforçar a pobreza das argumentações colonialistas frequentemente se apresentam as populações de tais países como formadas por indivíduos felizes, sorridentes, sem grandes problemas; ao estilo dos "selvagens felizes".

8. COMO REALIDADE ALHEIA OU ESTRANHA

As situações sociais que são silenciadas a cada dia e que geralmente são apresentadas como questões discutíveis, difíceis e complicadas de resolver na sociedade na qual a escola está inserida (as etnias oprimidas, as culturas nacionais silenciadas, as discriminações de classe social, gênero, idade, etc.) passam a ser contempladas, mas sob perspectivas distantes, como algo que não tem a ver com cada uma das pessoas que se encontram nessa sala de aula; como algo estranho, exótico e até mesmo problemático e sem solução.

Nesta opção metodológica, as culturas e os povos são representados enfatizando seu exotismo, destacando sua distância e, portanto, seus aspectos mais chocantes e pitorescos. Eles são tratados como realidades excepcionais e, portanto, sem a possibilidade de serem comparados com a própria realidade. Enfatizam-se as diferenças, aquelas características que nos separam, fazendo-as parecer raras e insólitas, ocultando as semelhanças, os comportamentos e ideais que nos igualam e marcam o que temos em comum.

Qualquer estudante europeu que somente teve acesso a informações sobre países africanos mediante os livros didáticos nunca poderia imaginar que nesses países existem casas semelhantes à sua, avenidas asfaltadas e autoestradas, arranha-céus, centros comerciais, automóveis das mesmas marcas que os que circulam em sua cidade, etc.; que entre seus habitantes há muitos que dividem com ele as mesmas preferências culturais, musicais, artísticas, e que desfrutam dos mesmos filmes e também tem acesso a outros produtos culturais que aqui ainda não são conhecidos, mas que com certeza esse estudante também teria muitas possibilidades de gostar; que lutam organizados em partidos políticos, sindicatos, associações e ONGs por ideais semelhantes aos das populações dos países mais desenvolvidos. As raríssimas fotos e desenhos nos quais os materiais curriculares oferecem imagens da África somente costumam tornar visível o que é coerente com os discursos hegemônicos estereotipados, racistas ou paternalistas que falam da pobreza, da miséria, do subdesenvolvimento, da violência "instintiva" desses povos, da incultura, do primitivismo, do machismo, etc.

As situações conflitivas nas quais aparecem envolvidas pessoas de países que recebem imigrantes de culturas menosprezadas tratam de minimizar ou até mesmo encobrir, a fim de que não aflorem os aspectos racistas, a preponderância de dinâmicas racistas. E caso não se consiga negar, deixase claro que os racistas são os próprios imigrantes porque "eles não querem se integrar". Um tratamento muito parecido é o da informação sobre a violência contra a mulher no Estado espanhol, quando se informa que este é um problema que afeta pouquíssimas pessoas, estatisticamente falando; ou que tais condutas criminosas são típicas de indivíduos muito raros, doentes mentais, personalidades com patologias muito estranhas, mas nunca pessoas como "nós".

Esse processo de responsabilização do outro, quando não é feito de modo explícito, ocorre de forma implícita, atribuindo aos grupos sociais rotulados negativamente o controle de sua sorte; eles são apresentados como independentes, os únicos responsáveis pelo seu destino e, consequentemente, seus problemas são fruto de uma escolha própria. Assim, são os culpados "outros", "eles" que não querem se integrar, "nós" não temos culpa da sua situação.

Não devemos esquecer que essa política de retirar a culpa dos opressores e colonizadores foi a que deu lugar também ao triste fenômeno dos *zoológicos humanos*, tema que hoje está totalmente silenciado nos currículos do ensino obrigatório no contexto espanhol. O agravante de cercear da memória histórica esse tipo de assunto é que ele impede a compreensão de muitas das atitudes racistas que ainda caracterizam importantes setores da sociedade atual.

As pessoas dos países colonizados, especialmente as africanas, eram construídas no imaginário popular como monstros, seres desumanizados e o que a Europa e os Estados Unidos ofereciam como explicação para suas populações era o anúncio de que a única coisa que pretendiam por meio de seus atos no exterior, dos processos de invasão e conquista, era tentar transformar essas pessoas em seres humanos.

Durante a segunda metade do século XIX surgem na Europa os "*zoológicos humanos*", também denominados de "*exposições etnológicas*" ou "*povos negros*", no contexto das exposições universais, dos parques zoológicos, dos jardins de aclimatação e dos museus vivos. Nestes espaços eram mostradas espécies exóticas que naquele momento supunham é uma transformação decisiva na construção do imaginário coletivo nos diferentes países coloniais europeus, ao exibir diretamente "exemplares" das populações nativas não ocidentais. Assim como se costumava exibir outras variedades de pessoas "monstro", nativas da Europa, pessoas com personalidades e/ou incapacidades evidentes (doentes mentais, seres sem controle de sua agressividade, pessoas com deformidades físicas muito chamativas, etc.), agora eram mostradas aos olhos europeus outras "alteridades" sobre as quais vinham falando há tempos os colonizadores e soldados que regressavam após cometer todo tipo de atrocidade para submeter os povos que invadiam e espoliavam.

Nos Estados Unidos, estas exposições também eram frequentes, mas eram mais comuns no mundo do espetáculo e denominadas *freak shows* ("circo dos horrores"). No início se limitavam à apresentação em público de pessoas com características anatômicas especiais (a mulher barbuda, aleijados, macrocefálicos, gêmeos siameses, etc.) e com incapacidades mentais, mas posteriormente foram incorporadas a tais exibições pessoas de outras raças não caucasianas.

Karl Hagenbeck, diretor de circo alemão e domador de animais selvagens, é considerado um dos primeiros empresários desse tipo de *exibição antropológica* na Europa. Em 1874, na Alemanha, ele montou sua primeira exposição de pessoas nativas de Samoa e da Lapônia. Nos Estados Unidos, essa ideia é associada a Phineas Taylor Barnun, em meados da década de 1830. Em 1836, ele montou um espetáculo que visitou inúmeras cidades norte-americanas, no qual exibiu Joice Heth, uma anciã afro-americana "excepcional" que, conforme dizia, tinha 161 anos de idade e havia sido a babá do General Washington.

Existem muitos documentos que provam a existência de exibições de modalidades de zoológicos humanos em Londres, Bruxelas, Milão, Hamburgo, Moscou, Antuérpia, Madri, Barcelona, Nova York, Chicago, etc., que recebiam inúmeras visitas.

Esses espetáculos antropozoológicos contribuíram para a passagem de um racismo científico, com o qual as elites da sociedade vinham sendo convencidas a ter uma visão racial do mundo, a um racismo popular, que ajudaria na construção mais sólida de estereótipos das identidades do Norte como opostas às do Sul (BANCEL et al, 2004).

Atualmente, dado que a sociedade está cada vez mais sensível às situações de discriminação e marginalização, esta estratégia racista de culpar o "Outro" costuma ser "adoçada" por meio da intercalação pontual de informações positivas sobre algumas pessoas pertencentes a esses grupos, assinalando alguma dimensão de valor, mas de maneira esporádica. Isso é algo que podemos observar nos jornais e noticiários do rádio e da televisão quando, ocasionalmente, destacam alguma proeza dessas pessoas, geralmente em situações em que estão sendo ajudadas por "nós". São notícias fortuitas que raramente alteram as linhas discursivas sobre a "maldade" e "criminalidade", por exemplo, do Islamismo, que são diariamente reproduzidas. Essas notícias pontuais também serão utilizadas pelas direções desses meios de comunicação para se defender de acusações de racismo.

Além disso, normalmente fica claro que a solução desse tipo de problema étnico, de gênero ou social não depende de ninguém em específico, está fora do nosso alcance. Esses tipos de situação costumam ser vistos insistindo que não temos capacidade de interferir nelas.

Tal estranheza também é o que explica o vício do *ceticismo normativo* denunciado por Martha C. Nussbaum (2005) ao se referir à educação multicultural errônea. Esse vício consiste em que certas explicações das culturas diferentes à nossa se limitem exclusivamente à descrição das formas de vida dessas culturas, deixando de lado qualquer juízo normativo sobre sua bondade ou maldade. Certas posições bem intencionadas têm caído nesse vício a favor de maiores parcelas de tolerância, nas quais se costuma evitar fazer julgamentos morais a todo o momento.

É absolutamente inaceitável, pelo fato de ser paternalista, a opção pela tolerância, quando o verdadeiro núcleo da questão se refere à justiça, aos Direitos Humanos, aos políticos, aos profissionais, etc. Esse não é um problema patológico que precise ser resolvido por meio de sessões de psicoterapia ou psicanálise.

Nesse sentido, convém não esquecermos que

a verdadeira tolerância não é a indiferença de ideias ou o ceticismo generalizados; ela supõe, na realidade, uma convicção, uma fé, uma escolha ética e ao mesmo tempo a aceitação da expressão das ideias, convicções e escolhas contrárias às nossas. (MORIN, 2001, p. 123)

É óbvio que a tolerância tem a ver com as ideias e atividades que têm respeito aos Direitos Humanos e, portanto, não podem ser confundidas com a indiferença perante condutas de degradação, agressão e assassinatos que visa defender ideais. As salas de aula, conforme ressalta Morin, devem ser

o lugar de aprendizado do debate argumentativo, das regras necessárias para a discussão, da tomada de consciência das necessidades e dos processos de compreensão do pensamento dos demais, da escuta e do respeito às vozes minoritárias e marginalizadas. (2001, p. 138)

Uma educação multicultural crítica tem de dar voz a quem tem sido silenciado, mas também não pode cair em um essencialismo que faz com que ninguém que não seja membro desse grupo possa entender, falar e opinar sobre essa cultura. Um erro desse tipo tem muito a ver com o surgimento de um relativismo exagerado e um essencialismo indentitário que serve aos grupos políticos mais conservadores e colonialistas para desqualificar tudo o que cheira a multiculturalismo.

O perigo de cair em posturas de *relativismo moral* é que muito provavelmente se acabe prejudicando muitos membros dessas comunidades que pretensamente se quer apoiar e que estão tentando lutar pelo cumprimento dos Direitos Humanos e por maiores níveis de liberdade em seus países e suas culturas. É o caso, por exemplo, dos grupos de mulheres muçulmanas que se opõem às práticas imorais, criminais e machistas que muitos homens de sua cultura professam e defendem.

É preciso que os membros dos grupos socialmente desfavorecidos, das distintas etnias e culturas representados como ignorantes e estranhos tenham oportunidades de expressar suas experiências, necessidades e opiniões em situações nas quais possam ser escutados por quem está em situações mais vantajosas. Pensemos nas distintas estratégias com as quais os meios de comunicação de massa interpretam mal, difamam e agridem os cidadãos de outros países considerados como "os Outros". Essas pessoas devem ser ensinadas a defender seus direitos mediante uma *educação política e cívica* que lhes capacite a se organizar e se defender das agressões gerados pelos processos de "normalização" aos quais são submetidas. Elas têm direito a resistir aos processos de assimilação, a se rebelar contra as políticas e práticas que escondem uma intenção de assimilá-los e restringir suas tradições e seus hábitos culturais coerentes com os Direitos Humanos (direitos que também precisam de atualizações, como a inclusão do "Direito à Emigração").

Educar cidadãos democráticos e justos implica a reconstrução da imagem dos "Outros", não somente para que se sintam respeitados e acolhidos, mas também, e muito especialmente, para que "nós" possamos deixar de ser racistas.

9. PRESENTISMO – SEM HISTÓRIA

Sob esta perspectiva, o trabalho curricular se baseia na contemplação do mundo, das distintas culturas e das realidades, deixando de lado sua evolução histórica e social. Assim, por exemplo, muito dificilmente nos livros didáticos se mostra a relação que pode existir entre o véu das mulheres muçulmanas e o véu que era exigido das mulheres cristãs até uma época muito recente para entrar nas igrejas e assistir aos ofícios religiosos ou para manifestar momentos de luto e pesar.

Não se deixa patente que todas as culturas são fruto da mestiçagem, que o fundamentalismo é um dos defeitos fruto de uma estratégia de manipulação da realidade que consiste em apresentar fotos fixas dela mesma. É como mostrar um fotograma de um filme omitindo todos os fotogramas anteriores, que são os que permitem captar seu real significado.

Educar implica ajudar os alunos a construírem sua própria visão de mundo, com base na organização de informações que permitam que se insista nas maneiras pelas quais as conquistas sociais, culturais, políticas e científicas foram obtidas no passado e ainda são obtidas no presente. Uma estratégia capaz de educar pessoas que tenham esperanças para o futuro requer a implementação de um "currículo otimista" (TORRES, 2007, p. 205-214), que facilite a compreensão da maneira pela qual a humanidade vai fazendo conquistas que permitem melhorar as condições de vida do planeta. Isso não significa ocultar os horrores tanto do passado como do presente – não é nada disso –, significa estruturar os discursos e o trabalho escolar nas dimensões e estratégias que os diferentes grupos sociais e povos enfrentavam, e ainda enfrentam e procuram soluções para os problemas pessoais, sociais, econômicos, culturais, científicos e religiosos que surgem em seu caminho.

Um sistema de educação que, por exemplo, ensine com um mínimo de rigor a história das mulheres ou da escravidão, estaria fornecendo uma formação maravilhosa aos alunos. Ambas as parcelas da história possuem um enorme poder exemplificante para as gerações de adolescentes atuais, nas quais frequentemente ouvimos dizer que o mundo sempre foi e continuará sendo assim; que sempre houve injustiças e pobreza, e que elas sempre permanecerão. Esse tipo de frase derrotista enfatiza que tais jovens ao passar pelas salas de aula estiveram trabalhando com projetos curriculares que lhes ocultaram as chaves que movem e transformam as sociedades. Um currículo no qual se trabalha bem como as mulheres se organizaram para enfrentar toda uma gigantesca rede ideológica, científica, cultural, jurídica, religiosa e militar que vinha conseguindo convencer tanto os homens como as próprias mulheres de que elas eram indivíduos inferiores em todos os aspectos seria o melhor antídoto para enfrentar outras situações de opressão parecidas da atualidade e até mesmo do futuro. O fato de que a intensa e eficaz mobilização dos distintos movimentos feministas e a colaboração de muitas outras organizações políticas e sindicais progressistas tenha servido para enfrentar o machismo e a homofobia na vida política, social, cultural, econômica, jurídica, militar, educacional e familiar é algo que ajudará a educar as novas gerações na convicção de que outro mundo é possível. Esta é a melhor estratégia para a formação de pessoas mais justas, otimistas, democráticas e solidárias.

Um silêncio sobre dimensões relevantes da história da humanidade sempre acaba tendo efeitos politicamente perversos, fazendo com que as novas gerações acabem adotando atitudes derrotistas perante a possibilidade de intervir em seu meio, perante as opções de transformar e superar as realidades injustas nas quais elas talvez se encontrem. Portanto, é vital mostrar os períodos do passado que mais ajudam a explicar situações injustas do momento atual.

Assim, por exemplo, nestes momentos em que determinados poderes políticos imperialistas tratam de dividir o mundo entre bons e maus, entre o Islamismo e o resto do mundo, é imprescindível que não esqueçamos a experiência de Al-Ándalus (Andaluzia), e especialmente, a que ocorreu em Córdoba, onde nasceu Maimônides, Moshé ben Maimón (1135–1204), um filósofo, médico e rabino que entre suas preocupações se destacava pela solidez de seus trabalhos tratando de harmonizar as relações entre filosofia e religião; um intelectual muito reconhecido na época e que por causa de um édito contra os judeus teve de abandonar a Espanha; e de Abu I-Walid ibn Rushd, conhecido como Averróis (1126–1198), um dos grandes filósofos e cientistas da cultura árabe, um grande racionalista muçulmano muito conhecedor e divulgador do conhecimento grego, o qual soube recriar com base no Islamismo. Destaca-se seu valioso trabalho em torna da obra de Aristóteles, que lhe valeu o nome de "O Comentador de Aristóteles". Ambas as personalidades, incentivadoras da ciência e filosofia daquela época, "definiram as normas de coexistência, as quais chamaram a 'medida justa'" (JAHANBEGLOO, 2007, p. 69).

Não se pode entender bem o que é denominado cultura europeia sem levar em consideração tanto as contribuições destas duas grandes figuras como de outras da mesma época andaluza.

> Em uma época na qual o resto da Europa estava envolta nas trevas, a cidade muçulmana de Córdoba era a cidade mais avançada de todo o continente. O mundo islâmico medieval era a civilização mais avançada do planeta em matéria de filosofia, arquitetura, matemática, astronomia, medicina, poesia, teologia e muitos outros campos de interesse humano. (JAHANBEGLOO, 2007, p. 69)

É graças à tolerância e ao respeito pelo pluralismo que caracterizou a Al-Ándalus que o resto da Europa tomaria consciência das grandes contribuições da cultura clássica da Grécia e de Roma, as quais foram divulgadas pelos filósofos muçulmanos da época.

Aqueles que consideram que o racismo e a discriminação em geral somente é resolvida com base em políticas de assimilação, pressupõem, seja de modo explícito ou implícito, que cada um desses grupos "diferentes" sejam como tribos irredutíveis, formadas por trogloditas, incapazes de se integrar e conviver com outros grupos diferentes, seres que estariam em uma escala inferior no processo de hominização.

Quando as pessoas que se sentem identificadas com determinado grupo percebem que não são admitidas, que são rejeitadas, consideram-se incompreendidas e, portanto, correm o risco de radicalizar suas demandas, chegando a se organizar em estruturas muito fechadas que farão qualquer coisa para a defesa de seus direitos políticos, econômicos, sociais e culturais. Situações de incompreensão desse tipo normalmente correspondem também a situações vitais de marginalização e pobreza. Esse é o tipo de pessoa que tem maior probabilidade de vir a participar de grupos fundamentalistas que ao menos lhe garantam possibilidades de defesa, e ao mesmo tempo lhes levantam o ânimo e lhes oferecem orgulho racial, étnico, religioso e/ou linguístico (WIEVIORKA, 2003).

O fundamentalismo é construído, legitimado e operado como um sistema de crenças que exclui as diferenças sem argumentos racionais; ele não permite alternativas nem possibilidades de diálogo sobre suas crenças.

Como ideologia, ele proporciona segurança e dá sentido à vida e, algo decisivo, imuniza as pessoas contra a dúvida. O fundamentalismo dogmatiza e politiza as diferenças culturais para, dessa maneira, legitimar a luta e a opressão contra "os Outros". Portanto, ele funciona como uma ideologia política que recruta seus membros com base em toda uma série de características étnicas, culturais ou religiosas comuns apresentadas como incompatíveis com as de seus vizinhos. A experiência acumulada por essas pessoas em desigualdade de oportunidades e falta de reconhecimento, ou seja, a pobreza, a humilhação, o desemprego e nenhuma ou uma péssima escolarização as transformam em indivíduos propícios a fazer parte de seitas, dentro das quais encontram explicações e sentido para suas vidas.

Baseando-se em uma instrumentalização política das diferenças culturais, as ideologias fundamentalistas oferecem respostas às formas de explicar e transformar este mundo em uma sociedade perfeita e idílica, enquanto a maioria delas assegura uma vida depois da morte cheia de satisfações e prazeres. Seus seguidores "adquirem sua identidade por meio da afirmação de sua supremacia sobre os outros, uma certeza que praticamente sempre se mostra contra a resistência, se for necessário" (MEYER, 2007, p. 21).

Os enfoques curriculares que caem no "presentismo" não insistem nas dinâmicas históricas, na evolução ao longo do tempo dos fenômenos sócio-históricos objeto de estudo. Não se leva em consideração a historicidade e os condicionantes de quem constrói a ciência e o conhecimento; suas biografias são silenciadas, o que dificulta que os alunos tenham consciência da grande variedade de situações que influenciam e explicam tal construção.

Nesta modalidade de tratamento "presentista" da informação, não são incorporadas a perspectiva histórica, as controvérsias e variações que ocorreram até o momento sobre o fenômeno objeto de estudo: a que se deveram, a quem beneficiavam, etc. Isto é algo extremamente importante nas sociedades atuais da informação e que busca tornar os alunos conscientes da provisoriedade do conhecimento e, consequentemente, da necessidade da aprendizagem ao longo de toda a vida.

Em geral, podemos dizeŗ que esse tipo de tratamento educativo contribui para que os alunos contemplem suas realidades de forma reificada, com roupagens de despolitização e neutralidade; sem prestar atenção aos problemas de desigualdade política, econômica e social de caráter estrutural.

Esse tipo de filosofia educativa é, além disso, coerente com o predomínio de ideologias que sugerem ser conveniente não alterar o atual *status quo*, o modo de funcionar das sociedades, pois este é o melhor mundo entre os possíveis, até mesmo porque é o único, algo que afirmam as teorias do "fim da história" desenvolvidas por Francis Fukuyama (1992). Estamos perante discursos com os quais se pretende construir um tipo de pessoa que aceite de forma inevitável suas realidades; pessoas que normalmente chegam a limitar suas aspirações pessoais ao considerar que é melhor "que eu fique como estou", pois, como diriam algumas dessas "leis de Murphy" que circulam entre os cidadãos, "tudo que pode piorar acabará acontecendo".

Com essas linhas discursivas pretende-se que as pessoas não possam se transformar em pensantes por meio das enormes disfunções que as formas atuais da economia capitalista neoliberal estão originando ou tratem de se esforçar para imaginar outras alternativas. Não é de estranhar que a partir dos círculos de poder, dos meios de comunicação com os quais a população é bombardeada, se desvirtuem também os discursos sobre o significado da democracia e suas formas; que, por exemplo, se fale de Direitos Humanos como algo abstrato, sem se concretizar na vida cotidiana de cada ser humano e cada povo.

É também assim que aqueles que ocupam postos de responsabilidade em defesa do poder estabelecido tratam de frear a conflituosidade das crises nos mercados; procuram convencer a população de que o desemprego originado pelo atual capitalismo, as injustiças e pobrezas deste momento histórico são algo normal, mas passageiro, e fazem parte do percurso rumo a um mundo futuro de grande prosperidade.

Se não se produzem e promovem outros discursos e conceitos que existem atualmente, mas se silenciam ou se restringem a espaços e círculos muito reduzidos, então se gerará uma naturalização do discurso que hoje se ouve. Essas visões da realidade, que de forma implícita e explícita são declaradas por meio desses conceitos e discursos dominantes, parecerão "naturais", como as únicas existentes e lógicas, e serão as que representam o denominado senso comum.

Contudo, convém estarmos conscientes de que sempre existem graduações em todo processo de naturalização e legitimação, pois em maior ou menor medida existem outras concepções rivalizando de uma maneira mais ou menos bem sucedida. Pode-se constatar facilmente a existência de uma luta para explicar a sociedade específica na qual se vive e o mundo em geral oferecendo somente argumentos que apoiam essas maneiras de viver e trabalhar nele. Isso significa que aquilo que denominamos "senso comum" é em grande medida parte da consequência de uma luta de poder, da confrontação de diferentes interesses, perspectivas e discursos ideológicos, mas nos quais as concepções rivais perderam sua vez ou permanecem silenciadas e sem possibilidades de ainda se fazer notadas.

Quando uma concepção se torna hegemônica, ela perde seu caráter de opção, de ser uma alternativa entre outras; suas dimensões ideológicas são apagadas e a concepção nos é apresentada como lógica e natural, como a única maneira de ver e interpretar a realidade, como a representação do objetivo e neutro, ou seja, como o que a maioria da população chama de senso comum.

Como ressalta Nussbaum (2005, p. 166–167), há cinco características que são próprias de qualquer conceitualização e explicação de uma "cultura". É preciso prestar atenção a estas dimensões se realmente pretendemos captar uma compreensão mais realista da riqueza, do dinamismo, das fortalezas e das linhas de tensão de qualquer sociedade.

1. *As verdadeiras culturas são plurais, não únicas.* As diferentes classes e grupos sociais, os distintos territórios nos quais se desenvolve a cultura, os homens e as mulheres que a integram vivem uma mesma cultura, a desfrutam e dinamizam com muitas diferenças e matizes.
2. *As verdadeiras culturas argumentam, resistem e contestam as normas.* Basta olhar ao nosso redor para constatar como ao lado dos produtos culturais "oficiais" existem outros, alguns radicalmente diferentes, que constroem e divulgam os grupos sociais que desfrutam de menos poder ou que resistem a assumir a "cultura oficial", a proposta pelas redes mais governamentais.
3. *As verdadeiras culturas, o que a maioria das pessoas pensa, provavelmente difere do que a maioria dos artistas e intelectuais mais fa-*

mosos pensa. Assim, por exemplo, a atração e o interesse que obras de Ortega e Gasset ou de García Lorca despertam na Espanha não são o mesmo que toda a população espanhola tem. Distintos grupos sociais e culturais farão julgamentos divergentes, na medida em que compartilham interesses e preocupações que esses autores veiculam como fruto, por sua vez, das experiências e dos interesses que mobilizaram suas respectivas vidas. Nesta mesma linha, não podemos considerar Platão como "o" representante da cultura grega, nem Karl Marx como o dos valores alemães ou James Joyce como o dos irlandeses.

4. *As verdadeiras culturas têm diversos campos de pensamento e atividade.* Como bem enfatiza Martha Nussbaum, normalmente quando se estuda uma cultura se centra nos produtos de determinadas elites, ignorando outras. Costuma-se optar pelo estudo de seus textos filosóficos, religiosos e literários, mas são deixados de lado alguns outros âmbitos como a música, arquitetura, ciência, agricultura e escultura; a cultura urbana é mais valorizada, e a rural e a marítima são muito menos.

5. *As verdadeiras culturas têm um presente e um passado.* Contudo, quando se fala delas existe uma maior propensão a se fixar somente em certos momentos e produtos de alguns períodos históricos do passado, omitindo tanto outras épocas passadas como o momento presente. Isto é especialmente claro, por exemplo, quando se fala sobre as culturas da Índia e da China, que parecem estar paradas no tempo há muitos séculos.

Professores comprometidos com projetos verdadeiramente educativos são obrigados a conhecer as comunidades onde as escolas estão localizadas, assim como quem são seus estudantes e quais são as peculiaridades de suas famílias. Somente dessa forma pode-se construir um currículo relevante e reduzir o tédio, a superficialidade dos aprendizados e as tarefas de ensino e aprendizagem pouco motivadoras. É preciso estar consciente de que a dimensão monocultural continua bastante presente em muitas salas de aula; mais ainda existe um importante setor de professores que não entende o significado e as implicações do conceito de diversidade. Convém ter muito presente que a diversidade não tem a ver somente com a presença ou ausência de estudantes estrangeiros, com a diversidade cultural, mas também com as diferenças no desenvolvimento psicomotor, afetivo, cognitivo, nos tipos de inteligência dominantes, nas formas de socialização, nos conhecimentos já adquiridos, nos valores com os quais as famílias dos alunos se orientam, etc.

As intenções de boa parte dos professores mais sensibilizados politicamente sobre as questões da diversidade, quando manifestam seu compromisso com as comunidades socioculturais das quais seus alunos fazem parte, são realmente ajudar política e educativamente esses grupos mais marginalizados. Sua preocupação é buscar a relevância dos assuntos tratados em sala de aula para, além disso, motivar e incentivar seus estudantes muito ativamente. Seu objetivo é prestar atenção ao que se oferece aos alunos como capital cultural, para que sua cultura e seus idiomas não sejam vistos como estigmas dos quais é preciso se livrar, como uma estratégia a mais de genocídio cultural típico das políticas coloniais e neocolonialistas, sem sequer ser submetidos a análises críticas para ver seu verdadeiro valor.

Um modelo pedagógico preocupado em enfrentar esses tipos de injustiça social que temos denunciado obriga à adoção de uma filosofia de *educação multicultural crítica*, deixando claro um compromisso triplo:

a. contribuir para o reconhecimento público dos grupos oprimidos, lutando contra seu silenciamento ou a denigração das pessoas que os integram; esclarecendo como sua situação é consequência da imposição autoritária de determinada história preconceituosa, de discursos que somente exaltam a cultura dos grupos dominantes;

b. promover a tolerância e o respeito mútuo como valores idiossincráticos da cidadania democrática, e

c. facilitar a compreensão das situações de exclusão e marginalização social, destacando como as estruturas econômicas, sociais e políticas geram e reproduzem tais situações, na medida em que enquanto beneficiam certos grupos prejudicam outros.

O multiculturalismo, como ressalta Guttman,

se refere a um estado da sociedade e do mundo que contém muitas culturas (ou subculturas) que incidem umas sobre as outras em virtude das interações dos indivíduos que se identificam com essas culturas (ou confiam nelas). (2001, p. 371)

Portanto, a instituição escolar também desempenha um papel fundamental na conquista de sociedades mais justas e democráticas.

Em um modelo semelhante ao que acabamos de descrever, tanto estudantes como docentes assumem compromissos muito específicos.

Assim, os *alunos*, como parte essencial de suas tarefas escolares, serão obrigados a:

284 Jurjo Torres Santomé

1. Incorporar uma *perspectiva global*. Assumir a análise dos contextos socioculturais nos quais sua vida se desenvolve, assim como das questões e situações que submetem a estudo; atender às dimensões culturais, econômicas, políticas, religiosas, militares, ecológicas, de gênero, étnicas, territoriais, etc. (frente a uma educação mais tradicional na qual a descontextualização é uma das peculiaridades da maior parte de tudo o que é aprendido).
2. Mostrar as *questões de poder* envolvidas na construção da ciência, assim como as possibilidades de participar em tal processo.
3. Deixar claros a *historicidade e os condicionantes* de quem constrói a ciência e o conhecimento; não silenciar suas biografias para demonstrar como as condições históricas e os contextos sociais influenciam nas tomadas de decisão que acompanham todo o processo de pesquisa e aplicação do conhecimento. Essa condição é de tremenda importância nas atuais sociedades da informação.
4. Incorporar a perspectiva histórica, as *controvérsias e variações* que até o momento ocorreram sobre o fenômeno objeto de estudo; a que se deveram, a quem beneficiavam, etc. Portanto, falar da provisoriedade do conhecimento.
5. Integrar as experiências práticas e isoladas em *esquemas de análises cada vez mais gerais e integrados*. Essa é uma das maneiras de enfrentar um conhecimento muito fragmentado que impede o entendimento de seu verdadeiro sentido e significado.
6. Atender às *dimensões de justiça e equidade* nas questões objeto de estudo e pesquisa. Converter o trabalho escolar em algo que permita colocar em prática e ajudar a compreensão das implicações de diferentes posições éticas e morais.
7. Promover a *discussão de diferentes alternativas* para resolver problemas e conflitos e poder detectar seus efeitos colaterais.
8. *Avaliar e refletir sobre as ações, avaliações e conclusões* que se originam nos institutos de educação ou com as quais eles estão comprometidos.
9. Aprender a se comprometer com a *aceitação de responsabilidades* e com a tomada de decisões. Aprender a assumir riscos e aprender com os erros cometidos.

Fonte: O autor.

Por sua vez, o *papel dos professores* é diretamente afetado, já que estará obrigado a elaborar e desenvolver propostas de trabalho nas salas de aula nas quais se exigirá:

1. Partir da *experiência e do conhecimento dos próprios alunos e valorizá-la*. Facilitar a confrontação de seus pressupostos e de seus pontos de vista pessoais com os de outras pessoas para gerar conflitos sociocognitivos que lhes obriguem a construir um conhecimento mais objetivo e relevante.
2. Promover, nas salas de aula, o *estudo de exemplos positivos*, de como as situações de marginalização e opressão são superadas, exemplos nos quais se destaquem as possibilidades de superar situações de marginalização e opressão, de acesso a melhores condições. Esse compromisso exige a incorporação de conteúdos do currículo de realidades nas quais ficam evidentes as oportunidades de participação em instâncias do poder social, cultural e econômico por parte dos grupos minoritários étnicos e culturais.

(continua)

> 3. Otimizar a personalidade específica de cada estudante; seus *estilos e suas características pessoais*. Chegar a se convencer do valor positivo da diversidade pessoal é algo imprescindível para poder aceitar a personalidade de outros povos e culturas.
> 4. Empregar *estratégias de ensino e aprendizagem flexíveis e participativas*. Transformar as escolas em espaços nos quais as tarefas escolares sejam elaboradas em grupos cooperativos de trabalho.
> 5. Prestar especial atenção à *integração de estudantes* de diferentes grupos étnicos e níveis culturais com diferentes capacidades e níveis de desenvolvimento.

Fonte: O autor.

Consequentemente, o comprometimento com uma *educação multicultural crítica* implica assumir como ponto de partida o fato de que vivemos em uma sociedade racista; ou seja, que as estruturas econômicas, políticas, culturais e ideológicas de nossas comunidades favoreçam mais a quem pertence à determinada raça, a branca ou caucasiana, e é considerado pelas leis vigentes como cidadãos com plenos direitos. Para poder enfrentar essas situações de injustiça também é outorgado um papel muito importante à educação, pois se vê nela a possibilidade de capacitar as pessoas para desmantelar os discursos, as práticas e as estruturas que reproduzem o racismo.

Hoje, a ênfase está mais em analisar os níveis de justiça social aos quais os cidadãos têm direito e em desvelar quais são os mecanismos que ajudam na perpetuação de situações de desigualdade e desvantagem social. Com esta filosofia, pretende-se "segurar o touro pelos chifres", assumindo que os modelos de organização e as estruturas de nossas sociedades produzem pessoas racistas. Para enfrentar essa política e cultura da desigualdade é preciso desmontar de maneira contundente todas as ideologias racistas, especialmente as de cunho biológico, que impossibilitam a análise e o questionamento dos modelos de funcionamento de cada sociedade, suas estruturas políticas, econômicas, culturais, militares e religiosas.

Como esclarece Touraine,

> o multiculturalismo somente tem sentido se for definido como a combinação, em certo território, de uma unidade social e de uma pluralidade cultural mediante intercâmbios e comunicações entre atores que utilizam diferentes categorias de expressão, análise e interpretação. (1995, p. 16)

Contudo, é preciso enfatizar que tais trocas têm de ser estabelecidas com base em posições de respeito e diálogo democrático. Para isso, é preciso um esforço com plena consciência das dificuldades, dados os processos de socialização aos quais fomos e estamos sendo submetidos de forma constante e que são caracterizados por um notável racismo, sexismo, homofobia, preconceito com idosos e classismo; assim como um forte absolutismo e a fé no "monoculturalismo" e no eurocentrismo.

Todos os alunos, e muito especialmente os integrantes dos grupos sociais e culturais desfavorecidos, devem ser estimulados a revisar de forma crítica o valor de seus códigos culturais e, é óbvio, daqueles outros valores com os quais devem entrar em contato e que, em muitas ocasiões, as escolas impõem sem explicitar as verdadeiras intenções e as razões de tais propostas.

Alguns obstáculos para uma educação antidiscriminatória

Uma práxis curricular capaz de enfrentar este tipo de disfunção que descrevemos exige que estejamos conscientes de todo um conjunto de tradições ou culturas docentes que dificultam a transformação e implantação de modelos de inovação didática com possibilidades de pôr em prática uma educação mais libertadora. Alguns empecilhos dos quais devemos estar conscientes são:

1. A escassa cultura do trabalho curricular integrado e, ao contrário, a tradição escolar do estudo da realidade fragmentada em torno das distintas disciplinas ou matérias, não é algo que deve ser levado em consideração nas múltiplas relações cruzadas e perspectivas que caracterizam cada núcleo do conteúdo.
2. A obsessão por finalizar e completar o livro didático; a obstinação em cobrir a qualquer custo todos os tópicos do currículo obrigatório previsto em lei pelas administrações públicas.
3. A ausência de temas controversos nos livros didáticos, assim como de fontes de informação representativas das distintas opções em conflito.
4. O medo de tratar nas aulas temas socialmente controversos, algo que se complica ainda mais em momentos de rearmamento dos fundamentalismos. Esse medo costuma estar acompanhado do temor das reações das famílias ou da diretoria da escola, especialmente no caso dos colégios privados que recebem, de forma subsidiada, alunos do sistema público e dos colégios totalmente privados.
5. A carência de uma cultura e tradição de debates nas salas de aula, mais acostumadas a doutrinar do que a educar. As habilidades rela-

cionadas com o debate não são inatas, assim como o papel de moderador do professor também não o é.

6. Uma falta de formação e de habilidades por parte dos professores para tratar temas controversos.

7. A existência de políticas de avaliação externa com base em indicadores curriculares, o que costuma obrigar à existência exclusiva do que pode ser objeto dos itens desses testes de avaliação.

8. Uma escassez de recursos de informação dirigidos aos alunos em idade escolar sobre temas polêmicos da atualidade. Essa carência, entre outras razões, tem sua razão de ser no forte monopólio que as principais editoras dos livros didáticos exercem, assim como nas ideologias que seus proprietários defendem. Um exemplo desse forte controle é visível na mobilização dos bispos espanhóis contra a disciplina Educação para a cidadania e na fortíssima campanha em prol da objeção de consciência perante a oferta de tal disciplina, ou a condenação da Editorial SM, propriedade dos padres Marianistas e uma das principais empresas de produção de livros didáticos, da publicação de um livro sobre o Islamismo[10] que não conta com "o consentimento" da hierarquia católica espanhola, segundo declarações do Secretário Geral da Conferência Episcopal (CEE), Juan Antonio Martínez Camino. Tal texto foi publicado em 2006 com conteúdos elaborados pela União de Comunidades Islâmicas da Espanha, UCIDE, e teve apoio da Fundação Pluralismo e Convivência, subordinada ao Ministério da Justiça espanhol. Os bispos advertiram que o manual "não foi realizado com o conhecimento nem o consentimento da Conferência Episcopal" e censuraram os editores. (*Diário "Público"*, 27/09/2007).

9. A falta de familiaridade de um setor importante do corpo docente com esse tipo de núcleo de conteúdo. Tais docentes não se consideram bem informados e experientes no tratamento desse tipo de informação, algo que, além disso, pode lhes levar a crer que no fundo tratar esse tipo de tópico é uma perda de tempo, pois as relações com o currículo obrigatório não são facilmente visíveis.

Além disso, convém não esquecer que a cultura dos debates e da controvérsia é algo que muitos meios de comunicação, especialmente as televisões mais comerciais, estão contribuindo para desfigurar, ao oferecer em seus canais exemplos de discussões que na realidade são comportamentos histriônicos de pessoas pouco relevantes para o tema objeto de debate e que somente emitem expressões construídas com base no "me parece que" ou "eu penso que", mas sem argumentos ou razões. Existe uma evidente banalização do que é ou deveria ser um debate.

É necessário promover muito mais a cultura do debate nas salas de aula, especialmente no estudo de todos os tópicos culturais, em geral, mas especificadamente quando enfrentamos temas nos quais existem pontos de vista adversos sobre o contexto social, político e científico.

A curiosidade é a chave do pensar, portanto é preciso lutar contra a indiferença perante o Outro, impedir o esquecimento do Outro, algo que também exige a reivindicação de um espaço no qual possam estar juntos, no qual se possa tornar realidade o *direito à diferença,* mas *nunca a diferença de direitos.*

NOTAS

1 Disponível em: <http://www.interculturaldialogue2008.eu/406.0.html?&L=3&redirect_url-my-startpageeyid.html >.

2 Dossiê: El acceso del alumnado gitano a la enseñanza secundaria. *Gitanos: pensamiento y cultura*, n. 34, abr./jun. 2006.

3 Um exemplo disso são alguns dos desenhos nos livros didáticos de educação infantil e primária que representam meninas e mulheres negras com lábios de tamanho exagerado, muito carnudos, com penteados ridículos ou depreciativos, etc.; ou os textos nos quais se mostra a população dos países mais pobres da África como indigentes, sempre pedindo esmola, em vez de exigir justiça ou, algo que é muito importante, mostrar seus principais feitos e sucessos e as dimensões positivas de sua cultura.

4 Dossiê: El acceso del alumnado gitano a la enseñanza secundaria. *Gitanos: pensamiento y cultura*, n. 34, abr./jun. 2006.

5 A *segunda jornada (second shift)* é a denominação empregada pela socióloga Arlie Hochschild (1989) ao se referir ao trabalho que a mulher faz além do seu trabalho profissional. É o resultado de dividir o dia em três períodos de oito horas. Essa expressão "segunda jornada" corresponde às responsabilidades domésticas, que para muitas mulheres representam uma segunda jornada de trabalho, somada àquele realizado em sua vida profissional fora do lar. Da mesma forma que continua existindo uma diferença de salário entre homens e mulheres, existe uma enorme diferença no tempo disponível de lazer e no tempo livre para cada sexo.

6 "O cérebro trabalhando" é o significado literal do título, mas a tradução correta deveria ser "O cérebro em pleno funcionamento (ou atividade)".

7 Segundo Wacquant (1999, p. 15), o Manhattan Institute ofereceu a Murray 30 mil dólares para escrever *Losing Ground*, e depois esta instituição chegou a organizar em Nova York um grande simpósio sobre essa obra, convidando jornalistas e especialistas em políticas públicas e ciências sociais com honorários extremamente generosos. Charles Murray foi convidado a todos os programas de televisão de maior audiência, tratando de convencer o povo americano de suas ideias. Mais uma vez, vemos o enorme poder dos meios de comunicação para tornar admissíveis determinados conteúdos culturais e não outros.

Currículo escolar e justiça social **289**

8 Os crimes econômicos de "colarinho branco" (subornos, fraudes, calotes, tráfico de influências, etc.) cometidos por pessoas das classes economicamente mais abastadas, não costumam ser contabilizados como delinquência por uma boa parte da população. Conforme enfatizam Álvarez-Uría e Varela, "é um fato historicamente comprovado – e empiricamente comprovável na atualidade – que quase todos os presos provêm das classes mais baixas da sociedade". (2009, p. 143).

9 Algumas correntes psicológicas inclusive consideram como uma etapa do desenvolvimento o momento dos porquês, em torno dos dois anos de idade. O problema é que essas mesmas escolas dizem que esta é uma etapa passageira; elas não questionam o motivo pelo qual perguntar, questionar sobre o mundo, seja considerado algo passageiro. Penso que sua temporaneidade está relacionada com a pobreza e até mesmo com a escassez das respostas obtidas.

10 TATARY BAKRY, R.; AJANA, M. *Descobrir el Islam*: educación primária. Madri: SM, 2006.

3

As escolas e as famílias nas sociedades democráticas

As importantes lutas sociais do século XX e da primeira década do século XXI por uma maior democratização e justiça social em nossas sociedades acarretaram grandes transformações em todas as instituições públicas e, portanto, também nas escolas. Esse é o momento definitivo do desaparecimento do amparo legal aos privilégios de sangue (salvo casos excepcionais, como os relativos às famílias reais) e também o momento da consolidação dos movimentos sociais e, em especial, das grandes transformações das estruturas familiares.

O feminismo tenta se impor e consegue grandes resultados na luta contra as injustiças e desigualdades políticas, laborais, sociais e legislativas entre os homens e as mulheres. O sucesso dos movimentos feministas também fica patente no fato de conseguir terminar o século XX impondo uma proposta verdadeiramente revolucionária: *o pessoal é político* (MILLET, 1995); algo que obrigará todas as pessoas a prestar mais atenção ao que ocorre no âmbito da vida privada, da vida cotidiana no interior das famílias.

A tese do movimento de liberação feminina do final da década de 1960 de que "o pessoal é político" implicará um importante impulso do questionamento com motivos ainda mais fortes da tradicional ruptura entre a vida pública e a privada, uma denúncia também feita alguns anos depois pelo movimento *gay* (SEILDLER, 2006). Recordemos que até tal momento se empregava o conceito de exploração, principalmente em relação à esfera profissional fora do lar; denunciava-se que o salário que os trabalhadores e as trabalhadoras recebiam por seu trabalho fora do lar era extremamente injusto, assim como as más condições de trabalho, etc. Mas o feminismo também denunciará a exploração na esfera privada, na vida doméstica, enfatizando o caráter arbitrário da atribuição às mulheres das tarefas domésticas e do cuidado das crianças (SÁNCHEZ BELLO, 2006). A ênfase na dimensão política dessas parcelas da vida privada também permitirá evidenciar as diferentes formas de opressão, as injustiças e desigualdades que ocorrem nesse âmbito considerado privado, mas que também podem existir relações de exploração e tirania.

As mulheres, à medida que vão conquistando seus direitos, exigem maior participação na vida pública e, portanto, também nas instituições escolares.

As questões de participação, igualdade, comunidade e democracia deixam de ser assuntos individuais, de responsabilidade dos homens. Ao contrário, à medida que os diferentes grupos oprimidos e sem voz vão se organizando melhor e tendo sucesso em suas reivindicações, mais e mais assuntos se transformam em temas de responsabilidade tanto dos cidadãos como das cidadãs, em problemas comuns que exigem a participação de homens e mulheres.

As mulheres serão um dos grupos sociais que melhor conseguirá entender a importância da educação para a transformação das estruturas machistas, homofóbicas, classistas e racistas.

Ao longo de todo este período histórico, o reconhecimento das distintas modalidades de família, bem como a mudança de famílias extensas a outras mais reduzidas – as famílias nucleares (o casal ou apenas um genitor mais um ou dois filhos naturais, adotados ou de criação) –, anda junto com o redescobrimento da especificidade da infância.

Lembremo-nos de que o século XX também é o século da infância: algo que já preconizava a feminista e educadora sueca Key em 1900, ao intitular um de seus livros mais importantes como *O Século das Crianças*. Quase todas as áreas nas quais se organiza o conhecimento humano começam a dirigir seu olhar para este momento da evolução do ser humano, algo facilmente comprovado pelo surgimento de novas especializações do conhecimento e das figuras profissionais que trabalham nestas áreas do conhecimento: puericultura, pediatria, economia doméstica, psicologia infantil, pedagogia, educação infantil, direito dos menores, entretenimento sociocultural, etc.

Com esse pano de fundo, as instituições escolares são repensadas, mas agora com o envolvimento de um número maior de instâncias e grupos sociais.

Podemos destacar quatro problemáticas que realçaram a importância da família na educação ao longo destas últimas décadas:

1. *A prevenção da mortalidade infantil e as políticas de saúde.* Um dos traços distintivos que ajudou a diferenciar a infância da vida adulta foi precisamente a especificidade de sua fragilidade corporal, algo que no início do século XX levou ao surgimento de inúmeras pesquisas e textos recomendando todo tipo de cuidados com as crianças. A definição social do que é a especificidade da infância vai se consolidando na medida em que a puericultura se firma como especialidade científica. O corpo de conhecimentos que este âmbito vai construindo e as normas e os conselhos que ele vai ajudando a divulgar e que pouco a pouco vão se firmando como rotinas e conselhos que devem ser seguidos, definem

> o que é a criança e proporcionam, portanto, as categorias por meio das quais a criança será compreendida e constituída como de determinado tipo pertencente a um grupo etário dotado de características genéricas claramente definidas. (BOLTANSKI, 1974, p. 131)

Esta preocupação com a saúde e o bem-estar infantil assume maior importância também em função das classes sociais. As diferenças de classe se manifestam também nos cuidados infantis, entre outras razões porque são as classes alta e média mais cultas que dispõem de muito mais facilidades para o acesso ao conhecimento mais sério e rigoroso do que as classes mais baixas, nas quais o saber popular foi configurando um tipo de tradições e hábitos que envolviam uma concepção do que é ser criança derivada dos papéis que se viam obrigados a desempenhar em seus ambientes e, de maneira especial, como resultado do conhecimento oficial e das definições que os círculos mais cultos e que estavam no poder faziam dessas classes. Em uma sociedade estratificada em classes sociais, são as classes mais altas que tratam de convencer as mais baixas sobre por que o mundo está hierarquizado dessa forma e, consequentemente, como e por que era constituída cada classe social e quais eram suas aspirações legítimas e específicas. As mudanças se realizarão no interior de cada classe social com uma velocidade diferente em função do ritmo de reconstrução dos conhecimentos, tradições e valores que vão sendo impostos na medida em que são obtidos e assimilados novos conhecimentos, informações e experiências práticas.

A confluência de fenômenos como os avanços no conhecimento, a criação de numerosas universidades e centros de pesquisa, o aumento da riqueza dos países, as políticas e ações a favor dos direitos da infância, a generalização do Estado de Bem-Estar Social na maioria dos países europeus, juntamente com o aumento dos níveis de educação dos cidadãos vão propiciar o surgimento de um clima de maior responsabilidade e exigência nas políticas de saúde.

À medida que o século XX avança, vai sendo gerado um amplo consenso de que é necessária a colaboração de todas as pessoas para a construção de ambientes e hábitos saudáveis. Logicamente, nessa tarefa a família também tem suas responsabilidades próprias. O âmbito familiar é um dos principais contextos onde as novas gerações aprendem hábitos de saúde, tais como as formas de evitar o contágio de determinadas doenças, as maneiras de preveni-las, as formas de se alimentar corretamente, as normas de higiene, etc. Esse é o motivo pelo qual, nas sociedades democráticas, cada vez mais existe uma maior difusão de conhecimentos médicos com a intenção de que sejam de domínio público e possam contribuir para a melhoria da saúde de todas as pessoas. Assim, as famílias têm cada vez mais conhecimentos em temas como a puericultura. Creio que exista um grande consenso de que nos últimos anos as famílias aumentaram muito seus conhecimentos sobre as formas de alimentar seus filhos proporcionando-lhes alimentos adequados à sua idade e ritmo de vida; têm se preocupado em lhes incutir hábitos de higiene apropriados, de construir e manter ambientes física e psiquicamente saudáveis. Além disso, o apogeu de uma grande variedade de programas de divulgação científica tem servido para que pais e mães estejam aprendendo a proporcionar estímulos físicos, a se preocupar com os planos de vacinação que as autoridades médicas recomendam, etc. A consequência dessa melhoria é visível: a drástica redução da mortalidade infantil em nossos países.

2. *A luta contra a reprovação escolar e a preocupação com a estimulação precoce.* A preocupação com o desenvolvimento intelectual, físico e afetivo das crianças está fazendo com que cada vez mais pais e mães se preocupem em criar ambientes estimulantes e de fazê-lo o quanto antes. Uma boa prova disso são os inúmeros programas surgidos nas últimas décadas destinados à estimulação precoce. Assim, por exemplo, a divulgação do fato de que o sentido da audição é um dos que primeiro se desenvolvem no feto (a partir da 28ª semana de gestação o sistema auditivo já está plenamente formado e funcionando) tem dado lugar a um bom número de programas de estimulação auditiva pré-natal que são oferecidos a fim de promover um melhor desenvolvimento sensorial e, portanto, a inteligência auditiva e a criatividade infantil.

A enorme preocupação das famílias com a educação de seus filhos e, portanto, seu empenho em estimular e ajudar o desenvolvimento das inteligências múltiplas (GARDNER, 2001 e 2003), em geral por fazer as coisas com cuidado, vem dando lugar a fenômenos verdadeiramente novos. Um bom exemplo dessa dedicação – e em alguns casos obsessão – em proporcionar às crianças aqueles cuidados, incentivos e condições de vida que os adultos de hoje não tiveram, explica entre outras coisas a enorme demanda existente sobre estes temas do cuidado e da educação. Esse interesse é a razão de ser de um constante lançamento de novas revistas espanholas dirigidas a informar as famílias sobre a educação de seus filhos: *Tu Bebé*; *Ser Padres* (http://www.serpadres.es/); *Crecer Feliz* (http://www.crecerfeliz.orange.es/); *Educar Bien* (http://www.educarbien.es/); *Mi Pediatra* (http://www.aeped.es/mipediatra/); *Embarazo Sano* (http://www.globuscom.es/sum/embarazo1.htm); *El Cuaderno de los Padres* (http://www.bayard-revistas.com/); *Padres y Madres de Alumnos y Alumnas* (http://www.ceapa.es/); *Padres y Maestros* (http://www.padresymaestros.org/); *Padres y Colegios* (http://www.padresycolegios.com/); etc.; ou de inúmeras revistas de âmbito mais local editadas por associações de mães e pais de várias escolas. Existe também um número crescente de portais na internet, como: *Baby-sitio* (http://www.babysitio.com/); *Todo Bebés* (http://www.todobebes.net/); *Para Bebés* (http://www.parabebes.com/); *Peques con Marcha* (http://www.pequesconmarcha.com/); *Cyber Padres* (http://www.cyberpadres.com/); *Guía Infantil* (http://www.guiainfantil.com/); *In Family: La Revista de Educación para toda la Família.* (http://www.educasystem.com/); *Educación Infantil* (http://www.educacioninfantil.com/), etc. Além disso, é importante incluir neste universo a novidade e a grande aceitação de programas de televisão como *Supernanny* (http://www.cuatro.com/supernanny/). Observe que estamos nos referindo apenas a revistas e portais dirigidos diretamente a famílias espanholas, embora no mundo globalizado no qual nos inserimos também seria possível incluir listas de outros títulos semelhantes, tanto em espanhol como nos principais idiomas falados no mundo. Nesse caso, a lista seria muito maior.

O surgimento de inúmeros círculos de pais, que muitas instituições de ensino criam para ajudar as famílias, também é uma boa prova deste foco de atenção. Algumas entidades da administração pública inclusive começaram a se dar conta da necessidade de programas destinados a preparar as famílias para prevenir futuros insucessos escolares e/ou transtornos no desenvolvimento cognitivo e socioafetivo de seus filhos; algo mais urgente nos ambientes socioculturais mais desfavorecidos, como as favelas das periferias das grandes cidades, o meio rural, os núcleos de população habitados por famílias de minorias étnicas sem poder (como os ciganos) ou imigrantes pobres, etc.

Os programas de educação compensatória – mesmo em suas primeiras formulações, em meados do século XX – costumam enfatizar a importância de envolver as famílias dos alunos. Sua colaboração é considerada relevante para criar condições que favoreçam a aquisição da linguagem e que permitam melhorar a inteligência infantil com jogos e brinquedos adequados, implementando exercícios para apoiar e incentivar o desenvolvimento psicomotor, o raciocínio lógico-matemático, etc. Essas tarefas, que antes eram consideradas obrigações exclusivas das escolas infantis ou dos centros de educação pré-escolar, hoje são vistas como algo que deve ser compartilhado com as famílias das crianças.

O sucesso desse tipo de programa se converteu também no promotor de outras intervenções nessa linha, mas nesse caso dedicadas à infância superdotada. As filosofias individualistas e neoconservadoras, junto com as políticas econômicas neoliberais, geram climas sociais marcados pela competitividade a qualquer custo, algo que fará com que, desde o primeiro momento, as famílias com nível cultural mais elevado e maior acesso à informação fiquem obcecadas que seus filhos sejam pessoas superdotadas. Esse pano de fundo faz com que sejam cada vez mais numerosas as instituições e os programas de intervenção destinados a famílias com crianças que supostamente são superdotadas ou têm altas capacidades intelectuais.

3. *A importância da família nos programas de socialização e reabilitação das crianças com incapacidades.* Neste âmbito, existe um grande consenso de que a cooperação da família é imprescindível, pois já sabemos da importância dos diagnósticos precoces para a interferência com maiores chances de sucesso sobre determinadas enfermidades e incapacidades. A família pode e deve desempenhar um importante papel na identificação e busca de soluções o mais rápido possível para os problemas típicos de qualquer criança com alguma incapacidade.

Não devemos ignorar que a mobilização social das famílias teve um papel muito importante na luta para a construção de sociedades mais humanas. Suas reivindicações contribuíram para que instituições que em outras épocas tinham a exclusividade do tratamento ou, em outras palavras, a simples custódia, das crianças incapazes, tais como os hospitais psiquiátricos, internatos de educação especial, orfanatos, etc., sejam consideradas na atualidade como lugares inapropriados para essas pessoas.

Com o passar do tempo, aprendemos que uma informação mais pertinente e dirigida da maneira mais personalizada possível aos diferentes grupos sociais será mais eficiente para combater falsas ideias e expectativas, mitos e tabus sobre as pessoas com algum tipo de incapacidade que foi sendo construído no passado. É por meio de uma boa divulgação científica e do envolvimento de equipes interdisciplinares de especialistas, junto com a colaboração ativa das famílias, que atualmente se consegue a melhor socialização e o desenvolvimento dessas crianças. Os atuais sucessos de intervenções nessa linha tornaram obsoletos na prática todos os manuais universitários de educação especial publicados antes da década de 1980. Ao mesmo tempo, a divulgação de práticas de sucesso tem servido para gerar um grande otimismo, pois no fundo o que temos descoberto é que não sabemos efetivamente quais são os limites do desenvolvimento das pessoas com deficiências; apenas sabemos que se são feitas intervenções adequadas podemos alcançar objetivos que até o momento parecem inalcançáveis e esse é o motor de nossa curiosidade e de nossos desejos de aprender cada vez mais sobre o tema.

4. *A necessidade de coordenação entre as instituições e os programas destinados a fomentar o desenvolvimento social, cognitivo, afetivo e psicomotor das crianças.* Se pudermos considerar a educação como todos aqueles procedimentos intencionais através dos quais buscamos ajudar as pessoas a se tornarem mais autônomas por meio da facilitação de seu contato com o legado cultural da comunidade e procurando estimular a construção de determinados problemas, habilidades e valores que garantam seu compromisso com o desenvolvimento da comunidade, então teremos que concordar que é preciso que as crianças vivam em ambientes nos quais exista uma coordenação de esforços para o alcance de tais fins educativos. Obviamente, a família e as instituições escolares não podem ir em direções diferentes; elas devem, ao contrário, coordenar-se para fazer com que esse processo educativo seja o mais rico possível.

A família e seu envolvimento nas instituições escolares

No momento atual, é fácil constatar que as famílias confiam a educação às instituições escolares, mas isso não pode levar a generalizações infundadas de que isso ocorre devido a problemas entre pais e filhos. As famílias, na grande maioria, se fiam nos conhecimentos e na experiência dos professores, assim como a maioria dos adultos tem fé que a medicina vai resolver seus problemas de saúde, encarrega a defesa de seus direitos e interesses a especialistas em direito ou está certa de que a responsabilidade de manter a ordem pública é da polícia e do poder judiciário.

Na atualidade, a família nuclear e os institutos de educação se tornaram as únicas entidades educacionais "intencionais"; essa atividade já não está a cargo das igrejas e catedrais, da comunidade do bairro ou da família estendida, ainda que de fato essas instituições tentem colocar em funcionamento de modo informal toda uma grande rede de instâncias dedicadas a oferecer informações e a promover mudanças de comportamento no público usando os meios de comunicação, a internet, as agências de publicidade, os museus e centros de cultura, etc. O bairro também já não é o lugar dominante de socialização da infância e juventude. O colégio passou a ocupar o lugar principal; ele é um ambiente com o qual as crianças desde muito cedo entram em contato, especialmente desde que a administração pública da educação se deu conta da importância da educação infantil. As crianças, a cada ano que passa, são escolarizadas mais cedo e param de estudar mais tarde – com no mínimo 16 anos de idade.

À medida em que os cidadãos e os governos vão se tornando conscientes da importância da educação no mundo de hoje, a necessidade de coordenar os esforços entre todas as instâncias educadoras – de maneira especial entre as famílias e as escolas – situa-se entre as tarefas mais urgentes.

É por esse motivo que, nos últimos anos, os relatórios e as propostas da Secretaria Escolar do Estado espanhol têm insistido na necessidade de envolver muito mais as associações de mães e pais na administração das escolas. Aliás, em seu último relatório, sobre o ano letivo de 2008-2009,

> o Ministério da Educação da Espanha pede urgência na aprovação de um Decreto Real sobre a participação que regule e garanta os meios materiais e econômicos para o desenvolvimento da mesma por parte dos pais, das mães e dos alunos, tanto de forma direta como por meio de suas associações e em seus diferentes níveis. (CONSEJO ESCOLAR DEL ESTADO, 2010, p. 14)

Não obstante, a relação das famílias com as escolas tem passado por importantes mudanças. Atualmente, existe um evidente desencanto das famílias e dos alunos com relação à participação, consequência, entre outros fatores, da passagem de uma família que valorizava a escola e os professores e confiava cegamente neles (entre outras razões, como um grande percentual de seus membros jamais conseguiu ser escolarizado, desconhecia e idealizava o que ocorria dentro das escolas) a uma situação mais plural quanto a esta percepção. Em geral, mães e pais já não admitem uma relação de subordinação aos professores. O nível cultural das famílias subiu, e ambos os cônjuges já passaram por essas instituições. Inclusive, é cada vez mais comum encontrar um grande número de famílias que tem um nível cultural mais elevado que o dos professores e, portanto, não aceita passivamente condutas pouco democráticas desses professores para com seus filhos ou tarefas escolares irrelevantes ou irracionais.

Além disso, devemos prestar muita atenção a um fenômeno muito preocupante em todos os países mais desenvolvidos, incluindo a Espanha: o crescimento das experiências chamadas de *home schools*, ou crescer sem ser escolarizado (TORRES, 2007, p. 115–129). Essas experiências são feitas por famílias que já não confiam nas instituições escolares e que se consideram capazes de oferecer uma educação com mais qualidade do que aquela proporcionada pelas escolas.

A escola é o lugar onde as crianças são submetidas pela primeira vez a certas normas de convivência, as quais em muitas ocasiões não são explicadas ou justificadas com argumentos acessíveis às idades das crianças.

A democratização da sociedade e a legislação sobre os Direitos Humanos mudaram nossas concepções de autoridade, liberdade e participação. Tanto adultos como estudantes estão mais sensíveis e conscientes de seus direitos e suas obrigações e costumam protestar perante condutas discriminatórias e/ou autoritárias. Evidentemente, hoje as escolas fazem parte dos espaços privilegiados nos quais também vigoram os direitos civis – algo que nem sempre foi verdade e que as tradições autoritárias, típicas de épocas passadas, tão amplamente construídas e convertidas em rotinas se mostram totalmente inadequadas no século XXI (GIMENO SACRISTÁN, 2003).

Nesse panorama, não podemos deixar de lado que também em nosso momento histórico há importantes grupos sociais que se viram forçados a assumir a existência e obrigatoriedade das instituições escolares. Existem grupos sociais muito desfavorecidos que não compreendem a finalidade da escolarização obrigatória, mas que se sentem obrigados a enviar seus filhos à escola; esse é o caso, por exemplo, de algumas famílias ciganas (ainda que cada vez menos), bem como de outros grupos de imigrantes com grandes déficits culturais. Para alcançar esse objetivo, os poderes públicos não hesitam em recorrer a várias formas de pressão: fiscais que controlam o absentismo, ONGs, assistentes sociais, educadores sociais, cancelamento de auxílios econômicos às famílias que não enviam seus filhos à escola, etc. Outrora o absentismo escolar era a válvula de escape que colocava os alunos socialmente mais conflitivos fora da escola; hoje esses alunos são procurados pelo Estado, visto que o direito à educação recebe prioridade máxima.

Desse modo, nas aulas ocorre o encontro bem como os choques entre grupos que até pouco tempo não tinham qualquer contato. Grande parte tanto do corpo docente como das famílias nativas do local apenas

Currículo escolar e justiça social **299**

sabiam da existência dessas pessoas por meio de imagens e discursos racistas, classistas e discriminatórios, algo do qual devemos estar conscientes, uma vez que vários preconceitos e acusações se baseiam nessas informações falsas e manipuladas.

As instituições escolares são para grande parte da população o primeiro ambiente no qual ela entra em contato com a diversidade de classes sociais, etnias, gêneros, modelos de sexualidade, capacidades, culturas, religiões, etc., que caracteriza as sociedades atuais. Em nenhum outro lugar como a sala de aula as pessoas serão obrigadas a conviver com essas realidades. É verdade que as famílias também podem conversar com seus filhos sobre essa diversidade que caracteriza o mundo do presente, mas dificilmente essas pessoas se encontrarão e terão de aprender a conviver juntas em outro lugar além da escola.

Aprender a viver em comunidade e de maneira democrática e solidária é o dever mais importante que sociedades modernas demandam dos sistemas de educação, por isso a importância da colaboração das famílias e dos professores. Não obstante, este processo participativo tradicionalmente era construído a partir de um modelo de família inadequado e falso: a família de classe média, caucasiana e autóctone. Disso advieram muitos dos fracassos na hora de envolver mães e pais, pois eles não se sentiam representados.

Ainda que tanto a Constituição da Espanha como as diferentes leis orgânicas sobre a educação garantam que as famílias tenham que participar do funcionamento do governo das escolas, a realidade ainda mostra importantes carências. Também neste caso podemos constatar que nem sempre existe correspondência entre o reconhecimento de um direito e seu exercício ou sua implementação efetiva.

Modelos de relação entre instituições escolares e famílias

Quando contemplamos as possibilidades de participação e interação das famílias e/ou de outros grupos próximos a ela, podemos distinguir quatro modelos:

1. *Modelo burocrático*. Nesse modelo não podemos falar de participação, mas de delegação de responsabilidades, tanto por parte dos professores como das famílias que aceitam essa situação. Neste tipo de relação cruzada, as famílias matriculam seus filhos e são convocadas de modo esporádico a reuniões para

simplesmente receber informações burocráticas: divulgação do calendário, valor das mensalidades, horários, materiais que devem ser adquiridos, etc.

2. *Modelo tutelar.* Modelo centrado no apoio das famílias aos filhos, para realizar com sucesso as tarefas escolares e seguir as recomendações propostas pelas instituições de ensino. As famílias são vistas pelos colégios e outras instituições como pilares importantes na educação de seus alunos e, consequentemente, lhes oferecem programas para envolvê-las com maior eficácia nos processos educativos: ciclos de conferências informativas, programas de círculos de pais. Os pais frequentam as reuniões escolares, as conferências organizadas pela escola e, fundamentalmente, ajudam seus filhos nos deveres que levam para fazer em casa. Mães e pais se transformam em "obedientes voluntários ativos" das tarefas e propostas que os professores determinam de maneira exclusiva – são eles que definem sozinhos os limites da participação dos pais. As famílias são os agentes passivos na tomada de decisões.

O modelo é uma das consequências da cultura de um profissionalismo falso e elitista que na década de 1980 começou a desfrutar de grande aceitação entre os professores, sendo uma estratégia inadequada, mas empregada para aumentar seu poder e prestígio social. Considerava-se um implícito inadequado, típico de uma sociedade hierarquizada e autoritária: que as decisões de um profissional sempre são corretas e, portanto, não admitem discussão.

Exige-se o apoio familiar, mas para vigiar e melhorar o rendimento escolar de seus filhos. Esse tipo de papel das famílias tem mais importância nos países nos quais já estão vigentes as políticas de avaliação de escolas baseadas em indicadores ou padrões de rendimento. É importante lembrar que para a imensa maioria da população o prestígio de um colégio costuma ser medido pelos resultados obtidos nos testes externos com os quais são avaliados tais indicadores oficiais.

Estamos perante um modelo de envolvimento passivo das famílias, pois elas, na verdade, não participam na negociação do projeto de educação, na tomada de decisões sobre os fins educativos e sociais da instituição escolar, no planejamento de atividades extracurriculares, na coordenação com outras instituições para a realização de atividades conjuntas, etc. Ou, em outras palavras, as condições dessa modalidade de participação não são coerentes com os direitos e deveres dos cidadãos de um Estado democrático e que, além disso, correspondem com o estabelecido no Art. 27.7 da Constituição espanhola: "Os professores, os pais e, se for o caso, os alunos intervirão no controle e na gestão de todas as escolas sustentadas pela administração com verbas públicas, nos termos estabelecidos pela lei". Esses direitos têm sido garantidos nas sucessivas Leis Orgânicas da Educação. Assim, por exemplo, a Lei Orgânica da Educação vigente, de 2006 (BOE., número 106, de 4 de maio de 2006), dedica explicitamente dois artigos, o 188 e o 119, à participação no funcionamento e na administração das escolas. O Artigo 118, no qual são estabelecidos os princípios gerais, enfatiza entre outras coisas que:

> 1. A participação é um valor básico para a formação de cidadãos autônomos, livres, responsáveis e comprometidos com os princípios e valores da Constituição. ...
> 4. A fim de tornar efetiva a responsabilidade comum entre os professores e as famílias na educação de seus filhos, as administrações da educação adotarão medidas que promovam e incentivem a colaboração efetiva entre a família e a escola.

Essa mesma Lei Orgânica, em seu Art. 121, referindo-se ao projeto educativo, em seu Capítulo 5, afirma:

> As escolas promoverão compromissos educativos entre as famílias ou os tutores legais e a própria escola nos quais atribuirão as atividades que pais, professores e alunos se comprometem a desenvolver para a melhoria do rendimento acadêmico dos alunos.

E, mais adiante, no Artigo 132, quando são estabelecidas as competências da diretoria, podemos ler na seção "g":

> Promover a colaboração com as famílias, com instituições e organismos que facilitem a relação entre o estudo e o desenvolvimento das intervenções que propiciarão a formação integral em conhecimentos e valores dos alunos.

No entanto, nesse tipo de modelo de interação tutelar está por trás um papel de participação regido pelo implícito de submissão ao que é determinado pelos professores e/ou a diretoria das escolas. No fundo, também se pressupõe que as mães e/ou os pais dos alunos formem uma família estereotipada de classe média, urbana e do próprio país. Essa classe média, em sua maioria, já assumiu a agenda de participação dos modelos de educação tradicionais nos quais foi socializada, ou seja, de participar e intervir somente quando seu filho vai mal nos estudos. Implicitamente, pressupõe-se que os professores e as famílias compartilham valores, interesses culturais, objetivos, recursos econômicos e culturais; são vistas como lógicas as mesmas tarefas escolares, os modelos de relação, etc. Estamos frente a modelos de famílias e escolas que compartilham o mesmo capital cultural – atuam da mesma forma na "bolsa de valores" da educação, segundo a metáfora de Bourdieu (2005, p. 117) – e, consequentemente, ainda que não façam isso de maneira intencional, acabam atacando os demais grupos sociais e étnicos, silenciando e/ou distorcendo e ridicularizando suas realidades e seus conteúdos culturais.

3. *Modelo consumista.* Estamos frente a uma estratégia na qual nos assuntos de participação e nas tomadas de decisão imperam as dimensões consumistas e utilitaristas, uma consequência dos modelos neoliberais pelos quais são regidas as sociedades de mercado nas quais vivemos. O consumo em nossa sociedade é uma ação individual, também marcada por uma filosofia de competitividade. Quem tem mais poder e importância social consume produtos mais refinados e em maior quantidade.

As políticas educativas de *liberdade de escolha das escolas* definem e orientam em grande medida este tipo de relação entre famílias e escolas.

No entanto, escolher não implica automaticamente ter voz. A maioria das famílias participam na escolha de escolas para seus filhos, assim se envolvem com elas, dependendo de três dimensões.

a. As informações às quais têm acesso quanto ao que significa educar e ao que é uma educação de qualidade ou não. No momento atual, esse é um dos temas no qual a pobreza dos debates fica evidente. As famílias e, em geral, os cidadãos têm mais acesso à propaganda das instituições de ensino do que a análises sérias, elaboradas democraticamente e com o envolvimento do maior número de perspectivas possíveis. Os poderes públicos, assim como os meios de comunicação do Estado, não se preocupam muito com sua missão de informar os cidadãos sobre como realmente consideramos ser o sistema de educação.

b. As capacidades das mães e/ou pais para analisar e avaliar tais informações. Nas sociedades de hoje, onde os níveis de formação continuam sendo uma chamativa reprodução da atual estrutura de classes sociais, enquanto cada vez mais as escolas recebem uma população muito mais heterogênea, com maior diversidade de culturas e etnias do que décadas atrás, é lógico pensar que encontraremos muitas famílias nas quais os adultos têm grandes dificuldades para ler, interpretar e avaliar as informações com as quais entram em contato.

c. Os recursos econômicos de que as famílias dispõem para dedicar à educação e à cultura em geral. Embora o discurso oficial afirme que em nossa sociedade existe liberdade para decidir em qual instituição educativa escolarizar as crianças e que a Constituição espanhola garanta a gratuidade da educação em suas etapas obrigatórias, a realidade apresenta outras nuanças que contradizem essa filosofia. Não é segredo que na grande maioria das escolas privadas que também recebem alunos do sistema público essas garantias não existem, uma vez que os alunos precisam adquirir um uniforme específico, aceito somente em determinada escola. Também é muito provável que se exija ou "aconselhe" que as crianças devem fazer as refeições na escola, mas pagando certo valor; que é muito recomendado participar nas atividades extracurriculares planejadas pela escola, mas que também não estão incluídas na mensalidade; que os alunos devem pagar por fora pelo ônibus escolar que os leva de casa para o colégio. Tampouco faltam instituições escolares privadas que também recebem alunos do sistema público vinculadas a fundações que "aconselham" as famílias a demonstrar sua generosidade fazendo alguma doação.

Estas três dimensões condicionarão de maneira determinante as escolhas que as famílias podem fazer na hora de optar por determinada escola para seus filhos.

As *"famílias consumistas"* procuram ajudar seus filhos nas tarefas escolares, entre outros motivos para que não sejam expulsos das escolas privadas ou escolas privadas que também recebem alunos do sistema público que eles frequentam ou para poder ingressar posteriormente em outras escolas seletivas nas quais se exige a obtenção prévia de determinadas qualificações escolares nos níveis anteriores.

No fundo, neste modelo, cada família deve se transformar em monitora e gestora de riscos (CROOK, 1999, p. 171), pois suas escolhas devem ter como objetivo dar a seus filhos aquelas competências e certificações que lhes garantirão um bom futuro no mercado de trabalho.

Essa estratégia de participação das famílias é a que mais está contribuindo para uma aceleração dos processos de privatização e mercantilização das escolas.

Tanto os alunos como suas famílias se transformam em clientes e, portanto, a formação que a escola oferece vira uma mercadoria com a qual posteriormente será possível fazer mudanças no mercado de trabalho.

Neste modelo neoliberal (TORRES, 2007), a realidade mais crua é que os alunos se convertem em objeto de escolha por parte das instituições de ensino privadas que recebem ou não alunos do sistema público – e não somente as famílias que escolheram tais escolas. As escolas buscarão selecionar as crianças mais inteligentes para que nas avaliações externas dos indicadores de rendimento ou nos exames de vestibular tais instituições fiquem nas primeiras posições na classificação de escolas e, dessa maneira, ganhem fama e prestígio.

Neste modelo, cria-se uma relação pragmática das escolas com as famílias. As escolas recorrem às famílias para complementar suas propostas educativas, basicamente para lhes solicitar cooperação econômica para conseguir melhores meios e recursos para a instituição escolar ou também para mobilizá-las socialmente a fim de forçar os governos no poder a legislar de modo mais interessante em relação a seus interesses econômicos ou ideológicos particulares, mas não para envolvê-las na vida cotidiana da instituição nem para facilitar a democratização de tais *colégios*.

4. *Modelo cívico.* Esse é um modelo plenamente participativo, típico de uma sociedade formada por cidadãos. Nele, as famílias são chamadas a compartilhar decisões e responsabilidades com os professores, atuando de maneira cooperativa na filosofia de fundo do projeto de modelo de educação e, em geral, na solução dos problemas que surgem.

Exercer a cidadania implica a participação. A cidadania anda *pari passu* com os direitos civis e políticos de participação. Não há cidadania sem participação. Nesse modelo, a preocupação dominante das famílias enquanto cidadãs é com os bens públicos, sua promoção, gestão e melhoria. Consequentemente, nesse sentido pais, mães e professores dividem responsabilidades e projetos.

Um exemplo das grandes possibilidades deste modelo cívico é o que ocorreu durante os anos da transição à democracia no Estado espanhol, desde meados da década de 1970 até grande parte da década de 1980. Esse foi um período de grande dinamismo social e político no qual foram construídas importantes alianças entre famílias, sindicatos, associações de bairro, partidos políticos e professores, com notáveis sucessos, como a conquista da educação infantil, dos 0 aos 6 anos de idade.

Nunca devemos esquecer que a declaração da educação infantil como etapa que devia abarcar as idades de 0 a 6 anos foi uma conquista social que começou a surgir em meados da década de 1970. Foram as lutas reivindicatórias das associações de bairro e, em geral, dos grupos sociais mais preocupados com a democratização da sociedade e da justiça social, junto com a chegada às prefeituras dos primeiros governos progressistas, que permitiram o surgimento de projetos tão interessantes como os Patronatos Municipais de Escolas Infantis em numerosas cidades do Estado espanhol (Granada, Valência, Barcelona, Madri, etc.). Nessa mesma época, um grande número de especialistas em psicologia e pedagogia também estava terminando seus estudos universitários, com uma boa formação em matérias como a psicologia do desenvolvimento e da aprendizagem, didática geral e didáticas específicas, sociologia da educação, etc., e que exigiam que a sociedade prestasse mais atenção às crianças pequenas. Foi na segunda metade da década de 1970 e no início da década de 1980 que se chegou a um consenso praticamente total sobre a inadequação de nomes como "educação maternal", "creche", "jardim de infância" e, é claro, "pré-escola", os quais priorizavam as funções de custódia e menosprezavam as dimensões educativas das escolas infantis.

A pressão dos cidadãos para exigir um modelo de educação específico para essa etapa foi decisiva para que na LOGSE expressasse com clareza sua dimensão educativa e a necessidade de depender exclusivamente do Ministério da Educação da Espanha, especialmente por já contar com inúmeras experiências escolares que estavam dando bons frutos quando o PSOE chegou ao governo. A partir de então não se considerou lógico e aceitável continuar a vinculação desse ministério com outros, como o do Trabalho, regidos exclusivamente por filosofias assistencialistas em suas intervenções com relação à infância.

O envolvimento das famílias na vida das escolas, especialmente naquelas nas quais trabalhava um corpo docente politicamente mais engajado com a democratização da sociedade, também ajudou para que nestes mesmos anos muitos professores se animassem com inovações que superavam os modelos pedagógicos autoritários e da ditadura do livro-texto.

Uma verdadeira relação e um envolvimento cívico com as instituições de ensino implica a participação ativa e democrática em questões como: debates sobre política educacional e sobre quais projetos curriculares são mais adequados e pertinentes às condições reais da instituição e do contexto sociocultural no qual a escola está inserida; grupos de discussão sobre modelos de gestão democrática apropriados à realidade do momento; trocas de opinião sobre formas de avaliação democrática da escola, análises dos recursos didáticos mais adequados, planejamento de atividades extraescolares pertinentes e relevantes, estabelecimento de relações de cooperação com outras instituições, etc.

Nesse sentido, é preciso reconhecer que as políticas de profissionalismo que os professores adotaram a partir da década de 1980 a fim de ganhar prestígio social e poder, ao enfatizar uma utilização autoritária do conhecimento que esse grupo possuía. A partir desse momento inicia-se um forte descompasso entre as famílias e os professores: boa parte dos professores começou a elaborar um sem-fim de estratégias para afastar as famílias das salas de aula (FERNÁNDEZ ENGUITA, 1999); dificultou-se o questionamento e o debate sobre o que deve ser feito e como e por que ele deve ser feito nas instituições docentes.

O profissionalismo classista promove relações clientelistas e de índole privada, não pública. Cada pessoa se relaciona como cliente/paciente com o profissional, seja da medicina ou – como é o caso que nos interessa – do ensino, para que ele diagnostique e ordene o tratamento.

Buscar a recuperação e a aposta em um modelo de participação cívica e democrática nas escolas exige especial atenção da diretoria das instituições de ensino, especialmente na criação das condições que tornem possível uma maior aplicação no projeto de educação delas.

Entre os argumentos que podem ser apresentados para optar por este modelo de participação cívica, há dois que me parecem decisivos:

> – A instituição escolar promove um modelo de pessoa educada. Em uma estrutura social, cultural, política e econômica marcada pelo pluralismo, em um contexto onde as diferenças costumam ser traduzidas em desigualdades, onde coexistem valores, prioridades, estilos de vida muito diversos, torna-se obrigatório o diálogo e a negociação com as famílias e com outras organizações sociais da comunidade.
> Nas instituições públicas de qualquer sociedade democrática, as relações não podem ser clientelistas ou de produtores com consumidores dependentes e passivos, os quais são manipulados pelas instituições que estes pretendem frequentar, a fim de obter maiores benefícios econômicos e/ou simbólicos. A força das pessoas e, portanto, das associações comunitárias está nos direitos civis e políticos de participação que hoje devem exercer e desfrutar e que conquistaram ao longo da história.
> – A educação é um serviço público, mas muito especial, pois tem efeitos fundamentais e decisivos na vida e nas escolhas presentes e futuras feitas pelas crianças e adolescentes.

A família, ao participar, reforça a legitimidade deste serviço público, pois é uma das formas mais pertinentes de mediação entre os interesses públicos e privados.

Mães, pais e vizinhos, por meio deste processo de participação nas instituições escolares consolidam e melhoram suas condições de cidadãos. Eles aprendem a exercer seus direitos, a evitar que certos grupos controlem e manipulem instituições e conhecimentos em prol de interesses particulares; que os grupos com mais poder e mais bem organizados prejudiquem os direitos de outros grupos sociais e outras pessoas. A participação democrática contribui para que cada pessoa se aperfeiçoe como ser humano e, ao mesmo tempo, aprenda a ser um cidadão melhor.

As políticas de participação ajudam as pessoas a detectar problemas e, ao mesmo tempo, se envolver na busca cooperativa por soluções. É uma das vias mais importantes para a recuperação do verdadeiro sentido da política e da democracia em momentos em que tanto os conceitos como as práticas estão sendo esvaziados de significado, e seu desenvolvimento tem sido cerceado ou reduzido a atos cada vez mais rotineiros e sem maiores efeitos práticos. O forte renascimento de movimentos e condutas autoritárias é completamente incompatível com uma cidadania verdadeiramente democrática e ativa.

As pessoas e os grupos sociais costumam ter êxito naqueles assuntos pelos quais lutam, como vimos no primeiro capítulo, ao nos referirmos às conquistas no século XX de um número muito significativo de convenções para a garantia dos Direitos Humanos; mas também é fácil para tais pessoas e grupos perderem aquilo que tanto trabalho deu para ser conquistado quando baixam a guarda ou simplesmente perdem o interesse por estas questões.

Há várias pesquisas sobre este modelo de colaboração cívica que vêm enfatizando que os alunos têm melhores resultados em seus estudos quando suas famílias e seus professores compartilham expectativas e se mantém em contato debatendo e definindo propostas de ação, hábitos de trabalho que devem ser promovidos, atitudes perante a escola, assim como atividades e tarefas escolares que devem ser incentivadas (WRIGLEY, 2000).

O trabalho do corpo docente nas escolas exige o conhecimento das culturas externas a elas; tanto das mais hegemônicas, ligadas aos grupos sociais dominantes, como das mais peculiares do bairro ou núcleo populacional no qual o colégio está inserido, bem como o conhecimento das culturas e tradições dos alunos que tentam aprender a conviver dentro das salas de aula e escolas. Essa informação é mais urgente quando os alunos pertencem a bairros e/ou culturas desfavorecidas e/ou minoritárias.

Costuma ser mais mito do que realidade que as mães e os pais pertencentes às classes médias baixas e, em geral, às classes desfavorecidas não se preocupam com a educação de seus filhos, que não se interessam por suas obrigações com a educação. Contudo, na realidade, o que as pesquisas têm demonstrado é algo diferente: muitas vezes o verdadeiro problema está no fato de que as famílias não sabem como se envolver com a educação de seus filhos e têm muitas dificuldades e medos (WRIGLEY, 2000).

Especial atenção deve ser dada às famílias mais desfavorecidas socialmente e às minorias linguísticas, religiosas e étnicas sem poder, as quais as escolas devem motivar e convencer para que se envolvam nesse processo de colaboração. Ambos os grupos – mães e pais e professores – são educadores e devem tratar de entrar em consenso quanto às pautas educativas. Os dois têm suas próprias ideias do que é a educação, mas elas podem ser modificadas e enriquecidas de modo construtivo mediante o debate respeitoso e democrático.

Tampouco devemos esquecer que a participação das famílias implica o *direito a discordar*, consequência de sua liberdade e independência. Viver em democracia obriga a compartilhar tarefas e responsabilidades nas escolas, bem como oferecer toda a informação e ajuda que for necessária.

Neste sistema de envolvimento e colaboração cívica não podemos ignorar as dificuldades de muitas famílias para participar mais ativamente da vida das escolas e, portanto, da educação de seus filhos. Assim, também não podemos pressupor, frente ao primeiro obstáculo, que as famílias não se preocupem com a educação de seus filhos.

Entre os obstáculos que costumam reduzir a participação das famílias, podemos ressaltar os seguintes:

- O desconhecimento das culturas das famílias. Nesse caso, convém pedir a colaboração de outros profissionais: especialistas em trabalho social, em educação social, em sociologia, antropologia, mediação social, etc.
- Horários inadequados do corpo docente para atender mães e pais. Nesse sentido convém estar conscientes de que, devido a tradições dominantes até pouco tempo, alguns dos professores da educação secundária obrigatória e do bachillerato da Espanha não tinham consciência clara de que, além de ensinar uma disciplina, são educadores; motivo pelo qual as relações com as famílias dos alunos em muitos casos sejam as mínimas que as leis obrigam.
- Falta de debate e consenso com as famílias sobre os projetos de educação da escola e das turmas.
- Ausência de debate e consenso (quando não há um desconhecimento total) das normas de convivência e disciplina nas escolas.
- Professores incapazes de respeitar a confidencialidade de certas informações.

Currículo escolar e justiça social **309**

- Professores visivelmente desinteressados, entediados e pouco otimistas com relação às possibilidades dos alunos.

Um bom número de pesquisas deixa claro que na hora de buscar explicações sobre o que acontece nas salas de aula, especialmente em relação às tarefas escolares e aos problemas de aprendizagem e conduta, as percepções da realidade, e, portanto, as explicações da realidade variam segundo a quem damos voz: aos professores, aos alunos ou às famílias. Suas percepções subjetivas determinam suas respostas e ações (RAVET, 2007). Assim, é frequente que os alunos atribuam sua falta de dedicação predominantemente ao tédio e à frustação perante o currículo escolar que lhes é apresentado e às sensações de desconforto que percebem em seus professores. Estes, ao contrário, geralmente aplicam um modelo deficitário a suas percepções de falta de envolvimento por parte dos alunos; explicam o baixo rendimento e a conduta dos alunos como o resultado de seus problemas pessoais e do tipo de família ao qual pertencem. Os professores não costumam ver sua própria conduta e suas respostas em sala de aula como a origem ou uma parte do problema. As famílias, por outro lado, estão entre a cruz e a espada, uma vez que suas percepções são mediadas tanto por aquilo que escutam de seus filhos como dos professores. Assim, algumas vezes as mães e os pais dão mais ouvidos ao que seus filhos dizem, especialmente quando percebem a situação relacionada com o comportamento dos professores ou o currículo e, outras vezes, ouvem os professores.

Essa diferença de percepção e explicação entre esses três grupos se transforma, além disso, em mais uma razão importante para a promoção de abordagens mais colaborativas, a fim de analisar e participar na vida escolar.

Também é preciso que estejamos conscientes de que as mães (mais do que os pais) são quem levam sobre seus ombros a responsabilidade da escolarização na educação infantil e primária de seus filhos. São elas que em proporção muito maior se veem obrigadas a coordenar suas necessidades, obrigações e tarefas com as de seus filhos, quem assume a responsabilidade de ajudá-los na realização dessas tarefas – em muitos casos ainda que a custa de suas obrigações pessoais e profissionais (DAVID, et al., 1997). Esse envolvimento das mães se mostra muito mais problemático no caso das famílias monoparentais e se agrava até chegar a limites extremos no caso daquelas mães que, além disso, dispõem de poucos recursos econômicos para sobreviver. Essa situação costuma se inverter pouco a pouco a partir da educação secundária e do bachillerato, momento no qual os pais começam a se envolver mais, uma vez que uma grande proporção deles tem interesse especial em definir as biografias e os destinos de seus filhos.

Uma ideologia ou linha discursiva muito conservadora ressalta neste movimento que atribui a apenas um dos lados do triângulo a responsabilidade pela educação das novas gerações (famílias, escolas e sociedade) competências, funções e deveres na hora de analisar os fracassos escolares e sociais da juventude. Além disso, essa ideologia não esclarece – para não dizer que confunde ainda mais – as diferenças entre autoridade e autoritarismo.

Quem constrói estas mensagens acusatórias contra as mães e os pais aparece como autoridade pertinente e inclusive indiscutível na hora de diagnosticar; tem claras as causas, os motivos e as razões das condutas infantis e juvenis. São esquecidas ou ignoradas as situações complexas com maior poder explicativo; desconsideram-se as complicações sistemáticas que esses resultados do fracasso escolar e social produzem.

A fim de facilitar a aproximação e o envolvimento das famílias, Russel (citado em WRIGLEY, 2007, p. 150) lista alguns conselhos interessantes e oportunos que um grupo de famílias dá aos professores de seus filhos. Esses conselhos são muito úteis no momento atual, no qual um grande número de docentes costuma culpar as famílias de abrir mão da responsabilidade de educar:

"Peço-lhe que aceite e valorize nossos filhos e também nós próprios, em nossa qualidade de família, da maneira como somos.

Peço-lhe que aceite bem a diferença.

Peço-lhe que tente aceitar nossos filhos primeiro como crianças. Não lhes atribua rótulos, ao menos que tenha um propósito especial para isso.

Peço-lhe que reconheça seu poder sobre nossas vidas. Vivemos com as consequências de suas opiniões e decisões.

Peço-lhe que entenda o estresse ao qual muitas famílias estão submetidas. O cancelamento de uma data, a lista de espera na qual ninguém chega ao início, todos os debates sobre os recursos, etc. É sobre nossas vidas que você está falando.

Não nos imponha caprichos e tratamentos que estão na moda a menos que você ainda esteja presente para vê-los avançar. E não se esqueça de que as famílias têm muitos membros, muitas responsabilidades. Em certas ocasiões não podemos agradar a todos.

Reconheça que às vezes temos razão! Peço-lhe que acredite em nós e escute o que sabemos que nós próprios e nossos filhos precisamos.

Às vezes estamos tristes, cansados e deprimidos. Peço-lhe que nos valorize como famílias preocupadas e comprometidas e tente continuar trabalhando por nós."

Fonte: Russel (citado em WRIGLEY, 2007, p. 150).

É preciso reconhecer que, como docentes, precisamos tomar a iniciativa ao acessar as famílias, esforçar-nos para sermos mais acessíveis. Não podemos transmitir a sensação de que as famílias são nossos inimigos, que são elas que neutralizam e dificultam nosso trabalho com os alunos.

Há escolas que vêm desenvolvendo projetos de aproximação com as famílias desfavorecidas e/ou estrangeiras a fim de ajudá-las a colaborar com as escolas e com seus filhos. Elas inclusive implementam programas de alfabetização dirigidos àqueles membros adultos da família que manifestam déficits em sua formação básica. Outros programas buscam fazer com que os irmãos mais velhos colaborem com os menores, sobretudo se eles foram escolarizados na mesma escola.

Não podemos ignorar que no seio de muitas das culturas dominantes nos bairros mais desfavorecidos, o autoritarismo, a competitividade e a agressividade determinam muito mais as interações do que a cooperação e as relações de ajuda. Estar consciente disso facilitará o planejamento e a implementação de estratégias dirigidas à colaboração com as instituições docentes nas quais se deseja trabalhar de modo cooperativo e democrático.

A longa tradição de propostas de ensino e aprendizagem autoritárias e individualistas facilmente se torna parte do imaginário e da prática escolar da maioria das famílias, assim os professores também precisam elaborar linhas de ação destinadas a convencer essas famílias de que também as ciências da educação têm avançado e que hoje seus modelos são mais adequados ao que sabemos sobre como ocorre a aprendizagem e, especialmente, ao tipo de pessoas que precisamos educar para as sociedades democráticas do presente e do futuro.

Muitas famílias ainda acreditam em mitos como o da inteligência e dos saberes herdados com o código genético, a herança genética; mitos sobre se as pessoas nascem ou não com "vocação" para determinadas disciplinas, especialidades e carreiras. Isso desempenha um obstáculo muito importante no seio da população mais desfavorecida e com nível cultural mais baixo e, portanto, nas famílias cujos filhos manifestam menos interesses pelas exigências dos professores.

Esta postura de desviar o olhar das verdadeiras razões de muitos comportamentos das famílias e dos alunos tem a ver também com uma característica dos modelos mais tradicionais, mais ainda vigente em boa parte das instituições escolares da atualidade: a de adotar um modelo de crianças sem direitos como cidadãs, com uma imagem dominada por traços de imaturidade. Ainda que os professores costumem lhes exigir responsabilidades, que aceitem suas obrigações, e aludam à sua sensatez e seriedade, no fundo a ideologia da imaturidade infantil é o pressuposto base que explica que domina as interações e o papel dos alunos (GRACE, 1995, p. 202); e, inclusive em alguns casos, com as próprias famílias, ao confundir os efeitos das políticas sociais e econômicas baseadas na desigualdade de oportunidades com a imaturidade.

Por outro lado, tampouco devemos ignorar que nas últimas décadas o avanço das políticas neoliberais, do mercantilismo, também na educação (TORRES, 2007), tem se baseado na promoção de uma espécie de *parentocracia pedagógica*, na qual existe a sensação de outorgar todo o poder às famílias para que elas próprias escolham as escolas e os modelos de educação a serem aplicados nas salas de aula. Entre outras coisas, isso apenas reagrupou em classes sociais as crianças nas escolas; ou seja, contribuiu para desestruturar a comunidade, formando grupos escolares específicos para cada grupo social específico que possa haver no entorno; um fenômeno que, por sua vez, produz um efeito secundário muito perverso: a estigmatização como inúteis dos professores que trabalham com os alunos que mais precisam de apoio, ou seja, daqueles professores que atuam nos colégios que concentram os grupos sociais mais marginalizados.

Esta parentocracia pedagógica também tem transformado as funções educativas dos colégios, urgindo os professores menos politizados e conscientes socialmente a articular estratégias para a "escolha" das famílias. Há escolas, especialmente escolas privadas e escolas privadas que também recebem alunos da rede pública, que entrevistam as famílias previamente para comprovar suas posturas em relação à educação ou, sendo ainda mais explícitas, para se certificar das possibilidades de que seus filhos sejam estudantes capazes de posicionar bem a escola nas avaliações externas comparativas às quais essas instituições são periodicamente submetidas.

Há países, como o Reino Unido, nos quais os alunos se veem como fracassados se não conseguem entrar nos colégios desejados por suas famílias, naquelas instituições que elas consideram "os melhores colégios". Como esclarecem Rudduck e Flutter,

> para os alunos era difícil assimilar esta experiência precoce de rejeição por parte das instituições escolhidas, em um momento no qual havia um verdadeiro entusiasmo para "conseguir uma boa educação". (2007, p. 69)

Com isso, pouco a pouco os alunos também vão aprendendo que tem de aprender a enganar, a se vender àqueles que os entrevistam, a fim de transmitir a aparência de que são os melhores e mais apropriados alunos para as vagas disputadas.

Algo semelhante ocorre quando os alunos percebem que em algumas escolas a distribuição de estudantes em diferentes salas não é fruto do acaso, da letra inicial de seu nome ou de um número que lhes fora atribuído em uma lista, mas de rótulos mais imorais e injustos, como ser "crente" ou "burro".

As famílias, evidentemente, vão vivendo e realizando aprendizados semelhantes sobre a injustiça no interior das escolas, sobra injustiça curricular em relação a grande parte dos conteúdos das disciplinas, aos recursos didáticos, às tarefas escolares, etc., bem como muitos dos déficits que os professores apresentam tanto com seus filhos como com eles mesmos como pais e mães.

O desejo de construir um mundo mais justo, bem como de elevar o nível cultural da sociedade e, portanto, das famílias, é motivo suficiente para que repensemos os papéis na educação tanto do corpo docente como das mães, dos pais e de outras associações da comunidade.

Uma das medidas que toda instituição escolar deveria tratar de promover, uma vez que costuma dar resultados interessantes na otimização da participação e no envolvimento das famílias no projeto de educação e, em geral, na educação de sua prole, são os *círculos de pais*. Caso a escola seja pequena demais, outras opções para a os círculos de pais são sua criação por zonas ou distritos educativos.

A introdução de *contratos entre lares e colégios* é outra boa estratégia que pode ser estudada para relacionar com mais eficácia ambos os espaços educativos. Não devemos ignorar o papel que as expectativas desempenham no rendimento e, em geral, na educação de crianças. As diferenças culturais, linguísticas ou religiosas não podem ser transformadas em preconceitos ou expectativas negativas perante esses alunos.

Também é preciso ter presente que as mães e os pais atuais já passaram pelas instituições escolares; já tiveram a experiência de serem estudantes, e assim provavelmente um grande número deles não a considerem como positiva; que suas recordações sejam as de uma instituição extremamente autoritária, conservadora e, inclusive, responsável pelos rótulos que ainda hoje condicionam suas aspirações, interações na vida como pessoas adultas.

São importantes as figuras de docente-mediador e de assistente social para facilitar as interações entre a instituição de ensino e as famílias, principalmente as mais desfavorecidas e as estrangeiras; em especial para lhes ajudar a compreender as finalidades da educação promovida pelas escolas e, inclusive, seu próprio papel como cooperadores, de ajuda a seus filhos, etc.

Precisamos estar conscientes de que as famílias querem o melhor para seus filhos, que estão preocupadas e comprometidas com sua educação, mas que

314 Jurjo Torres Santomé

nem sempre sabem como fazer, o que fazer e por que fazê-lo; assim como às vezes não dispõem de tempo, devido à precarização de suas condições de trabalho.

Proposta de decálogo para instituições escolares do século XXI

Um espaço educativo capaz de atender às novas demandas das sociedades multiculturais e que respeitem a diversidade, no meu modo de ver, deve apresentar as seguintes características:

1. Estudantes, professores, famílias e todos aqueles grupos sociais comprometidos com a educação sempre são bem-vindos e aceitos. Cada pessoa é aceita em sua individualidade e com sua personalidade e cultura específicos. Existe plena consciência de que todas as pessoas que convivem e trabalham nesse ambiente simultaneamente ensinam e aprendem.
2. Uma comunidade de aprendizagem onde sempre imperam altas expectativas de sucesso sobre as possibilidades de cada estudante; ou seja, entre outras coisas, em um clima de respeito, solidariedade e preocupação e compromisso com o outro.
3. Seus diferentes espaços (salas de aula, corredores, refeitórios, pátios e campos de esporte) são agradáveis, bem iluminados, com decoração que respeita a diversidade, dispõem de recursos didáticos suficientes, variados e de qualidade. Esses espaços convidam à permanência e ao trabalho.
4. As metodologias didáticas que ali predominam são ativas, baseadas na pesquisa. Os diferentes ambientes da escola são interessantes, relevantes e estimulam cada uma das pessoas que ali interage a tomar iniciativas e a se comprometer com processos de ensino e aprendizagem.
5. Aqui os erros são permitidos e são o motor da aprendizagem, pois são utilizados como *feedback* para – ao menor indício – reconstruir os passos dados e revisar onde estão as verdadeiras dificuldades e os obstáculos que cada estudante enfrenta.
6. A liberdade, a curiosidade, as emoções e a diversão são aceitas e consideradas características idiossincráticas da vida nesse espaço de aprendizagem. Essas peculiaridades são aproveitadas como estratégias que permitem estimular, aprender e avaliar os aprendizados.
7. A democracia é o modelo que rege a vida desta comunidade de aprendizagem. Nesse espaço os alunos, suas famílias e os demais grupos próximos aos alunos têm voz e, portanto, decidem quais são os compromissos e os assumem. Predomina a tolerância, mas jamais a indiferença.
8. Fomenta-se o pensamento crítico e o colocar-se no lugar do outro em todos os conteúdos curriculares que são trabalhados. Presta-se atenção para que todas as culturas tradicionalmente silenciadas (mulheres, etnias sem poder, classes trabalhadoras, culturas infantis e juvenis, opções sexuais diferentes à

continua

heterossexualidade, ideias ateias e religiosas diferentes do cristianismo, ecologismo, etc.) estejam presentes em todos os recursos didáticos de todas as disciplinas e/ou núcleos de ensino e aprendizagem. Nessas instituições educativas são obrigatoriamente tratados os temas social, política e cientificamente conflitivos.

9. Aqui a avaliação é democrática e concebida como um elemento a mais na cadeia de aprendizagem, como um dos momentos privilegiados para a reflexão e a tomada de decisões que possibilita a recondução dos processos de ensino e aprendizagem o mais cedo possível.

10. A vida na escola é geradora de sonhos – e não de *um* sonho.

Fonte: O autor.

4

As escolas no contexto das sociedades educadoras

a necessidade de estruturas flexíveis e de conexão entre as atividades escolares e extraescolares

Os processos de globalização também afetam as instituições escolares. Na medida em que o mundo se converte em uma aldeia global, os espaços com contornos bem definidos e com funções exclusivas são cada vez mais inadequados. Atualmente, há uma palavra com grande potencial explicativo e de ação: redes. Uma *sociedade em rede* é uma estrutura social na qual as instituições e associações funcionam de modo flexível para se adequar a uma comunidade na qual as pessoas dispõem de diversos horários, espaços e ofertas para tarefas idênticas ou parecidas; onde já não é imprescindível estar sempre mantendo rotinas iguais, com recursos similares, realizando certas tarefas nos mesmos dias, nas mesmas horas e nos mesmos espaços. O surgimento constante e crescente de novas instituições e instâncias preocupadas com a educação, junto com as enormes possibilidades oferecidas pelas novas tecnologias da informação e comunicação, estão dando lugar a uma maior oferta de estruturas de formação, graças à importância do conhecimento. Esta proposta de atividades educativas é consequência de uma pressão social cada vez maior dos cidadãos para a melhoria de suas condições de vida e seu nível econômico e cultural. Consequentemente, tais características deste novo mundo, a cada dia mais visíveis, nos obrigam a uma maior coordenação e ao bom aproveitamento das instituições e dos recursos formativos disponíveis.

A atual crise econômica mundial torna este um bom momento para repensar para qual tipo de sociedade estávamos nos encaminhando, devido ao poder enorme e autoritário das grandes corporações econômicas e à ausência de regulamentos políticos sobre seus modos de operação. Isso vem sendo favorecido por políticas que enfraquecem a cidadania e pelos impedimentos e empecilhos que continuamente têm surgido para dificultar as análises e avaliações do que ocorre. Nas últimas décadas, todas as organizações sociais e comunitárias (partidos políticos, organizações sindicais, associações de bairro, etc.) têm sido objeto de tamanha quantidade de ataques que acabaram se tornando gravemente debilitadas, ao mesmo tempo em que são transformadas em suspeitas as pessoas que costumam se preocupar com as várias dimensões da coisa pública. Foram enfraquecidos os laços comunitários, mas agora começamos a ver com clareza que somente recuperando o valor das instituições comunitárias, reforçando o sentido da cidadania democrática, responsável e solidária ou – em outras palavras – recuperando o verdadeiro valor da política, poderemos sair desta crise. Essa saída deve ser orientada por um objetivo prioritário: transformar o mundo, suas instituições e modos de funcionamento obscuros para construir sociedades mais justas, democráticas e estruturadas em que a cidadania recupera sua razão de ser; isto é, a cidadania realmente assume o controle e a decisão de como deve ser a vida em comunidade.

Neste contexto de crise, as sociedades precisam de importantes transformações, e, portanto, os sistemas educativos são obrigados a repensar a missão que devem desempenhar nesta nova era.

Na Espanha, os cidadãos a cada dia têm um nível cultural e de formação mais elevado, o que explica o motivo pelo qual contínua e intensivamente sejam feitas novas e urgentes exigências ao sistema de educação. Estes cidadãos mais cultos têm, como consequência, maior capacidade para ver com mais objetividade o papel que as instituições educativas (formais e informais) podem e deveriam desempenhar.

Nas novas sociedades do conhecimento e da informação, a educação e o acesso ao conhecimento assumem enorme importância, o que implica que mais olhos se dediquem a observar o trabalho realizado pelas instituições de ensino. Famílias, grupos de vizinhos, partidos políticos, sindicatos, organizações patronais, Organizações Não Governamentais (ONGs), igrejas, associações de bairro, etc., além de organizações internacionais neoliberais (OCDE, FMI, Banco Mundial, Organização Mundial do Comércio, etc.) incluem em suas agendas recomendações, propostas e exigências para o sistema escolar atual.

Por outro lado, numerosas redes já estão competindo com as instituições escolares nos objetivos de educar, formar e, é claro, ajudar a ver e entender o mundo segundo os interesses e as ideologias de quem as mantém e apoiam;

portanto, tampouco podemos perder de vista que algumas dessas redes têm como meta doutrinar, mais do que educar; atrair adeptos e fiéis a suas causas, algumas nobres e outras nem tanto.

Neste novo contexto, o trabalho das instituições docentes de proporcionar informações de maneira acessível a todas as pessoas em função de suas idades, níveis de desenvolvimento, conhecimentos prévios e horários particulares já está sendo disputado por outro tipo de redes e tecnologias da comunicação. Redes de televisão especializadas na divulgação científica, cultural e tecnológica (Discovery Channel, The Science Channel, Natura, Odisea, Animal Planet, Cultura, National Geographic Channel, Historia, Viajar, Mezzo, People+Arts, etc.), inúmeros *sites* da internet, várias revistas de divulgação científica, CD-ROMs, DVDs, cursos de atualização e educação continuada (promovidos por Organizações Não Governamentais, sindicatos, meios de comunicação, empresas, etc.), centros de extensão cultural, aulas sobre a natureza, centros de interpretação industrial, centros de interpretação do patrimônio cultural (arquitetônico, de sítios arqueológicos, do patrimônio mineral, do patrimônio rural, de salinas, etc.), aulas sobre os oceanos, museus de ciência especializados, jardins botânicos, parques temáticos, zoológicos, ludotecas, bibliotecas, filmotecas, midiatecas, galerias de arte, concertos didáticos, etc., competem e cada vez mais competirão com o trabalho que tradicionalmente era atribuído apenas ao corpo docente.

Aportar em uma maior estruturação da sociedade, desenvolver um espírito mais solidário entre os alunos atuais e entre as gerações exige coordenar de maneira mais eficiente os recursos disponíveis na comunidade.

A esta altura da história, as escolas já não podem ser o objeto exclusivo da preocupação e, portanto, da participação das famílias e dos professores. É preciso recuperar um grupo perdido ou esquecido: os vizinhos. O contrário seria considerar que as crianças são "propriedade" das famílias e que ainda não são cidadãos, o que resultaria na concepção errônea de que os demais cidadãos (os adultos) não deveriam se preocupar com a educação das crianças.

Em momentos como os atuais, nos quais as políticas permitem ou, conforme a ideologia do partido no governo, inclusive estimulam processos de escolarização segregadores, tornam-se quase impossíveis as metas de justiça social com as quais se deve organizar e guiar o sistema de educação; especificamente, o objetivo de contribuir para uma sociedade mais igualitária e justa; de colaborar para a integração e estruturação dos grupos sociais que hoje vivem ignorando uns aos outros.

Metas semelhantes obrigam as instituições escolares a criar outras redes culturais e formativas de maior abrangência ou se filiar às redes já existentes. Uma rede educativa mais comunitária deve contar com as escolas de determinada zona, por meio do conjunto de profissionais que trabalham com o planejamento e o desenvolvimento das atividades extracurriculares, bem como por representantes das associações de bairro, da prefeitura, dos diferentes centros e institutos de cultura da cidade, dos partidos políticos, das ONGs, etc. O trabalho em equipe com pessoas tão diferentes realmente tornaria mais viável a coordenação das ações de formação regradas com o resto das atividades que a maioria dos grupos e das instituições de toda essa rede não escolar costuma programar e realizar fora dos grupos escolares.

Uma oferta de atividades extracurriculares planejada em conjunto entre os professores e os profissionais de toda esta rede de instituições sociais e culturais preocupadas com a formação e educação dos cidadãos também contribuiria para a promoção dos processos de socialização entre alunos de diferentes idades e gerações. Lembremo-nos que os modelos de agrupamento por idade não ajudam as pessoas a aprender a trabalhar, cooperar e se divertir com indivíduos de outras idades e com níveis culturais diferentes.

Com esta filosofia de fundo, a educação pode se beneficiar de muitos outros grupos econômicos públicos e inclusive privados; mas para isso é preciso que as escolas e as autoridades da educação também mostrem à comunidade que estão dispostas a compartilhar os recursos próprios das escolas nos dias e nas horas em que não acontecem atividades letivas.

Os recursos materiais, espaços físicos e uma importante rede de profissionais especializados em âmbitos diversos deveriam estar coordenados para oferecer às novas gerações de estudantes uma oferta educativa mais relevante, significativa e eficaz, mais atual e apropriada às características de cada grupo estudantil.

Uma comunidade mais ampla e democrática seria o melhor remédio para, por outro lado, "arejar" as escolas, vinculá-las mais com o entorno e, além disso, animar a vida comunitária.

O ensino e a aprendizagem seriam mais relevantes e significativos e, como consequência, os alunos veriam que as instituições escolares lhes ajudam muito a conhecer e a entender seu próprio entorno, outros lugares mais distantes, o mundo e a vida neste planeta cada vez mais globalizado e, portanto, interdependente.

As instituições escolares são um dos espaços mais privilegiados para o aprendizado do verdadeiro significado do que é a democracia; uma valiosa ponte que ajuda a compreender de modo mais reflexivo e ao mesmo tempo prático o verdadeiro significado e as funções do que envolve o exercício da cidadania democrática em um país democrático. Os colégios, institutos e centros de formação profissional podem desempenhar um papel decisivo na formação e no desenvolvimento de cidadãos mais abertos, democráticos e solidários, na medida em que apostem em uma maior estruturação entre o ensino e o aprendizado formal e o não formal, entre as atividades a serem desenvolvidas pelos alunos na instituição e as realizadas em outras instituições de formação e cultura em horários fora do horário escolar.

Relacionar ativamente as escolas com outras instituições sociais e culturais e com as associações de cidadãos possibilita o enfrentamento das críticas, em muitas ocasiões infundadas, de certa "privatização" dos institutos de educação públicos por parte dos professores. Isso também contribui para o reforço e – em alguns casos – a devolução à comunidade da sensação de que as escolas não são propriedade dos professores nem das famílias, mas da comunidade. Como consequência, as instituições escolares se tornam espaços com os quais todos nós devemos nos preocupar e dos quais devemos cuidar. Seria o caso de voltar a repensar democraticamente as funções do público em um mundo no qual as políticas dominantes de teor neoliberal estão ajudando a gerar entre os cidadãos um perigosíssimo e falso "senso comum" de que o privado é melhor e mais eficiente.

A democratização dos espaços públicos, da vida pública, encontra um importante suporte no modelo das "cidades educadoras", formadas por cidadãos que voltam a se apropriar da cidade e a criar, planejar, gerir, avaliar e desenvolver um projeto elaborado democraticamente pela comunidade e dirigido ao desenvolvimento de um modelo democrático de cidade. Nessa planificação comunitária da vida, as pessoas deixam de ser um número no censo para estar conscientes de seu papel decisivo como agentes ativos da transformação da vida na cidade; elas voltam a se comportar como cidadãs responsáveis, respeitosas e membros solidários em uma comunidade cada vez mais aberta, multicultural e democrática.

O compromisso com políticas de igualdade de oportunidades, de equidade, de aposta em uma maior coesão social e inserção na comunidade, de luta contra as discriminações, entre outras medidas, exige um maior envolvimento comunitário das instituições educativas. Com esta filosofia de fundo, as famílias sem formação e sem recursos econômicos, com baixo nível cultural, também podem com maior facilidade se sentir membros da comunidade e, portanto, ser ajudadas por esta. Um trabalho educativo e político neste sentido também seria um importante contrapeso para uma sociedade com uma tendência cada vez maior a se organizar em classes sociais e em "bairros *bunker*".

Recursos educativos da comunidade e instituições de ensino

Repensar todas as possibilidades do meio e, portanto, também as instituições escolares como recursos e apoios educativos da comunidade, é uma forma de contribuir para tirar maior proveito de uma ampla variedade de organizações e meios culturais cuja utilização tradicionalmente costuma estar condicionada, de maneira especial, à classe social e à etnia das famílias dos alunos.

Entre outros, a comunidade poderia se beneficiar dos seguintes recursos:

- À medida que as escolas fazem parte do patrimônio público é justo que as pessoas do bairro ou da cidade no qual estão localizadas estas instituições tenham acesso ao conjunto de seus recursos e que, fora do calendário e horário escolar, não é utilizado por ninguém: pátios de recreio, bibliotecas, salas de informática, etc.
- Os museus de ciências poderiam aproveitar muito melhor seus recursos e os programas que periodicamente planejam como oferta de formação à medida que também envolvessem em seu planejamento os professores da região. Isso seria uma forma de evitar o subaproveitamento de importantes exposições e programas que tais museus realizam, como ocorre em muitas ocasiões. Não podemos fechar nossos olhos para situações nas quais um monte de crianças é levado a esses locais sem outra motivação que sair da sala de aula e sabendo que o que elas verão nesses espaços de formação não conta para a avaliação escolar e que, consequentemente, dá no mesmo prestar atenção ou não durante a visita.
- As escolas de idiomas, adotando a mesma didática, facilitariam aos grupos escolares e à comunidade em geral o acesso a recursos didáticos de enorme valor pedagógico que estas instituições possuem, como suas bibliotecas e midiatecas. Essa facilidade de acesso é de enorme importância, dado que as sociedades atuais são a cada dia mais multiculturais e multilinguísticas.
- As escolas de música e os conservatórios, seguindo essa filosofia, aproveitariam muito mais seu acervo musical, suas bibliotecas e inclusive seus instrumentos de música.
- As escolas de artes e ofícios poderiam fazer o mesmo com aqueles ateliês mais baratos e simples, bem como as universidades com relação a suas bem dotadas bibliotecas especializadas.

- O Ministério da Cultura e as Secretarias de Cultura também deveriam aumentar os convênios com as escolas para incluí-las em suas previsões orçamentárias destinadas a bibliotecas. As redes de bibliotecas aumentariam sensivelmente sua oferta, na medida em que as bibliotecas das escolas passassem a ter maior grau de coordenação com as bibliotecas públicas e a rede de ônibus-bibliotecas. Esta cooperação entre bibliotecas permitiria que os professores dessem uma valiosa contribuição na escolha das obras a serem adquiridas em ambas as redes de bibliotecas (a pública e a escolar); já o grupo de profissionais especializados em documentação ajudaria os professores na hora de catalogar, ordenar e oferecer alternativas que melhorassem o acesso de docentes e alunos à informação disponível.
- Parques e jardins públicos, cemitérios, igrejas, monumentos, fábricas, etc., devem ser recuperados como espaços para resgatar a história da comunidade local. No caso dos parques e jardins, também seriam fomentados os projetos de espaços de interação comunitária e de espaços nos quais as crianças se sentem seguras e atendidas.
- A programação cultural das prefeituras para cada semana ou mês, assim como a celebração das festas locais seria muito enriquecida na medida em que não somente as prefeituras se tornassem quem definisse ou sugerisse objetivos e recursos de formação e cultura, mas que estes fossem o fruto de decisões mais comunitárias, de estruturas mais participativas e democráticas. Contando-se com representantes das escolas, poderiam ser feitas programações melhores, as quais também seriam úteis para enriquecer os projetos de educação das escolas.

Trabalhando com este pano de fundo, a educação recupera dimensões claramente políticas que, devido à notável burocracia que tem dominado a vida cotidiana das escolas, não recebem a devida atenção. Tanto o corpo docente como os partidos políticos, sindicatos, ONGs e organizações sociais sabem que nas instituições educativas é formado o senso comum, são construídas e reconstruídas as concepções hegemônicas. Não obstante, algumas escolas mais sintonizadas com a comunidade também podem ser o espaço de formação de novos ideais e de convencimento dos cidadãos para que trabalhem por modelos alternativos de sociedade mais justos e mais democráticos. As instituições escolares são lugares privilegiados para imaginar outras possibilidades e outros modelos de sociedade mais humanos e justos e para se refletir sobre eles e se esforçar por eles.

No contexto de uma "cidade educadora", os professores têm enormes oportunidades para repensar seus projetos curriculares de aula e de escola. Isso obriga ao trabalho em equipe na escola, tanto nos departamentos como entre eles; à promoção de uma maior comunicação e colaboração entre as escolas e as demais instituições da comunidade (museus, bibliotecas, orquestras, associações de bairro, ONGs, partidos políticos, sindicatos, etc.), as quais também conhecerão melhor a comunidade e poderão contribuir com seus conhecimentos e suas experiências e inclusive se envolver com ela de forma mais ativa e crítica.

Introduzir uma abordagem mais comunitária no trabalho das escolas contribuiria para a redução significativa da reprovação escolar e dos problemas de adaptação de certos grupos de estudantes. Desse modo, cada estudante seria apoiado e atendido por toda a comunidade. Não podemos nos esquecer de que a reprovação escolar é um fracasso de toda a comunidade; isso significa que não se soube educar e encaminhar este estudante e, portanto, a sociedade tampouco poderá se beneficiar da colaboração dessa pessoa para que se tenha uma vida comunitária de maior qualidade e com maiores níveis de justiça; é inclusive muito provável que tal fracasso acabe gerando problemas diversos e caros para a comunidade.

Não devemos ignorar que no momento atual os âmbitos básicos de socialização (a família, o bairro, os colégios, os postos de trabalho, etc.) estão sofrendo grandes transformações. Nas sociedades líquidas da atualidade, segundo a definição de Bauman (2003), a vida das pessoas se caracteriza por uma significativa perda de associações, uma importante ruptura de vínculos, o individualismo, a fragilidade das comunidades, relações pouco ou nada estáveis, etc. Esses fatores condicionam e explicam a sensação de insegurança e crise sentida pela maioria das pessoas, especialmente os setores da população mais desfavorecidos social, cultural e politicamente. É essa perda de vínculos sociais que também nos permite entender por que a instituição escolar se sente cada vez mais só, pois um grande percentual das famílias não dispõe de tempo e saberes ou simplesmente não dá a devida importância à educação de seus filhos. Essa desestruturação é uma das razões pelas quais o bairro é para muitas pessoas um espaço perigoso, um lugar no qual o poder público ainda tem uma importante dívida pendente para ajudar a reconstruir e criar novos espaços públicos de comunicação e socialização. As cidades são espaços "duros", o que também explica que as crianças já não vão sozinhas e a pé até suas escolas, mas acompanhadas, porque já não confiamos nos outros.

É necessário conceber a cidade como um agente educador. Desse modo, as escolas não se verão sozinhas, isoladas e incompreendidas, mas fazendo parte da comunidade; elas se sentirão, portanto, apoiadas e terão seu trabalho compreendido.

Não obstante, convém que estejamos conscientes de certa inércia em um setor do corpo docente formado com modelos completamente focados nas instituições escolares, fechados à participação dos cidadãos; professores com tendência a se especializar e a entender o mundo com abordagens fragmentadas, fruto de uma educação muito compartimentada em disciplinas e nada interdisciplinar; especialistas para os quais é difícil – especialmente para um importante percentual dos que trabalham nos níveis da educação secundária – ir além do ensino de uma lista de conteúdos determinados pelas administrações da educação e interpretado pelas editoras de materiais didáticos.

Esta também é uma importante oportunidade para uma revisão das políticas oficiais das administrações da educação, bem como para coordenar e reexaminar de maneira mais crítica as reivindicações e pressões das organizações e dos sindicatos de professores, preocupados com a defesa das condições dignas de trabalho. As justas demandas por melhores salários e condições de trabalho para os professores nunca devem ser motivo para baixar a qualidade dos serviços prestados e das atenções dedicadas aos alunos e às suas famílias ou o nível das propostas de ensino e aprendizagem. Deve ser possível a compatibilização das exigências do governo central e das Províncias Autônomas (ou Estados) e as reivindicações trabalhistas com os novos papéis que as instituições de ensino devem assumir.

Essa trajetória de abertura e colaboração não é nova, pois desde meados da década de 1970 os Movimentos de Renovação Pedagógica do Estado espanhol começaram a ver o ambiente das escolas como uma fonte de recursos educativos muito valiosos para o trabalho que era realizado em sala de aula. Contudo, nos últimos anos, o modelo foi ampliado e democratizado, passando a ser visto como um "projeto educativo da cidade"; uma proposta na qual se busca uma coordenação das propostas de formação escolares com as demais iniciativas públicas, privadas e de associações comunitárias do ambiente das instituições de ensino.

Referências

ABRAMI, Philip C. et al. *Classroom connections*: understanding and using cooperative learning. Toronto: Harcourt Brace, 1995.

ADORNO, Theodor W. *Minima moralia*: reflexiones desde la vida dañada. 2. ed. Madrid: Taurus, 1999.

AGAMBEN, Giorgio. *Estado de excepción*. Valencia: Pre-Textos, 2004. (Homo sacer II, 1).

ALTHUSSER, Louis. *Posiciones*. Barcelona: Anagrama, 1977.

ÁLVAREZ-URÍA, Fernando; VARELA, Julia. *Sociología de las instituciones*: bases sociales y culturales de la conducta. Madrid: Morata, 2009.

ANGULO RASCO, Félix; VÁZQUER RECIO, Rosa M. El currículum y los nuevos espacios para aprender. In: GIMENO SACRISTÁN, José. (Comp.). *Saberes e incertidumbre sobre el currículum*. Madrid: Morata, 2010. p. 501-526.

AREA MOREIRA, Manuel. La integración escolar de las nuevas tecnologías. Entre el deseo y la realidad. *Organización y Gestión Educativa*, n. 6, p. 14-18, Nov./dic. 2002.

AU, Wayne. *Unequal by design*: high-stakes testing and the standardization of inequality. New York: Routledge, 2009.

AYERS, William. *Teaching toward freedom*: moral commitment and ethical action in the classroom. Boston: Beacon Press, 2005.

BALL, Stephen J. *The education debate*. Bristol: The Policy Press, 2008.

BALL, Stephen J.; VINCENT, Carol; Kemp, Sophie. 'Un agréable mélange d'enfants...': prise en charge de la petite enfance, mixité sociale et classes moyennes. Éducation et Sociétés. *Revue iInternationale de sociologie de l'éducation*, v. 14, n. 2, p. 13-31, 2004.

BALL, Stephen J.; YOUDELL, Deborah. *Hidden privatisation in public education*. Bruxelas: Internacional da Educação, 2008. Disponível em: <http://www.ei-ie.org/es/>.

326 Referências

BANCEL, Nicolas et al. (Dir.). *Zoos humains*: au temps des exhibitions humaines. París: La Découverte, 2004.

BANCO MUNDIAL. *Desarrollo y cambio climático*: panorama general: un nuevo clima para el desarrollo. Washington, DC: Banco Mundial, 2010. Disponível em: <http://www.bancomundial.org/>.

BARNES, Colin. La diferencia producida en una década: reflexiones sobre la investigación 'emancipadora' en discapacidad. In: BARTON, Len. (Comp.). *Superar las barreras de la discapacidad*: 18 años de Disability and Society. Madrid: Morata, 2006. p. 381-397.

BARNETT, Michael N.; FINNEMORE, Martha. The politics, power, and pathologies of international organizations. *International Organization*, v. 53, n. 4, p. 699-732, outono, 1999.

BARTOLOMÉ, Lilia I. *Pedagogia da subordinação*. Mangualde: Pedago, 2007.

BARTON, Len (Comp.). *Discapacidad y sociedad*. Madrid: Morata-Fundación Paidéia, 1998.

BATES, Bryson et al. *El cambio climático y el agua*. Genebra: Secretaria do IPCC, 2008.

BAUDELOT, Christian; ESTABLET, Roger. *Avoir trente ans, en 1968 et en 1998*. París: Seuil, 2000.

BAUMAN, Zygmunt. *Trabajo, consumismo y nuevos pobres*. Barcelona: Gedisa, 2000.

_____. *Modernidad líquida*. 2. ed. Buenos Aires: Fondo de Cultura Económica, 2003.

_____. *Amor líquido*: acerca de la fragilidad de los vínculos humanos. Madrid: Fondo de Cultura Econômica, 2005a.

_____. *Liquid life*. Cambridge: Polity Press, 2005b.

_____. *Confianza y temor en la ciudad*: vivir con extranjeros. 4. ed. Barcelona: Arcadia, 2007.

BECK, Ulrich. *La sociedad del riesgo*: hacia una nueva modernidad. Barcelona: Paidós, 1998.

_____. *La sociedad el riesgo global*. Madrid: Siglo XXI, 2002.

_____; BECK-GERNSHEIM, Elisabeth. *La individualización*: el individualismo institucionalizado y sus consecuencias sociales y políticas. Barcelona: Paidós, 2003.

BERNAL, Martin. *Atenea negra*: las raíces afroasiáticas de la civilización clásica. Barcelona: Crítica, 1993.

BERNSTEIN, Basil. *Pedagogía, control simbólico e identidad*: teoría, investigación y crítica. Madrid: Morata-Fundación Paideia, 1998.

BEYER, Landon E. What knowledge is of most worth in teacher education? In: SMITH, W. John (Ed.). *Educating teachers*: changing the nature of pedagogical knowledge. Lewes: The Falmer Press, 1987. p. 19-34.

BLOOM, Harold. *El canon occidental*: la escuela y los libros de todas las épocas. Barcelona: Anagrama, 1995.

BOLTANSKI, Luc. *Puericultura y moral de clase*. Barcelona: Laia, 1974.

BOTTANI, Norberto. La más bella del reino: el mundo de la educación en alerta con la llegada de un príncipe encantador. *Revista de Educación*, n. extraordinario, p. 75-90, 2006.

Referências 327

BOURDIEU, Pierre. *La distinción*: criterios y bases sociales del gusto. Madrid: Taurus, 1988.

_____. Post-scriptum. In: BOURDIEU, Pierre (Dir.). *La miseria del mundo*. Madrid: Akal, 1999. p. 557-559.

_____. *Capital cultural, escuela y espacio social*. 6. ed. México: Siglo XXI, 2005.

BRENNER, Neil. Beyond state-centrism? Space, territoriality, and geographical scale in globalization studies. *Theory and Society*, v. 28, n. 1, p. 39-78, 1999.

BROECKER, Wallace S. Climatic change: are we on the brink of a pronounced global warming? *Science*, v. 189, n. 4201, p. 460-463, ago. 1975.

BURAS, Kristen L. *Rightist multiculturalism*: core lessons on neoconservative school reform. New York: Routledge, 2008.

BUZZELLI, Cary A.; JOHNSTON, Bill. *The moral dimensions of teaching*: language, power, and culture in classroom interaction. New York: Routledge Falmer, 2002.

CALDEIRA, Teresa Pires do Rio. *Ciudad de muros*. Barcelona: Gedisa, 2007.

CALERO, Jorge (Dir.). *Desigualdades socioeconómicas en el sistema educativo español*. Madrid: MEC/Centro de Investigación y Documentación Educativa (CIDE), 2007.

_____; WAISGRAIS, Sebastián. Factores de desigualdad en la educación española. Una aproximación a través de las evaluaciones de PISA. *Papeles de Economia Española*, n. 119, p. 86-98, 2009.

CASTEL, Robert. *L´insécurité sociale*: qu'est-ce qu'être protégé. París: Seuil, 2003

_____. *La montée des incertitudes*: travail, protections, statut de l´individu. París: Seuil, 2009.

CASTELLS, Manuel. *La era de la información*: economía, sociedad y cultura. Madrid: Alianza, 1997. (La sociedad red, v. I).

_____. *La era de la información*: economía, sociedad y cultura. Madrid: Alianza, 1998. (Fin de milênio, v. III).

_____. *Comunicación y poder*. Madrid: Alianza, 2009.

CHANG, Ha-Joon. *Bad samaritans*: the guilty secrets of rich nations and the threatto Global Prosperity. London: Random House, 2008.

CHOMSKY, Noam; HERMAN, Edward S. *Los guardianes de la libertad*: propaganda, desinformación y consenso en los medios de comunicación de masas. Barcelona: Crítica, 1990.

CEDEFOP. *The shift to learning outcomes*: conceptual, political and practical developments in Europe. Luxemburgo: Office for Offcial Publications of the European Communities, 2008.

_____. *The shift to learning outcomes*: policies and practices in Europe. Luxemburgo: Office for Official Publications of the European Communities, 2009.

COHEN, Stanley. *Folk devils ad moral panics*: the creation of the mods and rockers. London: MacGibbon & Gee, 1972.

COMPAINE, Benjamin M. *The digital divide*: facing a crises or creating a myth? Cambridge, Massachusetts: The MIT Press, 2001.

328 Referências

CONSEJERÍA DE EDUCACIÓN, DIRECCIÓN DEL ÁREA TERRITORIAL DE MA DRIDO ESTE. *Instrucciones generales de la viseconsejería de educación para el curso 2003-2004*. Madrid: [s.n], 2003. Disponível em: <http://www.madrid.org/dat_oeste/a_enlace/ae_instrucciones.htm>.

CONSEJO ESCOLAR DEL ESTADO. *Propuestas de mejora*: informe sobre el estado y situación del sistema educativo. Madrid: Secretaría General Técnica/Ministerio de Educación, 2010. Curso 2008/2009.

CORNWELL, John. *Los científicos de Hitler*: ciencia, guerra y el pacto con el diablo. Barcelona: Paidós, 2005.

CROOK, Charles. *Ordenadores y aprendizaje colaborativo*. Madrid: Morata/MEC, 1998.

CROOK, Stephen. Ordering risks. In: LUPTON, Deborah (Ed). *Risk and sociocultural theory*: new directions and perspectives. Cambridge: Cambridge University Press, 1999. p. 160-185.

DAVID, Miriam et al. Choice within constraints: mothers and schooling. *Gender and Education*, v. 9, n. 4, p. 397-410, 1997.

DEFENSOR DEL PUEBLO, El. *La escolarización del alumnado de origen inmigrante en España*: análisis descriptivo y estudio empírico. Madrid: Centro de documentación sobre el Defensor del Pueblo y los Derechos Humanos, 2003. (Dos volúmenes). Disponível em: <http://www.defensordelpueblo.es/informes2.asp>.

DESROSIÈRES, Alain. *La política de los grandes números*: historia de la razón estadística. Barcelona: Melusina, 2004.

DIGÓN, Patricia *¿Qué fue de Nannerl Mozart?* Género y música en la escuela obligatoria. Morón: Sevilla, 2005.

DIJK, Teun A. van. Racismo, discurso y libros de texto. Potlatch. *Cuaderno de Antropología y Semiótica*, Buenos Aires, v. 2, n. 2, p. 15-37, verano 2005. Disponível em: <www.potlatch.com.ar>.

ECKERSLEY, Robyn. Greening liberal democracy: the rights discourse revisited, liberal democracy: the rights discourse revisited. In: DOHERTY, Brian; GEUS, Marius de (Ed.). *Democracy & green political thought*: sustainability, rights and citizenship. London: Routledge, 1996. p. 207-229.

_____. *The green state*: rethinking democracy and sovereignty. Cambridge, Massachusetts: The MIT Press, 2004.

ECOLOGISTAS EN ACCIÓN. *Educación y ecologia*: el currículum oculto antiecológico de los libros de texto. Madrid: Popular, 2007.

ELLIOTT, Anthony; LEMERT, Charles. *The new individualism*: the emotional costs of globalization. Abingdon: Routledge, 2006.

EUROPEAN COMMISSION. *Accomplishing Europe through education and training*: report from the study group on education and training. Luxemburgo: Office for Official Publications of the European Communities, 1997.

EUROPEAN ROUND TABLE OF INDUSTRIALISTS. *Mathematics, science and technology education report*. Bruselas: ERT, 2009. Disponível em: <www.ert.eu>.

EYSENCK, Hans J. *La desigualdad del hombre*. Madrid: Alianza, 1987.

FERNÁNDEZ DE LA MORA, Gonzalo. *El crepúsculo de la ideologías*. Madrid: Rialp, 1965.

_____. La envidia igualitaria. Barcelona: Planeta, 1984.

FERNÁNDEZ ENGUITA, Mariano. *La profesión docente y la comunidad escolar*: crónica de un desencuentro. 3. ed. Madrid: Morata-Fundación Paideia, 1999.

FINE, Bem; MILONAKIS, Dimitris. *From economics imperialism to freakono-ics*: the shifting boundaries between economics and other social sciences. New York: Routledge, 2009.

FOSTER, Hal. *Recordings*: art, spectacle, cultural politics. Seattle: Bay Press, 1985.

FOUCAULT, Michel. *Vigilar y castigar*: nacimiento de la prisión. 3. ed. Madrid: Siglo XXI, 1982.

FRASER, Nancy. La justicia social en la era de la política de la identidad: Redistribución, reconocimiento y participación. In: FRASER, Nancy; HONNETH, Axel. *¿Redistribución o reconocimiento?* Un debate político-filosófico. Madrid: Morata-Fundación Paideia, 2006. p. 17-88.

FRICKER, Miranda. *Epistemic injustice*: power and the ethics of knowing. Oxford: Oxford University Press, 2009.

FUKUYAMA, Francis. *El fin de la historia y el último hombre*. Barcelona: Planeta, 1992.

GANZ, Nicholas. *Graffiti*: arte urbano de los cinco continentes. Barcelona: Gustavo Gili, 2004.

GARCÍA RAMÓN, M. Dolors; NOGUÉ, Joan; ZUSMAN, Perla (Ed.). *Una mirada catalana a l'Àfrica*: viatgers i viatgeres dels segles xix i xx (1859–1936). Lleida: Pagès Editors, 2008.

GARDNER, Howard. *La inteligencia reformulada*: las inteligencias múltiples en el siglo XXI. Barcelona: Paidós, 2003.

_____; FELDMAN, David Henry; KRECHEVSKY, Mara (Comp.). *El proyecto spectrum*. Madrid: Morata/Ministerio de Educación, Cultura y Deporte, 2001. 3 v.

GIDDENS, Anthony. Vivir en una sociedad postradicional. In: BECK, Ulrich; GIDDENS, Anthony; LASH, Scott. *Modernización reflexiva*: política, tradición y estética en el orden social moderno. Madrid: Alianza, 1997. p. 75-136.

_____. *Un mundo desbocado*: los efectos de la globalización en nuestras vidas. Madrid: Taurus, 2000.

GIMENO SACRISTÁN, José. *El alumno como invención*. Madrid: Morata, 2003.

_____. *La educación obligatoria*: su sentido educativo y social. 3. ed. Madrid: Morata, 2005.

GIROUX, Henry A. *Placeres inquietantes*: aprendiendo la cultura popular. Barcelona: Paidós, 1996.

GOLEMAN, Daniel. *Inteligencia ecológica*. Barcelona: Kairós, 2009.

GONZÁLEZ-ANLEO SÁNCHEZ, Juan María. Los valores de los jóvenes y su integración socio-política. In: GONZÁLEZ-ANLEO SÁNCHEZ, Juan María et al. *Jóvenes españoles 2010*. Madrid: Ediciones SM-FSM, 2010.

GOODE, Erich; BEN-YEHUDA, Nachman. Moral panics: culture, politics, and social construction. *Annual Review of Sociology*, v. 20, p. 149-171, 1994.

GOULD, Stephen Jay. *La falsa medida del hombre*. Barcelona: Crítica, 1998.

GRACE, Gerald. *School leadership*: beyond education management: an essay in policy scholarship. London: The Falmer Press, 1995.

GRAÑERAS, Montserrat et al. *Catorce años de investigación sobre las desigualdades en educación en España*. Madrid: CIDE, 1998. (Colección CIDE, n. 133). Disponível em: <http://www.mec.es/cide>.

GREEN, Lucy. *Música, género y educación*. Madrid: Morata, 2001.

HALL, Peter. *Cities in civilization*: culture, innovation, and urban order. Londres: Weidenfeld and Nicholson, 1998.

HALL, Stuart. Introducción: ¿Quién necesita 'identidad'? In: HALL, Stuart; GAY, Paul Du (Comp.). *Cuestiones de identidad cultural*. Buenos Aires: Amorrortu, 2003. p. 13-39.

HAMMER, Michael; STANTON, Steven A. *The reengineering revolution*: a handbook. New York: Harper Collins, 1995.

HARDING, Sandra. *Ciencia y feminismo*. Madrid: Morata, 1996.

HERRNSTEIN, Richard J.; MURRAY, Charles. *The bell curve*: intelligence and class structure in American life. New York: The Free Press, 1994.

HILLOCKS, George, Jr. *The testing trap*: how state writing assessments control learning. New York: Teachers College Press, 2002.

HOCHSCHILD, Arlie. *The second shift*: working parents and the revolution home. New York: Viking Press, 1989.

HORKHEIMER, Max. *Historia, metafísica y escepticismo*. Madrid: Alianza, 1982.

HUNTINGTON, Samuel P. *El choque de civilizaciones y la reconfiguración del orden mundial*. Barcelona: Paidós, 1997.

JAHANBEGLOO, Ramin. *Elogio de la diversidad*. Barcelona: Arcádia, 2007.

JARES, Jesús R. *Educación para la paz*: su teoría y su práctica. Madrid: Popular, 1991.

KANT, Immanuel. *Observaciones sobre el sentimiento de lo bello y lo sublime*. Madrid: Fondo de Cultura Econômica, 2005.

KEMMIS, Stephen. *El currículum*: más allá de la teoría de la reproducción. 4. ed. Madrid: Morata, 2008.

KEY, Ellen. *The century of the child*. London: G.P Putnam's Sons, 1909.

KYMLICKA, Will. *Multicultural Odysseys*: avigating the new international politics of diversity. Oxford: Oxford University Press, 2007.

LADSON-BILLINGS, Gloria. *The dreamkeepers*: successful teachers of African American children. San Francisco: Jossey-Bass, 1994.

LANKSHEAR, Colin; KNOBEL, Michele. *Nuevos alfabetismos*: su práctica cotidiana y el aprendizaje en el aula. Madrid: Morata/MEC, 2008.

LEWIS, Reina. *Gendering orientalism*: race, feminity and representation. London: Routledge, 1996.

LÓPEZ RUPÉREZ, Francisco. *La libertad de elección en educación*. Madrid: Fundación para el Análisis y los Estudios Sociales (FAES), 1995.

Lovelock, James. *La venganza de la tierra*: la teoría de Gaia y el futuro de la humanidad. Barcelona: Planeta, 2007.

_____. *The vanishing face of Gaia*: a final warning. New York: Basic Books, 2009.

LYONS, Nona. Dilemmas of knowing: ethical and epistemological dimensions of teachers' work and development. *Harvard Educational Review*, v. 60, n. 2, p. 159-180, 1990.

MACDONALD, Barry. La evaluación como servicio público: perspectivas de futuro. In: SÁEZ BREZMES, Mª José (Coord.). *Conceptualizando la evaluación en España*. Alcalá de Henares: Servicio de Publicaciones de la Universidad de Alcalá de Henares, 1995. p. 15-23.

MCLAREN, Peter. *Multiculturalismo revolucionário*: pedagogías de disensión para el nuevo milenio. México: Siglo XXI, 1998.

MCMURRER, Jennifer. *Choices, changes, and challenges*: curriculum and instruction in the NCLB era. Washington, DC: Center on Education Policy, 2007.

MEYER, Thomas. *La socialdemocràcia i la política de la identitat*: ciutadania, integració i multiculturalisme. Barcelona: Fundació Rafael Campalans, 2007.

MILLET, Kate. *Política sexual*. Valencia: Cátedra, 1995.

MORIN, Edgar. Los siete saberes necesarios para la educación del futuro. Barcelona: Paidós, 2001.

NODDINGS, Nel. *Caring*: a feminine approach to ethics and moral education. 2nd ed. Berkeley: University of California Press, 2003.

NUSSBAUM, Martha C. *El cultivo de la humanidad*: una defensa clásica de la reforma en la educación liberal. Barcelona: Paidós, 2005.

OCDE. *The knowledge-based economy*. París: OCDE, 1996.

_____. *Human capital investment*: an international comparison. París: OCDE, 1998.

_____. *Oslo manual*: guidelines for collecting and interpreting innovation data. 3. ed. Paris: OCDE, 2005.

OCDE. *Science, technology and innovations indicators in a changing world*: responding to policy needs. Paris: OCDE, 2007.

OTTOSSON, Daniel. *Homofobia de estado*: un informe mundial sobre las leyes que prohíben la actividad homosexual con consentimiento entre personas adultas. [S.l.]: ILGA (Asociación Internacional de Lesbianas, Gays, Bisexuales, Trans e Intersex), 2010. Disponível em: <http://:www.ilga.org>.

OURY, Fernand; PAIN, Jacques. *Crónica de la escuela-cuartel*. Barcelona: Fontanella, 1975.

PARASKEVA, João. Portugal will always be an African nation: a calibanian prosperity or a prospering caliban? In: MACEDO, Donaldo; GOUNARI, Panayota (Ed.). *The globalization of racism*. Boulder: Paradigm Publishers, 2006. p. 241-268.

_____. O presente como museu: a(s) tecnologia(s) educativa(s) como réu avant la lettre. In: PARASKEVAY, João M.; OLIVEIRA, Lia R. (Comp.). *Currículo e tecnologia educativa*. Mangualde, Portugal: Pedago, 2008. p. 19-45. v. 2.

332 Referências

PARDO BAZÁN, Emilia. *La educación del hombre y la de la mujer*: la dama joven. Memorias de un solterón. Santiago de Compostela: Sotelo Blanco-Servizo Galego de Igualdade da Xunta de Galícia, 2006.

PEACOCK, Alan. *Alfabetización ecológica en educación primaria*. Madrid: Morata/ Ministerio de Educación y Ciência, 2006.

POLLOCK, Griselda. Modernidad líquida y análisis transdisciplinar de la cultura. In: BAUMAN, Zygmunt et al. *Arte, ¿líquido?* Madrid: Sequitur, 2007

POWER, Michael. *The audit society*: rituals of verification. Oxford: Oxford University Press, 1999.

RAMOS López, Pilar. *Feminismo y música*: introducción crítica. Madrid: Narcea, 2003.

RAVET, Jackie. *Are we listening?* Making sense of classroom behaviour with pupils and parents. Stoke on Trent: Trentham Books, 2007.

RAVITCH, Diane. *The death and life of the great American school system*: how testing and choice are undermining education. New York: Basic Books, 2010.

REINERT, Erik S. *La globalización de la pobreza*: cómo se enriquecieron las países ricos ... y por qué los pobres siguen siendo pobres. Barcelona: Crítica, 2007.

RHEINGOLD, Howard. *Multitudes inteligentes*: la próxima revolución social. Barcelona: Gedisa, 2004.

RIFKIN, Jeremy. *La economía del hidrogeno*: la creación de la red energética mundial y la redistribución del poder en la Tierra. Barcelona: Paidós, 2002.

RITZER, George. *The McDonaldization of society*: an investigation into the changing character of contemporary social life. Thousand Oaks: Pine Forge Press, 1993.

RIZVI, Fazal; LINGARD, Bob. *Globalizing education policy*. London: Routledge, 2009. Sendo traduzido pela Ediciones Morata.

ROTHSTEIN, Richard; JACOBSEN, Rebecca; WILDER, Tamara. *Grading education*: getting accountability right. New York: Teachers College Press y Economic Policy Institute, 2008.

RUDDUCK, Jean; FLUTTER, Julia. *Cómo mejorar tu centro escolar dando la voz al alumnado*. Madrid: Morata, 2007.

RYAN, John C.; DURNING, Alan Thein. *Stuff*: the secret lives of everyday things. Seattle: Northwest Environment Watch, 2007.

SAID, Edward W. *Orientalismo*. Madrid: Libertarias/Prodhufi, 1990.

SÁNCHEZ BELLO, Ana. *O traballo das mestras en Galicia*: entre a producción e a reproducción. Santiago de Compostela: Servicio de Publicacións da Universidade de Santiago de Compostela, 2006.

SANTOS, Boaventura de Sousa. *La universidad en el siglo XXI*: para una reforma democrática y emancipadora de la universidad. Buenos Aires: Miño y Dávila, 2005.

_____. Human rights as an emancipatory script? Cultural and political conditions. In: SANTOS, Boaventura de Sousa (Ed.). *Another knowledge is possible*. London: Verso, 2007. p. 3-40.

Referências **333**

SCHULZ, Wolfram et al. *Initial findings from the IEA international civic and citizenship education study*. Amsterdam: IEA, 2010. Disponível em: <http://iccs.acer.edu.au/index.php?page=initial-findings>.

SEIDLER, Victor J. *Transforming masculinities*: men, cultures, bodies, power, sex and love. New York: Routledge, 2006.

SELDEN, Steven. *Inheriting shame*: the story of eugenics and racism in America. New York: Teachers College Press, 1999.

SENNETT, Richard. *La corrosión del carácter*: las consecuencias personales del trabajo en el nuevo capitalismo. 8. ed. Madrid: Anagrama, 2005.

SHAH, Sonia. *Cazadores de cuerpos*: la experimentación farmacéutica con los pobres del mundo. Zaragoza: 451 Editores, 2009.

SHINER, Larry. *La invención del arte*: una historia cultural. Barcelona: Paidós, 2004.

SIMONS, Helen. *Evaluación democrática de instituciones escolares*. Madrid: Morata, 1999.

SOCKETT, Hugh. *The moral base for teacher professionalism*. New York: Teachers College Press, 1993.

SOLSONAI PAIRÓ, Nuria. *Mujeres científicas de todos los tiempos*. Madrid: Talasa, 1997.

SOROS, George. *La crisis del capitalismo global*: la sociedad abierta en peligro. Madrid: Debate, 1999.

STIGLITZ, Joseph E. *Cómo hacer que funcione la globalización*. Madrid: Taurus, 2006.

STOBART, Gordon. *Tiempos de pruebas*: los usos y abusos de la evaluación. Madrid: Morata, 2010.

TATARY BAKRY, Riay; AJANA, Mohamed. *Descubrir el islam, educación primaria*. Madrid: SM, 2006.

TOM, Alan R. Teaching as a moral craft: a metaphor for teaching and teacher education. *Curriculum Inquiry*, v. 10, n. 3, p. 317-323, 1980.

TORRES SANTOMÉ, Jurjo. El contexto sociocultural de la enseñanza. In: GIMENO SACRISTÁN, José; CARBONELL SEBARROJA, Jaume (Coord.). *El sistema educativo*: una mirada crítica. Barcelona: CISS Praxis, 2004. p. 39-53.

_____. *El curriculum oculto*. 8. ed. Madrid: Morata, 2005.

_____. *Globalización e interdisciplinariedad*: el curriculum integrado. 5. ed. Madrid: Morata, 2006a.

_____. Yo me esfuerzo, tú debes esforzarte. Y ellos, ¿también se esfuerzan? *Cuadernos de Pedagogia*, n. 361, p. 90-93, oct. 2006b.

_____. Los indicadores de rendimiento como estrategia y medida contrarreformista en las reformas educativas. In: GIMENO SACRISTAN, José (Comp.). *La reforma necesaria*: entre la política educativa y la práctica escolar. Madrid: Morata, 2006c. p. 155-179.

_____. *Educación en tiempos de neoliberalismo*. 2. ed. Madrid: Morata, 2007.

_____. *La desmotivación del profesorado*. 2. ed. Madrid: Morata, 2009.

334 Referências

UNESCO. *Marco de acción de Dakar*. [S.l.]: UNESCO, 2000. Disponível em: <http://unesdoc.unesco.org>.

UNFPA (United Nations Population Found). *Estado de la población mundial 2007*: liberar el potencial del crecimiento urbano. New York: Fondo de Población de las Naciones Unidas (UNFPA), 2007.

VAVOULA, Giasemi N.; SHARPLES, Mike. KLeOS: a personal, mobile, knowledge and learning organisation System. In: MILRAD, Marcelo; HOPPE, Ulrich (Ed.). *IEEE International Workshop on Wireless and Mobile Technologies in Education*. Los Alamitos, CA: IEEE Computer Society, 2002. p. 152-156. Disponível em: <http://www.eee.bham.ac.uk/vavoula/#Publications>.

VERCELLONE, Carlo. Las políticas de desarrollo en tiempos del capitalismo cognitivo. In: BLONDEAU, Olivier et al. *Capitalismo cognitivo, propiedad intelectual y creación colectiva*. Madrid: Traficantes de Sueños, 2004. p. 63-74.

WACQUANT, Loïc. *Los condenados de la ciudad*: gueto, periferias y estado. Buenos Aires: Siglo XXI, 2007.

WASHBURN, Jennifer. *University, Inc.*: the corporate corruption of higher education. New York: Basic Books, 2005.

WIEVIORKA, Michel. Diferencias culturales, racismo y democracia. In: MATO, Daniel (Coord.). *Políticas de identidades y diferencias sociales en tiempos de globalización*. Caracas: FACES-UCV, 2003. p. 17-32.

WOLLSTONECRAFT, Mary. *Vindicación de los derechos de la mujer*. Madrid: Cátedra, 1994.

WORLDWATCH INSTITUTE. *La situación del mundo 2008*: innovaciones para una economia sostenible. Barcelona: Icaria, 2008.

WRIGLEY, Terry. *The power to learn*: stories of success in the education of Asian and other bilingual pupils. Stoke on Trent: Trentham, 2000.

_____. *Escuelas para la esperanza*: una nueva agenda hacia la renovación. Madrid: Morata, 2007.

YOUNG, Iris Marion. *La justicia y la política de la diferencia*. Madrid: Cátedra, 2000.

YOUNG, Michael. *Bringing knowledge back in*: from social constructivism to social realism in the sociology of education. London: Routledge, 2007.

ZIZEK, Slavoj. Dije economía política, estúpido. Grado Cero. *Pensamiento Político*, año 1, n. 1, 2000. Disponível em: <http://aleph-arts.org/pens/economia_politica.html>.

_____. *En defensa de la intolerancia*. Madrid: Sequitur, 2007.

Anexo

Os sistemas brasileiro e espanhol de educação: equivalência de níveis

Idade	Sistema Educacional Espanhol			Sistema Educacional Brasileiro
	Sistema anterior	Sistema Nuevo		
0-3	Educação		1º CICLO	Creche
3-6			2º CICLO	Pré-escola
6-7	1º Educación General Básica	1º Educación Primaria	1º CICLO	1ª série
7-8	2º Educación General Básica	2º Educación Primaria		2ª série
8-9	3º Educación General Básica	3º Educación Primaria	2º CICLO	3ª série
9-10	4º Educación General Básica	4º Educación Primaria		4ª série
10-11	5º Educación General Básica	5º Educación Primaria	3º CICLO	5ª série
11-12	6º Educación General Básica	6º Educación Primaria		6ª série
12-13	7º Educación General Básica	1º Educación Secundária Obligatoria (1º ESO)		7ª série
13-14	8º Educación General Básica y título de Graduado Escolar / Certificado de Escolaridade	2º Educación Secundaria Obligatoria (2º ESO)		8ª série
14-15	1º B.U.P / 1º F.P Primer Grado	3º Educación Secundária Obligatoria (3º ESO)		9ª série
15-16	2º B.U.P / 2º F.P Primer Grado y título de Técn. Auxil.	4º Educación Secundária Obligatoria (4ºESO)		1º Ano Ensino Médio
16-17	3º B.U.P y título de Bachiller / 3º F.P 2º Grado (Rég. Ens. Especializadas) / 2º F.P Grado (Rég. General)	1º Bachillerato		2º Ano Ensino Médio
17-18	C.O.U	2º Bachillerato		3º Ano Ensino Médio